高等职业教育校企合作新形态系列教材——城市轨道交通类
高等职业教育“岗、课、证、赛”融通教材

轨道交通电工技术基础与技能

（活页式）

主 编◎徐亚辉 陈 敏

副主编◎万 玉 尹 涛 王丽芳

西南交通大学出版社

·成 都·

内容简介

本书是根据高等职业院校高技能应用型人才的培养目标，结合课程综合化改革要求，在《城市轨道交通电工技术》基础上，以“就业为向导，能力为本位，学生为中心”，采用项目式任务驱动法编写的“岗、课、证、赛”融通的新形态活页式教材。

全书包含轨道交通电气系统、直流电路认知及分析、电磁关系与变压器、单相交流电路的认知、三相交流电路的认知、过渡过程、安全用电常识 7 个项目，每个项目由若干个子任务组成。为了激发学生学习兴趣，提高职业技能，每个任务都设计了学生能够完成的工作任务；每个项目都配有实践考核内容及评价方式，方便实施理论和实作独立考核评价，促进学生职业道德、职业素养和职业精神的养成。本书内容的安排由浅入深，突出技能学习，将课程思政融入学习内容。

本书可以作为职业院校相关专业教科书和技能培训的教材，也可作为轨道交通运行、维护人员的普及读本及学习参考书。

图书在版编目（CIP）数据

轨道交通电工技术基础与技能：活页式 / 徐亚辉，陈敏主编. —成都：西南交通大学出版社，2022.6

ISBN 978-7-5643-8460-9

Ⅰ. ①轨… Ⅱ. ①徐… ②陈… Ⅲ. ①城市铁路－轨道交通－电工技术－高等职业教育－教材 Ⅳ. ①U239.5

中国版本图书馆 CIP 数据核字（2021）第 258075 号

Guidao Jiaotong Diangong Jishu Jichu yu Jineng（Huoyeshi）

轨道交通电工技术基础与技能（活页式）

主 编 徐亚辉 陈 敏

责任编辑 穆 丰

封面设计 何东琳设计工作室

西南交通大学出版社出版发行

（四川省成都市金牛区二环路北一段 111 号西南交通大学创新大厦 21 楼 610031）

发行部电话：028-87600564 028-87600533

网址：http://www.xnjdcbs.com

印刷：四川玖艺呈现印刷有限公司

成品尺寸 185 mm × 260 mm

印张 19.25 字数 481 千

版次 2022 年 6 月第 1 版 印次 2022 年 6 月第 1 次

书号 ISBN 978-7-5643-8460-9

定价 64.00 元

课件咨询电话：028-81435775

前言

PREFACE

《国务院关于加快发展现代职业教育的决定》指出：到 2020 年，形成适应发展需求、产教深度融合、中职高职衔接、职业教育与普通教育相互沟通，体现终身教育理念，具有中国特色、世界水平的现代职业教育体系。推进人才培养模式创新，坚持校企合作、工学结合，强化教学、学习、实训相融合的教育教学活动。推行项目教学、案例教学、工作过程导向教学等教学模式。

《职业教育提质培优行动计划（2020~2023）》中指出，高等职业教育应以立德树人为根本，以服务发展为宗旨，以促进就业为导向，明确提出学校要将职业道德教育与职业素质教育内容融入课程教学中，加强学生职业能力与职业养成教育；应根据职业学校学生特点，对接主流生产技术，注重吸收行业发展的新知识、新技术、新工艺、新方法，校企合作开发反映自身特色的新形态教材，推行科学严谨、深入浅出、图文并茂、形式多样的活页式、工作手册式、融媒体教材。

《轨道交通电工技术基础与技能（活页式）》根据高等职业院校高技能应用型人才的培养目标，结合课程综合化改革要求，在《城市轨道交通电工技术》基础上，重新构建了理实一体的项目化框架体系。其定位更强调“以就业为导向”。作者通过对生产实际的调研，对职业岗位（群）所需专业知识和专项能力的科学分析，以科学的课程理论为支撑，力求使教材定位与就业市场相结合，充分体现出“以就业为向导，以能力为本位，以学生为中心”的特点，具有可操作性。

本书采用项目式任务驱动法编排内容，以项目模块重新构建知识体系结构，以基础、实用为原则，突出工作任务与知识的联系，让学生在任务的引领下学习理论，在职业实践活动的基础上掌握知识，注重应用能力培养，同时充分考虑到学生的认知规律，力求做到循序渐进、学做一体，使基本理论的学习以应用为目的，加强应用技术和实践能力的训练，强调教学中的可操作性，实现理论教学与实践教学融通合一、能力培养与工作岗位对接合一。

本书包含轨道交通电气系统、直流电路认知及分析、电磁关系与变压器、单相交流电路的认知、三相交流电路的认知、过渡过程、安全用电常识 7 个项目，每个项目由若干个子任务组成，每个项目包括项目导读、任务目标、任务学时、任务重难点、知识链接、任务实施、任务评价、思考练习、职业相关知识、应知应会要点归纳、复习与考工模拟等内容，力图达到课赛证融通的目的。

每个项目都配有实践考核内容及评价方式，方便实施理论和实作独立考核评价，促进学生职业道德、职业素养和职业精神的养成。

每个项目由若干个子任务组成，每个子任务以任务描述的方式呈现出来，以任务驱动的方式，使学生明确 “为什么学”； 然后通过知识链接环节介绍有关电工电路的基本概念和基本理论，为最后的任务实施奠定一定的理论基础。任务实施一方面加深学生对基本理论的理解， 另一方面也使学生了解工程实际，使抽象的理论与实际应用有机融合。书中的每个任务都有相应的任务实施步骤，具有可操作性，满足了教师理实一体教学和学生自主学习的需要。

本书具有以下特点：

1. 采用新型活页式教材形式，配套有丰富的数字化资源，方便实现线上线下互动教学。

2. 以职业技能等级标准为依据设计教材框架和内容，将新知识、新技术（如超级电容器、无线充电技术）补充进教材，保证教材的先进性。

3. 在内容上与原有课程衔接紧密，充分考虑职业院校学生的素质能力现状特点，实现书证赛融通（如“复习与考工模拟”中有许多题目就是“电工证”、行业技能大赛的原题）。

4. 教材装帧精美，版式新颖。

5. 注重科学思维方法的训练，培养学生精益求精的大国工匠精神，增强学生探索未知、追求真理、勇攀科学高峰的责任感和使命感。

本书由徐亚辉、陈敏担任主编，万玉、尹涛、王丽芳担任副主编，全书由徐亚辉统稿。具体编写分工为：尹涛编写项目 1 和任务 4.6，徐亚辉编写项目 2，李金红编写任务 2.5 和任务 4.5，万玉编写项目 3，张国亚编写项目 4，陈敏编写了项目 5 和项目 6，王丽芳编写了项目 7。

由于编者水平有限，书中难免有疏漏和不妥之处，恳请读者批评指正。

编　者

2022 年 3 月

目录

CONTENT

项目 1　轨道交通电气系统

项目导读

近年，随着我国经济的发展，各种交通问题的日益突出，优先发展公共交通，大力发展轨道交通已成为其必然选择。轨道交通中的电气系统作为其交通系统的重要组成部分，直接影响着轨道交通的安全运营。轨道交通由哪些部分组成？各电气系统与之关系如何？轨道交通供电系统又由哪些部分组成？它们有何功能呢？通过本项目学习，将使大家了解这些知识。

任务 1.1　轨道交通系统的认知

【任务目标】

知识目标：

（1）了解轨道交通的定义及我国轨道交通的发展现状。

（2）了解轨道交通的常见形式及牵引方式。

能力目标：

（1）掌握轨道交通系统的组成。

（2）掌握轨道交通系统采用电力牵引的原因。

思政目标：

通过让学生了解我国轨道交通的发展，对学生进行爱国主义教育。

【任务重点】

国内现阶段轨道交通的常见形式及特点。

【任务难点】

轨道交通的系统构成。

【任务学时】

2 学时。

【知识链接】

1.1.1　轨道交通及其常见形式

1. 轨道交通的定义

轨道交通是指运营车辆需要在特定轨道上行驶的一类交通工具或运输系统。最典型的轨道交通就是由传统火车和标准铁路所组成的铁路系统。随着火车和铁路技术的多元化发展，轨道交通呈现出越来越多的类型，不仅用于长距离的陆地运输，也广泛运用于中短距离的城市公共交通中。

2. 轨道交通的常见形式

常见的轨道交通有传统铁路（国家铁路、城际铁路和市域铁路）、地铁、轻轨和有轨电车，新型轨道交通有磁悬浮轨道系统、单轨系统（跨座式轨道系统和悬挂式轨道系统）和旅客自动捷运系统等如图 1.1.1 ~ 图 1.1.8 所示。在 GB/T 5655—1985《城市公共交通常用名词术语》中，将城市轨道交通定义为“通常以电能为动力，采取轮轨运转方式的快速大运量公共交通的总称。”

图 1.1.1　高速铁路系统

图 1.1.2　地铁

图 1.1.3　轻　轨

图 1.1.4　有轨电车

图 1.1.5　跨座式单轨

图 1.1.6　悬挂式单轨

图 1.1.7　磁悬浮轨道系统

图 1.1.8　北京市郊铁路

轨道交通普遍具有运量大、速度快、班次密、安全舒适、准点率高、全天候、运费低和节能环保等优点，但同时常伴随着较高的前期投资、技术要求和维护成本，并且占用的空间往往较大。根据服务范围差异，轨道交通一般分为国家铁路系统、城际轨道交通和城市轨道交通三大类。

1）国家铁路系统

国家铁路系统是最原始的轨道交通，分普速铁路和高速铁路两大类。它主要负责大规模兼远距离的客货运输，通常由大型机车牵引多节车厢或车皮进行运载。传统铁路是轨道交通的核心成员，关系着国家的经济和军事命脉。

2）城际轨道交通

城际轨道交通（城际铁路）是一种综合属性介于传统铁路和城市轨道交通之间的新兴轨道交通类型。它主要负责高速度兼中距离的旅客运输，通常由大型动车组运载乘客以实现相邻城市间的快速联络，满足城市群间的沟通交流。

城际轨道一般采用传统铁路技术，所以又称城际铁路。部分城际轨道采用地铁系统技术，如广佛地铁。

3）城市轨道交通

城市轨道交通为采用轨道结构进行承重和导向的车辆运输系统，是依据城市交通总体规划的要求，设置全封闭或部分封闭的专用轨道线路，以列车或单车形式，运送相当规模客流量的公共交通方式。

城市轨道交通包括：地铁系统、轻轨系统、单轨系统、有轨电车、磁浮系统、自动导向轨道系统、市域快速轨道系统。此外，随着交通系统的发展已出现其他一些新交通系统。

城市轨道交通是城市公共交通的骨干，具有节能、省地、运量大、全天候、无污染（或少污染）又安全等特点，属绿色环保交通体系，特别适应于大中城市。

1.1.2　城市轨道交通系统的常见形式

城市轨道交通是以电能为主要动力能源，采用轮轨运转体系的大运量快速公共交通系统，包含了通常所说的地铁（Metro 或 Underground Railway）、轻轨、市郊铁路、独轨、有轨电车和磁浮系统等。它主要负责无障碍兼短距离的旅客运输，通常由轻型动车组或有轨电车作为运送载体，能有效缓解城市内部密集客流的交通压力。

地铁的运量大，车体较宽（2.8～3.0 m），一般单方向每小时的运量超过 3 万人，且地铁采用全封闭式，全线无平交道口，可以实现高密度发车，发车密度达 30 对/h。按照我国的建设标准，地铁系统采用钢轨与钢制轮对导向，标准轨距为 1 435 mm，主要在大城市地下空间修筑的隧道中运行，当条件允许时，也可穿出地面，在地面或高架桥上运行。

轻轨是城市轻轨铁路的简称，泛指高峰时单向客运量在 1 万～3 万人次/h 的中等运量的轨道交通。它是在老式的地面有轨电车的基础上发展起来的，在西欧、北美等地已经成为城市公共交通投资的主流。它与一般的铁路相比，其轨道和车辆都是轻型的，其运输系统相对简单，较适宜于中等客运量的城市。

城市铁路是指将城市市区与郊区尤其是远郊区联系起来的城市轨道交通系统。市郊铁路是城市铁路的主要形式，它是伴随着城市规模的扩大、卫星城的建设而发展起来的，通常使用电力牵引或内燃牵引，利用干线铁路或修建专用线路，开行于城市中心区到卫星城、卫星城到卫星城间，主要为短途、通勤的旅客提供运输服务，因此也被称为“通勤铁路”或“地区铁路”。现在其概念范围有所扩大，包括城际间直达的高速铁路，俗称“快轨”。

独轨线路采用高架轨道，占地面积小，适宜于在大城市的繁华中心区建设，对城市景观及日照影响小，具有交通和旅游观光的双重作用。一般单向最大客运量为 1 万～2 万人次/h。

磁浮交通系统是一种沿固定轨道自动确定行驶方向的大容量陆地轨道交通系统，可以用于城市交通、城际交通，目前一般单方向每小时的运量超过 1 万人，大都采用高架的方式，这两种交通系统也无平交道口。

有轨电车是采用电力驱动并在轨道上行驶的轻型轨道交通车辆。有轨电车是一种公共交通工具，亦称路面电车，简称电车，属轻铁的一种。有轨电车速度与运量较小（现代有轨电车每小时的客运量在 5 000～15 000 人），采用平交道口的方式，造价更低，线路的走向也更加灵活方便。

1.1.3　轨道交通系统的构成

轨道交通是集多专业、多工种于一身的复杂系统，通常由轨道路线、车站、车辆、维护检修基地、供变电、通信信号、指挥控制中心等组成。城市轨道交通的运输组织、功能实现、安全保证均应遵循轨道交通的客观规律，在运输组织上要实行集中调度、统一指挥，按运行图组织行车；在功能实现方面，各专业如线路、车站、隧道、车辆、供电、通信、信号、机电设备及消防系统均应保证状态良好，运行正常；在安全保证方面，主要依靠行车组织和设备正常运行，来保证必要的行车间隔和正确的行车线路。

为了保证列车运行安全、正点，在集中调度、统一指挥的原则下，行车组织、设备、车辆检修、设备运行管理、安全保证等均由一系列规章制度来规范。列车运行是一个多专业、多工种互相配合的工作，是围绕安全行车这一中心而组成的有序联动，时效性极强。轨道交通系统中，采用了以电子计算机处理技术为核心的各种自动化设备，从而代替人工的、机械的、电气的行车组织、设备运行和安全保证系统。如 ATC（列车自动控制）系统可以实现列车自动驾驶、自动跟踪、自动调度；SCADA（供电系统管理自动化）系统可以实现主变电所、牵引变电所、降压变电所设备系统的遥控、遥信、遥测和遥调；BAS（环境监控系统）和 FAS（火灾报警系统）可以实现车站环境控制的自动化和消防、报警系统的自动化；AFC（自动售检票系统）可以实现自动售票、检票、分类等功能。这些系统全线各自形成网络，均在 OCC（控制中心）设中心计算机，实现统一指挥，分级控制。因此，仅仅单一的火车或者轨道并不能算作铁路系统，铁路系统在概念定义上不等同于轨道或列车。例如，高速铁路、高速列车和高铁系统，三者概念不同，请勿混淆。

1.1.4 轨道交通的牵引方式

世界上首条地下铁路系统是 1863 年由英国开通的“伦敦大都会铁路”（Metropolitan Railway），为了解决当时伦敦的交通堵塞问题而修建，其干线长度约为 6.5 km。由于当时电力尚未普及，因此即使是地下铁路也只能用蒸汽机车，但机车释放出的废气对人体有害，所以当时的隧道每隔一段距离便要有和地面打通的通风槽。后来，电力机车代替了蒸汽机车，主要有以下两方面原因：① 蒸汽机车的排烟污染大；② 蒸汽机车产生的噪声大。事实上，人们选择乘坐某种交通工具，除了要求速度快和便捷之外，对舒适性和其对周边环境的影响也提出了较高的要求。因此，从某种意义上来说，人类的需求促进了城市轨道交通电气化技术的发展。

电气化铁路具有运输能力大、行驶速度快、消耗能源少、运营成本低、工作条件好等优点，对运量大的干线铁路和具有陡坡、长大隧道的山区干线铁路实现电气化，在技术上、经济上均有明显的优越性。因此，目前我国铁路的主要牵引方式是电力牵引。

城市轨道交通全都采用电力牵引方式。

【任务实施】

观看视频《中国铁路的发展》。

任务 1.2　轨道交通电气系统的认知

【任务目标】

知识目标：

（1）了解电气化铁道电气系统的组成及各组成部分的作用。

（2）了解城市轨道交通电气系统的组成及各组成部分的作用。

能力目标：

（1）掌握轨道交通电气系统组成。

（2）掌握轨道交通供电系统组成及供电方式。

思政目标：

通过本任务学习，培养学生的环保意识。

【任务重点】

轨道交通电气系统组成及供电系统的各部分作用。

【任务难点】

轨道交通的供电方式。

【任务学时】

2 学时。

【知识链接】

1.2.1　轨道交通电气系统的组成及作用

1.2.1.1　电气化铁道电气系统的组成及作用

电气化铁道电气系统由电力机车和牵引供电装置组成（见图 1.2.1），其中牵引供电装置又分成牵引变电所和接触网两部分。电力机车本身不带能源，所需电能由电力牵引供电系统提供。电力机车内部电气系统包括主传动系统、辅助电气系统、控制系统等。牵引供电系统主要是由牵引变电所和接触网（或供电轨）两大部分组成。变电所设在铁道附近，它们将从发电厂经高压输电线或高压输电缆送过来的电能，变换成适合机车车辆所需的电压，送到铁道上空的接触电网或铁轨旁边的供电轨道中，接触网或供电轨则是向电力机车直接输送电能的电气设备，它也可以被看作是电气化铁路的动脉，电力机车通过受电弓从接触网中获得所需电能，牵引列车运行。

图 1.2.1　电气化铁道电气系统的组成

1.2.1.2　城市轨道交通电气系统的组成及作用

在城市轨道交通运输系统中，由各种电子元器件组成的电气设备无处不在，其中城市轨道交通电动列车车辆作为其运营设备的主体，是最重要且复杂的电气设备之一。正是因为电动列车车辆的产生、发展和演变，才形成了多种形式的城市轨道交通类型。

目前，就城市轨道交通中最为普遍的地铁与轻轨而言，除电动列车车辆系统之外，还必须包含以下设备系统：

1. 供电系统

供电系统由变电所、接触轨或接触网、电力监控设备等组成，如图 1.2.2 所示。

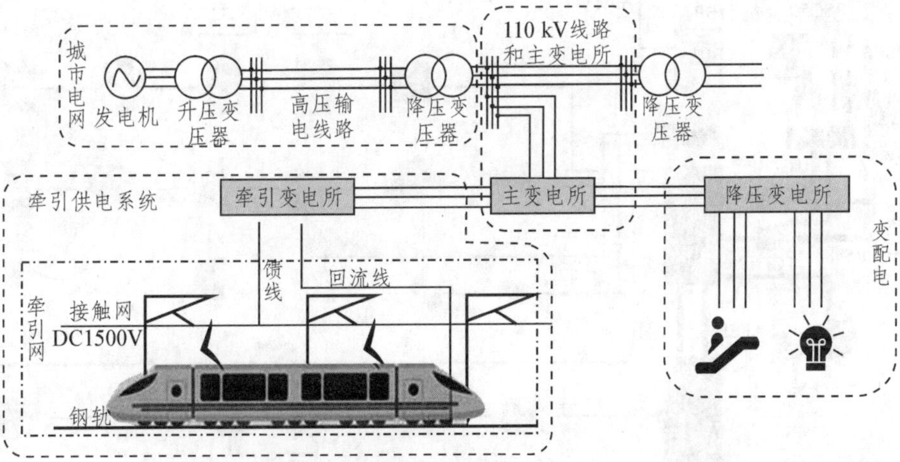

图 1.2.2　城市轨道交通供电系统组成

2. 通信系统

通信系统分为有线通信系统和无线通信系统。有线通信系统包括车站的广播系统、闭路电视监控系统、乘客信息系统、信息查询系统、调度电话和轨旁电话等；无线通信系统主要包括车载电台、手持电台等。

3. 信号系统

信号系统主要由联锁装置和列车运行控制系统组成。城市轨道交通通信及信号系统如图 1.2.3 所示。

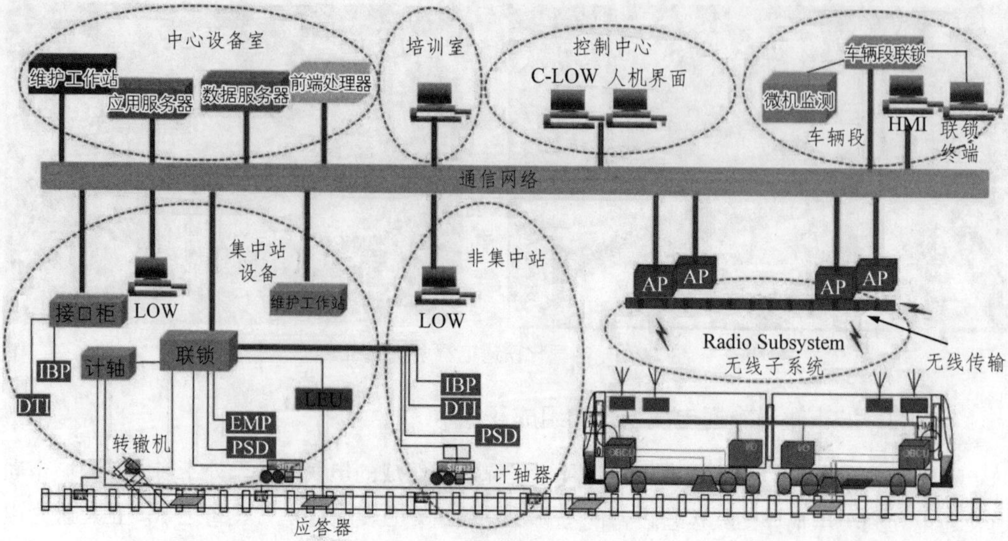

图 1.2.3　城市轨道交通通信及信号系统

4. 防灾报警系统

目前，防灾报警系统主要是指火灾自动报警系统，由火灾报警控制器、火灾探测器以及火灾联动控制装置组成。火灾报警系统及控制装置如图 1.2.4 所示。

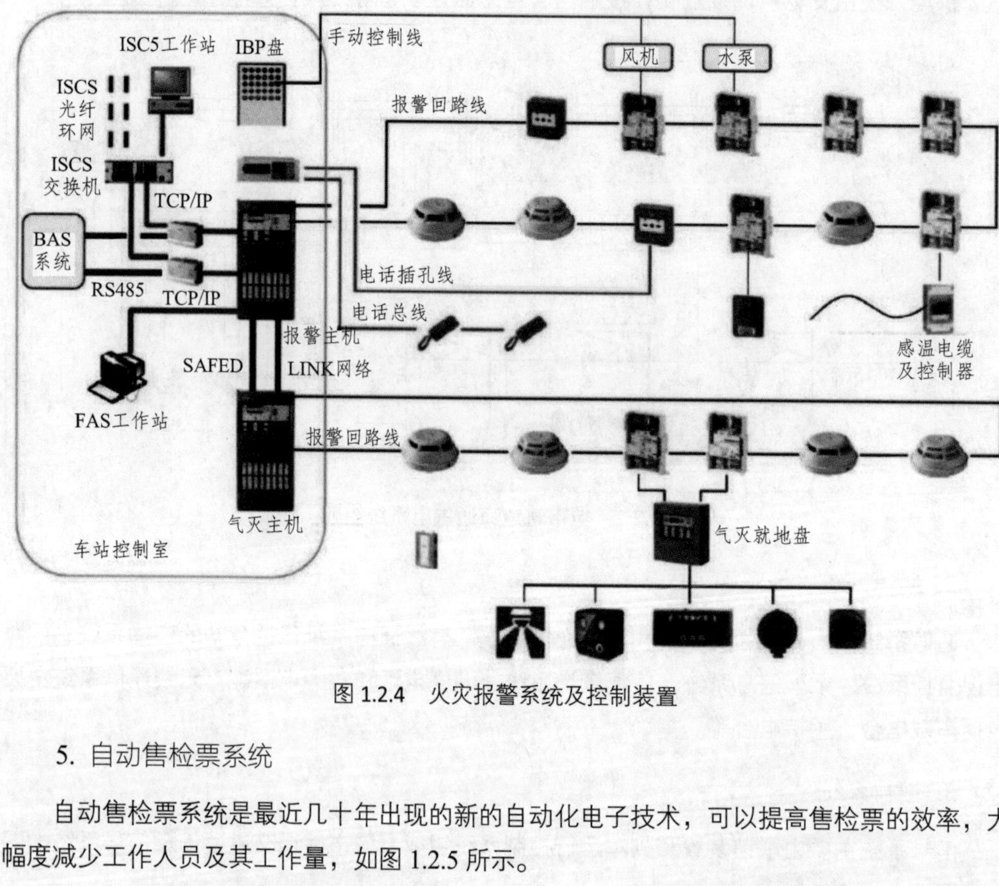

图 1.2.4　火灾报警系统及控制装置

5. 自动售检票系统

自动售检票系统是最近几十年出现的新的自动化电子技术，可以提高售检票的效率，大幅度减少工作人员及其工作量，如图 1.2.5 所示。

图 1.2.5　自动检票设备

6. 环境控制系统

环境控制系统主要由通风系统和空调系统组成，它又与换气方式以及隧道和站台的分割关系有关，目前已有三种环境控制系统：开式系统、闭式系统和屏蔽门系统。

7. 给排水及消防系统

给排水及消防系统实际上是完整地解决生活、生产、消防用水和排水问题的系统。

除了这些设备系统之外，为了便于了解轨道交通的运行状态并及时处理各种突发事件，城市轨道交通通常要设置控制中心，可以一条线设置一个也可以多条线共设一个，如图 1.2.6 所示。与控制中心相类似的还有车辆段和综合列车检修基地，这是保证轨道交通正常运行的后勤基地，可以按线单独设置也可以多线共建。

图 1.2.6　地铁控制中心

上述设备有些是为了保证行车所必须设置的，如供电、信号、通信系统等设备；有的则是面向乘客的，如自动售检票、通风空调、防灾报警系统等；有的是既为车辆服务又为乘客服务的，如给排水及消防系统。显然，电气设备系统的技术水平主要取决于机电科学技术和电子科学技术的发展水平。

1.2.2 轨道交通供电系统的认知

1.2.2.1 电气化铁道供电系统的组成

电气化铁道供电系统（Power Supply System For Electrified Railway）由电力系统经高压输电以及牵引变电所降压、变相或换流等环节，向电气化铁道运行的电力机车、动车组输送电力的全部供电系统，如图 1.2.7 所示。

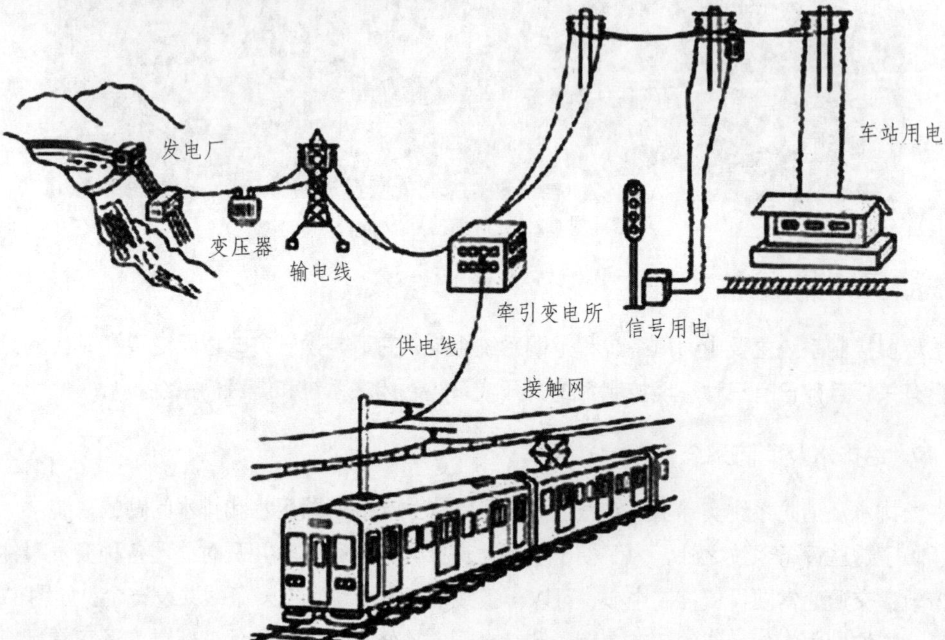

图 1.2.7 电气化铁道供电系统

铁路电力供电线路一般由沿铁路全线设置的一条一级负荷电力贯通线和一条综合电力贯通线构成。电力贯通线电压等级通常为 10 kV，供电距离 30 ~ 50 km，特殊情况下（如青藏铁路）采用 35 kV 电压等级，供电距离超过 100 km。沿线与行车有关的通信、信号、综调系统等由一级负荷电力贯通线主供，综合电力贯通线备供。其他用电负荷及各牵引变电所所用电源由综合电力贯通线提供电源，在区间各用电点设置 10 kV 箱式变电站。

变配电所两路相互独立的进线电源由公共电网提供，进线电压等级有 10 kV，35 kV，110 kV，220 kV 等。

牵引所又分为：

1. 牵引变电所

牵引变电所作用是将电力系统引入的 110 kV 或 220 kV 三相交流电变换成 27.5 kV 的单相交流电，通过馈电线送至电路沿线的接触网，为电力机车供电。有少数牵引变电所还承担向铁路地区工农业用户的 10 kV 动力负荷供电。牵引变压器除了采用电力系统常规的普通三相变压器外，为满足牵引负荷的特殊需求还常采用特殊接线变压器，如单相接线、V/N 接线、斯科特接线、阻抗匹配平衡接线等变压器。

2. 分区所

为了增加供电的灵活性，在两个牵引变电所的供电区中间常增设分区所。断路器 1QF、2QF 正常工作时闭合，实现上、下行牵引网并联运行。隔离开关 1QS、2QS 在正常运行时断开，当相邻牵引变电所发生故障而不能继续供电时，可以闭合 1QS、2QS，由非故障牵引变电所实现越区供电，使行车不致中断。

3. 开闭所

在电气化铁路枢纽地区，即客运站、编组站和电力机车机务段等铁路设施较集中的地方，由于站线延续长且股道数量多，接触网结构和配置复杂，客货运交会、编组和电力机车整备作业繁忙，致使该地区牵引网发生故障的概率增大。为了保证枢纽供电的可靠性，缩小事故范围，一般将接触网横向分组及分区供电。因此设置开闭所，由相邻两牵引变电所的牵引馈线经断路器向它供电。通过开闭所的多路馈线和断路器向站场、电力机车机务段等牵引网供电。

4. AT 所

采用 AT 供电方式时，在沿线间隔 10 km 左右设置一个自耦变压器站（AT 所）。

供电系统中的电力负荷分为车站负荷和区间负荷两大类。车站负荷主要为通信、信号、防灾报警、自动检售票、客服、电力监控、消防系统、各类水泵、各类通风机、空调、自动扶梯、电梯、电热设备和各类生产生活照明及站区照明负荷。区间负荷主要为通信、信号中继站、光纤直放站、牵引变电所操作电源、隧道照明及监控设备等。按重要程度分为三个负荷等级，最重要的一级负荷包括：通信、信号、防灾报警、自动检售票、客服、电力监控、消防系统、应急照明、站台照明、地下出站厅照明、主控制室照明等。

1.2.2.2　城市轨道交通供电系统的组成

城市轨道交通供电系统是城市电网的一个重要用户，按其功能的不同，它可以划分为外部电源供电系统、主变电所或电源开闭所、牵引供电系统、动力照明供电系统、杂散电流腐蚀防护系统、电力监控系统 6 个部分。其中，主变电所或电源开闭所部分又称为高压供电系统，牵引供电系统和动力照明供电系统被称为内部供电系统。城市轨道交通供电系统构如图 1.2.8 所示。

1. 外部电源供电系统

城市轨道交通供电系统的外部电源供电系统就是为城轨供电系统的主变电所或电源开闭所提供电能的外部城市电网电源供电系统。

2. 主变电所或电源开闭所

主变电所的功能是接收城市电网输送的电能，再将接收的高压（110 kV 或 220 kV）通过主变压器降压后向牵引变电所、降压变电所提供中压电源。主变电所适用于集中式供电方式。

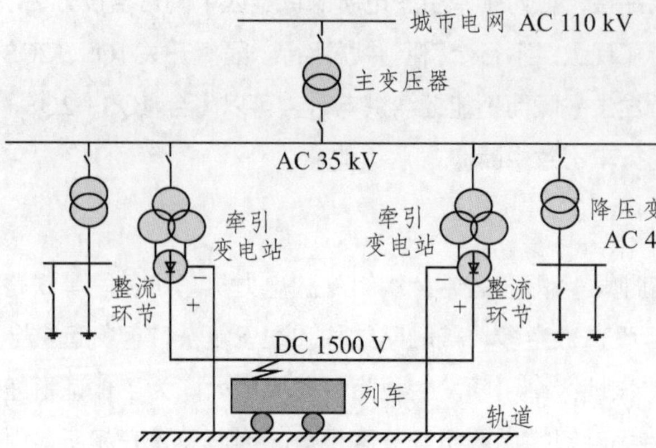

图 1.2.8　城市轨道交通供电系统

电源开闭所的功能是接收城市电网提供的中压电源（10 kV 或 35 kV），为牵引变电所、降压变电所提供中压电源。电源开闭所一般与车站牵引（或降压）变电所合建。电源开闭所适用于分散式供电。

3. 牵引供电系统

牵引供电系统的功能是将交流中压经降压整流变成直流 1 500 V 或直流 750 V 电压，为城轨电动列车提供牵引供电。牵引供电系统包括牵引变电所与牵引网两个部分。

1）牵引变电所

牵引变电所是牵引供电系统的核心。牵引变电所一般由进出线单元、变压变流单元及馈出单元构成，其主要功能是将中压环网的 AC 35 kV 或 AC 10 kV 的三相交流电经变压变流单元后转换为城轨交通电动列车所需要的直流电，并分配到上下行区间供电动列车牵引用。

牵引变电所可以按设置位置分为正线牵引变电所、车辆段或停车场牵引变电所。正线牵引变电所又分为车站牵引变电所和区间牵引变电所。牵引变电所还可按设备安装位置分为户内式变电所和户外式箱式变电所。一般地下线路采用户内式变电所，地面线路采用箱式牵引变电所。

城轨交通的牵引变电所时常与向车站、区间供电的降压变电所合并，形成牵引、降压混合变电所，简称牵混所。

2）牵引网

牵引网由馈电线、接触网、钢轨回路（包括大地）及回流线组成，如图 1.2.9 所示。它是轨道交通供电系统中向电动车组供电的直接环节。

接触网是沿电动列车走行轨架设的一种特殊供电线路，通过电动列车的受电器向电动列车提供电能，驱动牵引电动机使列车运行。在城市轨道交通中，接触网的主要形式有三种：柔性（弹性）接触网、刚性接触网、接触轨（也称第三轨）。

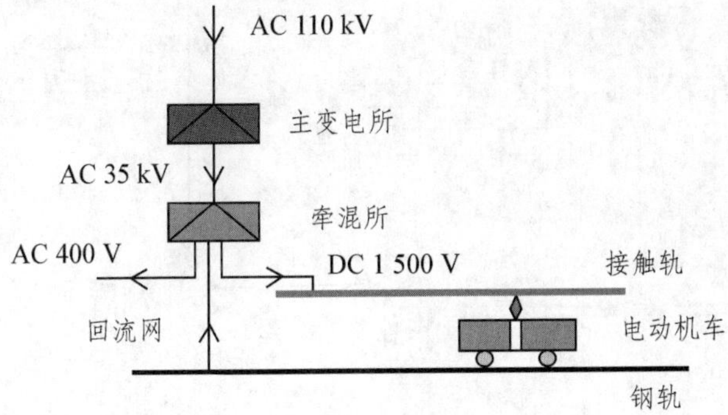

图 1.2.9　城轨供电牵引网示意图

馈电线是连接牵引变电所和接触网的导线，它把牵引变电所提供的电能馈送给接触网。

钢轨是牵引供电回路的一部分，列车行走时，牵引电流经过钢轨流向回流线。

回流线是连接钢轨和牵引变电所的导线，它将钢轨回路中的电流导入牵引变电所。为了便于检修和缩小事故范围，通常利用电分段将接触网分成若干个小的区段。

在城市轨道交通牵引供电系统中，电流从牵引变电所经馈电线、接触网输送给电动列车，再从电动列车经钢轨（轨道回路）、回流线流回牵引变电所。

4. 动力照明供电系统

动力照明供电系统的功能是将交流中压（35 kV 或 10 kV）降压变成交流 220/380 V 电压，为运营需要的各种机电设备提供电源。它包括降压变电所（站）、动力照明配电系统。

降压变电所（站）的功能是将三相进线电压（AC 35 kV 或 AC 10 kV）变为交流 220/380 V 电压。根据设置的位置不同，降压变电所可以分为车站降压变电所、车辆段或停车场降压变电所、控制中心降压变电所；根据主接线的形式不同，降压变电所又可分为一般降压所和跟随式降压变电所（跟随所）；当降压变电所与牵引变电所合建时，就形成了牵引降压混合所。降压变电所主要给风机、水泵、照明、通信、信号、防火报警设备供电。

动力照明配电系统主要包括配电所（室）和配电线路，如图 1.2.10 所示。它仅起到对电能进行分配的作用。降压变电所通过配电所（室）将 220/380 V 交流电分别供给动力、照明设备，各配电所（室）对本车站及其两侧区间动力和照明等设备配电。配电线路是配电所（室）与用电设备之间的连接导线。

在动力照明供电系统中，一般每个车站设置一个降压变电所，也有几个车站合设一个的，还有将降压（动力）变压器附设在某个牵引变电所中构成一个牵引动力混合变电所的。

地铁车站及区间照明电源采用 380/220 V 三相五线制系统配电。正常时，工作照明、事故照明均由交流供电，当交流电源失压时，事故照明自动切换成蓄电池供电，以确保事故期间必要的紧急照明。

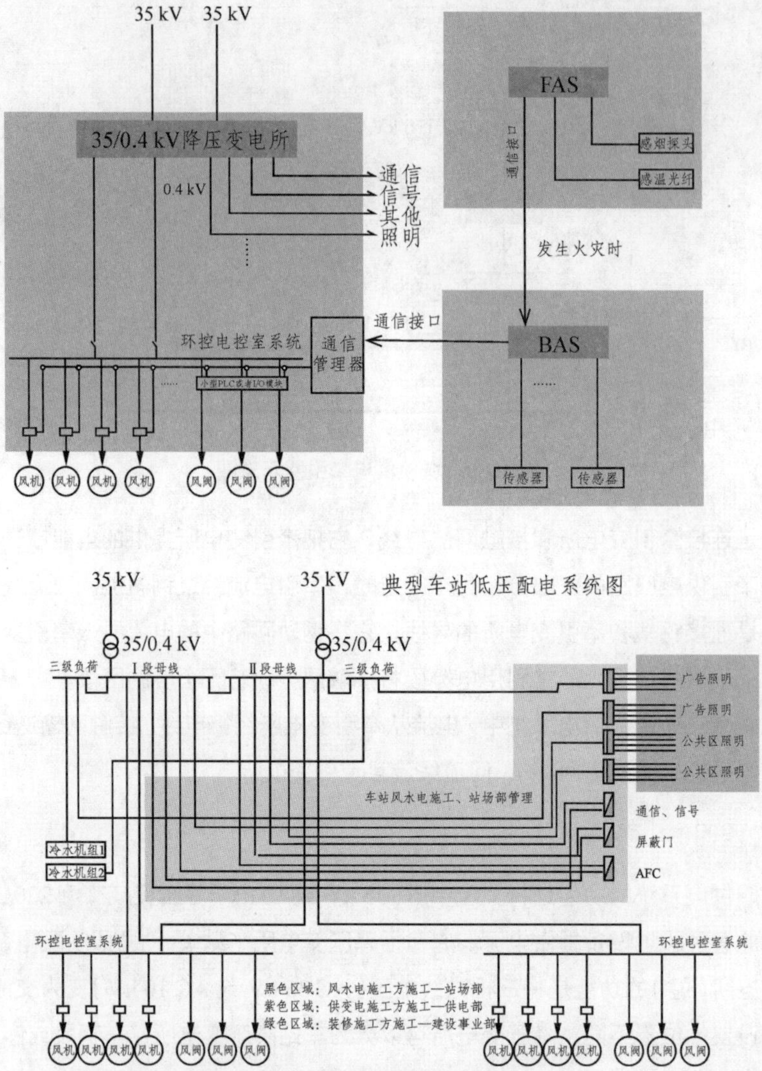

图 1.2.10　城轨低压动力照明配电系统

1.2.2.3　轨道交通的供电方式

轨道交通供电系统的供电制式是指供电系统向电动车辆或电力机车供电所采用的方式，主要包括电流制式、电压等级和馈电方式。

中国电气化铁路的牵引供电制式从一开始就采用单相工频（50 Hz）25 kV 交流制，这一选择有利于今后电气化铁路的发展。

城市轨道交通的牵引供电系统几乎毫无例外地都采用较低电压等级的直流电流供电制式。采用直流制式的原因主要有以下几点：

（1）由于直流制供电无电抗压降，因而比交流制供电的电压损失小。

（2）电网的供电范围（距离）、电动车辆的功率都不大，均不需太高的供电电压。

（3）城市轨道交通和地铁的供电线路都处在城市建筑群之间，供电电压不宜过高，以确保安全。

（4）直流制供电的对象，即早期使用的直流牵引电动机和近期采用的变频调速异步牵引电动机均具有良好的启动和调速特性，可充分满足电动车辆牵引特性的要求。

基于上述原因，世界各国城市轨道交通的供电电压均在 550 ~ 1 500 V，其中间挡级很多，这是由各种不同交通形式、不同发展历史时期造成的。现在国际电工委员会拟定的电压标准为：600 V、750 V、1 500 V，后两种电压为推荐值。我国国标亦规定为 750 V 和 1 500 V，不推荐 600 V 电压等级。

我国北京地铁、武汉地铁部分采用的是 750 V 直流供电电压，上海地铁、广州地铁、深圳地铁等均采用的是 1 500 V 直流供电电压。究竟应选择哪种电压等级，这涉及供电系统的技术经济指标、供电质量、运输的客流密度、供电距离、车辆的选型等。必须根据各城市的具体条件和要求，通过综合技术论证后决定。

近年来，由于交流变频调速技术的发展，车辆的牵引电动机已逐步采用结构简单、运行可靠、价格低廉的鼠笼式交流异步电动机替代原先的直流电动机。在城市轨道交通中采用交流变频调速异步牵引电动机是一项新技术，也是牵引动力的发展方向，具有非常广阔的发展前景。通常采用的“交-直-交”（AC-DC-AC）变频调速方式，尽管在电动车辆上采用的是交流异步电动机，但其接触网架线供电电压还是直流的。从供电的角度分析，仍然还可认为是属于直流供电制式的扩大运用范畴。

牵引网的馈电方式有架空接触网和接触轨两种方式，如图 1.2.11 所示。电压等级与馈电方式是牵引网供电制式的关键点，两者密切相关。对于一个具体的城市，电压等级与馈电方式的选择应该结合起来，统一考虑。我国牵引网供电制式可以选择以下 4 种方式：直流 1500 V 架空接触网、直流 1 500 V 接触轨、直流 750 V 架空接触网、直流 750 V 接触轨。我国北京地铁 1 号线一期工程、北京地铁 13 号线、天津地铁一期工程等都采用了直流 750 V 接触轨形式；上海地铁 1、2 号线、广州地铁 1 号线、南京地铁、深圳地铁一期等则采用了直流 1500 V 架空接触网形式，长春轻轨采用了直流 750 V 架空接触网，广州地铁 4 号线大学城段、深圳地铁 3 号线则采用了直流 1 500 V 接触轨形式。

（a）架空接触网

（b）接触轨

图 1.2.11　架空接触网和接触轨（第三轨）

磁悬浮轨道交通供电系统从功能上可划分为主变电所、牵引供电系统、动力供电系统三部分。主变电所将电力系统 110 kV 电源经主变压器降压为 20 kV 中压电源后，对牵引供电系统及动力供电系统进行供电。牵引供电系统将 20 kV 中压电降压后整流为直流电，再经过逆变器变换为可调压、调频、调流及相角的三相交流电后，馈电至沿线定子绕组，用于列车的牵引或制动；动力供电系统将主变电所 20 kV 电源，通过 20 kV 中压环网电缆送至沿线轨旁变电所，轨旁变电所将 20 kV 降压或整流后对车站及沿线动力负荷进行供电。

【任务实施】

1. 参观城市轨道交通系统沙盘

通过城市轨道交通沙盘展示，学员应全面认识城市轨道交通的电气系统组成，重点掌握供电系统组成。

2. 参观城市轨道交通电气模型

通过城市轨道交通车辆电气模型展示，了解车辆牵引电气设备组成。

3. 观看地铁车站、高铁车站视频

通过观看视频，了解车站低压电气系统组成。

【应知应会要点归纳】

（1）轨道交通是指运营车辆需要在特定轨道上行驶的一类交通工具或运输系统。常见的轨道交通有传统铁路（国家铁路、城际铁路和市域铁路）、地铁、轻轨和有轨电车，新型轨道交通有磁悬浮轨道系统、单轨系统（跨座式轨道系统和悬挂式轨道系统）和旅客自动捷运系统等。目前轨道交通主要采用电力牵引方式。

（2）城市轨道交通是以电能为主要动力能源，采用轮轨运转体系的大运量快速公共交通系统，包含了通常所说的地铁、轻轨、市郊铁路、独轨、有轨电车和磁浮系统等。

（3）电气化铁道电气系统由电力机车和牵引供电装置组成，其中牵引供电装置又分成牵引变电所和接触网两部分。目前，我国电气化铁道采用单相工频 27.5 kV 交流电供电方式。

（4）城市轨道交通电气系统由供电系统、信号系统、通信系统、防灾报警系统、自动售检票系统、环境控制系统、给排水及消防系统、控制中心组成。我国城市轨道交通中地铁、轻轨、独轨采用直流 1 500 V（或 750 V）接触网（或接触轨）供电方式。

【复习与考工模拟】

1. 铁路的电气系统由哪些子系统组成?
2. 地铁的电气系统由哪些子系统组成?
3. 现轨道交通车辆牵引系统采用哪种方式?
4. 铁路供电系统的组成有哪些?
5. 地铁供电系统的供电方式有哪几件？应用最多供电方式的具体过程是怎样的?
6. 轨道交通的站场动力及照明用电按照负荷重要程度如何分类？各自主要包括哪些设备?

项目 2　直流电路认知及分析

项目导读

在生产生活中，用直流电源供电的电路就是直流电路，如我们常见的手电筒、电动玩具、电动自行车、汽车电气电路、直流牵引电路等都用到了直流电路。直流电路的基本概念和分析方法是研究电路的基础，也是学习其他专业课程的基础。

为使教学内容贴近生产生活实际，更好地与工作岗位对接，本项目包括电路及电路图的认知、电路基本物理量的测量、常用电路元件的学习及检测、电路的工作状态及分析、MF47型万用表的装配及调试共 5 个任务。通过这 5 个任务的学习和训练，达到职业岗位群要求的目标。

任务 2.1　电路及电路图的认知

【任务目标】

知识目标：

（1）了解电路的组成及各组成部分的作用。

（2）了解电路的 3 种工作状态及特点。

（3）理解电路模型的含义。

技能目标：

（1）能正确识读简单电路图。

（2）会根据简单的实物电路画出电路图。

思政目标：

（1）培养学生观察事物、总结内容的能力。

（2）培养学生交流合作能力。

【任务重点】

电路图的识读。

【任务难点】

电路模型。

【任务学时】

4 学时。

【知识链接】

2.1.1 电路的组成和作用的认知

2.1.1.1 电路的组成

手电筒是人们日常生活中常用的照明工具，图 2.1.1 所示为手电筒的实物图、实物分解图和结构图。闭合开关，小灯泡持续发光；断开开关，小灯泡熄灭。为什么会这样呢?

（a）

（b）

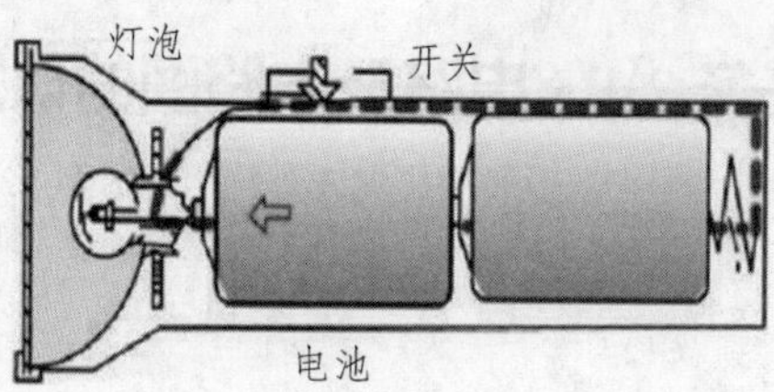

（c）

图 2.1.1 手电筒实物图、实物分解图和结构图

手电筒主要由灯泡、开关、连接导线、电池组成。闭合开关，手电筒电路接通，有电流流过小灯泡，小灯泡发光；断开开关，没有电流流过灯泡，灯泡熄灭。

电流经过的路径称为电路。它是由各种电气元件按一定方式连接而成的。一个完整的电路由电源、负载和中间环节组成。

（1）电源（供能元件）：为电路提供电能或电信号的设备和器件（如电池、发电机、信号源等），它把其他形式的能量转换成电能，实物如图 2.1.2 所示。

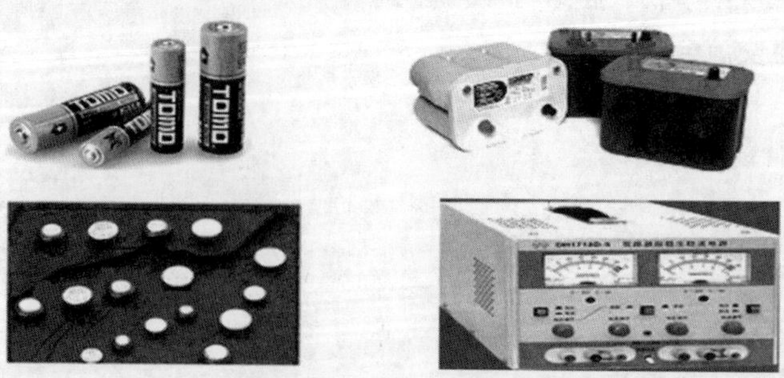

图 2.1.2 几种电池与信号源

（2）负载（耗能元件）：也称用电器、用电设备，是通过使用（消耗）电能把电能转换成其他形式能量的设备和器件（如灯泡、电动机、扬声器等）。

（3）中间环节：用于连接电源和负载，起传输、分配、控制和转换电能或对电信号进行传递和处理作用的器件或设备（如开关、连接导线、变压器等）。

2.1.1.2 电路的作用

电路具有以下两个方面的作用：

（1）实现电能的传输、分配与转换。图 2.1.3 所示为电力系统电路的示意图。发电机是实现把热能、水能和核能转变成电能的装置，是电路的电源部分；升压变压器、输电线、降压变压器是实现电能传输和分配的装置，是电路的中间环节；电灯、电动机、电炉等是实现将电能转换为光能、机械能和热能的装置，是电路的负载。

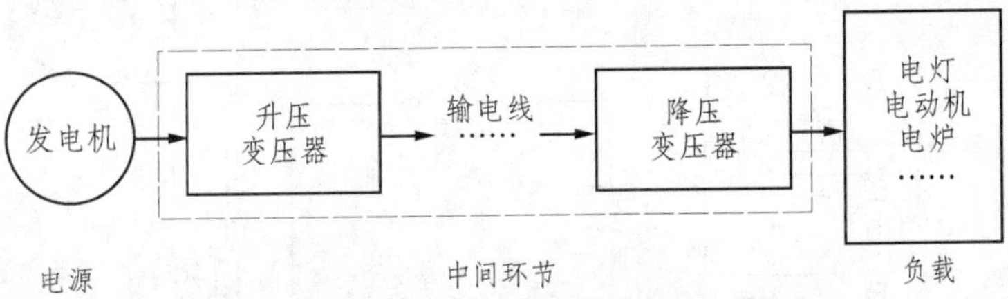

图 2.1.3 电力系统电路示意图

（2）实现信号的传递与处理。图 2.1.4 所示为音频放大电路（扩音机）的示意图。话筒将语音转换为电信号，放大器将电信号进行放大处理，扬声器将电信号转换成声音信号。

图 2.1.4 音频放大电路的示意图

2.1.2 电路图的认知

构成电路的各种实际电气器件，称为实际电路元件，例如灯泡、电池、话筒等。它们在通电工作时各种电磁现象都是交织在一起的。例如：灯泡通电时，不仅会发光，而且会发热，还会产生微弱的电磁场，这给分析电路带来许多不便。为了便于用数学方法对电路进行分析，通常把实际电路元件用一个能够表征它们主要电磁特性的理想电路元件（模型）或它们的组合来代替，而对实际电路元件的结构、材料、形状，以及其他非电磁特性不予考虑。例如：在电源频率不是很高的情况下，各种电阻器、电灯泡、电饭煲、电烙铁等这类反映消耗电能的元件用理想的“电阻元件”来表示；反映产生磁场、储存磁场能量特征的内阻很小的电感线圈，用理想“电感元件”来表示；反映产生电场、储存电场能量特征的介质损耗很小的实际电容器用理想“电容元件”来表示；表示各种将其他形式的能量转变成电能的元件用理想“电源”来表示，理想电源分为“理想电压源”和“理想电流源”。干电池、蓄电池等实际直流电源可以用“理想电压源”和一个理想“电阻元件”串联来表示。理想电路元件就是指只反映单一电磁现象的电路元件，常见理想电路元件的符号如图 2.1.5 所示。

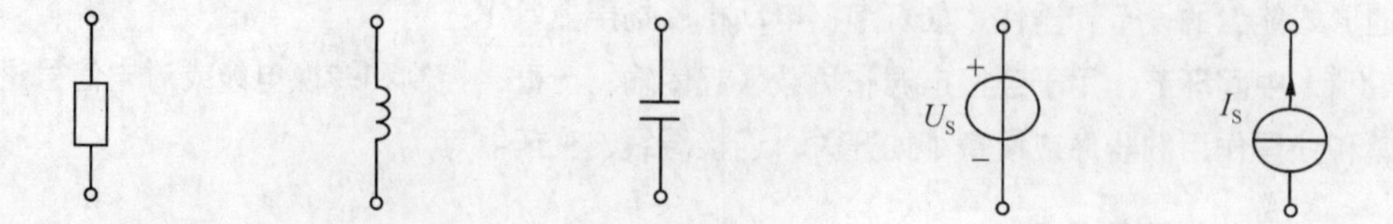

（a）电阻元件　（b）电感元件　（c）电容元件　（d）电压源　（e）电流源

图 2.1.5　常见理想电路元件的符号

理想电路元件组成的电路称为实际电路的电路模型。用国标统一规定的电气图形符号、文字符号来表示电路连接情况的图形，称为电路原理图，简称电路图。将手电筒的实际电路，用理想电路元件表示后，就可以得到手电筒电路的模型，图 2.1.6 所示是手电筒的实际电路图、电路原理图和电路模型。

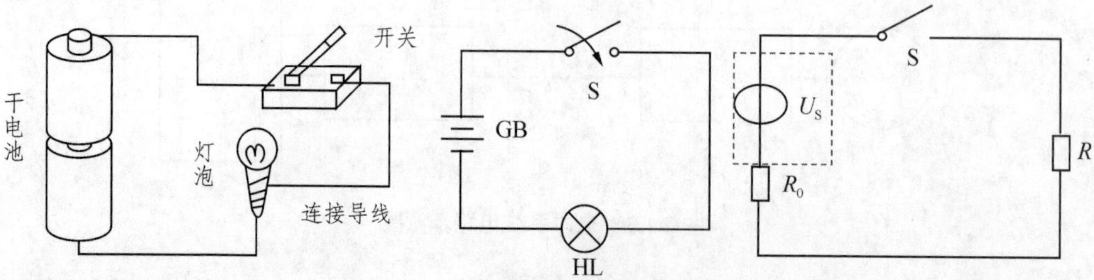

（a）实际电路图　（b）电路原理图　（c）电路模型

图 2.1.6　手电筒的实际电路、电路原理图和电路模型

由图 2.1.6 可见，实物图虽然直观，但画起来很复杂，不便于分析和研究；电路模型就是实际电路的科学抽象化表示，采用电路模型来分析实际电路，可以更清晰地反映电路的物理本质，不仅能使计算过程简化，而且不需要考虑电路中各组成器件连接的实际位置。

电路常用设备与元件符号如表 2.1.1 所示。

表 2.1.1　电路常用设备与元件符号

图形符号	名称	图形符号	名称	图形符号	名称
	开关		电阻器		接机壳
	电池		电位器		接地
G	发电机		电容器	○	端子
	线圈	A	电流表		连接导线 不连接导线
	铁心线圈	V	电压表		熔断器
	抽头线圈		二极管		灯

2.1.3　电路工作状态的认知

电路通常有 3 种工作状态：

（1）通路（闭路）：电源与负载接通，电路中有电流通过，电气设备或元器件获得一定的电压和电功率，进行能量转换。

（2）开路（断路）：电路中没有电流通过，又称为空载状态。

（3）短路（捷路）：电源两端的导线直接相连接，输出电流过大。这对电源来说属于严重过载，如没有保护措施，电源或电器会被烧毁甚至发生火灾，所以通常要在电路或电气设备中安装熔断器、保险丝等保险装置，以避免发生短路时出现不良后果。

电路 3 种工作状态如图 2.1.7 所示。

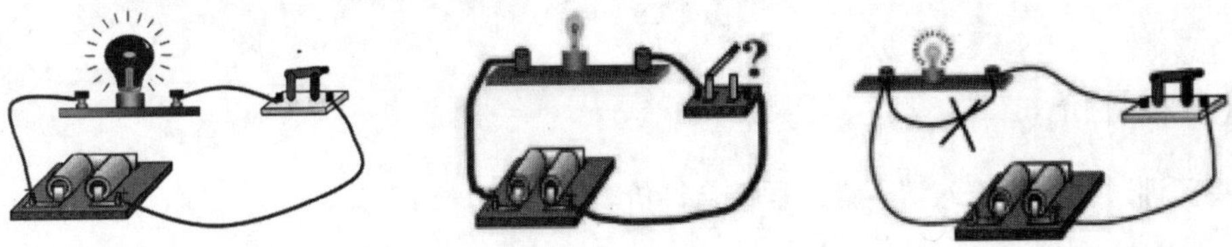

（a）通路　　（b）开路　　（c）短路

图 2.1.7　电路的 3 种工作状态

【任务实施】

1. 任务实施准备

1）器　材

开关（1 个），1.5 V 电池（若干），小灯珠（若干），电池盒，导线若干，电工实验台。

2. 任务实施步骤

（1）学习电工实训操作规程。

（2）搭接电路。

将电池放入电池盒中，用导线把灯珠、开关、电池盒按图 2.1.7（a）连接起来。

（3）闭合开关，观察小灯珠是否发光；断开开关，观察小灯珠是否熄灭。

（4）按图 2.1.7（c）接线，分别观察开关闭合与断开时，灯珠是否发光。

（5）画出图 2.1.7 电路的电路原理图和模型图。

（6）画出图 2.1.8 的电路图。

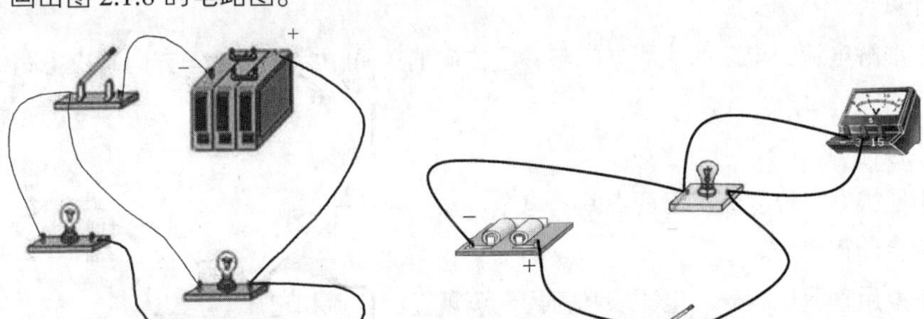

图 2.1.8　电路图

（7）按图 2.1.9 所示电路图，画出电路的实物连接图。

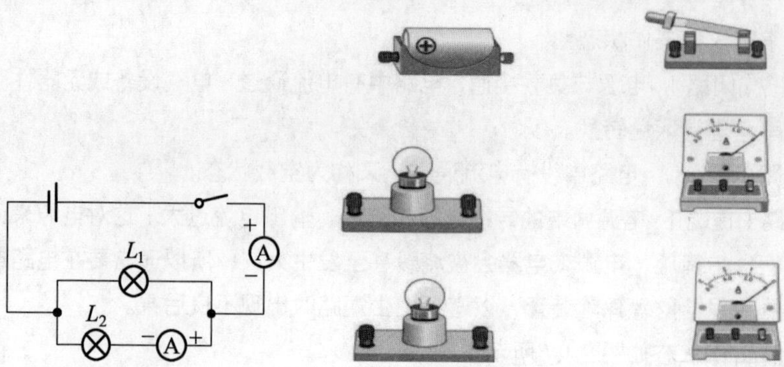

图 2.1.9　电路图

【任务评价】

将实训过程评价填入“实训过程综合评价表”（见附表 1）。

【思考与练习】

1. 什么是电路？电路由哪几部分组成？各组成部分在电路中起什么作用？
2. 实际电路和电路模型有什么关系？
3. 电路有哪几种工作状态？各种状态有何特点？
4. 画出下列常用电路元件的图形符号。

电阻：________，电容：________，电感：________，电池：________，电流表：________，电压表：________。

任务 2.2　电路基本物理量的测量

【任务目标】

知识目标：

（1）理解电流、电压、电位、电动势、电功率、电功等电路基本物理量的概念，能进行简单的计算。

（2）理解电流、电压的实际方向与参考方向的关系，会应用参考方向解决电路中的实际问题。

技能目标：

（1）能根据电位差计算出两点间的电压。

（2）会计算电费。

（3）能用直流电压表、电压表和万用表测量直流电流和电压。

（4）能正确读取电度表和功率表的读数。

思政目标:

（1）培养学生严谨的科学态度，以及节能环保的意识。

（2）引导学生养成认真思考问题的习惯。

【任务重点】

电流、电压、电动势的大小与方向；用指针式万用表测电流、电压。

【任务难点】

参考方向。用指针式万用表测直流电压、电流并读数。

【任务学时】

10 学时。

【知识链接】

2.2.1 电流及其测量

2.2.1.1 电　流

人们把电荷有规则的定向运动称为电流现象，简称电流。

在不同的导电物质中，形成电流的运动电荷可以是正电荷，也可以是负电荷，甚至两者都有。在金属导体中，电流是自由电子在外电场作用下，有规则运动形成的；在某些液体和气体中，电流由阴离子或阳离子在电场力作用下有规则的运动形成。

习惯上规定以正电荷移动的方向为电流的正方向，称为电流方向。因此，电子移动的方向与电流方向相反，如图 2.2.1 所示。

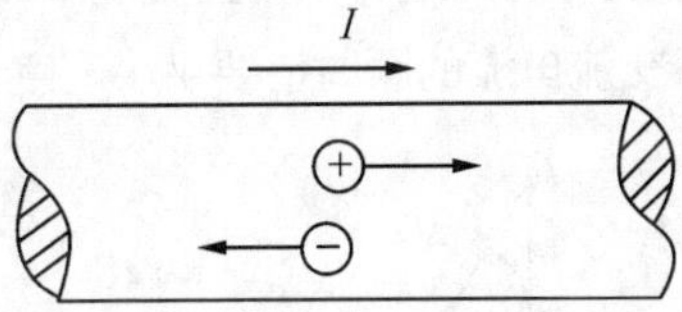

图 2.2.1　电子流方向与电流方向

电流的参考方向：在分析或计算电路时，常常要求标出电流的方向。但当电路比较复杂时，某段电路中电流的实际方向往往难以确定，此时可先假定电流的参考方向（也称正方向），然后列方程求解。当解出的电流值为正值时，就认为电流实际方向与参考方向一致，如图 2.2.2（a）所示；反之，当解出的电流值为负值时，就认为电流实际方向与参考方向相反，如图 2.2.2（b）所示。

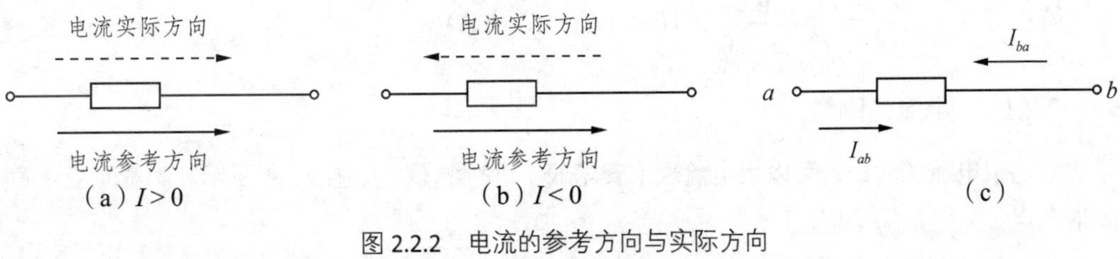

图 2.2.2　电流的参考方向与实际方向

电流的大小用电流强度来衡量。在单位时间内通过导体横截面的电量，称为电流强度（电流），用符号 I 或 $i(t)$ 表示。注意：大写字母一般表示不随时间变化的物理量，而小写字母一般表示随时间变化的物理量。

设在（$\Delta t = t_2 - t_1$）时间内，通过导体横截面的电荷量为（$\Delta q = q_2 - q_1$），则在Δt 时间内的电流强度可用数学公式表示为

$$i(t) = \frac{\Delta q}{\Delta t} \tag{2.2.1}$$

式中，Δt 为很小的时间间隔，单位为秒（s）；电量Δq 的 SI（国际单位制）单位为库仑（C）；电流 $i(t)$ 的 SI 单位为安培（A），简称安。

例如，在 1 s 内通过导体横截面的电量为 1 C，则导体中的电流强度就是 1 A。除安培外，常用的电流单位还有千安（kA）、毫安（mA）和微安（μA）。

如果电流的大小及方向都不随时间变化，即在单位时间内通过导体横截面的电量相等，则称之为稳恒电流或恒定电流，简称为直流（Direct Current），记为 DC 或 dc。直流电流要用大写字母 I 表示：

$$I = \frac{Q}{t} \tag{2.2.2}$$

直流电流 I 与时间 t 的关系在 I-t 坐标系中为一条与时间轴平行的直线，如图 2.2.3（a）所示。

方向不随时间变化，但大小随时间改变的直流电叫作脉动直流电流，如图 2.2.3（b）所示。

如果电流的大小及方向均随时间变化，则称为交流电流，简称为交流（Alternating Current），记为 AC 或 ac。大小及方向均随时间按正弦规律做周期性变化的电流称为正弦交流电流，如图 2.2.3（c）所示。交流电流的瞬时值要用小写字母 i 或 $i(t)$ 表示。

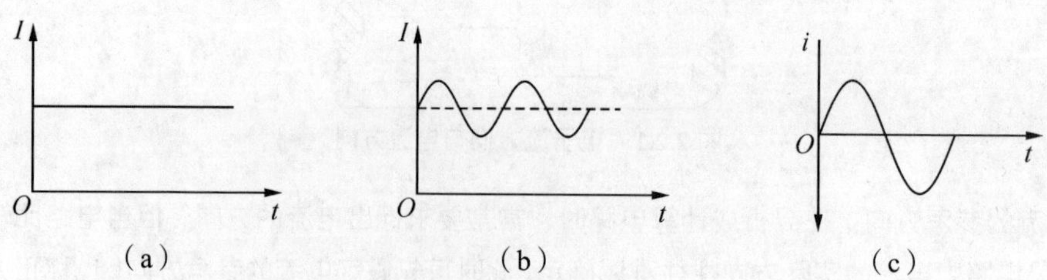

（a）（b）（c）

图 2.2.3 稳恒直流电流、脉动电流与交流电流

例 2.2.1 某导体在 5 min 内均匀通过的电荷量为 4.5 C，则导体中的电流是多少毫安?

解： $I = \frac{Q}{t} = \frac{4.5}{5 \times 60} = 0.015\ (\text{A}) = 15\ (\text{mA})$

2.2.1.2 电流的测量

电路中电流的大小，可以用电流表（安培表）进行测量，如图 2.2.4 所示。测量时应注意以下几点：

（1）对交、直流应分别使用交流电流表和直流电流表进行测量。

（2）电流表必须串联在被测电路中。

（3）直流电流表表壳接线柱上标明的“+”“-”记号，应和电路的极性相一致，不能接错，否则指针要反转，严重的甚至会损坏仪表。

（4）应合理选择电流表的量程。如果量程选用不当，例如用电流表小量程去测量大电流，就会烧坏电流表；若用大量程电流表去测量小电流，会影响测量的准确度。在进行电流测量时，一般要先估计被测电流的大小，再选择电流表的量程。若无法估计，可先用电流表的最大量程挡测量，若指针偏转不到 1/3 刻度，再改用较小挡去测量，直到测得正确数值为止。

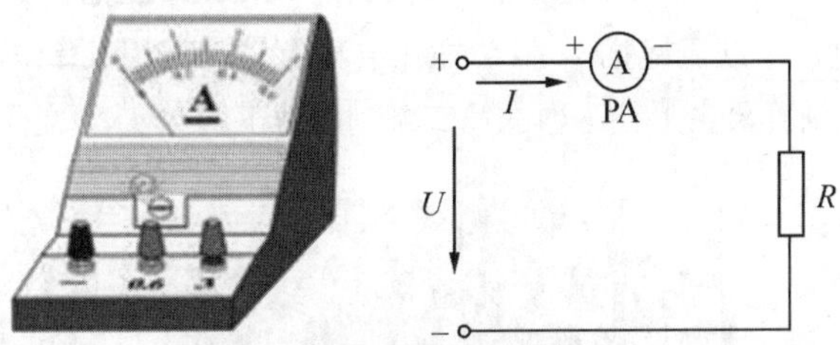

图 2.2.4　直流电流表测量直流电流

电路中电流的大小，也可以用万用表的电流挡进行测量。

万用表是一种多功能多量程的便携式电工测量仪表，主要有指针式万用表和数字式万用表两类，其外形如图 2.2.5 所示。其中，指针式万用表适用于测量强电回路的电压、电流和电阻等，可判断二极管、三极管、晶闸管和电解电容等元件的好坏以及测量集成电路引脚的静态电阻值等；数字式万用表为直接读数，用来测量电压、电流、电阻、三极管放大倍数和电容，同时可用其蜂鸣器挡测量电路的通断，以判定印制电路的走向。

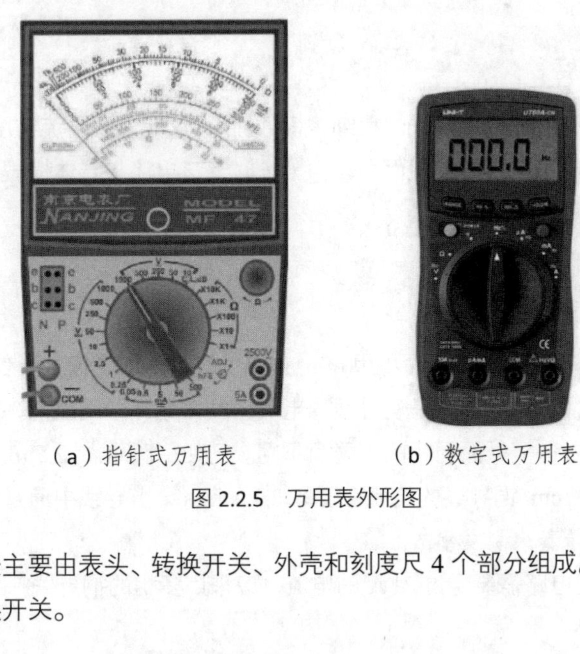

（a）指针式万用表　　　　（b）数字式万用表

图 2.2.5　万用表外形图

指针式万用表主要由表头、转换开关、外壳和刻度尺 4 个部分组成。图 2.2.6 所以为万用表的刻度尺及转换开关。

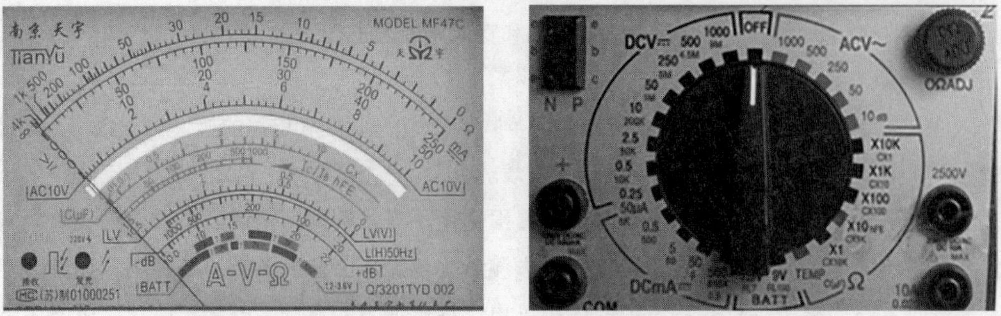

图 2.2.6　指针式万用表的刻度尺及转换开关

使用指针式万用表测量直流电流时，首先将转换开关置于直流电流挡，选择合适的量程，插入表笔（一般情况下在“+”的插孔中插入红表笔，“COM”的插孔中插入黑表笔，若测量电流大于 500 mA，则应将红表笔插入 10 A 插孔中测量）；将万用表串联入被测电路中进行测量，读数时应读表盘刻度尺由上往下数的第二条刻度线下的数值，如图 2.2.7 所示。

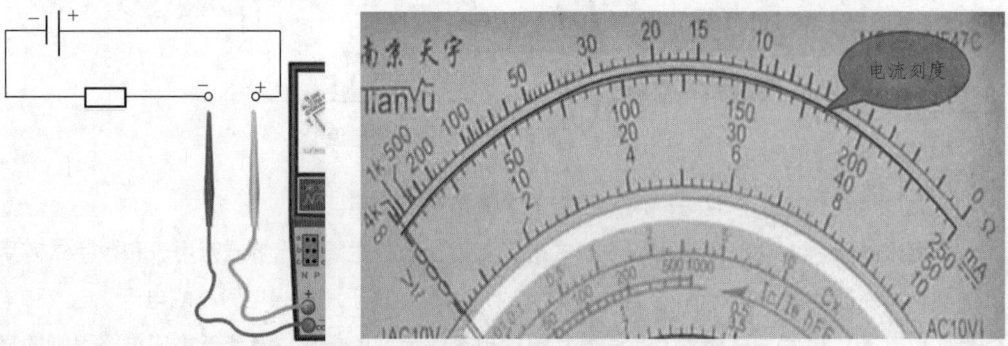

图 2.2.7　万用表测量直流电流的接法及读数

测量完毕，将万用表的转换开关置于“OFF”位。若没有“OFF”位，则将转换开关置于交流电压的最高挡位。

2.2.1.3　电流密度

在实际工作中，有时要选择导线的粗细（横截面），这就涉及电流密度这一概念。

电流密度是指当电流在导体的截面上均匀分布时，该电流与导体横截面面积的比值，用字母 J 表示。其数学表达式为

$$J = \frac{I}{S} \tag{2.2.3}$$

式中，当电流用 A 作单位、横截面面积用 mm^2 作单位时，电流密度的单位是 $\mathrm{A/mm}^2$。

选择合适的导线横截面面积就是使导线的电流密度在允许的范围内，保证用电安全。导线允许的电流密度随导体横截面面积的不同而不同。例如，1 mm^2、2.5 mm^2 铜导线的电流密度取 6 $\mathrm{A/mm}^2$，而 120 mm^2 铜导线的电流密度取 2.3 $\mathrm{A/mm}^2$。当导线中通过的电流超过允许值时，导线将过热，甚至着火引发事故。

例 2.2.2　某照明电路需要通过 21 A 的电流，应采用多粗的铜导线？（设 $J = 6\ \mathrm{A/mm}^2$）

解： 因为 $J = I/S$

所以 $S=\dfrac{I}{J}=\dfrac{21}{6}=3.5\ (\text{mm}^2)$

【知识拓展】

大气层中一次闪电电流的数量级大小达到 10^4 A，一般家用电器的工作电流为 0.3 ~ 6 A，手电筒中的小灯泡正常发光时的电流约为 300 mA。

2.2.2 电位与电压的测量

2.2.2.1 电 位

现实生活中，水总是由高处往低处流，高处的水位高，低处的水位低，如图 2.2.8 所示。水位描述了水流路径中某个点相对于地面的高度。水分子在地球引力的作用下由水位高的点流向水位低的点。与此类似，电路中电荷在电场力的作用下由电位高的点移动到电位低的点。

电位是指电场力把单位正电荷从电场中的一点移动到参考点所做的功。由于在讲高度时，需要有一个计算高度的起点，这个起点被称为参考点，参考点的高度为零。在电路中也必须有一个计算电位的起点，这个点的电位为零，因此电路中的参考点又被称为零电位点。电位的文字符号用带下标的字母 V 表示，如 V_A 即表示 A 点的电位。

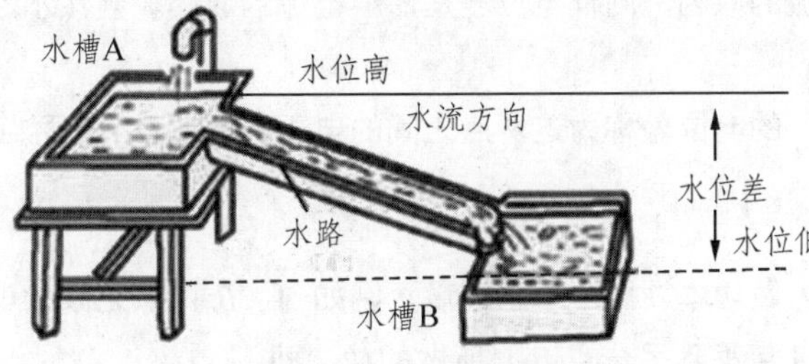

图 2.2.8 水位与水流

电位的单位为伏特（V），简称伏。必须特别注意，电路中任意点电位的大小与参考点的选择有直接关系。例如在图 2.2.9 中，如以 A 点为参考点，则 $V_A=0$ V，$V_B=3$ V，$V_C=9$ V；如以 B 点为参考点，则 $V_B=0$ V，$V_A=-3$ V，$V_C=6$ V。

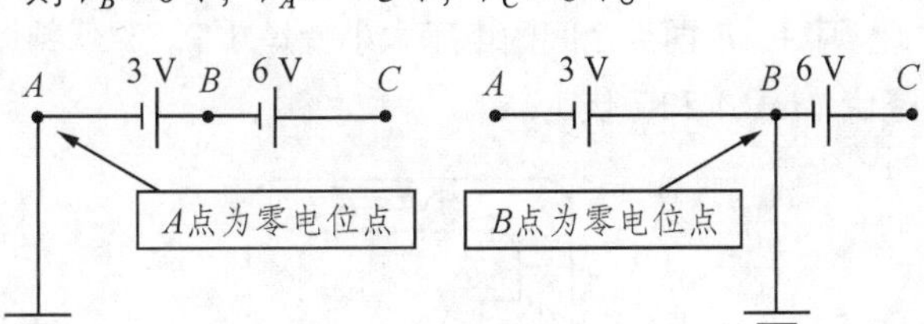

图 2.2.9 电位的参考点

由此例可知，某一点电位的数值为正值，说明这一点的电位高于参考点电位；若电位为负值，则说明这一点的电位低于参考点电位。

在电子电路中，为了使电路简明，常常将电源省略不画，而在电源端用电位（或电动势）的极性和数值标出。图 2.2.10 所示电路表示 A 点接电源 E_1 的正极，故用“$+E_1$”（也可用“$+V_1$”）表示，C 点接另一电源 E_2 的负极，故用“$-E_2$”表示。如画出完整电路图，则如图 2.2.10（b）所示。

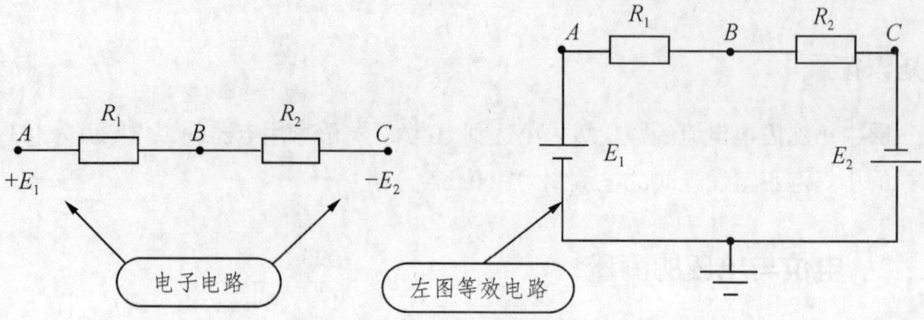

图 2.2.10　电子电路图中的电源表示法及等效电路图

【知识拓展】

一般选大地作为参考点（零电位点）。在电子仪器和设备中又常把金属外壳或电路的公共接点的电位规定为零电位。零电位的符号有三种，"⏚"表示接大地，"ꟷ"或"⊥"表示接机壳或公共接点。

2.2.2.2　电压（电位差）

水位差是形成水流的原因，同样电位差是形成电流的原因。当然水流和电流在本质上是两种不同的运动形式。

电路中某两点之间的电位差称为这两点之间的电压。例如 A、B 两点之间的电压，即

$$U_{AB}=V_A-V_B \tag{2.2.4}$$

电压是衡量电场力做功本领大小的物理量。例如 A、B 两点之间的电压在数值上等于电场力将单位正电荷从 A 点移到另一点 B 时所做的功，即

$$U_{AB}=\frac{W_{AB}}{Q} \tag{2.2.5}$$

如图 2.2.11 所示，在电场中若电场力将点电荷 Q 从 A 点移动到 B 点，所做的功为 W_{AB}，则功 W_{AB} 与电荷 Q 的比值就是 A、B 两点之间的电压。若电场力将 1 C 的电荷从 A 点移动到 B 点，所做的功是 1 J，则 A、B 两点之间的电压大小就是 1 V。除伏特以外，常用的电压单位还有千伏（kV）、毫伏（mV）和微伏（μV）。

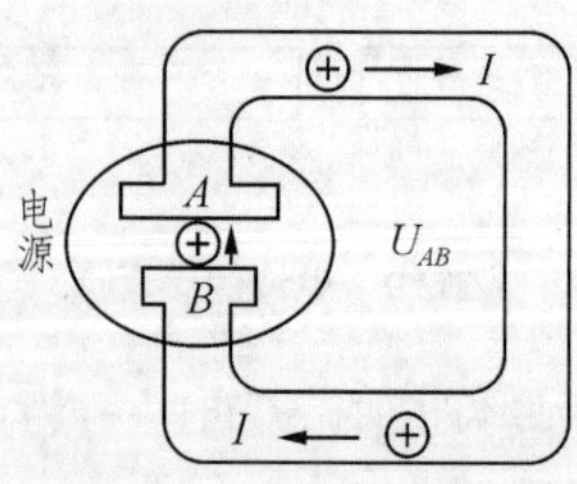

图 2.2.11　电源中电场力做功

电压和电流一样，不仅有大小，而且有方向。电压的方向规定为由高电位端指向低电位端。对于负载来说，规定电流流入端为电压的正端，电流流出端为电压的负端，电压的方向

为由正端指向负端。

电压的方向在电路图中有两种表示方法：一种是用箭头表示，如图 2.2.12（a）所示；另一种是用极性符号表示，如图 2.2.12（b）所示。

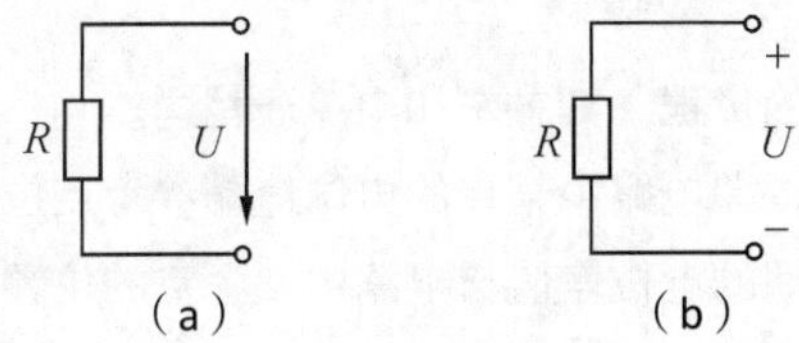

图 2.2.12　电压的方向

在分析电路时往往难以确定电压的实际方向，此时可任意假设电压的参考方向，再根据计算所得值的正、负来确定电压的实际方向，如图 2.2.13 所示。

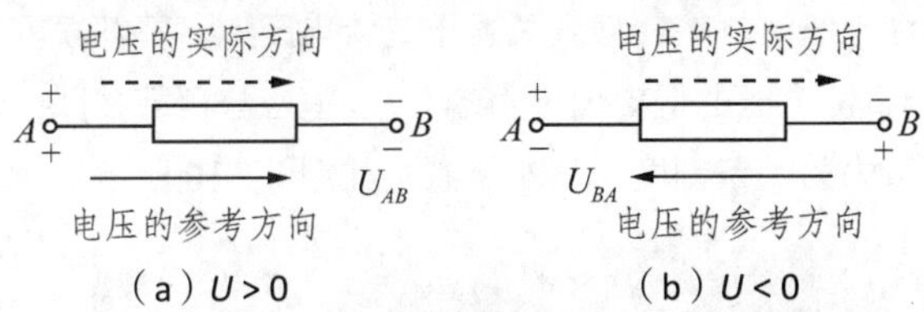

图 2.2.13　电压的参考方向和它的实际方向

对于一段电路或一个元件，电压参考方向和电流参考方向可以独立地任意指定。但是为了方便起见，我们常采用关联参考方向。

关联参考方向，就是指电流参考方向应与电压的参考方向一致，即在外电路中，电流应从高电位端流向低电位端，如图 2.2.14（a）所示。这样在电路图上就只需要标出电流的参考方向与电压的参考极性中任一种就可以了，如图 2.2.14（b）、（c）所示。

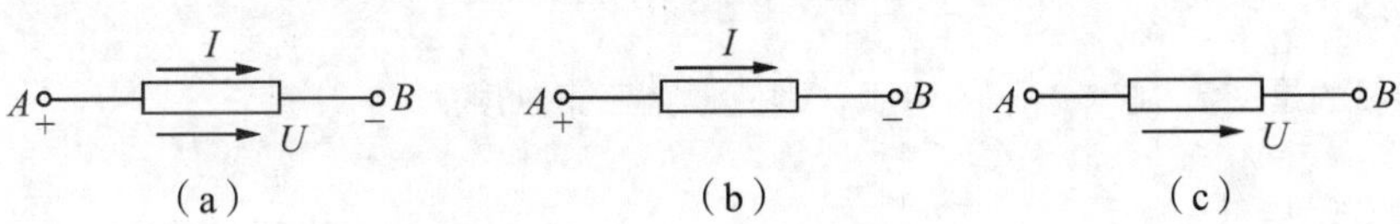

图 2.2.14　电流与电压的关联参考方向

电路中任意两点之间的电压大小，可用电压表（伏特表）进行测量，如图 2.2.15 所示。测量时应注意以下几点：

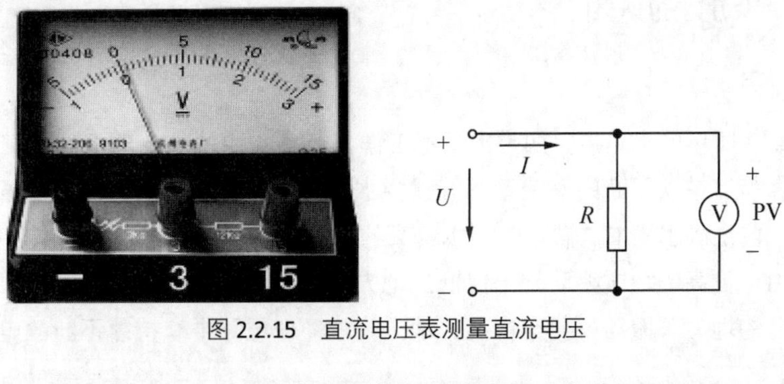

图 2.2.15　直流电压表测量直流电压

（1）对交、直流电压应分别采用交流电压表和直流电压表进行测量。

（2）电压表必须跨接（并联）在被测电路的两端。

（3）直流电压表的表壳接线柱上标明的“+”“-”记号，应和被测两点的电位相一致，即正端（+）接高电位，负端（-）接低电位，不能接错，否则指针要反转，并有可能使电压表损坏。

（4）应合理选择电压表的量程，其方法和电流表相同。

注意：电位具有相对性，即电路中某点的电位值随参考点位置的改变而改变；而电位差具有绝对性，即任意两点之间的电位差值与电路中参考点的位置选取无关。此外，电位有正负之分，当某点的电位大于参考点（零电位）电位时，称其为正电位，反之称其为负电位。例如在图 2.2.9 中，若以 A 点为参考点，则 $U_{CA}=V_C-V_A=9\ \text{V}-0\ \text{V}=9\ \text{V}$；若以 B 点为参考点，则 $U_{CA}=V_C-V_A=6\ \text{V}-(-3)\text{V}=9\ \text{V}$。

在实际工作中，经常用万用表的电压挡来测量电压和电位。

用万用表测量直流电压时，将转换开关置于直流电压位。将红表笔接触直流电压的高电位（正端），黑表笔接直流电压的低电位（负端），表笔应与负载并联；看表针指示的格数，读出测量电压值，读数为第二条刻度，从左至右，如图 2.2.16 所示。

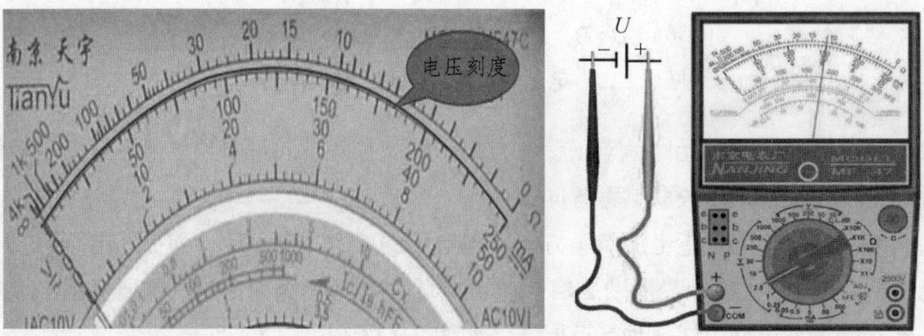

图 2.2.16　万用表测直流电压

若测量的是交流 10 V 以下的电压，则应读第三条刻度。

【知识拓展】

在铁路供电系统中，电动列车需要交流 27.5 kV 的电压；城市轨道交通的电动列车需要的则是直流的 1500 V（或 750 V）电压；民用照明电路则需要交流 220 V 的电压。

2.2.3　电动势的认知

2.2.3.1　电　源

在图 2.2.17 所示的水路中，如果水泵不工作，水槽 A 中的水全部流到水槽 B 后就没有了水流。要保持有持续不断的水流动，就需要水泵转动，将机械能转换为位置势能的同时把水分子从水位低的水槽 B“搬动”到水位高的水槽 A 中，形成循环流通的水路。在电路中，正电荷由电位高的地方移动到电位低的地方后，也必须有一个类似于水泵的装置将正电荷由电位低的地方“搬动”到电位高的地方，才能使电路中有持续不断的电流，这个装置就是电源。

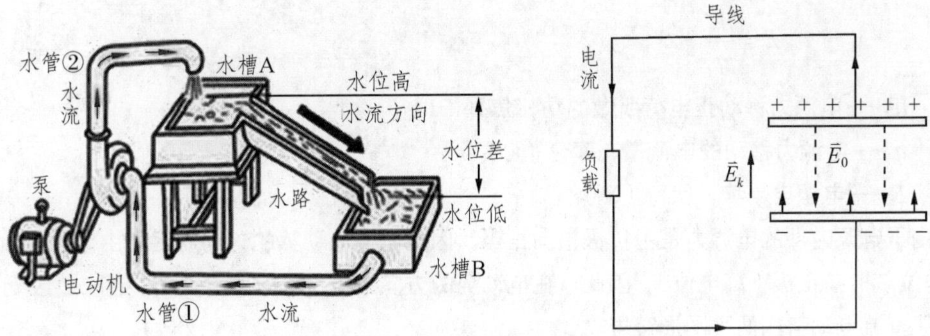

图 2.2.17　电源与水泵作用的比较

电源是把其他形式的能量转换成电能的装置。电源通过能量转换把正电荷由电位低的地方“搬动”到电位高的地方。

电源的种类很多，如把化学能转换成电能的干电池或蓄电池，把太阳能转化成电能的光电池，把机械能转化成电能的发电机等。

电源正极电位高，负极电位低，接通负载后，外电路中电流从高电位流向低电位，在电源内部电流则从负极流向正极。

2.2.3.2　电动势

如图 2.2.18 所示电路中电源外部，在电场力 F2 的作用下，正电荷总是由电源的正极（高电位）经过负载移动到电源负极（低电位）。当正电荷由极板 A 经外电路移到极板 B 时，与极板 B 上的负电荷中和，使 A、B 极板上聚集的正、负电荷数量减少，两极板间电位差随之减小，电流也随之减小，直至正、负电荷完全中和，电流中断。要保证电路中有持续不断的电流，A、B 极板间必须有一个与电场力 F_2 的方向相反的非静电力 F_1 存在，它能把正电荷从 B 极板源源不断地移到 A 极板，保证 A、B 两极板间电压不变，电路中才能有持续不断的电流。这种存在于电源内部的非静电力性质的力 F_1 叫作电源力。

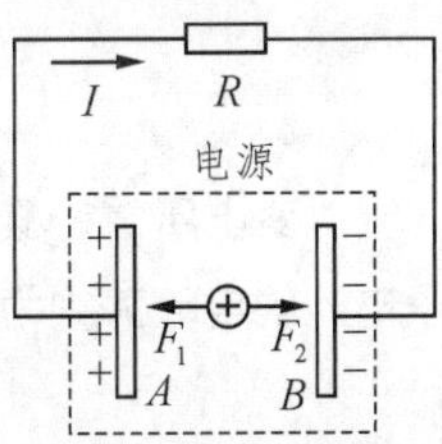

图 2.2.18　含有电源的电路

在电源内部，电源力 F_1 不断把正电荷从低电位移到高电位。在这个过程中，电源力要反抗电场力做功，这个做功过程就是电源将其他形式的能转换成电能的过程。对于不同的电源，电源力在移动同一数量的电荷时所做的功是不同的，因而将其他形式的能量转换成电场能量的数量也是不同的。

为了衡量不同电源转换能量的本领，我们把在电源力的作用下，将单位正电荷从电源负极（低电位）移向正极（高电位）所做的功，叫作这个电源的电动势，用符号 E 表示。即

$$E = \frac{W}{q} \tag{2.2.6}$$

式中　W——电源力移动正电荷所做的功，焦耳（J）；

q——电源力移动的电荷量，库仑（C）；

E——电源电动势，伏特（V）。

由于电源内部的电源力是由负极指向正极，因此电源电动势的方向规定为由电源的负极（低电位）指向正极（高电位）。因此，在电动势的方向上电位是逐渐升高的。图 2.2.19 分别给出了直流电动势的两种图形符号。

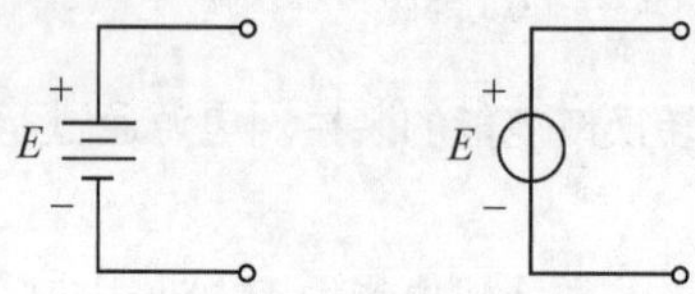

图 2.2.19　直流电动势的图形符号

在电源内部，电源力移动正电荷形成电流，电流的方向是从负极指向正极；在电源外部，电场力移动正电荷形成电流，电流方向是从正极指向负极。

对于一个电源来说，既有电动势，又有端电压。电动势只存在于电源内部，而端电压则是加在外电路两端的电压，其方向由正极指向负极。

一般情况下，电源的端电压总是低于电源内部的电动势，只有当电源开路时，电源的端电压才与电源的电动势相等。

应当特别指出的是，电动势与电压是两个物理意义不同的物理量。电动势存在于电源内部，是衡量电源力做功本领的物理量；电压存在于电源的内、外部，是衡量电场力做功本领的物理量。电动势的方向是从负极指向正极，即电位升高的方向；电压的方向是从正极指向负极，即电位降低的方向。但电压和电动势的单位都是伏特（V）。

【知识拓展】

常用干电池的电动势约为 1.5 V，城轨变电所中铅酸蓄电池的电动势约为 2 V，镍铬、镍氢蓄电池的电动势约为 1.2 V，锂离子电池的电动势约为 3.7 V。

2.2.4　电功及电功率的认知

2.2.4.1　电　功

电流流过灯泡时，灯泡发光；电流流过电动机时，电动机转动……这些都是电流做功的现象。我们把电流流过用电器时，将电能转换为其他形式的能量的过程称为电流做功过程，简称电功。电流做功的多少度量了电能消耗的多少。

如果加在导体两端的电压为 U，在时间 t 内通过导体横截面积的电荷量为 Q，则电流所做的功为

$$W = UQ$$

根据公式$I=\dfrac{Q}{t}$，$U=\dfrac{W}{Q}$，$I=\dfrac{U}{R}$，可得到电功的数学表达式：

$$W=UQ=IUt=I^2Rt=\frac{U^2t}{R} \tag{2.2.7}$$

式中　U——加在负载上的电压，V；

I——流过负载的电流，A；

R——电阻，Ω；

t——时间，s；

W——电功，J；

Q——电量，C。

电功的 SI（国际单位制）单位是焦耳（J），简称焦。

【知识拓展】

在实际工作中，电功的常用单位是千瓦时（kW·h）。“千瓦时”与“焦耳”的换算关系为

$$1\ \text{kW}\cdot\text{h}=3.6\times10^6\ \text{J}$$

电流的热效应：当电流通过导体时，导体由于具有一定的电阻而发热，使电能转变成热能的现象。电流热效应的大小为：$Q=I^2Rt$。其中Q为热量（单位符号为 J），I为流过导体的电流，R为导体的电阻，t为通电时间（单位符号为 s）。

2.2.4.2　电功率

电流在单位时间内所做的功，称为电功率，简称功率，用字母P表示。其数学表达式为

$$P=\frac{W}{t} \tag{2.2.8}$$

在上式中，若电功W的单位是焦耳（J），时间t的单位为秒（s），则电功率P的单位是焦耳/秒（J/s）。焦耳/秒又称瓦特，简称瓦，用字母 W 表示。在实际工作中，电功率的常用单位还有千瓦（kW）、毫瓦（mW）等。根据$I=\dfrac{U}{R}$可得到电功率的常见计算公式：

$$P=IU=I^2R=\frac{U^2}{R} \tag{2.2.9}$$

由式（2.2.9）可知：

（1）当负载电阻一定时，由$P=I^2R=\dfrac{U^2}{R}$可知，电功率与电流的平方或电压的平方成正比。

（2）当流过负载的电流一定时，由$P=I^2R$可知，电功率与电阻成正比。因串联电路中流过同一电流，所以串联电阻的功率与各电阻的阻值成正比。

（3）当加在负载两端的电压一定时，由$P=\dfrac{U^2}{R}$可知，电功率与电阻成反比。因并联电路中各电阻两端的电压相等，所以各电阻的功率与各电阻的阻值成反比。

2.2.4.3 电度表

电能表是用来测量电能的仪表，又称电度表、火表、千瓦小时表。图 2.2.20 为常见家用电度表外形图。

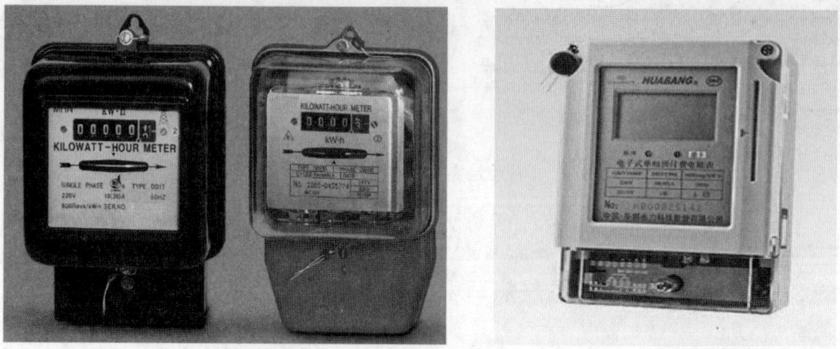

（a）感应式电度表　　（b）插卡式智能电度表

图 2.2.20　常见家用电度表外形图

图 2.2.21 所示为电度表的铭牌，“DD28”中“DD”表示单相电度表，数字“228”为设计序号；“220 V”“50 Hz”是电度表的额定电压和额定工作频率；“20（40）A”是这个电度表的额定电流值和最大电流值，其中 20 A 是额定电流，允许使用的最大电流值为 40 A；“300 r/kW·h”表示电度表的额定转速是每千瓦时转动 300 转。

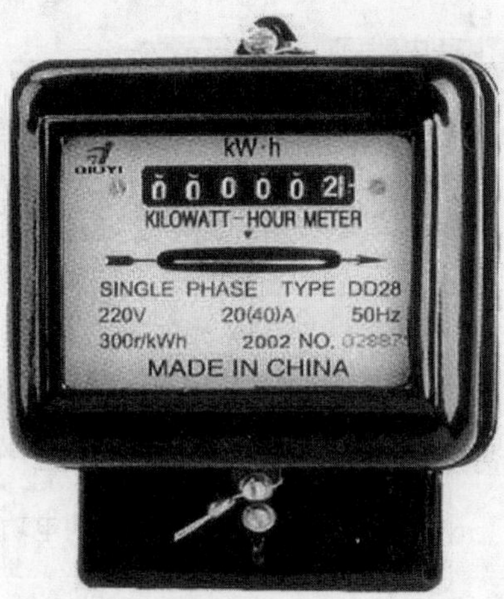

图 2.2.21　单相感应式电度表的铭牌

使用电能表时要注意，在低电压（不超过 500 V）和小电流（几十安）的情况下，电能表可直接接入电路进行测量。在高电压或大电流的情况下，电能表不能直接接入线路，需配合电压互感器或电流互感器使用。

【知识拓展】

电气设备的额定值就是保证电气设备能长期安全正常工作所允许的电压、电流、功率等物理量。常用的电气设备额定值有额定功率（P_e），额定电压（U_e）、额定电流（I_e）、额定转速（n_e）等。电气设备的额定值通常标在铭牌上，铭牌可以固定在设备外壳上，也可印刷在设备上。不同电气设备铭牌上标注的额定值不一定相同。

例 2.2.3 有一个标有“220 V、100 W”字样的白炽灯，试求：（1）这个灯泡的额定电流；（2）当这个灯泡两端加 110 V 电压时，它的实际功率。

解：（1）根据公式 $P=\dfrac{U^2}{R}$，可以求出

$$R=\frac{U^2}{P}=\frac{220^2}{100}=484\ \Omega$$

又由公式 $P=UI$，可以求出白炽灯的额定电流为

$$I=\frac{P}{U}=\frac{100}{220}\approx 0.45\ \text{A}$$

（2）当灯泡两端的电压为 110 V 时，它的实际功率为

$$P=\frac{U^2}{R}=\frac{110^2}{484}=25\ \text{W}$$

例 2.2.4 现有“220 V，60 W”白炽灯一盏，如果平均每天使用 3 小时，电价是 0.56 元/kWh，求每月的电费是多少？（每月以 30 天计）

解：根据公式 $P=W/t$ 可以求出这盏灯每天消耗的电能为

$$W=Pt=60\div 1000\times 3=0.18\ \text{kW}\cdot\text{h}$$

每月消耗的电能为

$$W_{总}=0.18\times 30=5.4\ \text{kW}\cdot\text{h}$$

每月的电费为

$$5.4\times 0.56=3.02\ 元$$

例 2.2.5 小明家用的电能表上月月初、月末的两次读数如图 2.2.22 甲、乙所示。求：

（1）小明家在上月用电多少（kW·h）？

（2）若当地每度电价为 0.56 元，小明家上月用电费用是多少元？

图 2.2.22 例题图

解：（1）上月用电 $W=366-216=150\ \text{kW}\cdot\text{h}$

（2）用电费用 $=150\times 0.56=84$ 元

【任务实施】

1. 任务实施准备

1）仪　表

电流表、电压表、万用表。

2）器　材

开关 1 个，1.5 V 电池若干个，小灯珠若干个，电池盒，导线若干，电工实验台。

2. 任务实施步骤

（1）搭接电路。

将电池放入电池盒中，用导线把小灯珠、开关、电池盒按图 2.2.23（a）连接起来。使电路能实现：开关闭合时，小灯珠发光；开关断开时，小灯珠不发光。

（2）断开开关，将电流表按图 2.2.23（b）接入电路中。

（3）合上开关，读出电流表的读数，并记录。

（4）断开开关，按图 2.2.23（c）接线；合上开关，读取电压表的读数，并记录。

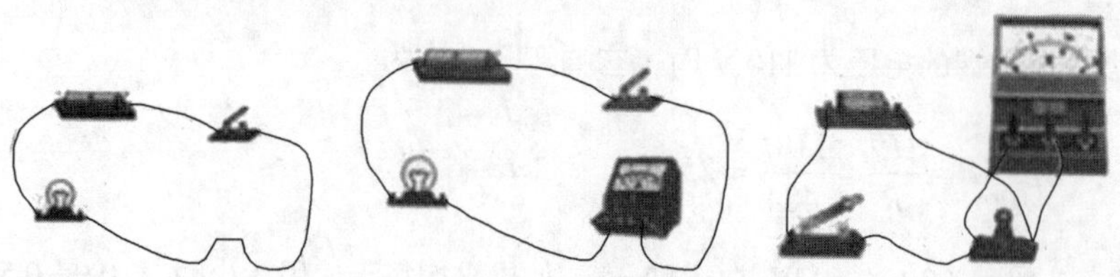

（a）　（b）　（c）

图 2.2.23　接线图

（5）查阅相关资料，描述万用表的类型、常见外观样式、功能和组成。

（6）查阅资料，根据图 2.2.24 完成 MF47 型万用表面板简介表 2.2.1。

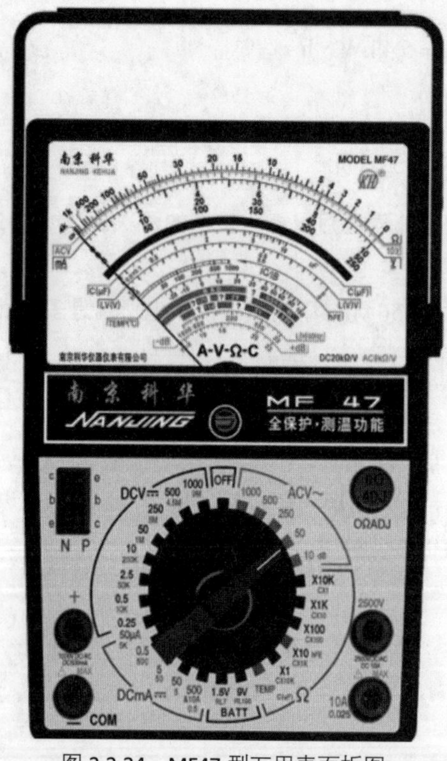

图 2.2.24　MF47 型万用表面板图

表 2.2.1　MF47 型万用表面板简介表 2.2.1

序号	插孔/旋钮	作　用
①	“+”“COM”插孔	
②	2 500 V 交直流电压红笔插孔	
③	10 A 直流电流红笔插孔	
④	欧姆调零旋钮	
⑤	机械调零旋钮	
⑥	NPN、PNP 插孔	
⑦	转换开关旋钮	
⑧	万用表标尺	

（7）以电池负极为参考点，用万用表的直流电压挡测量图 2.23（c）中灯珠的电位和电池正极的电位并记录。

（8）拆除导线，将导线、开关、电池、灯珠整理好。

【任务评价】

将实训过程评价填入“实训过程综合评价表”（见附表 1）。

【思考与练习】

一、填空题

1. 规定_________定向运动的方向为电流方向。金属导体中自由电子的定向运动方向与电流方向是________的。

2. 通过一个电阻的电流是 5 A，经过 3 min，通过这个电阻横截面的电荷量是______。

3. 自然界中只有_____、_____两种电荷。同种电荷互相_____，异种电荷互相_____。

4. 若 3 min 通过导体横截面的电荷量是 1.8 C，则导体中的电流是______A。

5. 导体中的电流为 0.5 A，在________min 时，通过导体横截面的电荷量为 12 C。

6. 在电路中，a、b 两点的电位分别为 V_a、V_b，则 a、b 两点间的电压 $U_{ab}=$________。

7. 电位是________值，它的大小随__________的改变而改变，电位的单位是________。电压是_________值。

8. 把___________的能量转换成______能的设备叫电源。在电源内部电源力把正电荷从电源的________极移到电源的______极。

9. 在电源外部，电流由_______极流向_______极，是_______力做功；在电源内部，电流由______极流向______极，是_______力做功。

10 某导体的电阻是 1 Ω，通过它的电流是 1 A，那么在 1 min 内通过导体横截面的电量是______C，电流做的功是______J，产生的热量是______J，它消耗的功率是_____。

11. 在______内所做的功叫电功率。额定值为“220 V，40 W”的白炽灯，灯丝的热电阻为________Ω。如果把它接到 110 V 的电源上，它实际消耗的功率为_______。

二、计算题

1. 一盏电灯中流过的电流是 100 mA，为多少安培？5 min 内通过它的电量是多少？

2. 在图 2.2.25 中，已知 $V_A=9$ V，$V_B=-6$ V，$V_C=5$ V，$V_D=0$ V，试求 U_{AB}、U_{BC}、U_{AC}、U_{BD} 各为多少？

3. 在图 2.2.26 中，当 B 点和 C 点为参考点时，求 A、B、C 三点的电位及 U_{AB}、U_{BC} 的大小。

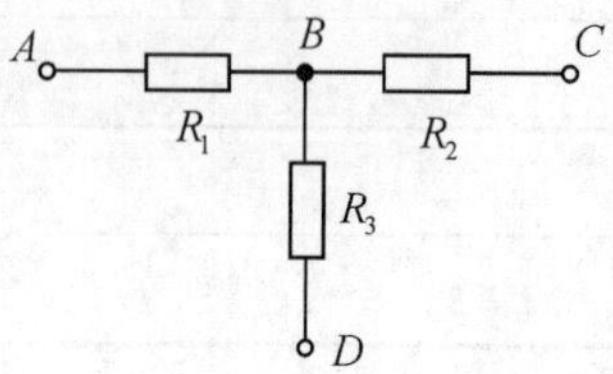

图 2.2.25

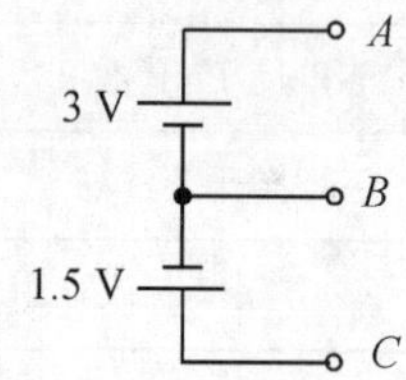

图 2.2.26

4. 在电源内部，电源力做了 12 J 的功，将 8 C 的正电荷由负极移到正极，则该电源的电动势应为多少？若要将 12 C 的正电荷由负极移到正极，那么电源力要做多大的功？

5. 一个灯泡接在电压为 220 V 的电路中，通过灯泡的电流是 0.5 A，通电时间是 1 h，它消耗了多少电能？约多少度电？

6. 已知某电阻丝的长度为 2 m，横截面面积为 1 mm^2，流过的电流为 3 A。求该电阻丝在 1 min 内发出的热量（该电阻丝的$\rho=1.2\times10^{-6}\ \Omega\cdot m$）。

三、问答题

1. 电路由哪几部分组成？各部分的作用是什么？

2. 什么是直流电流？什么是交流电流？

任务 2.3　常用电路元件的学习及检测

【任务目标】

知识目标：

（1）了解电阻器的种类、符号、主要参数，会计算导体的电阻，知道温度对电阻的影响。

（2）了解电容器的种类、结构、符号及主要参数，理解电容器充放电的特点，理解电容量的概念。

（3）了解电感器的结构、种类、符号和主要参数。

技能目标：

（1）能识别常用电阻器，会识读色环电阻，会用万用表测量电阻值，会用兆欧表测量绝缘电阻。

（2）能识别常用电容器，会用万用表检测电容器的好坏。

（3）能识别常用电感器，会用万用表检测电感器的好坏。

思政目标：

培养学生的科学探究意识和精益求精的工匠精神。

【任务重点】

（1）导体电阻的计算，电阻的测量。

（2）电容充放电的特点。

【任务难点】

（1）电容的充放电过程。

（2）色环电阻的识读。

【任务学时】

10 学时。

【知识链接】

2.3.1 电阻元件

2.3.1.1 电阻及其分类

灯泡、电热炉等电器都是对电流呈阻碍作用的耗能元件，我们把这类元件的电路模型用电阻元件表示，电阻元件简称电阻，用字母 R 或 r 表示。

我们经常所说的电阻是指电阻器件，简称电阻器。电阻器是一种具有一定阻值、几何形状、性能参数、在电路中起阻碍电流作用的实体非极性组件。它在电路中的主要作用是稳定和调节电路中的电流和电压，作为分流器、分压器和消耗电能的负载使用。

电阻器的种类有很多，按功能可分为固定电阻器、可变电阻器和敏感电阻器。固定电阻器的阻值是固定不变的。

可变电阻器的阻值可在一定范围内调节改变，敏感电阻器的阻值随外界条件（如温度、压力、光线等）的变化而变化。按材料电阻器可分为碳膜电阻、金属膜电阻、水泥电阻和绕线电阻等。按用途电阻器可分为通用型、精密型、高阻型、高压型、高频无感型和特殊电阻。其中特殊电阻又分为光敏电阻、热敏电阻、压敏电阻等。另外，还有一类特殊用途的电阻，如热敏电阻、压敏电阻等。

电阻的基本单位是欧姆（Ω），其他单位有：千欧（kΩ）、兆欧（MΩ）等。

常见电阻在电路中的符号如图 2.3.1 所示。

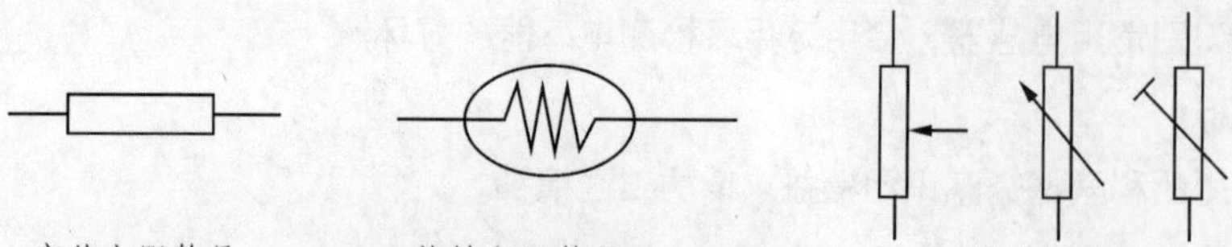

图 2.3.1　常见电阻的符号

2.3.1.2　电阻定律

导体的电阻是客观存在的，它的大小不随导体两端电压变化而变化。即使没有电压，导体仍然有电阻。在温度一定时，一个导体电阻的大小，主要由两种因素决定：一是导体所用材料的导电性能，二是导体的尺寸。

实验证明，在一定的温度下，同一种材料的导体，其电阻与导体的长度 L 成正比，与导体的横截面面积 S 成反比，这就是电阻定律。该定律的数学表达式为

$$R=\rho\frac{L}{S} \tag{2.3.1}$$

式中，ρ 是与导体材料性质有关的物理量，称为电阻率或电阻系数。电阻率通常是指在 20 ℃时，长为 1 m 而横截面面积为 1 mm^2 的某种材料的电阻值。当 L、S、R 的单位分别是 m、m^2、Ω 时，ρ 的单位是 Ω · m。表 2.3.1 所示为常用材料的电阻率和电阻温度系数。

表 2.3.1　常用材料的电阻率和电阻温度系数（20 ℃）

用　途	材料名称	电阻率 ρ /（Ω · m）	平均电阻温度系数 α /（1/℃）
导电材料	银	1.6×10^{-8}	0.003 8
	铜	1.7×10^{-8}	0.004 0
	铝	2.9×10^{-8}	0.004 2
	低碳钢	12×10^{-8}	0.006 0
	铁	$(13\sim30)\times10^{-8}$	0.006 0
电阻材料	锰铜	42×10^{-8}	0.000 005
	康铜	49×10^{-8}	0.000 005
	镍铬合金	110×10^{-8}	0.000 13
	铁铬铝合金	140×10^{-8}	0.000 05

由表 2.3.1 可知，除贵重金属银之外，铜、铝的电阻率小，是理想的导电材料，所以被广泛地用来绕制各种电气设备的线圈，制作各种导线等。而康铜、锰铜等合金材料的电阻率比铜、铝大得多，因此是制作电阻丝的好材料，如线绕电阻、可变电阻器、电阻箱和电烙铁心等元件或设备。

例 2.3.1　计算横截面面积为 5 mm^2、长度为 200 m 的铜导线和康铜线的电阻。

解： 查表 2.3.1 得，铜的电阻率$\rho=1.7\times10^{-8}\ \Omega\cdot\mathrm{m}$、康铜的电阻率$\rho=49\times10^{-8}\ \Omega\cdot\mathrm{m}$，根据电阻定律可以算出：

$$R_{铜}=\frac{\rho L}{S}=1.7\times10^{-8}\times\frac{200}{5\times10^{-6}}=0.68\ (\Omega)$$

$$R_{康铜}=\frac{\rho L}{S}=49\times10^{-8}\times\frac{200}{5\times10^{-6}}=19.6\ (\Omega)$$

2.3.1.3 电阻与温度的关系

导体的电阻大小还与温度有关。一般金属导体的电阻随温度升高而增大，而碳和电解质溶液的电阻将随温度升高而减小。即在不同温度下，同一导体的电阻也不同，它们的关系可用下式计算：

$$R_2=R_1[1+\alpha(t_2-t_1)] \tag{2.3.2}$$

式中，R_1为导体对应于温度t_1时的电阻；R_2为导体对应于温度t_2时的电阻；α为导体的电阻温度系数，见表 2.3.1 所示。电阻温度系数是当温度上升（或下降）1 ℃时，所增加（减少）的电阻与原来电阻的比值，单位是 1/ ℃。

工程上广泛采用公式（2.3.2）来测量电机、变压器的温升。

例 2.3.2 某电动机在未运转时测得其线圈（铜线）的电阻$R_1=3.7\ \Omega$，此时周围的环境温度为$t_1=20$ ℃，电动机通电运转 1 h 后，由于电动机发热而使温度上升，测得此时的电阻$R_2=4.5\ \Omega$。求此时电动机线圈的温度及温升。

解： 由表 2.3.1 可知，铜的电阻温度系数$\alpha=0.004$/℃，由

$$R_2=R_1[1+\alpha(t_2-t_1)]$$

得

$$t_2=\frac{R_2-R_1}{\alpha R_1}+t_1=\frac{4.5-3.7}{0.004\times3.7}+20=74\ (℃)$$

则线圈的温升

$$t_2-t_1=74-20=54\ (℃)$$

2.3.1.4 电阻器的主要参数

电阻器的主要参数有额定功率、允许误差和标称阻值。

额定功率：是指在规定的环境温度和湿度下，以及长期连续负载而不损坏或基本不改变性能的前提下，电阻器允许消耗的最大功率称之为额定功率。

电阻在实际运用中，一般选用的额定功率比实际消耗的功率高 1～2 倍。

标称阻值：标在电阻器上的电阻值称为标称值。

允许误差：标称阻值与实际阻值的差值与标称阻值之比的百分数称为允许误差，它表示电阻器的精度。常用的精度有±5%、±10%、±20%。

2.3.1.5 电阻器阻值的表示方法

电阻器阻值的表示方法有以下 3 种。

1. 直标法

直标法是指直接用数字表示电阻器的阻值和误差。直标法是一种常见标注方法，特别是在体积较大（功率大）的电阻器上采用。它将该电阻器的标称阻值、允许偏差、型号、功率等参数直接标在电阻器表面，如图 2.3.2（a）所示。

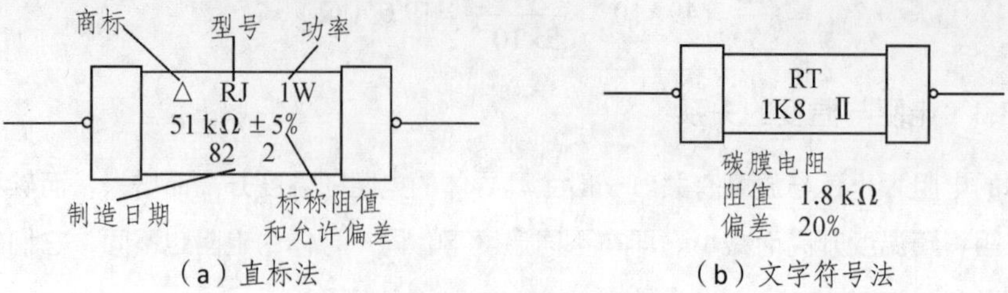

图 2.3.2 电阻的直标法和文字符号法表示

2. 文字符号法

文字符号法和直标法相同，也是直接将有关参数印制在电阻体上。图 2.3.2（b）所示的文字符号法表示中，1K8 表示 1.8 kΩ电阻器标，其中 K 既作为单位，又作为小数点；用字母Ⅱ表示偏差为 20%。

3. 色标法

色标法是指用不同颜色表示元件不同参数的方法。在电阻器上，不同的颜色代表不同的标称值和偏差。色标法可以分为色环法和色点法，其中最常用的是色环法。

色环电阻器是目前市场上最为常见、使用最广泛的电阻器。色环电阻器根据色环的环数多少，又分为四色环表示法和五色环表示法。

普通电阻器用四条色环表示电阻值及其误差，其中前三条表示电阻值，最后一条表示误差（通常为金色或银色）。四色环电阻色码识别定义如表 2.3.2 所示。图 2.3.3（a）所示为四色环电阻的色环组成示意图。

四色环电阻器阻值 = 第一、二色环数值组成的两位数 × 第三色环的倍率（10^n）

图 2.3.3（b）所示电阻的色环颜色依次为黄，紫，橙，金，其电阻值为 $47\times10^3\Omega=47\ \text{k}\Omega$，偏差为 ± 5%，图 2.3.3（c）所示电阻的色环颜色依次为蓝，灰，金，无色（即只有三条色环），其电阻值为 $68\times10^{-1}=6.82\ \Omega$，偏差为 ± 20%。

精密电阻器用五条色环表示标称阻值和允许偏差，通常五色环电阻识别方法与四色环电阻一样，只是比四色环电阻器多一位有效数字。图 2.3.4（a）所示为五色环电阻色环组成示意图。

图 2.3.4（b）中电阻器的色环颜色依次是：棕、紫、绿、银、棕，其标称阻值为 $175\times10^{-2}=1.75\ \Omega$，偏差为 ± 1%。

要正确读取色环电阻的阻值，必须先记住色环颜色与所代表的数字（可按下列口诀记忆：棕 1 红 2 橙上 3，4 黄 5 绿 6 是蓝，7 紫 8 灰 9 雪白，黑色是 0 须记牢），其次是要分清哪里是第一色环。

五色环电阻器阻值＝第一、二、三色环数值组成的三位数×第四色环的倍率（10^n）。

表 2.3.2　四环电阻色码识别定义

颜色	第一位有效值	第二位有效值	倍率	允许误差
黑	0	0	10^0	
棕	1	1	10^1	
红	2	2	10^2	
橙	3	3	10^3	
黄	4	4	10^4	
绿	5	5	10^5	
蓝	6	6	10^6	
紫	7	7	10^7	
灰	8	8	10^8	
白	9	9	10^9	
金			10^{-1}	±5%
银			10^{-2}	±10%
无色				±20%

表 2.3.3　五环电阻色码识别定义

颜色	第一位有效值	第二位有效值	第三位有效值	倍率	允许误差
黑	0	0	0	10^0	
棕	1	1	1	10^1	±1%
红	2	2	2	10^2	±2%
橙	3	3	3	10^3	
黄	4	4	4	10^4	
绿	5	5	5	10^5	±0.5%
蓝	6	6	6	10^6	±0.25%
紫	7	7	7	10^7	±0.1%
灰	8	8	8	10^8	
白	9	9	9	10^9	
金				10^{-1}	
银				10^{-2}	

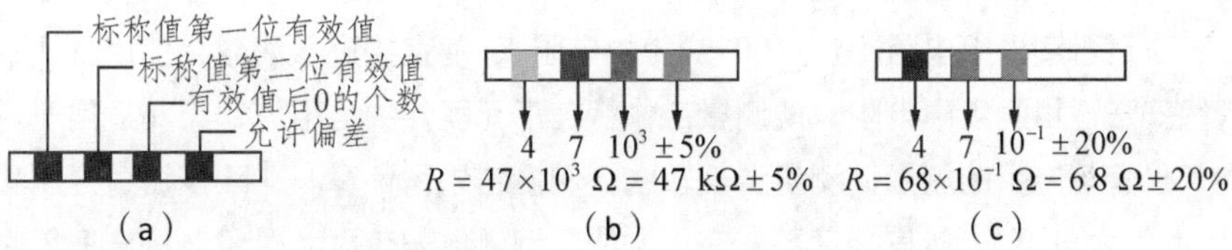

图 2.3.3　四色环电阻器色环组成示意及举例

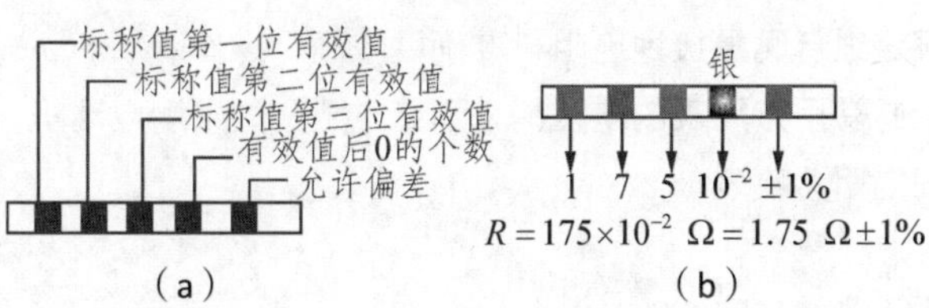

图 2.3.4　五色环电阻器色环组成示意及举例

判断色环电阻的第一条色环的方法：

（1）对于未安装的电阻，可以用万用表测量一下电阻器的阻值，再根据所读阻值看色环，读出标称阻值。

（2）对于已装配在电路板上的电阻，可用以下方法进行判断。

① 由表 2.3.2 可知，四色环电阻的允许偏差有±5%、±10%、±20%三种，它们对应的色环为金色、银色、无色。金色、银色、无色这三种颜色没有有效数字，所以，金色、银色、无色作为四色环电阻器的偏差色环，即为最后一条色环（金色，银色除作偏差色环外，还可作为乘数）。

② 由表 2.3.3 可知，五色环电阻器一般常用棕色或红色作为偏差色环。如出现头尾同为棕色或红色环时，要判断第一条色环则要通过方法③、④来进行。

③ 第一条色环比较靠近电阻器一端引脚。

④ 表示电阻器标称阻值的那四条环之间的间隔距离一般为等距离，而表示偏差的色环

（即最后一条色环）一般与第四条色环的间隔比较大，以此判断哪一条为最后一条色环，如图 2.3.5 所示。

图 2.3.5　色环电阻第一条色环的判别

在识别色环电阻器时，要注意以下几点：

（1）色环表中的标称阻值单位为欧姆。

（2）当允许偏差为 ± 20%时，表示允许偏差的这条色环为电阻器本色，此时，四条色环的电阻器便只有 3 条了。

（3）对于一些功率大的色环电阻器，在其外表上将显示出它的功率，图 2.3.5 所示色环电阻表面上的数字 2 表示此电阻的功率为 2 W。

2.3.1.6　电阻值的测量

电阻值的测量方法按所使用的仪表分类，可分为万用表法、伏安法、兆欧表法、单臂电桥法、双臂电桥法、接地电阻表法等。

万用表法适合测量中电阻（1 ~ 100 kΩ为中电阻），能直接进行读数，使用方便，测量误差较大。伏安法适用测量中电阻，能测量工作状态下元器件的电阻值，尤其适用于对非线性元件（如二极管）电阻的测量，测量误差较大，测量结果需计算。兆欧表法适合测量大电阻（100 kΩ以上为大电阻），能直接读数，使用方便，测量误差较大。单臂电桥法适用测量中电阻，准确度高，操作麻烦。双臂电桥法适用测量小电阻（1 Ω以下为小电阻），准确度高，操作麻烦。接地电阻表法适合测量接地电阻，准确度较高，操作麻烦。

在实际应用中，通常用万用表的电阻挡来测量电阻。如果测电动机、电器、电缆等电气设备的绝缘电阻，则应用兆欧表。

1. 万用表测电阻

万用表测量电阻的步骤：

（1）将万用表的转换开关打到电阻挡，如图 2.3.6（a）所示。

（2）选择合适的电阻量程，使其测量值处于刻度线的 1/3 ~ 2/3，如图 2.3.6（b）所示。选好量程后，进行欧姆挡调零。

（a）

（b）

图 2.3.6　电阻挡位的选择

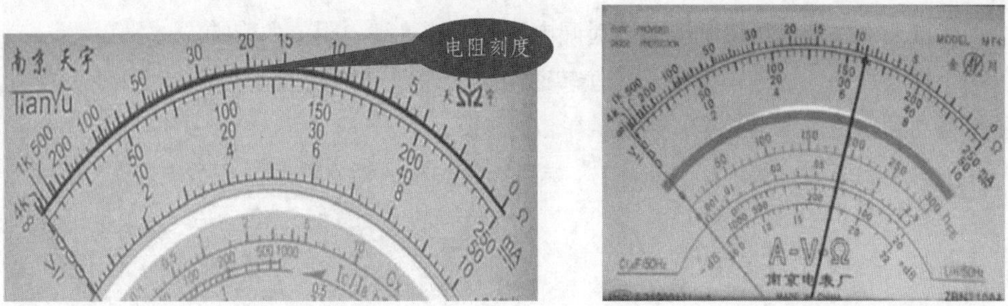

（a）电阻的刻度尺　　　　（b）电阻的指示值

图 2.3.7　电阻的读数

（3）读数。

电阻值的读数为表盘的第一条刻度线，电阻值读数 = 表针指示的格数数字 × 量程。在图 2.3.7（b）中，若电阻挡位选择的是 $R \times 100$，则这个电阻的阻值 $R = 9 \times 100 = 900\ \Omega$。

（4）挡位还原。使用完毕，将转换开关置于“OFF”挡，或交流电压的最高挡位。

2. 兆欧表测绝缘电阻

兆欧表又叫作摇表，是一种简便、常用的测量高电阻的直读式仪表，其外形如图 2.3.8 所示。

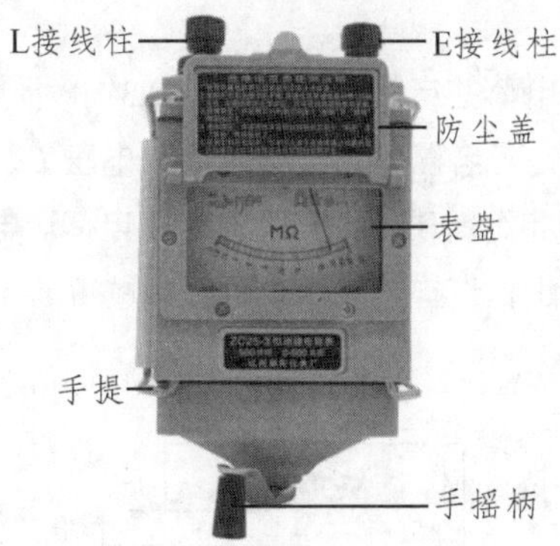

图 2.3.8　兆欧表外形图

兆欧表多采用手摇直流发电机提供电源，一般有 250 V、500 V、1 000 V、2 500 V 等几种，其中工程中最常用到的有 500 V、1 000 V、2 500 V 三种。

兆欧表测绝缘电阻的步骤：

（1）按被测电气设备或线路的电压等级选用合适的兆欧表。

（2）将兆欧表安放在远离磁场的平稳位置。

（3）将两连接线（L、E）开路，依顺时针方向摇动手柄，指针应指在“∞”处；将两连接线（L、E）短接，缓慢摇动手柄，指针应指在“O”处，这说明兆欧表是良好的，否则兆欧表有故障，应检修后再使用。

（4）用单股导线将“接地”（E）接线柱接在电气设备外壳或地线上，“线路”（L）接线柱接在被测电机绕组或导体上。若测电缆的绝缘电阻时，还应将“屏蔽”（G）接线柱接到电缆的绝缘层上，以消除绝缘物表面的泄漏电流对所测绝缘电阻值的影响。

（5）摇动手柄，转速由慢渐快，使转速均匀加速到 120 r/min（允许有 ± 20%的变化），至表针摆动到稳定处读出数据，读数的单位为 MΩ。

（6）使用完毕后，将“L”端、“E”端用导线短接，对兆欧表进行放电。

2.3.2 电容元件的认知

2.3.2.1 电容的结构

电容器是构成电路的基本元件之一，简称电容。两个相互绝缘又靠得很近的导体就组成了一个电容器，这两个导体称为电容器的两个极板，中间的绝缘材料称为电容器的介质。图 2.3.9 所示为电容器的结构示意图。

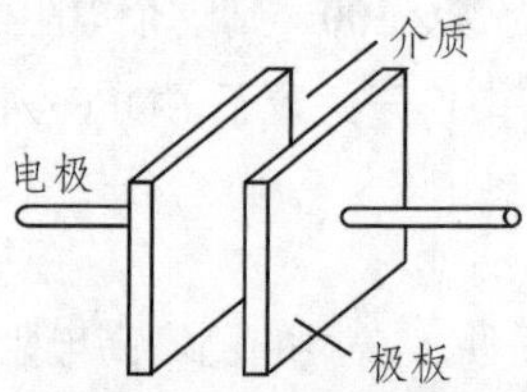

图 2.3.9 电容器结构示意图

2.3.2.2 电容量

电容器的基本功能是储存电荷并产生电场。如图 2.3.10 所示，如果将电容器的两个极板分别连接到直流电源正负极上，电容器的两极板间便有电压 U，在电场力的作用下，自由电子定向运动，使得 A 板带有正电荷，B 板带有等量的负电荷。电荷的这种移动直到两极板间的电压与电源电动势相等时为止，这样就在两个极板间的介质中建立了电场，电容器便储存了一定量的电荷和电场能量。

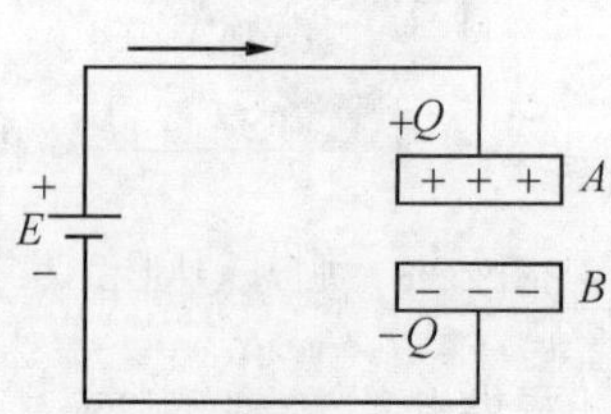

图 2.3.10 与电源相连的电容器

电容器储存电荷的能力用电容量来衡量。

实验证明，对于某一电容器来说，当它的介质、几何尺寸确定后，电容器极板上所带的电量 Q 增加或减少时，两极板间的电压 U 也随之增大或减小，但 Q 与 U 的比值是一个恒定量；对于不同的电容器，Q/U 的值不同。由此可见，这个比值表征了电容器的特性。

我们把电容器任一极板上的带电量与两极板间的电压的比值称为电容量，简称电容，用 C 表示。即

$$C = \frac{Q}{U} \tag{2.3.3}$$

式中 Q——任一极板上的电量，C；

U——两极板间的电压，V；

C——电容量，F。

电容量在数值上等于电容器两极板间的电压为 1 V 时，电容器所带的电荷量。

电容的 SI 单位是法拉（F），简称法。常用单位还有微法（μF）、皮法（pF），它们之间的关系为

$$1\ \text{F} = 10^6\ \mu\text{F} = 10^{12}\ \text{pF}$$

例 2.3.3 将一个电容为 6.8 μF 的电容器接到电动势为 1 000 V 的直流电源上，充电结束后，求电容器极板上所带的电量。

解： 根据 $C=\dfrac{Q}{U}$，可得

$$Q = CU = 6.8\times10^{-6}\times1\ 000 = 6.8\times10^{-3}\ (\text{C})$$

【知识拓展】

电容只与电容器本身的性质有关，与电容器所带的电量及电容器两极板间的电压无关。

2.3.2.3 电容的充放电

将电容器两极板分别接到电源的正负极上，使电容器两极板分别带上等量异号电荷，这个过程叫作电容器的充电过程。充电后的电容器失去电荷的过程称为放电过程。

图 2.3.11（a）所示为电容器充放电实验电路，图中 E 为直流电源，PA_1 和 PA_2 为直流电流表，PV 是直流电压表，S 为单刀双掷开关，HL 为灯泡。

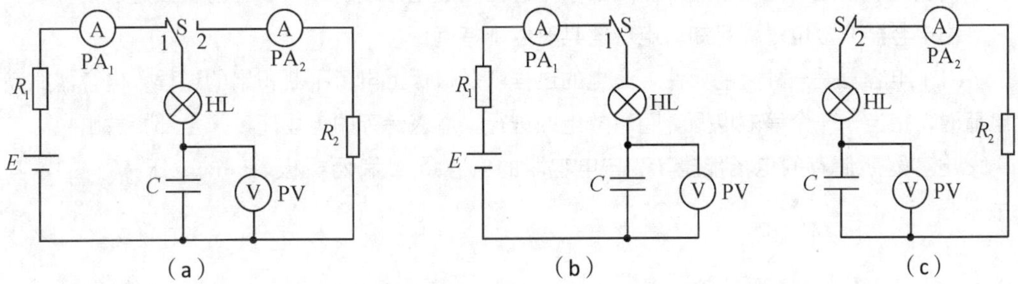

图 2.3.11 电容器充放电实验电路

实验前电容器上没有电荷，当开关置于“1”时，构成充电电路，如图 2.3.11（b）所示，此时电源向电容器充电。开始时灯泡较亮，然后逐渐变暗，说明电路中电流在变化，从电流表 PA_1 可观察到充电电流由大逐渐减小到零，而从电压表 PV 可观察到电容器上的电压 U_C 由小到大的变化。经过这一段时间，PA_1 指针回到零位，电压表的指示值上升至电源电压，即 $U_C\approx E$。

为什么电容器在充电过程中，电流会由最大降到零，而电容器上的电压却由零逐渐增大，并经过一段时间后，近似等于电源电压呢？这是因为，当开关 S 置于“1”的瞬间，由于电容器 A 极板电位为零，它与电源正极间存在着较大的电位差（等于电源电压）。所以，开始充电时电流最大，灯泡最亮。随着充电的进行，电容器上的电压逐渐上升，与电源正极间的

电位差随之减少，充电电流也就越来越小。当电容器 A 极板与电源正极的电位相等时，充电电流为零，充电即宣告结束，此时电容器电压 $U_C \approx E$。充电后，电容器极板间有电场和电压，所以其在储存了一定量电荷的同时也储存了电能。因此相对于电阻这个“耗能元件”来说，电容器是一种“储能元件”。

图 2.3.11（a）所示电路中，当电容器充电结束后，将开关 S 置于“2”，就构成了电容器的放电电路，如图 2.3.11（c）所示。现在的电容器便可看成一个等效电源，并通过电阻 R_2 放电。从电流表 PA_2 可观察到，电路中有电流流过，而且由大逐渐减小直至为零，灯泡 HL 逐渐由亮变暗，最后熄灭。由电压表 PV 可观察到，电容器上的电压也逐渐下降，经过一段时间后下降到零，表示放电结束。

产生这种现象是因为放电时在电容器两极板间电场力的作用下，B 极板的负电荷不断移出并与 A 极板的正电荷不断中和。因此，电容器上的电压随着放电而下降，直至两极板上电荷完全中和，U_C 为零。这时，电容器充电时储存的电荷完全消失。由此可见，电容器失去电荷的同时，也释放了它储存的电能。充电后的电容器失去电荷的过程称为放电过程。

在电容充放电过程中，电容器极板上储存的电荷发生了变化，电路中有电流产生。其电流大小为

$$i = \frac{\Delta q}{\Delta t}$$

由 $q = Cu_C$，可得 $\Delta q = C\Delta u_C$，所以

$$i = \frac{\Delta q}{\Delta t} = C\frac{\Delta u_C}{\Delta t}$$

需要说明的是，电路中的电流是由于电容器充放电形成的，并非电荷直接通过了介质。

由电容器充放电过程可知，电容器具有以下特点：

（1）电容器是一种储能元件。充电的过程就是极板上电荷不断积累的过程，电容器充满电荷时，相当于一个等效电源。随着放电的进行，原来储存的电场能量又全部释放出来。

电容器所储存的电场能量 W_C 与电容器的电容量 C 和两极板之间的电压 U 有关，其关系是

$$W_C = \frac{1}{2}CU^2$$

式中 C——电容器的容量，F；

U——电容器两极板间的电压，V；

W_C——电容器存储的电场能量，J。

（2）电容器具有“隔直流、通交流”的作用。电容器接通直流电源时，仅仅在刚接通的短暂时间内发生充电过程，$i_C = C\frac{\Delta u_C}{\Delta t} = 0$，即只有短暂的充电电流。充电结束后，$U_C \approx E$，电路电流为零。由于电容器的两个极板间是绝缘的，所以直流电不能通过电容器，电路处于开路状态，这就是电容器具有的隔直流作用，通常把这一作用简称“隔直”。

当电容器接通交流电源时，由于交流电的大小和方向不断交替变化，致使电容器反复进行充放电。其结果是在电路中出现连续的交流电流，这就是电容器具有的通过交流电的作用，

简称“通交”。但必须指出，这里所指的交流电是因电容器反复充放电而形成的，并非电荷能够直接通过电容器的介质。

【知识拓展】

切断电源后，电路的电容器中仍有剩余电荷，因此，在进行电路或电器维修时，应先通过短接将电容器放电后，再进行维修，以免损坏测试设备，或对操作者造成电击。

电容器除人为制造的以外，还有在电路里和设备中自然形成的。例如，两根架空导线和其间的空气就形成了线间的分布电容，一般情况下可以忽略不计，但当输电线的电压很高和输电线很长时，就需考虑它的影响。又如，变压器绕组的每匝间、绕组与地（壳）之间都会形成电容，在研究变压器的过电压时需要考虑它们的作用。此外，在电子电路中，晶体管的电极之间与导线与机壳之间也存在电容，当电流频率很高时，它们的影响也是不容忽视的。

2.3.2.4　电容的分类

电容器按其电容量是否可变，可分为固定电容器和可变电容器，可变电容器还包括半可变电容器。它们在电路中的符号如表 2.3.4 所示。

表 2.3.4　电容器在电路中的符号

名称	电容器	电解电容器	半可变电容器	可变电容器	双连可变电容器
图形符号		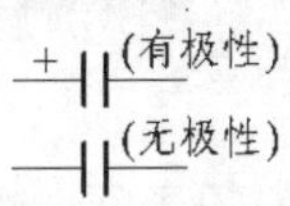			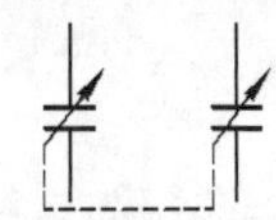

固定电容器的电容量是固定不变的，它的性能和用途与两极板间的介质有关。一般常用的介质有云母、陶瓷、金属氧化膜、纸介质、铝电解质等。

电解电容器是有正负极之分的，使用时不可将极性接反或接到交流电路中，否则会将电解电容器击穿。

电容量在一定范围内可调的电容器叫可变电容器。半可变电容器又叫微调电容器。

常用的电容器外形如图 2.3.12 所示。

图 2.3.12　常用电容器

【知识拓展】

超级电容器是从二十世纪七八十年代发展起来的，介于传统电容器和充电电池之间的一种新型储能装置，它既具有电容器快速充放电的特性，同时又具有电池的储能特性，是一种通过电极与电解质之间形成的界面双层来存储能量的新型元器件。

超级电容由电极（正极电极、负极电极）、电解液（以及电解质盐）和防止由于接触与之反向的电极造成短路的分离器构成。电极由集电体和活性炭层构成，活性炭被涂抹在集电体上（目的是扩大容量，储存更多的电荷），电极片通过和分离器相互叠层来进行物理的电极的分离，通常用铝制薄膜进行封装。为了防止短路，铝制薄膜内外部都用绝缘树脂层涂抹。

超级电容是一个封装里安装两个电极多层体构造，绝缘体间隔膜放置于两个多层体之间。其结构如图 2.3.13 所示。

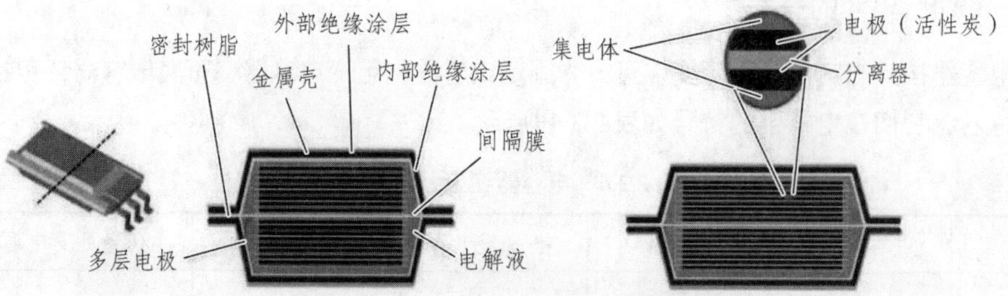

图 2.3.13　超级电容的结构示意图

当电极与电解液接触时，由于库仑力、分子间力及原子间力的作用，使固体（电极）和液体（电解液）的界面出现稳定和符号相反的双层电荷，称其为界面双层。双电层超级电容的电极可以看成是悬在电解质中的两个非活性多孔板，电解液填满相互对立的正负电极构造。

当电极间施加电压后，电解液中的离子受电极表面的吸附，使正极板上吸引电解质中的负离子，负极板吸引正离子，从而在电极的表面形成了正离子、电子/负离子和空孔相对排列状态的一个双电层电容器，如图 2.3.14 所示。

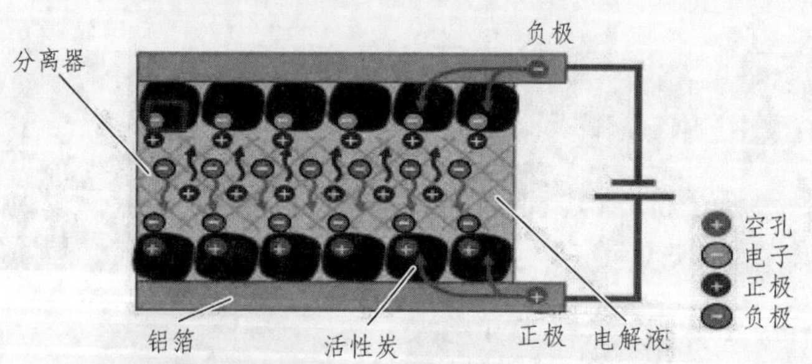

图 2.3.14　超级电容的工作原理示意图

超级电容利用电解液中离子对电极表面的吸附-脱离来充放电。如图 2.3.15 所示。

根据超级电容器原理，其在运用过程中并没有出现化学反应，仅仅是在物理性质上的变化，因而超级电容器的稳定性更加可靠。

与蓄电池和传统物理电容器相比，超级电容器具有储存容量大、工作温度范围宽、免维护、功率密度高、循环寿命长、充放时间快等优点，在许多大中小型设备中得到了普遍运用，且涉及的行业较为广泛，具体运用在真空开关、仪器仪表、数码相机等微小电流供电的后备电源，太阳能产品以及小型充电产品的充电电池，电动汽车，城市有轨电车等。

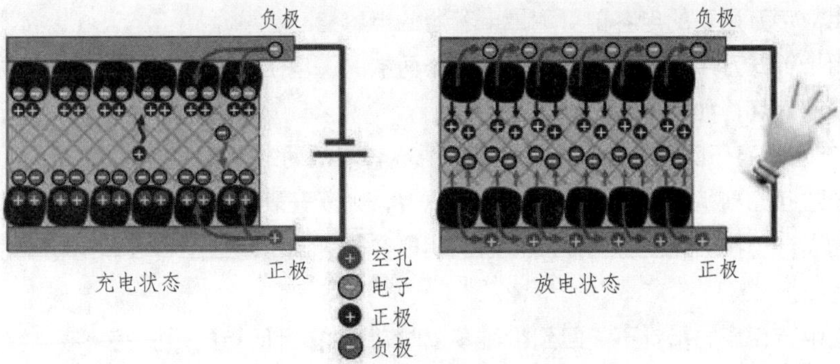

图 2.3.15　超级电容的充放电示意图

2.3.2.5　电容器的主要参数

电容器的种类繁多，性能、用途各异，且同一类电容器也有很多规格。要合理选择和使用电容器，必须对电容器的种类和参数有充分的认识。

1. 额定工作电压

使用时额定工作电压又叫作耐压，它是指电容器长期正常工作时所能承受的最大电压。

使用时必须保证电容器的额定工作电压不低于工作电压的最大值（交流电路，考虑交流电压的峰值）。

2. 标称容量和允许误差

电容器上所标明的电容量的值叫作标称容量。

批量生产中，实际电容值与标称电容值之间不可避免地有一定误差。国家标准对不同的电容器规定了不同的误差范围，在此范围之内的误差叫作允许误差。

大多数电容器的电容量都直接标在电容器的表面上。瓷介电容器体积较小，往往只标数值不标单位。通常数值为几十、几百、几千时，单位符号均为 pF，如 3 300 表示 3 300 pF，22 表示 22 pF。当数值小于 1 时，单位符号均为μF，如 0.1 表示 0.1 μF，0.047 表示 0.047 μF。

还有一些瓷介电容器的电容量用三位数字表示，前两位表示电容量的有效数字，最后一位数字表示有效数字后加多少个零，单位符号是 pF。例如，102 表示 1 000 pF，331 表示 330 pF。

3. 介质损耗

电容器的绝缘介质在交变电压的作用下产生的能量消耗，称为介质损耗。

4. 绝缘电阻

由于电容两极板之间的介质并不是绝对不导电的，因此，它的电阻不是无限大，而是一个有限的数值，一般在千兆欧以上。电容两极之间的电阻叫作绝缘电阻，或者叫作漏电电阻。漏电电阻越小，漏电越严重。电容漏电会引起能量损耗，这种损耗不仅影响电容的寿命，而且会影响电路的工作。因此，漏电电阻越大越好。

2.3.2.6 固定电容器的检测方法

（1）用数字万用表的电容档可测量电容器的电容量。

（2）用指针式万用表的欧姆挡测量电容器两端的漏电阻，根据指针摆动的情况可检测较大电容质量的好坏，如表 2.3.5 所示。

① 将万用表置于欧姆挡，用红黑表笔接触电容器的两端，若指针先向右偏转到一定角度后再缓慢向左回归到机械零位或接近于零的位置，则断开表笔，并将红黑表笔对调，重复测量电容，如表针仍按上述的方向摆动，则说明电容器的漏电阻很小，表明电容器性能良好，能够正常使用。

若测量中万用表的指针不能回到机械零位时，此时指针所指的阻值就是该电容的漏电阻。

② 将万用表置于欧姆挡，用万用表的红黑表笔接触电容器的两端，测量时表针不动，将红黑表笔对调后再测，表针仍不动，则说明电容器内部可能断路（电容器断路是指电容器内部的引线与极板断开）或电容量很小，充放电电流很小，不足以使指针偏转（此时应更换量程后，再次测量）。

③ 将万用表置于欧姆挡，用万用表的红黑表笔接触电容器的两端，如果表针所示阻值很小或为零，而且表针不再返回到电阻为无穷大处（即机械零位），说明电容器已经击穿短路（电容器击穿就是指电容器内部介质材料被损坏后，两极板之间出现短路现象）。

④ 将万用表置于欧姆挡，用万用表的红黑表笔接触电容器的两端，如果表针指示的电阻值不定，表明电容器存在漏电现象。电容器漏电是指电容器两极板间介质的绝缘性能下降，存在漏电阻，电容量减小，电阻值随漏电的增大而减小。

【知识拓展】

利用万用表表针摆动情况检测电容器，是利用了电容器的充放电特性。用万用表欧姆挡检测时，测得的电阻值越大越好，一般在几百千欧至几千千欧。用万用表判断电容器是否损坏，需要选择合适的电阻挡量程。若电容量小于 1 μF，选用 $R\times 10$ K 挡；电容量在 1 ~ 100 μF 范围内，选择 $R\times 1$K 挡；若电容量大于 100 μF，则选用 $R\times 100$ 挡。

表 2.3.5 固定电容器的检测

量程选择	正常	断路损坏	短路损坏	漏电现象
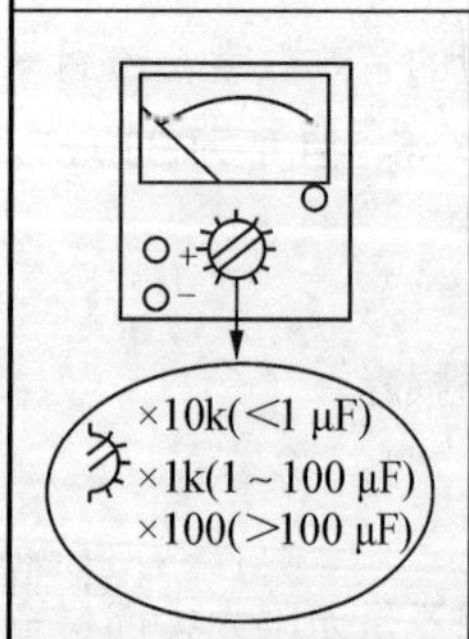	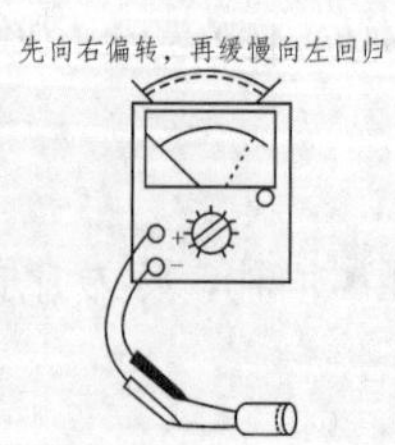	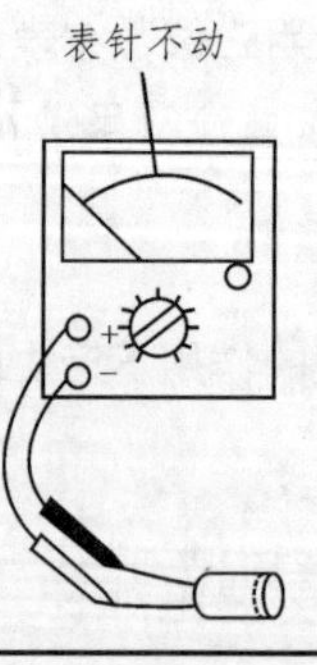	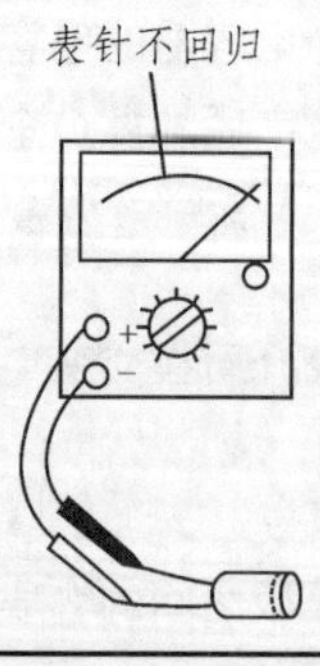	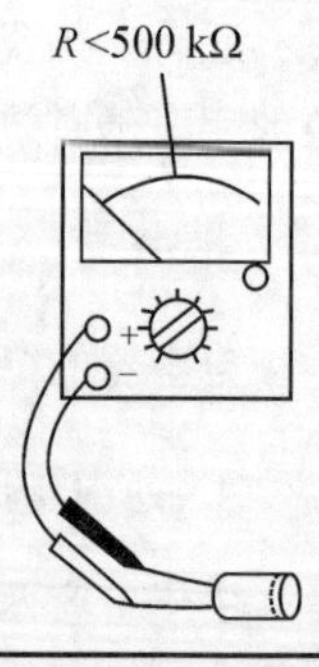

2.3.3　电感元件

2.3.3.1　电感及电感量

在电子技术和电力工程中广泛应用导线绕制的线圈。例如，在电子电路中常用的空心或带铁氧体的线圈，电磁铁或变压器铁心上绕制的线圈，等等。它们都是将绝缘导线绕在绝缘骨架上或铁芯上构成的。这些线圈统称为电感线圈，也被称为电感器，用字母 L 表示。电感器是能够把电能转化为磁能而存储起来的电路元件。

电感元件的图形符号如图 2.3.16 所示，常见电感元件如图 2.3.17 所示。

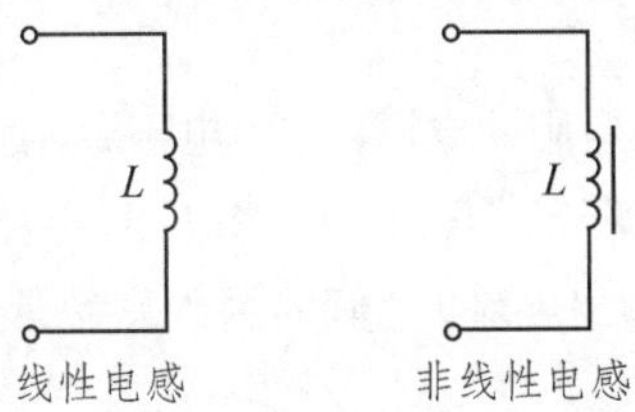

图 2.3.16　电感元件的图形符号

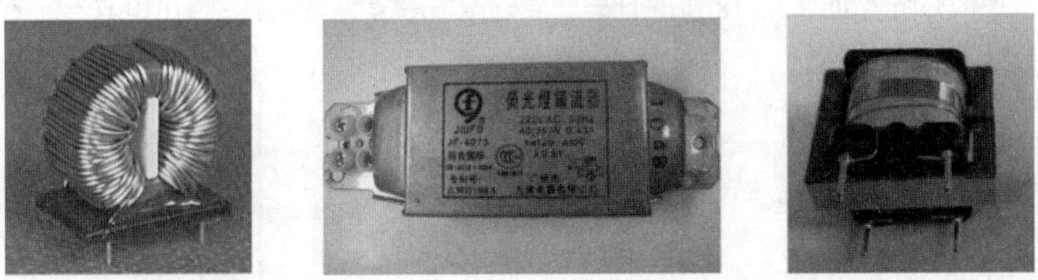

（a）互感滤波器　（b）镇流器　（c）变压器

图 2.3.17　常见电感元件的外形图

电感元件有两个重要参数，一个是电感量，另一个是额定电流。

电感量也称自感系数，简称电感，是反映电感元件储存磁能能力的大小的物理量，用 L 表示。电感的单位为亨（H），在实际应用中还常用到毫亨（mH）和微亨（μH），其转换关系为：

$$1\ \text{H} = 10^3\ \text{mH} = 10^6\ \mu\text{H}$$

电感量是线圈本身固有的特性，主要取决于线圈的匝数、结构及绕制方法等，与流过线圈的电流大小无关。

电感线圈中有电流通过时，它所储存的磁场能量为 $W_L = \dfrac{1}{2}Li^2$（J）。因此，电感储存的能量多少与线圈中流过的电流大小有关。

额定电流是电感器的另一个主要参数，是指电感器在正常工作时所允许流过的最大电流，通常用字母 A、B、C、D、E 来表示，它们分别表示的是额定电流 50 mA、150 mA、300 mA、700 mA、1 600 mA。

2.3.3.2　电感器的检测

将万用表的转换开关打到“$R\times1$”挡，用红黑表笔分别接触电感器的两个引脚来测量电感线圈两端直流电阻值。通常情况下其直流电阻值只有零点几欧姆到几欧姆，对于线圈匝数较多、线径较细的电感器，其电阻值会达到几十欧姆到几百欧姆。若测得的电阻值很大或表针不动，则表示电感线圈存在断路的情况。

2.3.4 电路的有源元件——电压源与电流源

发电机、电池等都是实际的电源。任何一个实际的电源，都可以用两种不同的形式来表示：一种是以电压的形式来表示，称为电压源；一种是以电流的形式来表示，称为电流源。

2.3.4.1 电压源

具有恒定不变的电动势和内电阻的电源，称为电压源，通常用一个电动势 E 和内电阻 R_0 相串联来表示，如图 2.3.18（a）所示。图 2.3.18（b）表示电压源与电路相连接，从图中可以看出，电压源的输出电压 U 与输出电流 I 之间的函数关系是：

$$U = E - IR_0 \tag{2.3.4}$$

电压源的外特性如图 2.3.18（c）所示，它表示电压源的端电压与输出电流之间的关系。

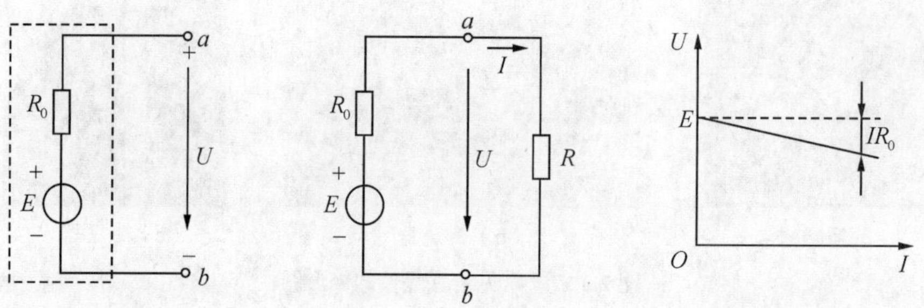

（a）符号　（b）电压源与负载 R 相连接　（c）外特性

图 2.3.18　电压源

当电压源开路时，输出电流 $I=0$，输出电压在数值上等于电源的电动势，即 $U=E$。

当电压源接上任意负载时，输出电压在数值上小于电源的电动势，相差的是内阻压降 IR_0。外电路电阻 R 减小，输出电流 I 增加，输出电压 U 下降。

当电压源短路时，外接电阻 $R=0$，输出电压 $U=0$，电动势全部作用于内电阻 R_0 上，此时电流 $I_S=E/R_0$。I_S 被称为短路电流。

从电压源的外特性可以看出：内电阻 R_0 越小，在输出电流发生变化时，输出电压的变化就越小，或者说输出电压越稳定；当内电阻 $R_0=0$ 时，则输出电压为一常数，即 $U=E$。

我们把内电阻等于零的电压源称为理想电压源，或称恒压源。这样我们可以将电压源看成恒压源与内电阻相串联的形式。

理想电压源的特点：

（1）电源两端的电压是恒定的，不随外接电阻 R 的变化而变化。

（2）输出电流 I 随外接电阻 R 的变化而变化。

理想电压源的符号如图 2.3.19（a）所示。它的外特性是在 U-I 平面坐标系中与横轴（电流轴）平行的一条直线，如图 2.3.19（b）所示。

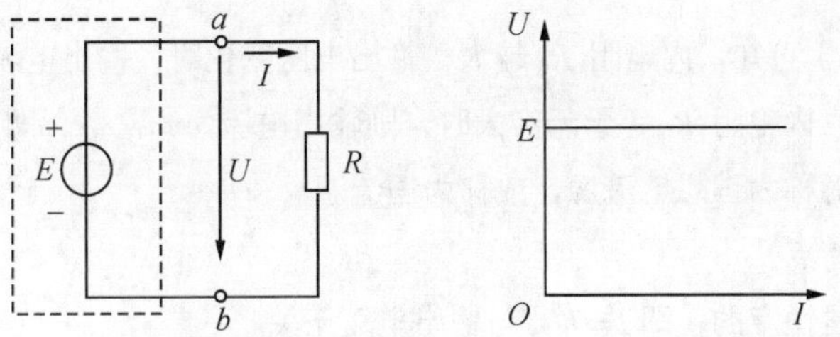

（a）符号　　（b）外特性

图 2.3.19　理想电压源

理想电压源空载时，输出电流 $I=0$；短路时，输出电流 $I=\infty$。这说明在实际应用中，当电压源短路时，电源将产生很大的短路电流，应该避免这种情况发生。

在现实中，如果一个电源的内电阻 R_0 远比负载电阻 R 小，则内电阻压降 IR_0 远小于输出电压 U，即输出电压 U 与电源电动势 E 基本相等，这种电压源就可以被认为是一种理想的电压源，如通常用的稳压电源。

2.3.4.2　电流源

在分析和计算电路时，除了用电压源外，还常用电流源。电流源和电压源不同，它提供恒定不变的电流 I_s。这种电源通常用恒定电流 I_S 和内电阻 R_0 相并联来表示，如图 2.3.20（a）所示。

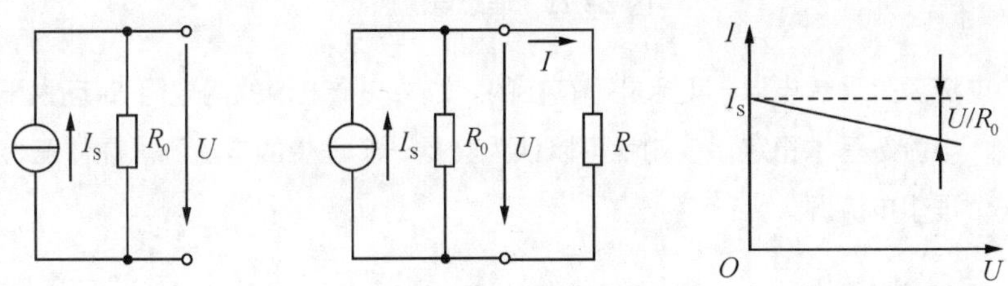

（a）符号　　（b）电流源与负载连接　　（c）外特性

图 2.3.20　电流源

电流源可以说是一种能“产生”电流的装置，例如，光电池在一定照度的光线照射下，就能激发出电流。光电池若接上负载 R，如图 2.3.20（b）所示，就能够向外电路提供一定的电流。激发电流与照度是成正比的，然而光激发的电流不能全部流向外电路，其中一部分电流在光电池内部流动而损耗，或者说，一部分能量消耗在内电阻 R_0 上。

从图 2.3.20（b）中可以看出，电流源的输出电流与输出电压的函数关系是

$$I=I_s-\frac{U}{R_0} \quad \text{或} \quad U=I_SR_0-IR_0 \tag{2.3.5}$$

电流源的外特性如图 2.3.20（c）所示。

当电流源短路时，输出电压 $U=0$，输出电流 $I=I_S$。

当电流源接上任意负载时，电流源的电流 I_S 不能全部输送至外电路，有一部分会通过内电阻 R_0。当外电路电阻 R 增大时，电流源的输出电压增高，而输出电流随之减小。

电流源空载时，输出电流 $I=0$，电流源电流 I_S 全部通过内电阻 R_0，这时输出电压 $U=I_SR_0$。

由图 2.3.20（b）可知，内电阻 R_0 越大，输出电压变化时，输出电流的变化就越小，即输出电流越稳定。当内电阻 R_0 等于无穷大时，则输出电流为一常数，即 $I=I_S$。我们把内电阻为无穷大的电流源称为理想电流源，或称为恒流源。

理想电流源的特点：

（1）输出电流是恒定的，即 $I=I_S$，与输出电压无关。

（2）输出电压随外接电阻 R 的变化而变化。

理想电流源的符号如图 2.3.21（a）所示。它的外特性是在 U-I 平面坐标系中与纵轴（电压轴）平行的一条直线，如图 2.3.21（b）所示。

理想电流源在短路时，输出电压 $U=0$；空载时，输出电压 $U=\infty$。这说明，在实际应用中，当电流源开路时，其两端电压很高，应该避免。

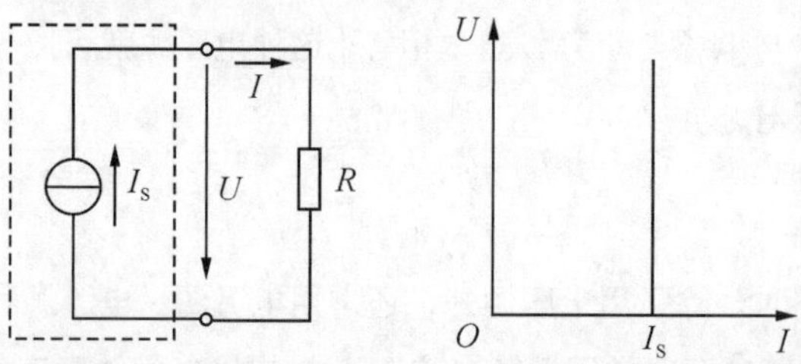

（a）符号　　（b）外特性

图 2.3.21　理想电流源

理想的电流源是理想电源，实际是不存在的。如果一个电源的内电阻 R_0 远大于负载电阻 R，则 $I\approx I_S$，电流 I 基本稳定，我们就可以认为其是一个理想的电流源。晶体三极管就可以被认为是一个理想电流源。

【任务实施】

1. 任务实施准备

1）仪　表

指针式万用表 1 块、数字式万用表 1 块、兆欧表 1 块。

2）器　材

色环电阻若干，电容器若干，电感器若干、护套线 1 段、电动机 1 台。

2. 任务实施步骤

1）电阻的识别与检测

（1）根据电阻器的外形特征、标识等识别其类型和参数，将数据填入表 2.3.6 中。

（2）分别用数字万用表和指针万用表测量各电阻器的阻值，记录测量数据于表 2.3.6 中。

（3）计算其相对误差。

注意：测量时不要用手接触电阻器的引脚，指针表测量时，每换一次挡位，必须进行调零。

表 2.3.6 电阻测量数据记载表

序号	类型	参数		测量	
		阻值	误差	阻值	相对误差
R_1					
R_2					
R_3					
R_4					
R_5					

2）电容的识别与检测

（1）根据电容器的外形特征、标识等识别其类型和参数，将数据填入表 2.3.7 中。

表 2.3.7 电容测量记载表

序号	类型	参数		测量		
		容量	误差	容量	是否损坏	
					数字万用表	指针式万用表
C_1						
C_2						
C_3						
C_4						
C_5						

（2）用数字万用表测量。

先用数字万用表判断电容质量。量测时把万用表调至Ω挡，用万用表表笔直接接至电容的两脚进行测量。如果显示有数字变化，最后显示“1”可基本判定电容器正常；反之，如果显示阻值在几十欧到几百千欧，则说明电容漏电不良；如果显示阻值小于 10 Ω，则可判定电容被击穿短路。也可以把万用表调至蜂鸣挡（·)))）或二极管挡（→|-）进行以上类似的测量。

再用数字万用表电容挡测量电容量。量测时将数字万用表调至电容挡，把万用表表笔直接接至电容的管脚进行量测，将数据记入表 2.3.7 中。然后将读数与标称值进行比较，与标称值一致（包括允许误差），可判定电容器正常；大于或小于标称值则判定电容器不正常。

注意：电容器测量时，必须先将两个引脚短路放电，防止损坏仪表。

（3）用指针式万用表判断电容器质量的好坏。

将指针式万用表放置在平稳处，根据电容的标称值，选择合适的量程，测量电容的漏电阻并判断电容器的好坏。

3）电感的识别与检修

（1）根据电感器的形状、标识等识别其类型和参数。

（2）分别用数字万用表和指针万用表测量各电感器，并判断其好坏，记录测量数据于表2.3.8中。

（3）根据测量值，初步判断电感器是否正常。

表 2.3.8 电感测量数据记录表

序号	类型	参数		测量	
		电感量	误差	直流电阻	是否损坏
L_1					
L_2					
L_3					
L_4					
L_5					

4）兆欧表测绝缘电阻

（1）测量护套线的线芯对外皮的绝缘电阻，记入表2.3.9中。

（2）测量电动机绕组对外壳的绝缘电阻、绕组间的绝缘电阻，记入表2.3.9中。

表 2.3.9 绝缘电阻的测量

护套线的绝缘电阻	电动机	
	绕组对外壳的绝缘电阻	绕组间的绝缘电阻

【任务评价】

将实训过程评价填入“实训过程综合评价表”（见附表1）。

【思考与练习】

一、填空题

1. 导体对电流的________叫导体的电阻。当温度一定时，导体的电阻决定于导体的______、______和______等因素，其计算公式为________。

2. 把一定长度导线的直径减半，其电阻值将变为原来的______倍。

3. 理想电压源的内阻 R_0 = ________，理想电流源的内阻 R_0 = ________。

4. 电压源的输出电压 U 与输出电流 I 之间的函数关系是__________，电流源的输出电压 U 与输出电流 I 之间的函数关系是__________。

5. 电容器和电阻器都是电路中的基本元件，但它们在电路中的作用却是不同的。从能量上看，电容器是一种______元件，而电阻器则是______元件。

6. 电容器充电的过程中，电容器两个极板上的电压______变化，充电电流______变化，电容器的电容量______变化。

7. 在电容器充电的电路中，已知电容 $C=1\ \mu F$，在时间间隔为 0.01 s 内，电容器两端的电压从 2 V 上升到 12 V，则在这段时间内电容器两极板间电场的能量增加了________。

8. 电容器中的电场能量与__________和__________有关。

二、判断题

1. 电容器的电容量要随它所带的电荷量的多少而发生变化。(　　)

2. 平行板电容器的电容量只跟极板的正对面积和极板之间的距离有关，而与其他因素均无关。(　　)

3. 某电容器的电容量为 C，如不带电时它的电容量就为零。(　　)

4. 如果把一电容器的极板面积加倍，并使其两极板之间的距离减半，则电容量将变为之前的 4 倍。(　　)

三、综合题

1. 一个电容器电容量 $C=1.5\times10^{-4}\ \mu F$，接在电压 $U=90$ V 的电源两端，则电容器所带的电量是多少？

2. 在一个电容器的两端加上 220 V 电压时，极板上的电量为 1.1×10^{-5}C，求电容器的电容量。如果把电压降到 110 V，电容器极板上的电量又是多少？

3. 有两只电容器，一只电容量较大，另一只较小，充电到同样大小电压时，哪一只带电多？如果带电量相同，哪一只电压高？

4. 电容器为什么具有“隔直”特性？

5. 电容器按其容量不同可分为哪几种？

6. 电容器的额定参数有哪些？

7. 一个电容为 100 μF 的电容器，接到电压为 100 V 的电源上，充电结束后，电容器极板上所带的电荷量为多少？电容器储存的能量为多少？

8. 一个电容为 10 μF 的电容器，当它的极板上带了 3.6×10^{-6} C 电荷量时，电容器两极板间的电压是多少？电容器储存的电场能量为多少？

9. 分别画出理想电压源和电流源的图形符号。

10. 理想电压源和电流源各有什么特点？

任务 2.4　电路的工作状态及分析

【任务目标】

知识目标：

（1）掌握欧姆定律、基尔霍夫定律。

（2）掌握串并联电路的性质，理解等效电路中“等效”的含义。

（3）会用支路电流法求解复杂电路。

技能目标：

（1）能运用欧姆定律、串并联电路的特点分析电路的工作状态。

（2）能计算混联电路的等效电阻、等效电容。

（3）能正确分析复杂电路。

思政目标：

培养学生的科学探究精神。

【任务重点】

欧姆定律、基尔霍夫定律、支路电流法、等效电阻和等效电容的计算。

【任务难点】

等效电容的求解，复杂电路的求解。

【任务学时】

14～20 学时。

【知识链接】

2.4.1 欧姆定律

2.4.1.1 部分电路欧姆定律

部分电路欧姆定律的内容：在不包含电源的电路中，流过导体的电流与这段导体两端的电压成正比，与导体的电阻成反比。即

$$I=\frac{U}{R} \tag{2.4.1}$$

式中 I——导体中的电流，A；

U——导体两端的电压，V；

R——导体的电阻，Ω。

欧姆定律揭示了电路中电流、电压、电阻三者之间的联系，是电路分析的基本定律之一，实际应用非常广泛。

例 2.4.1 已知某 100 W 的白炽灯在电压为 220 V 时正常发光，此时通过的电流是 0.455 A。试求该灯泡工作时的电阻。

解：由

$$I=\frac{U}{R}$$

得

$$R=\frac{U}{I}=\frac{220}{0.455}\approx 484\ (\Omega)$$

例 2.4.2 在一根导体两端加上 12 V 电压，测得通过它的电流为 0.3 A，求这个导体的电阻。当加在这个导体两端的电压变为 240 V 时，其电阻为多少？通过它的电流是多少？

解：（1）

$$R=\frac{U}{I}=\frac{12}{0.3}=40\ (\Omega)$$

（2）当加 240 V 电压时，电阻值不变，还是 40 Ω。

（3）当加 240 V 电压时，通过它的电流为

$$I=\frac{U}{R}=\frac{240}{40}=6\ (\mathrm{A})$$

2.4.1.2　全电路欧姆定律

全电路是指内电路和外电路组成的闭合电路的整体，如图 2.4.1 所示。图中的虚线框代表一个电源的内部电路，称为内电路。电源内部一般都是有电阻的，这个电阻称为内电阻，简称内阻，用符号 r 或者 R_0 表示。内电阻也可以不单独画出，而在电源符号旁边注明内电阻的数值。

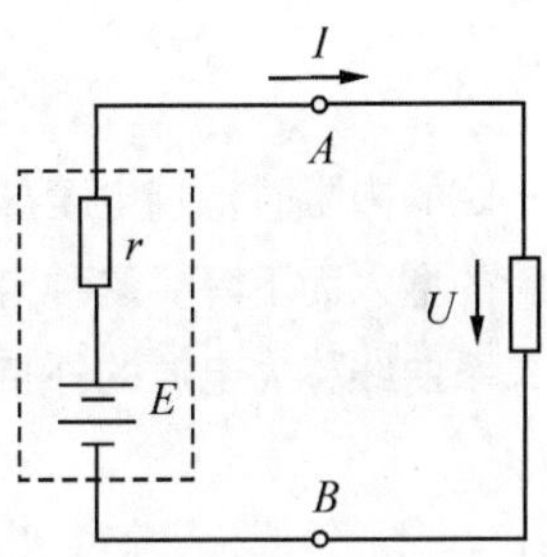

图 2.4.1　全电路

全电路欧姆定律的内容：在全电路中，电流强度与电源的电动势成正比，与整个电路的内、外电阻之和成反比。其数学表达式为

$$I=\frac{E}{R+r} \tag{2.4.2}$$

式中　E——电源的电动势，V；

R——外电路（负载）电阻，Ω；

r——内电路电阻，Ω；

I——电路中的电流，A。

由式（2.4.2）可得到

$$E=IR+Ir=U_{外}+U_{内} \tag{2.4.3}$$

式中，$U_{内}$ 是电源内阻的电压降；$U_{外}$ 是电源向外电路输出的电压，也称电源的端电压。因此，全电路欧姆定律又可以表述为：电源电动势在数值上等于闭合电路中内、外电路电压降的代数和。

2.4.1.3　电路的三种状态

前面已经提过电路的三种状态，下面将根据全电路欧姆定律，分析电路在三种不同的状

态下电源端电压与输出电流之间的关系。

1. 通　路

如图 2.4.2 所示，开关 S 接通“1”号位置，电路处于通路状态。电路中的电流为

$$I=\frac{E}{R+r}$$

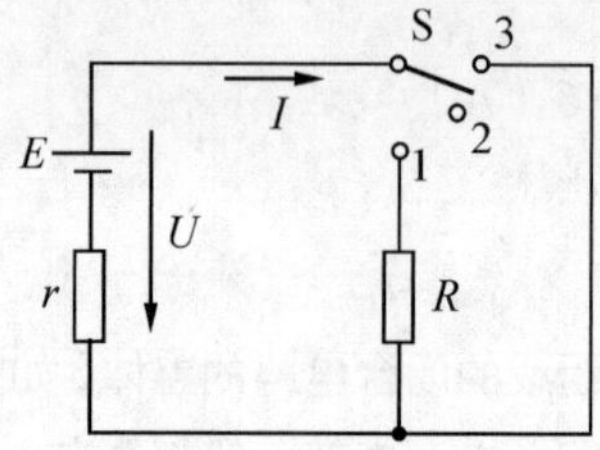

图 2.4.2　电路的三种状态

端电压与输出电流的关系为

$$U_{外}=E-U_{内}=E-Ir \tag{2.4.4}$$

式（2.4.4）表明，当电源具有一定的内阻时，端电压总是小于电源电动势；当电源电动势和内阻一定时，端电压随输出电流的增大而下降。这种电源端电压随输出（负载）电流的变化关系，称为电源的外特性。其关系曲线称为电源的外特性曲线，如图 2.4.3 所示。

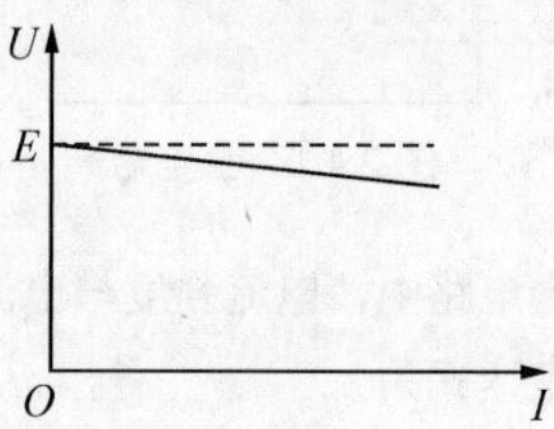

图 2.4.3　电源的外特性

通常把通过大电流的负载称为大负载，把通过小电流的负载称为小负载。这样，由外特性曲线可知：若电源的内阻为一定值，则电路接大负载时，端电压下降较多；电路接小负载时，端电压下降较少。

2. 开路（断路）

在图 2.4.2 中，开关 S 接通“2”号位置，电路处于开路状态。在开路状态下，负载电阻 $R\to\infty$ 或电路中某处的连接导线断线，则电路中的电流 $I=0$，内阻压降 $U_{内}=I\times r=0$，$U_{外}=E-I\times r=E$，即电源的开路电压等于电源电动势。

3. 短　路

图 2.4.2 中，开关 S 接通“3”号位置，电源被短接，电路中短路电流 $I_{短}=E/r$。由于电源内阻一般都很小，所以 $I_{短}$ 极大，此时，电源对外输出电压 $U=E-I_{短}\times r=0$。

短路电流极大，不仅会损坏导线、电源和其他电气设备，甚至还会引起火灾。因此，短路是严重的故障状态，必须严格禁止，避免其发生。在电路中常串接保护装置，如熔断器等，

以便在电路发生短路故障时能自动切断电路，起到安全保护作用。

电路的三种状态下各物理量的关系如表 2.4.1 所示。

表 2.4.1　电路的三种状态下各物理量的关系

电路状态	电　流	电　压	电源消耗功率	负载功率
断路	$I=0$	$U=E$	$P_E=0$	$P_L=0$
通路	$I=\dfrac{E}{R+r}$	$U=E-Ir$	$P_E=EI$	$P_L=UI$
短路	$I=I_{短}=\dfrac{E}{r}$	$U=0$	$P_E=I_{短}^2 r$	$P_L=0$

例 2.4.3　如图 2.4.4 所示，不计电压表和电流表内阻对电路的影响，求开关在不同位置时，电压表和电流表的读数各为多少。

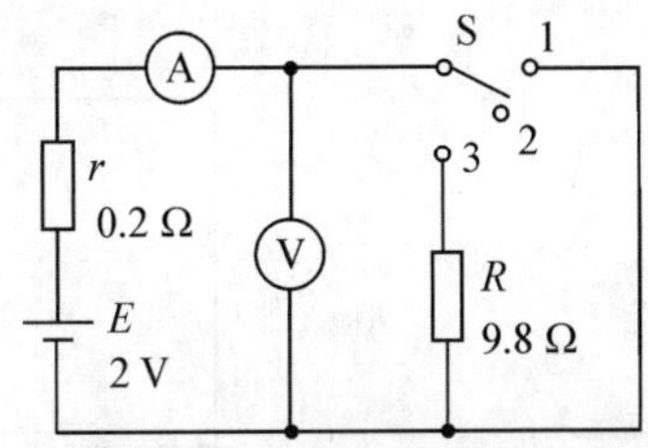

图 2.4.4　例 2.4.3 图

解：（1）开关接“1”号位置：电路处于短路状态，电压表的读数为零；电流表中流过短路电流

$$I_{短}=\frac{E}{r}=\frac{2}{0.2}=10\text{（A）}$$

（2）开关接“2”号位置：电路处于断路状态，电压表的读数为电源电动势的数值，即 2 V；电流表中无电流流过，即 $I_{断}=0\,\text{A}$。

（3）开关接“3”号位置：电路处于通路状态，电流表的读数为

$$I=\frac{E}{R+r}=\frac{2}{9.8+0.2}=0.2\text{（A）}$$

电压表的读数为

$$U=IR=0.2\times9.8=1.96\text{（V）}$$

【思考与练习】

一、填空题

1. 部分电路欧姆定律的内容是______________________________，其数学表达式为________________。

2. 全电路欧姆定律的内容是______________________________，其数学表达式为________________。

3. 图 2.4.5 示出了 3 个电阻的电流随电阻两端电压变化的曲线，由曲线可知，______的阻值最大，________的阻值最小。

4. 电源电动势 $E=4.5$ V，内阻 $r=0.5\ \Omega$，负载电阻 $R=4\ \Omega$，则电路中电流 $I=$______A，电源端电压 $U=$_______V。

二、计算题

1. 一根铝导线长 100 m，横截面面积为 1 mm^2，这根导线的电阻是多大？

2. 电源的电动势 $E=2$ V，与 $R=9\ \Omega$的负载电阻连接成闭合回路，测得电源两端的电压为 1.8 V，求电源的内阻 r_0。

3. 图 2.4.6 所示电路中，$R_1=14\ \Omega$，$R_2=29\ \Omega$。当开关 S 与“1”接通时，电路中的电流为 1 A；当开关 S 与“2”接通时，电路中的电流为 0.5 A。求电源的电动势 E 和内阻 r。

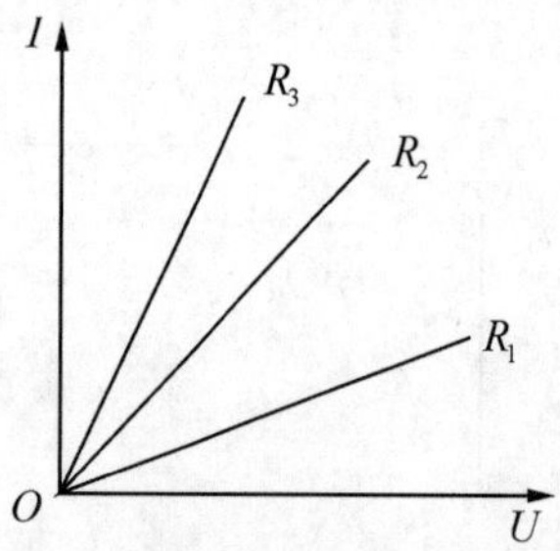

图 2.4.5

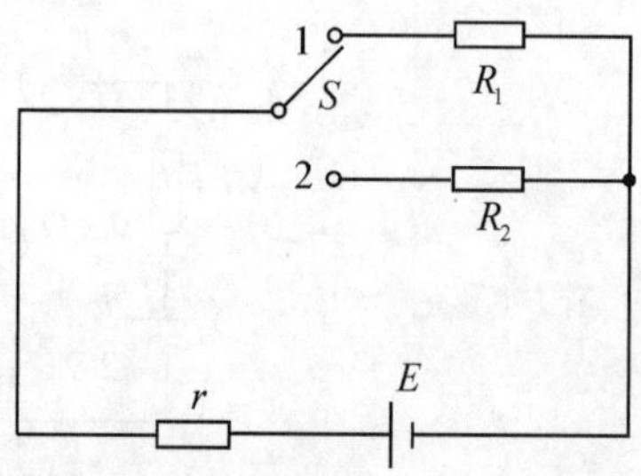

图 2.4.6

2.4.2 电路的连接及等效

2.4.2.1 电阻的连接及等效

1. 电阻的串联及应用

两个或两个以上电阻依次相连，中间无分支的连接方式叫作电阻的串联。图 2.4.7（a）所示即两个电阻的串联，图 2.4.7（b）是其等效图。

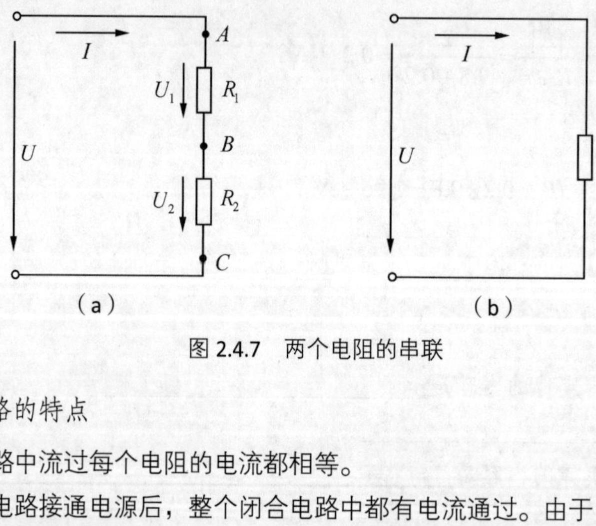

图 2.4.7 两个电阻的串联

1）串联电路的特点

（1）串联电路中流过每个电阻的电流都相等。

当电阻串联电路接通电源后，整个闭合电路中都有电流通过。由于电阻串联电路中没有分支，电荷也不可能积累在电路中任何一个地方，所以在任何相等的时间内，通过电路任一截面的电荷数必然相同，即串联电路中电流处处相等。当有 n 个电阻串联时，则

$$I=I_1=I_2=\cdots=I_n \tag{2.4.5}$$

（2）电路两端的总电压等于各电阻两端的分电压之和。

在图 2.4.7（a）中，由电压与电位的关系可得

$$U_1=V_A-V_B,\ U_2=V_B-V_C$$

两式相加得

$$U_1+U_2=V_A-V_B+V_B-V_C=V_A-V_C=U_{AC}=U$$

当有 n 个电阻串联时，则

$$U=U_1+U_2+\cdots+U_n \tag{2.4.6}$$

（3）总电阻等于各串联电阻之和。

图 2.4.7（a）中，由欧姆定律可知 $U=IR$，$U_1=IR_1$，$U_2=IR_2$，又因

$$U=U_1+U_2=I（R_1+R_2）=IR$$

所以 $R=R_1+R_2$

式中，R 是 R_1、R_2 的等效电阻，其意义是用 R 代替 R_1、R_2 后，不影响电路的电流和电压。

当有 n 个电阻串联时，则

$$R=R_1+R_2+\cdots+R_n \tag{2.4.7}$$

当 n 个相同的电阻 R_0 串联时，有 $R=nR_0$。

（4）在串联电路中，电压的分配与电阻成正比。由于串联电路中的电流处处相等，所以

$$I=\frac{U_1}{R_1}=\frac{U_2}{R_2}=\frac{U}{R} \tag{2.4.8}$$

式（2.4.8）表明，在串联电路中，电压的分配与电阻成正比，即阻值越大的电阻所分配到的电压越大，反之电压越小。这个结论是串联电路性质的重要推论，用途较广。如果已知串联电路的总电压 U 及电阻 R_1、R_2 时，用式（2.4.8）和 $R=R_1+R_2$，可得出分压公式：

$$U_1=\frac{R_1}{R_1+R_2}U\ ,\ U_2=\frac{R_2}{R_1+R_2}U \tag{2.4.9}$$

（5）在串联电路中，功率的分配与电阻成正比，即阻值越大的电阻所分配到的功率越大，反之功率越小。

由于串联电路中的电流处处相等，所以

$$I^2=\frac{P_1}{R_1}=\frac{P_2}{R_2}=\frac{P}{R} \tag{2.4.10}$$

2）电阻串联的应用

电阻串联的应用很广泛，在实际工作中常见的有：

（1）用多个电阻串联来获得阻值较大的电阻。

（2）采用几个电阻构成分压器，使同一电源能供给几种不同的电压。如图 2.4.8 所示，由 $R_1 \sim R_4$ 构成的分压器，可使电源输出 4 种不同数值的电压。

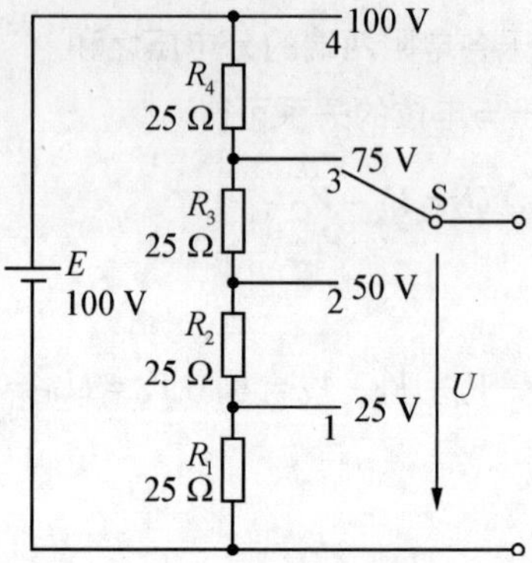

图 2.4.8　电阻分压器

（3）利用串联电阻的方法来限制和调节电路中电流的大小。例如在初中物理课中曾做过的用滑动变阻器来改变电流强度的实验。

（4）在电工测量中广泛应用串联电阻的方法来扩大电表测量电压的量程，如图 2.4.9 所示。

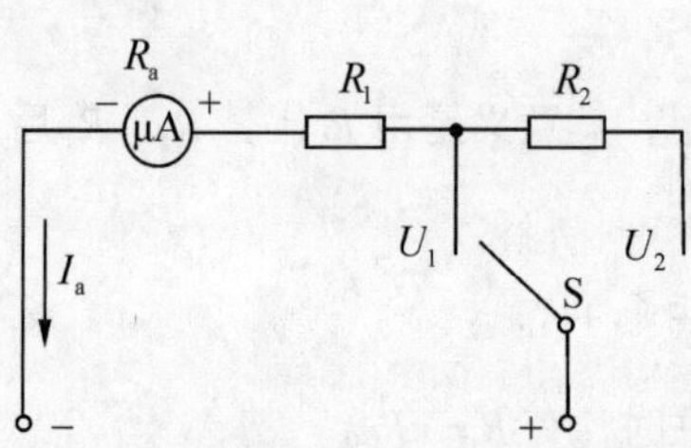

图 2.4.9　串联电阻扩大电压表的量程

例 2.4.4　3 个电阻 R_1、R_2、R_3 组成的串联电路中，$R_1 = 1\ \Omega$，$R_2 = 3\ \Omega$，R_2 两端的电压 $U_2 = 6\ \text{V}$，总电压 $U = 18\ \text{V}$，求电路中的电流 I 与电阻 R_3。

解： 根据欧姆定律得

$$I_2 = U_2/R_2 = 6/3 = 2\ (\text{A})$$

由于串联电路中电流处处相等，所以

$$I = I_2 = 2\ \text{A}$$

根据欧姆定律，可求得电路的总电阻 R 为

$$R = U/I = 18/2 = 9\ (\Omega)$$

由于串联电路总电阻等于各串联电阻之和，所以

$$R_3 = R - R_1 - R_2 = 9 - 1 - 3 = 5\ (\Omega)$$

例 2.4.5　在图 2.4.10 所示电路中，$R_1 = 100\ \Omega$，$R_2 = 200\ \Omega$，$R_3 = 300\ \Omega$，输入电压 $U_i = 12\ \text{V}$，试求输出电压 U_o 的变化范围。

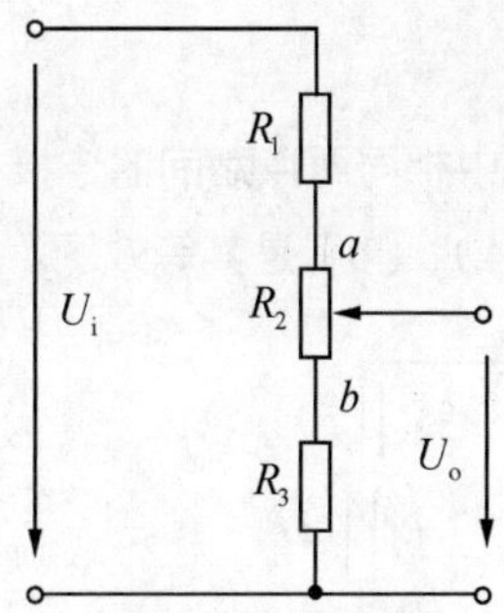

图 2.4.10　例题图

分析：这是一个电压在一定范围内连续可调的电位器，在电位器 R_2 上下各串联一个电阻，则总电阻 $R=R_1+R_2+R_3$。当触点在 a 处时，输出电压是（R_2+R_3）两端的电压；当触点在 b 处时，输出电压是 R_3 两端的电压。

解：触点在 a 处时，由分压公式得

$$U_{oa}=\frac{R_2+R_3}{R_1+R_2+R_3}U_i=\frac{200+300}{100+200+300}\times 12=10\ (\text{V})$$

触点在 b 处时，由分压公式得

$$U_{ob}=\frac{R_3}{R_1+R_2+R_3}U_i=\frac{300}{100+200+300}\times 12=6\ (\text{V})$$

故输出电压 U_o 的变化范围是 6 ~ 10 V。

例 2.4.6　图 2.4.9 是 500 型万用表测量直流电压的部分电路图。图中仅画出两个量程，其中 $U_1=10\ \text{V}$，$U_2=250\ \text{V}$。已知表头的等效内阻 $R_a=3\ \text{k}\Omega$，允许流过的最大电流为 $I_a=50\ \mu\text{A}$，试求各串联电阻的阻值。

解：因为表头是一只微安表，根据欧姆定律可知该表所能测量的最大电压为

$$U_a=I_aR_a=50\times 10^{-6}\times 3\times 10^3=0.15\ (\text{V})$$

显然，要用这只表头来测量大于 0.15 V 的电压，就会把表头烧坏。为了扩大量程，最方便的办法就是串接电阻。根据已学知识，各串联电阻阻值的求解步骤如下：

因　$U_{R_1}=U_1=U_a$

而　$U_a=I_aR_a$，$U_{R_1}=I_aR_1$

则　$I_aR_1=U_1-I_aR_a$

所以

$$R_1=\frac{U_1-I_aR_a}{I_a}=\frac{10-50\times 10^{-6}\times 3\times 10^3}{50\times 10^{-6}}=197\ (\text{k}\Omega)$$

又　$U_{R_2}=I_aR_2=U_2-U_1$

则

$$R_2=\frac{U_2-U_1}{I_a}=\frac{250-10}{50\times 10^{-6}}=4.8\ (\text{M}\Omega)$$

2. 电阻的并联及应用

两个或两个以上电阻接在电路中相同两点之间的连接方式，叫作电阻的并联。图 2.4.11（a）所示即两个电阻的并联，图 2.4.11（b）是其等效图。

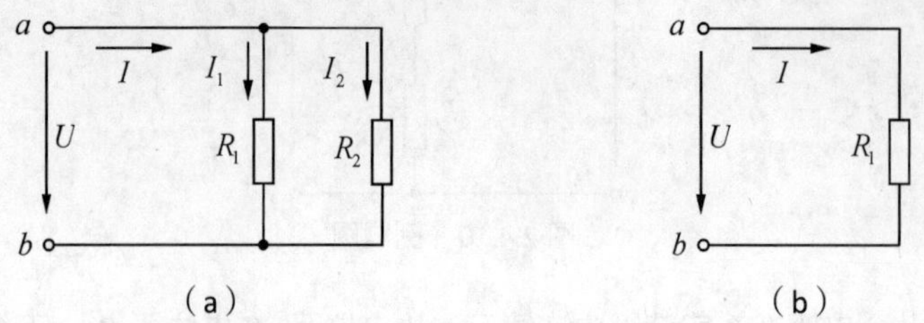

图 2.4.11　两个电阻的并联

1）并联电路的特点

（1）各电阻两端的电压相等。

由于并联电路中的各个电阻都接在电路中相同的两点之间，如图 2.4.11（a）所示，所以每个电阻两端的电压就是这两点间的电位差，因此各并联电阻两端的电压相同。若有 n 个电阻并联，则

$$U = U_1 = U_2 = \cdots = U_n \tag{2.4.11}$$

（2）电路中的总电流等于各电阻中的电流之和。

由于做定向运动的电荷不会停留在电路中任何一个地方，所以流入 a 点的电流，始终等于从 b 点流出的电流，即 $I = I_1 + I_2$，如图 2.4.11（a）所示。若有 n 个电阻并联，则

$$I = I_1 + I_2 + \cdots + I_n \tag{2.4.12}$$

（3）并联电路的总电阻的倒数等于各并联电阻的倒数之和。

在图 2.4.11 所示电路中，由欧姆定律得

$$I = U/R，I_1 = U/R_1，I_2 = U/R_2$$

又 $$I = I_1 + I_2$$

则 $$U/R = U/R_1 + U/R_2$$

即 $$\frac{1}{R} = \frac{1}{R_1} + \frac{1}{R_2}$$

若有 n 个电阻并联，则

$$\frac{1}{R} = \frac{1}{R_1} + \frac{1}{R_2} + \cdots + \frac{1}{R_n} \tag{2.4.13}$$

若有 n 个相同的电阻值 R_0 并联，则总电阻 R 为

$$R = R_0/n$$

若是两个电阻并联，则总电阻 R 为

$$R = \frac{R_1 R_2}{R_1 + R_2} \quad (2.4.14)$$

（4）各支路电流和电阻成反比。

在并联电路中，由于各电阻两端电压相同，所以

$$U = I_1 R_1 = I_2 R_2$$

上式表明，在并联电路中，各支路电流和电阻成反比。即电阻小的支路通过的电流大，电阻大的支路通过的电流小。这个结论是并联电路性质的重要推论，也有较广泛用途。如在已知并联电路的总电流 I 和电阻 R_1、R_2 时，流过每个电阻的电流可用分流公式计算，即

$$I_1 = \frac{R_2}{R_1 + R_2} I,\quad I_2 = \frac{R_1}{R_1 + R_2} I \quad (2.4.15)$$

（5）各电阻消耗的功率跟它的阻值成反比。

在并联电路中，由于各电阻两端电压相同，所以

$$U^2 = P_1 R_1 = P_2 R_2 \quad (2.4.16)$$

式（2.4.16）表明，在并联电路中，各电阻消耗的功率和它的电阻值成反比。即阻值小的电阻消耗的功率大，阻值大的电阻消耗的功率小。

2）电阻并联的应用

电阻并联的应用非常广泛，在实际工作中常见的有：

（1）凡是工作电压相同的负载几乎全是并联，例如工厂中的各种电动机、电炉，以及各种照明灯具都是并联使用的。这是因为负载在并联状态下工作时，它们两端的电压完全相同，任何一个负载的工作情况都不影响其他负载，也不受其他负载的影响（指电源的容量足够大），因此人们就可以根据不同需要启动或停止并联使用的各个负载。

（2）用并联电阻来获得某一较小电阻，如用两个 100 Ω电阻并联可得到一个 50 Ω的电阻。

（3）在电工测量中，广泛应用并联电阻的方法来扩大电表测量电流的量程，如图 2.4.12 所示。

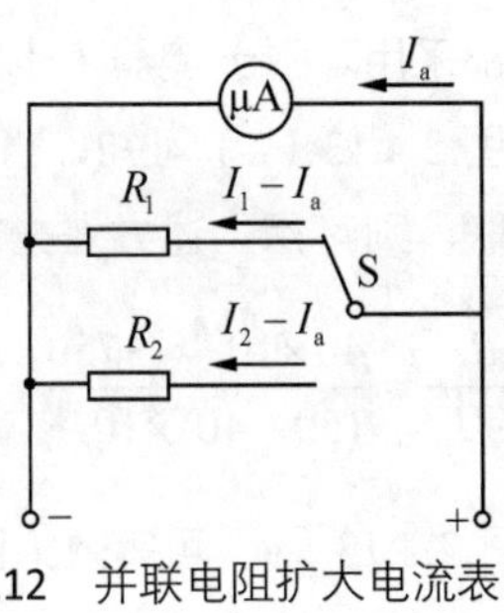

图 2.4.12　并联电阻扩大电流表的量程

例 2.4.7　在两个电阻并联电路中，$R_1 = 200\ \Omega$，通过 R_1 的电流 $I_1 = 0.2$ A，通过整个并联电路的总电流 $I = 0.8$ A，求 R_2 和通过 R_2 的电流 I_2。

解：在并联电路中，总电流等于各电阻中的电流之和，即 $I = I_1 + I_2$，则

$$I_2 = I - I_1 = 0.8 - 0.2 = 0.6\ (\text{A})$$

由欧姆定律得

$$U = I_1R_1 = 0.2 \times 200 = 40\ (\text{V})$$

$$R_2 = U/I_2 = 40/0.6 \approx 66.7\ (\Omega)$$

例 2.4.8 某微安表的内阻 $R_a = 3\,750\ \Omega$，允许流过的最大电流为 $I_a = 40\ \mu\text{A}$。现要用此微安表制作一个有两个量程的直流电流表，各量程的最大电流分别为 $I_1 = 500\ \text{mA}$，$I_2 = 50\ \mu\text{A}$，各分流电阻值应为多大?

解：因为此微安表的最大电流仅为 40 μA，要用它来测量大于 40 μA 的电流，必然要把电表烧坏。为扩大量程，最常见的办法是并联电阻，让流过微安表的最大电流等于 40 μA，其余电流都从并联的电阻中流过。

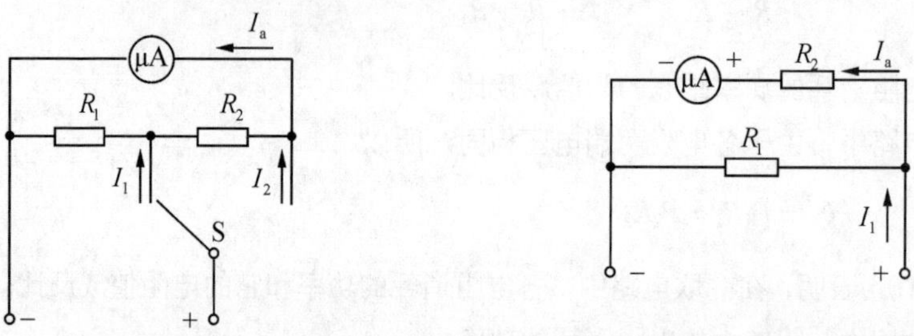

图 2.4.13 环形分流器

并联电阻的方式有两种，图 2.4.13 所示电路很容易为大家所想到。由于电阻和电表并联，所以各电阻的端电压相等，而电表两端的电压为 $U_a = I_aR_a$，流过各分流电阻的电流分别为 $I_1 - I_a$，$I_2 - I_a$，所以各分流电阻值分别等于

$$R_1 = \frac{I_aR_a}{I_1 - I_a} = \frac{40\times10^{-6}\times3750}{500\times10^{-3} - 40\times10^{-6}} = 0.3\ (\Omega)$$

$$R_2 = \frac{I_aR_a}{I_2 - I_a} = \frac{40\times10^{-6}\times3750}{50\times10^{-6} - 40\times10^{-6}} = 15\ (\text{k}\Omega)$$

在实际工作中，大多数万用表都采用环形分流器（也叫闭路抽头式分流器）来扩大测量电流的量程，如图 2.4.13 所示。由图 2.4.13（a）可知，当使用最小量程 $I_2 = 50\ \mu\text{A}$ 时，其是全部分流电阻串联后再与微安表并联，则可用上述方法先求出它们的总电阻为

$$R = R_1 + R_2 = \frac{I_aR_a}{I_2 - I_a} = \frac{40\times10^{-6}\times3750}{(50-40)\times10^{-6}} = 15\ (\text{k}\Omega)$$

当采用量程 $I_1 = 500\ \text{mA}$ 时，图 2.4.13（a）可等效为图（b），此时 R_2 和 R_a 串联后再与 R_1 并联，根据分流公式

$$I_a = \frac{R_1}{R_1 + R_2 + R_a}I_1 = \frac{R_1}{R + R_a}I_1$$

得 $$R_1 = \frac{(R+R_a)I_a}{I_1} = \frac{(15\times10^3+3750)\times40\times10^{-6}}{500\times10^{-3}} \ (\Omega)$$

所以 $$R_2 = R - R_1 = 15\ \text{k}\Omega - 1.5\ \Omega = 14\,998.5\ (\Omega)$$

3. 电阻的混联

既有电阻串联又有电阻并联的电路叫作电阻的混联电路，如图 2.4.14 所示。混联电路的串联部分具有串联电路的性质，并联部分具有并联电路的性质。

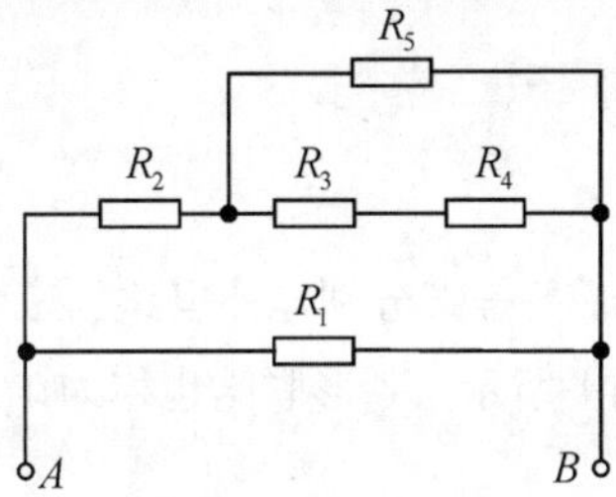

图 2.4.14　混联电阻

计算混联电路的等效电阻，步骤大致如下：

（1）把电路整理和简化成容易看清的串联或并联关系。要做到这一点，除了要掌握电阻串、并联的定义外，还应学会画等效图。其一般方法是：先在电路中各电阻的连接点上标注不同字母，然后将各字母按顺序在水平方向排列（待求端的字母应放在最两端），紧接着把各电阻填入对应的字母之间，最后根据电阻串、并联的定义依次画出等效电路。

（2）根据简化的电路进行计算。

例 2.4.9　已知图 2.4.15 中的 $R_1 = R_2 = R_3 = R_4 = R_5 = 1\ \Omega$，求 A、B 间的等效电阻 R_{AB}。

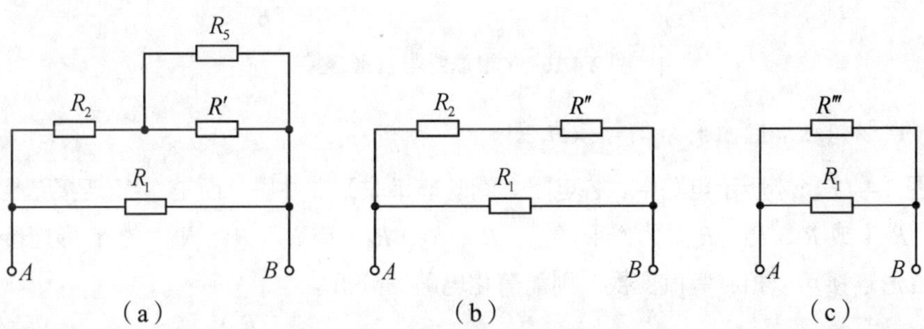

图 2.4.15　图 2.4.14 所示电路的等效图

解：先按照上述方法画出如图 2.4.15 所示的一系列等效电路，然后进行计算。

由图 2.4.15（a）得

$$R' = R_3 + R_4 = 2\ (\Omega)$$

由图 2.4.15（b）得

$$R^n = R_5 \,//\, R' = \frac{1\times2}{1+2} = \frac{2}{3}\ (\Omega)$$

由图 2.4.15（c）得

$$R''' = R_2 + R'' = 1 + \frac{2}{3} = \frac{5}{3}\ (\Omega)$$

于是 A、B 间的等效电阻为

$$R_{AB} = R_1 // R''' = \frac{1\times\frac{5}{3}}{1+\frac{5}{3}} = \frac{5}{8}\ (\Omega)$$

4. 电阻的 Y 形连接与△形连接

1）电阻的 Y 形连接

将三个电阻的一端连在一起，另一端分别与外电路的三个节点相连，就构成 Y 形连接，也称为星形连接，如图 2.4.16（a）所示。Y 形联结也称为 T 形连接。

2）电阻的△形连接

将三个电阻首尾相连，形成一个三角形，三角形的三个顶点分别与外电路的三个节点相连，就构成三角形连接，称为△连接，如图 2.4.16（b）所示。△形连接也称为Π形连接。

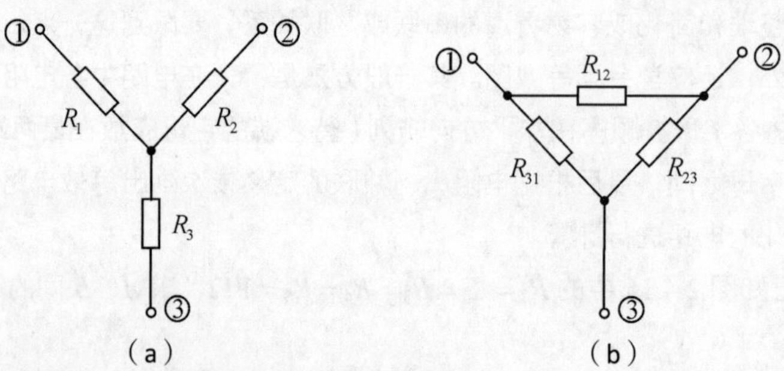

图 2.4.16　Y 形联结与△形连接

3）Y 形和△形电阻网络的等效互换

在图 2.4.17（a）所示电路中，各电阻之间既非串联又非并联，而是△-Y 连接结构，其中 R_1、R_2、R_5（或 R_3、R_4、R_5）为△形连接，R_1、R_5、R_4（或 R_2、R_3、R_5）为 Y 形连接。如果 Y 形、△形连接可以相互等值变换，则能简化电路的分析。

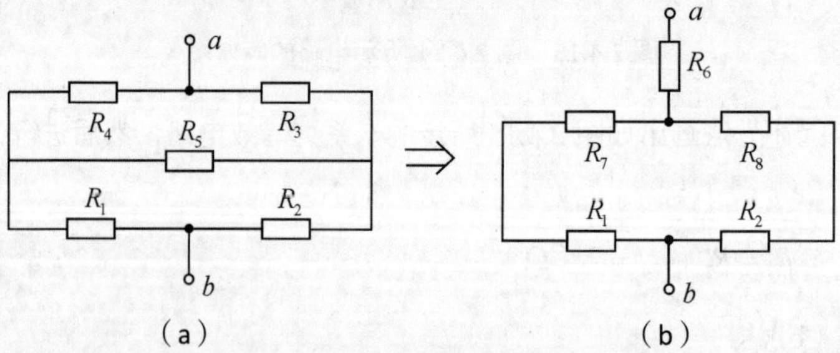

图 2.4.17　△形连接变换为 Y 形连接

如图 2.4.17（b）所示，当将 R_3、R_4、R_5 组成的△形连接变成由 R_6、R_7、R_8 组成的 Y 形连接时，则 ab 间的等值电阻为

$$R_{ab} = R_6 + (R_1 + R_7)//(R_2 + R_8)$$

在分析电路时，如果能将其中包括的△形连接中的某三个电阻，如图 2.4.18（a）中的 R_{12}、R_{31}、R_{23}，在保持对外部电路等值的条件下等效转换为 Y 形联结中的三个电阻，如图 2.4.18（b）中的 R_1、R_2、R_3，那么就可使电路变得简单而易于分析。

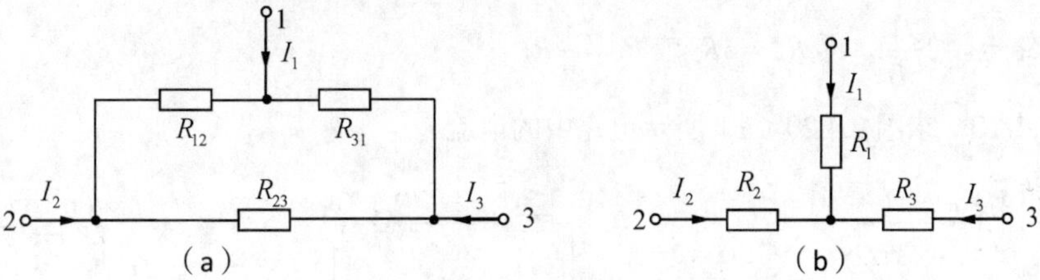

图 2.4.18　△形连接转换为 Y 形连接

如何实现△形连接的电阻和 Y 形连接的电阻之间的等效转换呢？根据等效转换的概念，等效是对外电路等效而不是对内电路等效，因此端口间的电压对应相等，端口上的电流对应相等。以图 2.4.19 所示电路为例，所谓两者“对外电路等效”，就是转换前后的两种电路对 1、2、3 三点以外的电路是等效的，即流入 1、2、3 点的 3 个电流和 3 点中每两点间的电压在转换前后是一样的。由 Y 形转换成△形，或者由△形转换成 Y 形，必须使任意两对应端加相同的电压时，流经任一对应端点的电流也相同，也就是必须使任意两对应点间的电阻值相同。

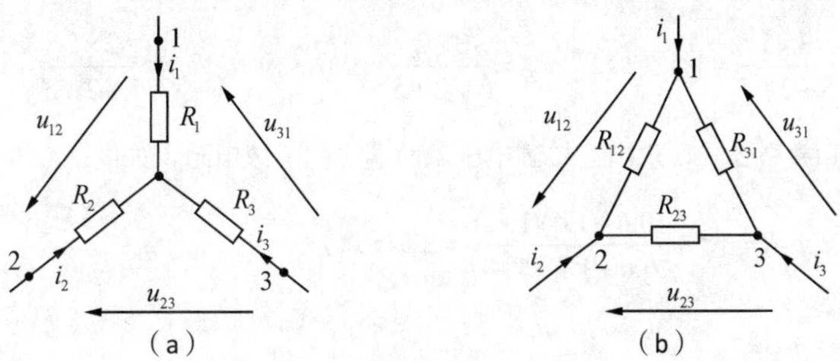

图 2.4.19　转换电路

$$R_1 = \frac{R_{31} \times R_{12}}{R_{12} + R_{31} + R_{23}}，R_2 = \frac{R_{31} \times R_{23}}{R_{12} + R_{31} + R_{23}}，R_3 = \frac{R_{12} \times R_{23}}{R_{12} + R_{31} + R_{23}} \quad (2.4.17)$$

由式（2.4.17）可看出，△形网络变换为 Y 形网络的一般表达式为：

$$Y\text{形网络电阻} = \frac{\triangle\text{形网络成对电阻的乘积之和}}{\text{相对Y形网络电阻}}$$

类似的，将 Y 形网络等效变换为△形网络的条件是：

$$\begin{cases} R_{12} = \dfrac{R_1R_2 + R_2R_3 + R_3R_1}{R_3} \\ R_{23} = \dfrac{R_1R_2 + R_2R_3 + R_3R_1}{R_1} \\ R_{31} = \dfrac{R_1R_2 + R_2R_3 + R_3R_4}{R_2} \end{cases} \quad (2.4.18)$$

由式（2.4.18）可看出，Y 形网络变换为△形网络的一般表达式为

$$\triangle形网络电阻=\frac{Y形网络成对电阻的乘积之和}{相对Y形网络电阻}$$

若△形网络的 3 个电阻相等，与这个△形网络等效的 Y 形网络的电阻也必定相等，且等于△形网络电阻的$\frac{1}{3}$，即 $R_\Delta=3R_r$ 或 $R_r=\frac{1}{3}R_\Delta$。

例 2.4.10 求图 2.4.20（a）所示电路中的电流 I。

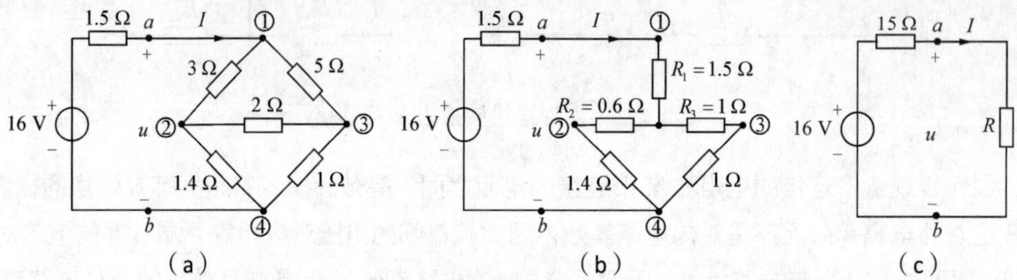

图 2.4.20

解：将 3 Ω、5 Ω和 2 Ω 3 个电阻构成的△形网络等效变换为 Y 形网络，如图 2.4.20（b）所示。其电阻值由式（2.4.17）求得：

$$R_1=\frac{3\times5}{3+2+5}=1.5\ (\Omega),\ R_2=\frac{3\times2}{3+2+5}=0.6\ (\Omega),\ R_3=\frac{2\times5}{3+2+5}=1\ (\Omega)$$

再用电阻串联和并联公式，求出连接到电压源两端口的等效电阻，如图 2.4.20（c）所示。

$$R=1.5+\frac{(0.6+1.4)(1+1)}{0.6+1.4+1+1}=2.5\ (\Omega)$$

最后求得

$$1=\frac{10}{R}=\frac{10}{2.5}=4\ (A)$$

例 2.4.11 求图 2.4.21（a）所示电路的等效电阻 R_{ab}。

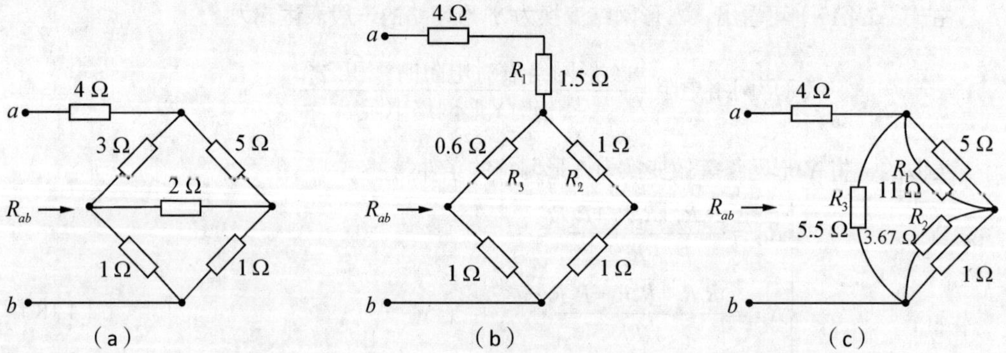

图 2.4.21 例 2.4.11 图

解：将电路中的△形连接部分等效为 Y 形连接，如图 2.4.21（b）所示。其中：

$$R_1=\frac{3\times5}{2+5+2}=1.5\ (\Omega)$$

$$R_2=\frac{2\times5}{3+2+5}=1\ (\Omega)$$

$$R_3=\frac{2\times3}{3+2+5}=0.6\ (\Omega)$$

所以

$$R_{ab}=4\times1.5+\frac{2\times1.6}{2\times1.6}=5.5+0.89=6.39\ (\Omega)$$

另解：也可以将原电路图中的 1 Ω、2 Ω和 3 Ω 3 个 Y 形连接的电阻变换成△形连接，如图 2.4.21（c）所示。其中：

$$R_1=\frac{1\times2+2\times3+3\times1}{1}=11\ (\Omega)$$

$$R_2=\frac{1\times2+2\times3+3\times1}{3}=3.67\ (\Omega)$$

$$R_3=\frac{1\times2+2\times3+3\times1}{2}=5.5\ (\Omega)$$

所以

$$R_{ab}=4+\frac{5.5\times4.224}{5.5+4.224}=6.39\ (\Omega)$$

用两种方法求出的结果完全相等。

需要注意的是：

（1）△形网络与 Y 形网络的等效变换属于多端子电路的等效，在应用中，除了正确使用电阻变换公式计算各电阻值外，还必须正确连接各对应端子。

（2）等效是对外部（端钮以外）电路有效，对内则不成立。

（3）等效电路与外部电路无关。

（4）等效变换的目的是简化电路，因此注意不要把本应是串、并联的结构看作△形、Y 形结构进行等效变换，那样会使问题的计算更复杂。

2.4.2.2 电容的连接及等效

1. 电容器的串联

把几个电容器首尾相接连成一个无分支的电路，称为电容器的串联，如图 2.4.22 所示。

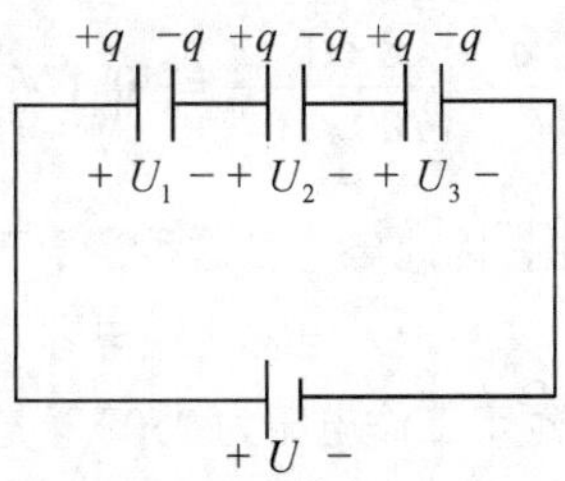

图 2.4.22 电容器的串联

电容器串联时，每个极板上的电荷量都是 q。

设每个电容器的电容分别为 C_1、C_2、C_3，电压分别为 U_1、U_2、U_3，则

$$U_1=\frac{q}{C_1}\text{，}U_2=\frac{q}{C_2}\text{，}U_3=\frac{q}{C_3}$$

总电压 U 等于各个电容器上的电压之和，所以

$$U=U_1+U_2+U_3=q\left(\frac{1}{C_1}+\frac{1}{C_2}+\frac{1}{C_3}\right)$$

设串联总电容（等效电容）为 C，则由 $C=\frac{q}{U}$，可得

$$\frac{1}{C}=\frac{1}{C_1}+\frac{1}{C_2}+\frac{1}{C_3}$$

即串联电容器总电容的倒数等于各电容器电容的倒数之和。

电容器串联电路中，每个电容器实际分配的电压与其电容量成反比，即容量大的分配的电压小，容量小的分配的电压大。若每个串联电容都相等，则每个电容器上分配的电压也相等。若有两只电容器参与串联，每只电容器上分配的电压可用以下公式计算：

$$U_1=\frac{C_2}{C_1+C_2}U\text{，}U_2=\frac{C_1}{C_1+C_2}U$$

式中 U——总电压；

U_1——C_1 上分配的电压；

U_2——C_2 上分配的电压。

例 2.4.12 如图 2.4.22 所示电路中，$C_1=C_2=C_3=C_0=200\ \mu F$，额定工作电压为 50 V，电源电压 $U=120$ V，则这组串联电容器的等效电容是多大？每只电容器两端的电压是多大？在此电压下工作是否安全？

解： 3 只电容器串联后的等效电容为

$$C=\frac{C_0}{3}=\frac{200}{3}\approx 66.67\ (\mu F)$$

每只电容器上所带的电荷量为

$$q=q_1=q_2=q_3=CU=66.67\times10^{-6}\times120\approx8\times10^{-3}$$

每只电容上的电压为

$$U_1=U_2=U_3=\frac{q}{C_0}=\frac{8\times10^{-3}}{200\times10^{-6}}=40\ (V)$$

电容器上的电压小于它的额定电压，因此电容在这种情况下工作是安全的。

例 2.4.13 现有两只电容器，其中一只电容器的电容 $C_1=2\ \mu F$，额定工作电压为 160 V，另一只电容器的电容 $C_2=10\ \mu F$，额定工作电压为 250 V。若将这两个电容器串联起来，接在 300 V 的直流电源上见图 2.4.23 所示，则每只电容器上的电压是多少？这样使用是否安全？

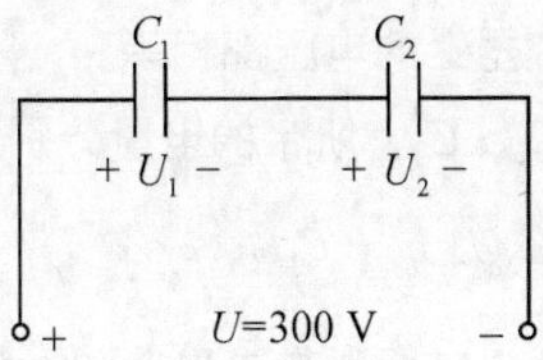

图 2.4.23

解：两只电容器串联后的等效电容为

$$C = \frac{C_1C_2}{C_1+C_2} = \frac{2\times10}{2+10} \approx 1.67 \text{（μF）}$$

各电容器上所带的电荷量为

$$q_1 = q_2 = CU = 1.67\times10^{-6}\times300 \approx 5\times10^{-4} \text{（C）}$$

各电容器上的电压为

$$U_1 = \frac{q_1}{C_1} = \frac{5\times10^{-4}}{2\times10^{-6}} = 250 \text{（V）}$$

$$U_2 = \frac{q_2}{C_2} = \frac{5\times10^{-4}}{10\times10^{-6}} = 50 \text{（V）}$$

可见，电容值不等的电容器串联使用时，每个电容器上分配的电压与其电容成反比。

由于电容器 C_1 的额定电压是 160 V，而实际加在它上面的电压是 250 V，远大于它的额定电压，所以电容器 C_1 可能会被击穿；当 C_1 被击穿后，300 V 的电压将全部加在 C_2 上，这一电压也大于它的额定电压，因而也可能被击穿。由此可见，这样使用是不安全的。

本题中，每个电容器允许充入的电荷量分别为

$$q_1 = 2\times10^{-6}\times160 = 3.2\times10^{-4} \text{（C）}$$

$$q_2 = 10\times10^{-6}\times250 = 2.5\times10^{-3} \text{（C）}$$

为了使 C_1 上的电荷量不超过 3.2×10^{-4} C，外加总电压应不超过

$$U = \frac{3.2\times10^{-4}}{1.67\times10^{-6}} \approx 192 \text{（V）}$$

2. 电容器的并联

如图 2.4.24 所示，把几个电容器的一端连在一起，另一端也连在一起的连接方式，叫作电容器的并联。

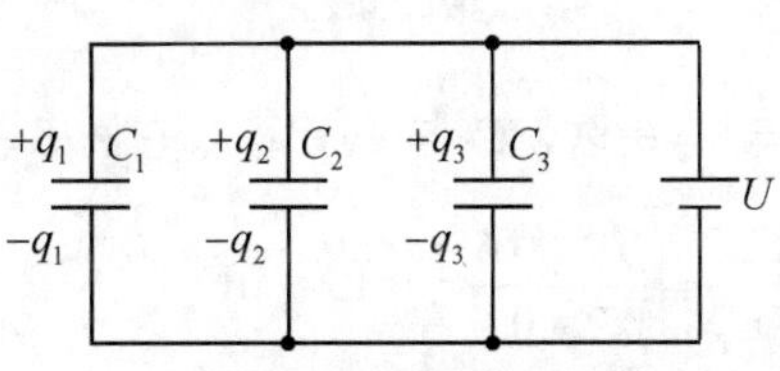

图 2.4.24　电容器的并联

电容器并联时，加在每个电容器上的电压都相等。

设电容器的电容分别为 C_1、C_2、C_3，所带的电量分别为 q_1、q_2、q_3，则

$$q_1 = C_1U,\ q_2 = C_2U,\ q_3 = C_3U$$

电容器组储存的总电量 q 等于各个电容器所带电量之和，即

$$q_1 + q_2 + q_3 = (C_1 + C_2 + C_3)U$$

设并联电容器的总电容（等效电容）为 C，由

$$q = CU$$

得 $$C = C_1 + C_2 + C_3$$

即并联电容器的总电容等于各个电容器的电容之和。

由此可见，电容器并联时总容量增大了。并联电容器的数目越多，其等效电容越大。应当注意，并联时每个电容器直接承受外加电压，因此，工程上每只电容器的耐压都必须大于外加电压。

例 2.4.14 电容器 A 的电容为 10 μF，耐压为 30 V，电容器 B 的电容为 20 μF，耐压为 15 V，把它们并联在一起，其等效电容和耐压各为多少?

解：并联后的总电容为

$$C = C_1 + C_2 = 10 + 20 = 30\ (\mu\text{F})$$

连接后的共同耐压为

$$U = 15\ \text{V}$$

3. 电容器的混联

实际应用中，电路中既有电容器的串联，又有电容器的并联，把这种连接方式称为电容器的混联。然而不管混联的形式如何，应始终依据串、并联电容的特点解决问题。

例 2.4.15 已知有 $C_1 = C_4 = 0.2$ μF，$C_2 = C_3 = 0.6$ μF 的 4 个电容器，其连接形式如图 2.4.25 所示，分别求 S 断开和 S 接通时的等效电容 C_{ab}。

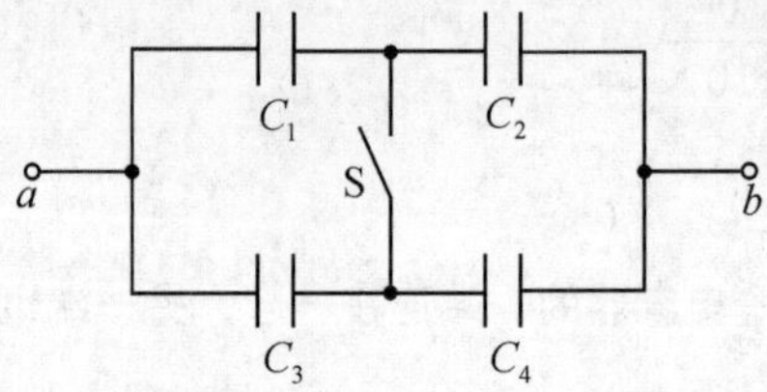

图 2.4.25

解：（1）S 断开时，C_1 与 C_2 串联，C_3 与 C_4 串联，它们串联后的等效电容分别为

$$C_{12} = \frac{C_1C_2}{C_1 + C_2} = \frac{0.2 \times 0.6}{0.2 + 0.6} = 0.15\ (\mu\text{F})$$

$$C_{34} = \frac{C_3 C_4}{C_3 + C_4} = \frac{0.2 \times 0.6}{0.2 + 0.6} = 0.15\ (\mu F)$$

C_{12} 与 C_{34} 并联，总的等效电容为

$$C_{ab} = C_{12} + C_{34} = 0.15 + 0.15 = 0.3\ (\mu F)$$

（2）S 闭合时，C_1 与 C_3 并联，C_2 与 C_4 并联，它们并联后的等效电容分别为

$$C_{13} = C_1 + C_3 = 0.2 + 0.6 = 0.8\ (\mu F)$$

$$C_{24} = C_2 + C_4 = 0.2 + 0.6 = 0.8\ (\mu F)$$

C_{13} 与 C_{24} 串联，总的等效电容为

$$C_{ab} = \frac{1}{\frac{1}{C_{13}} + \frac{1}{C_{24}}} = \frac{1}{\frac{1}{0.8} + \frac{1}{0.8}} = 0.4\ (\mu F)$$

2.4.2.3　两种实际电源模型之间的等效变换

一个实际的电源既可用电压源表示，也可用电流源表示，因此它们之间可以进行等效变换，如图 2.4.26 所示。

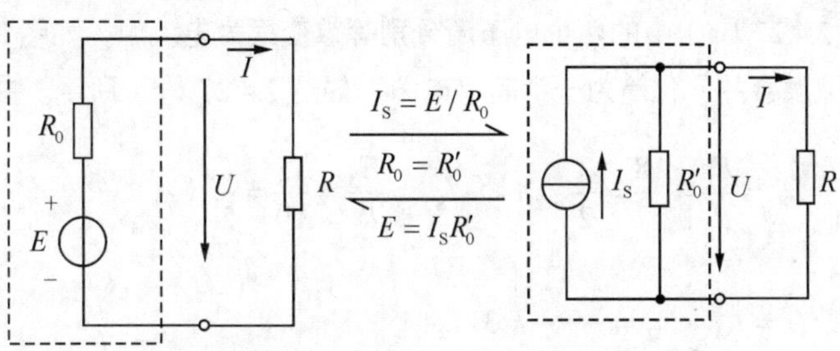

图 2.4.26　电压源与电流源的等效变换

电压源的输出电压 U 与输出电流 I 之间的函数关系是

$$U = E - IR_0$$

电流源的输出电压 U 与输出电流 I 之间的函数关系是

$$U - I_S R_0' - IR_0'$$

可见，只要满足 $E = I_S R_0'$ 或 $I_S = E / R_0'$，且两种电源模型的内阻相等，即 $R_0 = R_0'$，对外电路而言，电压源与电流源之间就能等效变换。在图 2.4.26 所示电压源与电流源的等效变换电路中，电压源与电流源对外电路等效的条件是

$$\begin{cases} E = I_S R_0' \text{或} I_S = \dfrac{E}{R_0'} \\ R_0 = R_0' \end{cases} \tag{2.4.19}$$

在进行电源的等效变换时，应注意以下几点：

（1）电压源和电流源的等效变换只针对外电路，对内电路是不等效的。

（2）把电压源变换为电流源时，I_S 的方向应与电压源对外电路输出的电流方向保持一致，电流源中的并联电阻与电压源的内电阻相等。

（3）把电流源变换为电压源时，E 的方向应与电流源对外电路输出电流的方向保持一致，电压源中的内电阻与电流源中的并联电阻相等。

（4）恒压源和恒流源之间不能进行等效变换。

进行电压源和电流源的等效变换时，不一定仅限于电源的内电阻。只要在恒压源电路上串联有电阻，或在恒流源的两端并联有电阻，则两者均可进行等效变换。

例 2.4.16　如图 2.4.27（a）所示，设电路中的 $E_1 = 18\ \text{V}$，$E_2 = 15\ \text{V}$，$R_1 = 12\ \Omega$，$R_2 = 10\ \Omega$，$R_3 = 15\ \Omega$，求各电流值。

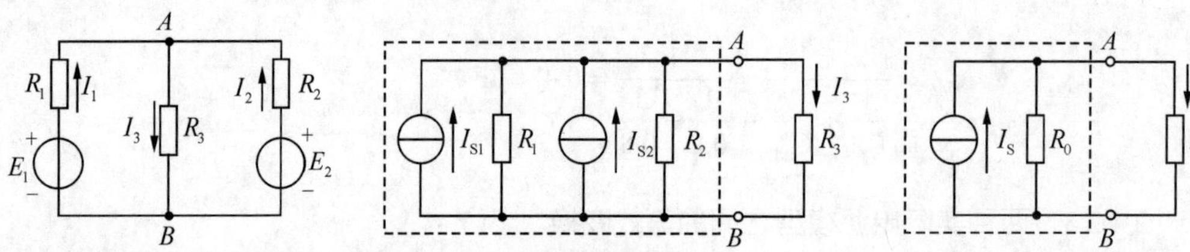

（a）复杂电路　　（b）两电流源并联　　（c）简单电路

图 2.4.27　电路图

解： 先把图 2.4.27（a）中的两个电压源分别等效变换为电流源，如图 2.4.27（b）所示；然后再把两个电流源合并，化简为一个简单电源，如图 2.4.27（c）所示。由于

$$I_{S1} = \frac{E_1}{R_1} = \frac{18}{12} = \frac{3}{2}\ (A),\quad I_{S2} = \frac{E_2}{R_2} = \frac{15}{10} = \frac{3}{2}\ (A)$$

则

$$I_S = I_{S1} + I_{S2} = \frac{3}{2} + \frac{3}{2} = 3\ (A)$$

$$R_0 = R_1 / R_2 = \frac{R_1 \times R_2}{R_1 \times R_2} = \frac{12 \times 10}{12 + 10} = \frac{60}{11}\ (\Omega)$$

根据分流公式可得外电路中的电流：

$$I_3 = \frac{R_0}{R_0 + R_3} I_S = \frac{60/11}{60/11 + 15} \times 3 \approx 0.8\ (\text{A})$$

$$U_{AB} = R_3 I_3 = 15 \times 0.8 = 12\ (\text{V})$$

根据 U_{AB} 及图 2.4.27（a），可求得

$$I_1 = \frac{E_1 - U_{AB}}{R_2} = \frac{15 - 12}{10} = 0.3\ (\text{A})$$

$$I_2 = \frac{E_2 - U_{AB}}{R_2} = \frac{15 - 12}{10} = 0.3\ (\text{A})$$

【知识拓展】

实际中，通常运用电压源和电流源等效变换的方法，可把多电源并联的复杂电路化简为简单电路，使计算简便。

【思考与练习】

一、填空题

1. 在电阻串联电路中：流过每个电阻的电流_________；电路两端的总电压等于各电阻两端的分电压________；总电阻等于各串联电阻_________；电压的分配与电阻成_________；功率的分配与电阻成_________。在已知串联电路的总电压 U 及电阻 R_1、R_2 时，分压公式 U_1 =_______，U_2 = _____________。

2. 在电阻并联电路中：各电阻两端的电压______；总电流等于各_________中的电流之和；总电阻的倒数等于各并联电阻的倒数______；若是两个电阻并联，则总电阻 R = _______；各支路电流和电阻成_________；各支路消耗的功率跟它的阻值成_________。在已知并联电路的总电流 I 和电阻 R_1、R_2 时，分流公式 I_1 = __________，I_2 = _____________。

3. 电压源的输出电压 U 与输出电流 I 之间的函数关系是__________________，电流源的输出电压 U 与输出电流 I 之间的函数关系是___________________。

4. 电压源等效变换为电流源时，I_S = ______________，内阻 R_0 数值_____________，由串联改为__________。

5. 电压源与电流源的等效变换只对________等效，对_______则不等效。

二、判断题

1. 几个电容器串联后，接在直流电源上，那么各个电容器所带的电荷量均相等。(　　)

2. 将“10 μF/50 V”和“5 μF/50 V”的两个电容器串联，那么电容器组的额定工作电压应为 100 V。(　　)

3. 将“10 μF/50 V”和“5 μF/50 V”的两个电容器并联，那么电容器组的额定工作电压应为 50 V。(　　)

三、计算题

1. 电阻 $R_1 = 10\ \Omega$，$R_2 = 20\ \Omega$，串联后接到 $U = 60$ V 的直流电源上。求：(1) 电路中的电流 I；(2) 各电阻上的电压降；(3) 各电阻上消耗的功率。

2. 在图 2.4.28 所示电路中，$R_1 = 10\ \Omega$，$R_2 = 20\ \Omega$，输入电压 $U_1 = 30$ V，求输出电压 U_2。

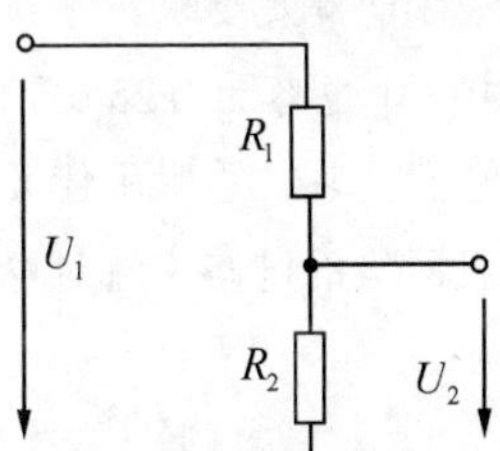

图 2.4.28

3. 在图 2.4.29 所示电路中，$U=30\ \text{V}$，$R_1=30\ \Omega$，总电流 $I=3\ \text{A}$，求 R_2、I_1、I_2。

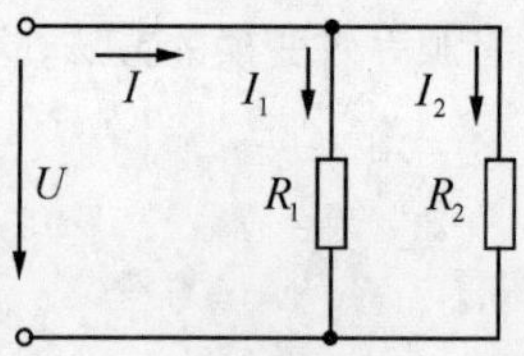

图 2.4.29

4. 在图 2.4.30 所示电路中，已知 $R_1=R_2=R_3=R_4=6\ \Omega$，求 R_{AB}。

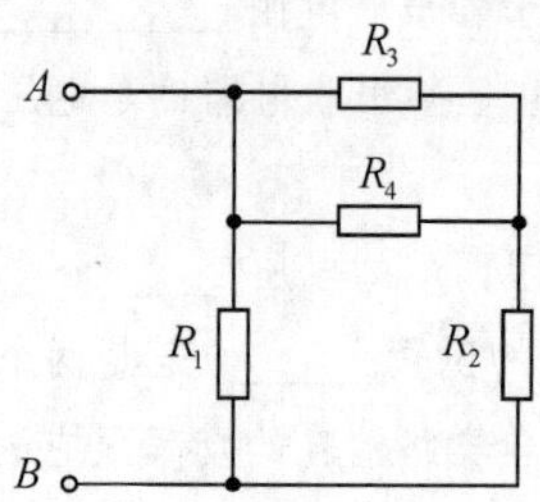

图 2.4.30

5. 如图 2.4.31 所示，$C_1=5\ \mu\text{F}$，$C_2=10\ \mu\text{F}$，$C_3=30\ \mu\text{F}$，$C_4=15\ \mu\text{F}$，求 A、B 间的等效电容。

6. 4 个电容器的电容量分别为 $C_1=C_4=0.4\ \mu\text{F}$，$C_2=C_3=0.6\ \mu\text{F}$，连接方式如图 2.4.32 所示，试分别求开关 S 打开和闭合时 A、B 两点间的等效电容。

7. 有两个电容器，一个电容器为 10 μF/450 V，另一个为 50 μF/300 V。现将它们串联后接到 600 V 直流电路中，这样使用是否安全？为什么？

8. 3 个电容器接成混联电路，如图 2.4.33 所示，已知 $C_1=40\ \mu\text{F}$，$C_2=C_3=20\ \mu\text{F}$，它们的耐压都是 100 V，试求等效电容量及最大安全工作电压 U。

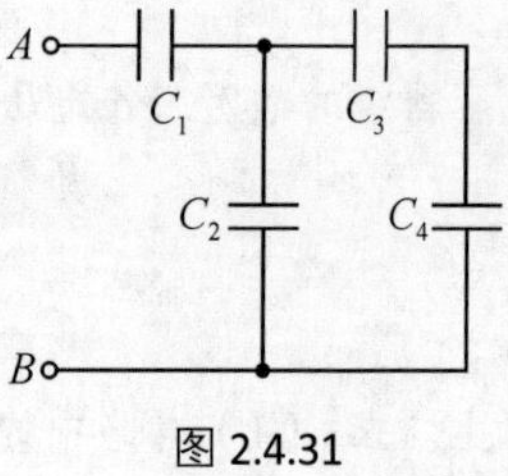

图 2.4.31

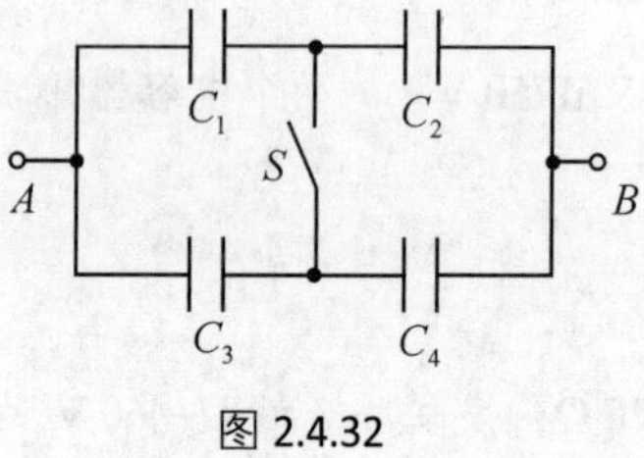

图 2.4.32

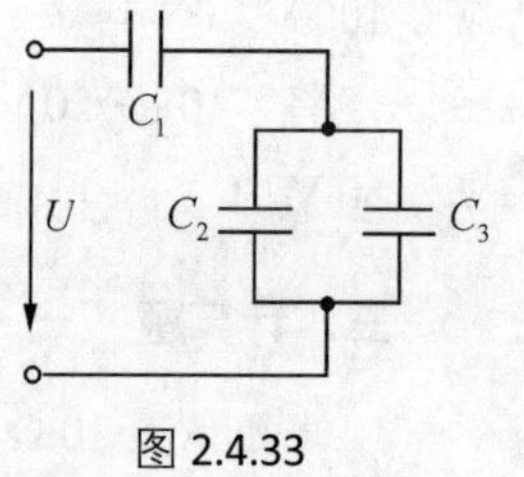

图 2.4.33

9. 某设备中需要一个 6 000 μF/50 V 的电容器，而现有若干个 2 000 μF/50 V 的电容器。根据现有条件，应采用何种连接方法才能满足要求？

10. 有 2 个金属膜电容器，其中一个电容为 0.25 μF/250 V，另一个电容为 0.5 μF/300 V，试求它们串联后的总耐压值。若将它们并联，总耐压值又是多少？

11. 求图 2.4.34 所示含 Y 形电阻网络的电路中流过电压源的电流的大小。

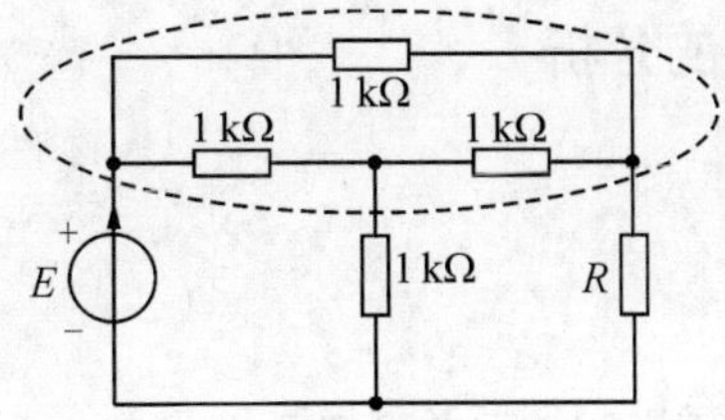

图 2.4.34

12. 如图 2.4.35 所示电路，利用电阻的 Y-△等效变换求：（1）电压 U；（2）U_{ab}。

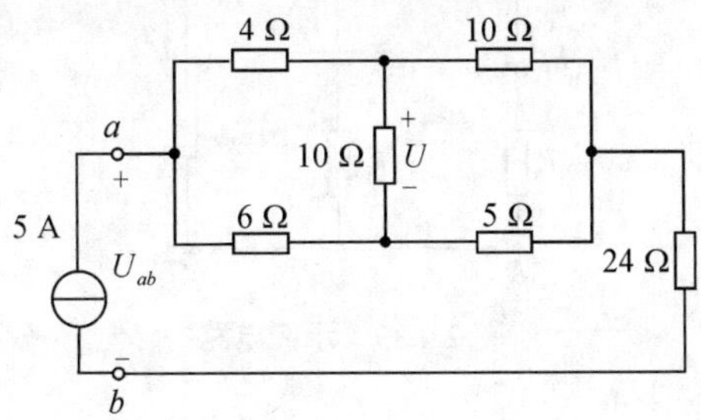

图 2.4.35

13. 将图 2.4.36 所示的电压源等效变换成电流源。

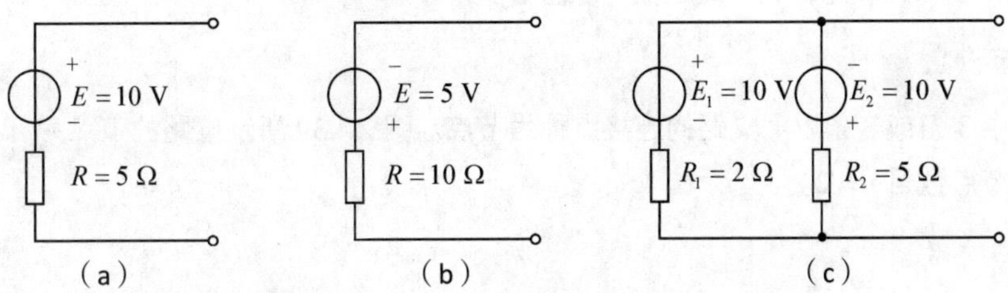

图 2.4.36

14. 将图 2.4.37 所示的电流源等效变换成电压源。

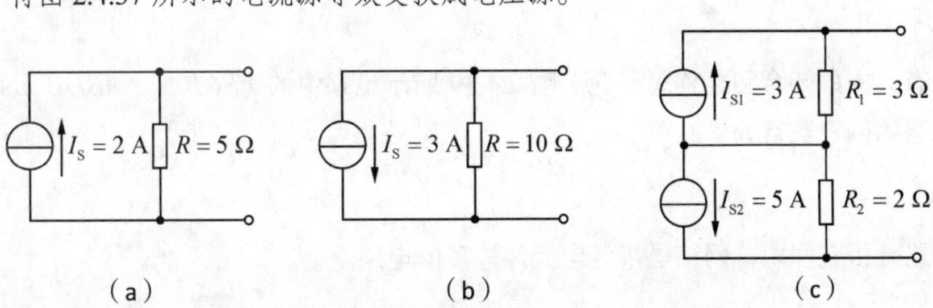

图 2.4.37

15. 在图 2.4.38 所示电路中，已知 $E_1=17$ V，$r_1=1$ Ω，$E_2=34$ V，$r_2=2$ Ω，$R=5$ Ω，试用电压源与电流源等效变换的方法求通过 R 的电流 I。

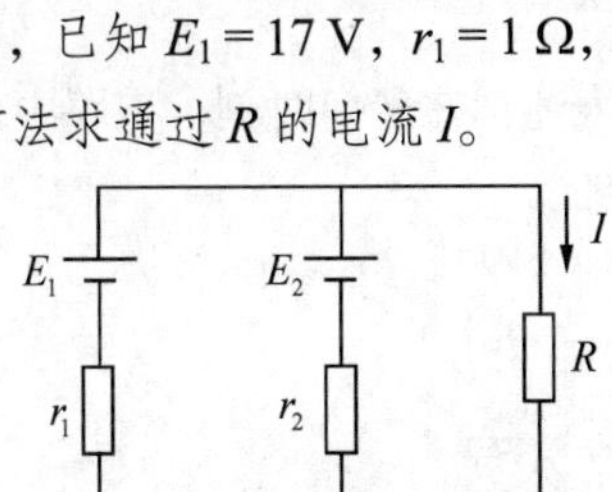

图 2.4.38

2.4.3 复杂直流电路的分析

2.4.3.1 基尔霍夫定律

1. 常用电路名词

现以图 2.4.39 所示电路为例说明常用电路名词。

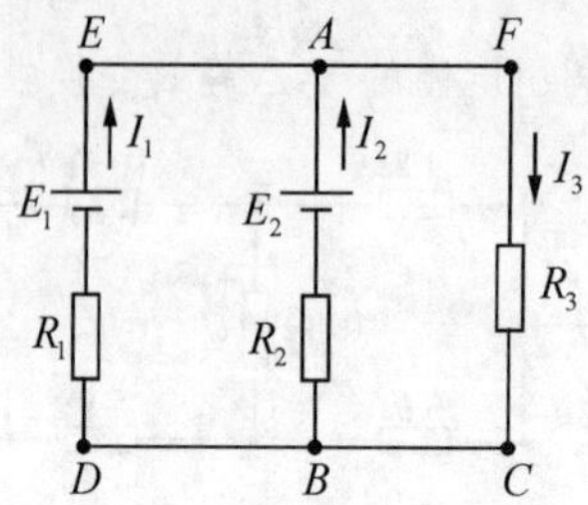

图 2.4.39 示例电路

1）支 路

电路中具有两个端钮且通过同一电流的无分支电路称为支路。图 2.4.39 所示电路中的 *ED*、*AB*、*FC* 均为支路，该电路的支路数目 $b=3$。

2）节 点

电路中 3 条或 3 条以上支路的连接点称为节点。图 2.4.39 所示电路的节点为 *A*、*B* 两点，该电路的节点数目 $n=2$。

3）回 路

电路中任一闭合的路径称为回路。图 2.4.39 所示电路中的 *CDEFC*、*AFCBA*、*EABDE* 路径均为回路，该电路的回路数目 $l=3$。

4）网 孔

不含有分支的闭合回路称为网孔。图 2.4.39 所示电路中的 *AFCBA*、*EABDE* 回路均为网孔。该电路的网孔数目 $m=2$。

5）网 络

在电路分析范围内，网络是指包含元件较多的电路。

2. 基尔霍夫电流定律（KCL，又称节点电流定律）

1）基尔霍夫电流定律的表述

基尔霍夫电流定律的第一种表述：在任何时刻，电路中流入任一节点中的电流之和，恒等于从该节点流出的电流之和，即

$$\sum I_{流入}=\sum I_{流出} \tag{2.4.20}$$

例如，图 2.4.40 中，对于节点 *A* 有

$$I_1+I_3=I_2+I_4+I_5$$

基尔霍夫电流定律的第二种表述：在任何时刻，电路中任一节点上的各支路电流代数和恒等于零，即

$$\sum I = 0 \qquad (2.4.21)$$

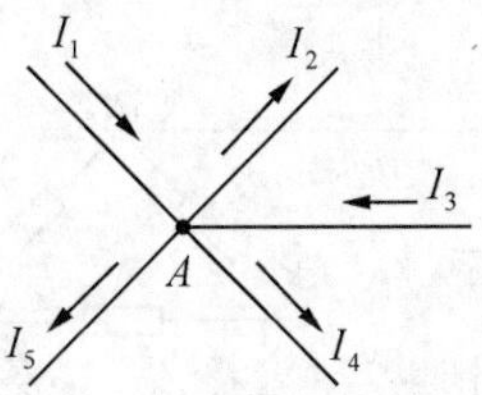

图 2.4.40　电流定律的举例说明

一般可在流入节点的电流前面取“+”号，在流出节点的电流前面取“−”号，反之亦可。例如，图 2.4.40 中，对于节点 A 有

$$I_1 - I_2 + I_3 - I_4 - I_5 = 0$$

在使用基尔霍夫电流定律时，必须注意：

（1）对于含有 n 个节点的电路，只能列出 $n-1$ 个独立的电流方程。

（2）列节点电流方程时，需考虑电流的参考方向，然后再带入电流的数值。

为了分析电路的方便，通常需要在所研究的一段电路中事先选定（即假定）电流流动的方向，该方向叫作电流的参考方向，通常用“→”表示。

电流的实际方向可根据数值的正、负来判断：当 I 为正值时，表明电流的实际方向与所标定的参考方向一致；当 I 为负值时，则表明电流的实际方向与所标定的参考方向相反。

2）基尔霍夫电流定律的应用举例

（1）对于电路中任意假设的封闭面来说，基尔霍夫电流定律仍然成立。如图 2.4.41 所示电路中，对于封闭面 S 来说，有 $I_1 + I_2 = I_3$。

（2）对于网络（电路）之间的电流关系，仍然可由基尔霍夫电流定律判定。如图 2.4.42 中，流入 B 电路中的电流必等于从该电路中流出的电流。

（3）若两个网络之间只有一根导线相连，那么这根导线中一定没有电流通过。

（4）若一个网络只有一根导线与地相连，那么这根导线中一定没有电流通过。

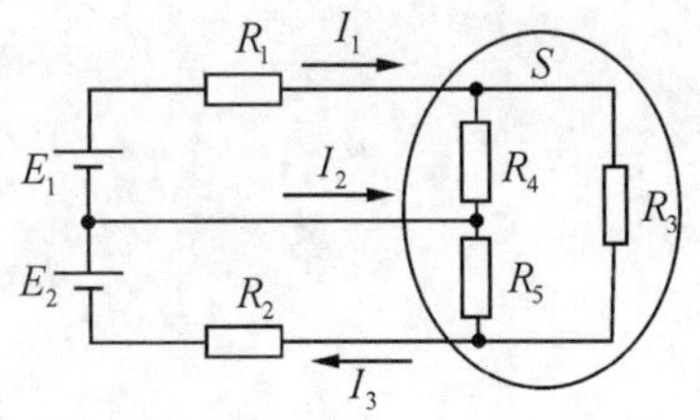

图 2.4.41　电流定律的应用举例（1）

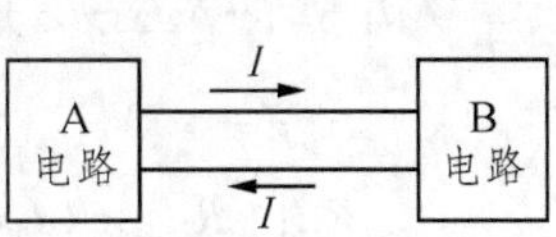

图 2.4.42　电流定律的应用举例（2）

例 2.4.17　如图 2.4.43 所示电桥电路，已知 $I_1 = 25$ mA，$I_3 = 16$ mA，$I_4 = 12$ A，试求其余电阻中的电流 I_2、I_5、I_6。

解： 在节点 a 上：$I_1 = I_2 + I_3$，则 $I_2 = I_1 - I_3 = 25 - 16 = 9$（mA）；

在节点 d 上：$I_1 = I_4 + I_5$，则 $I_5 = I_1 - I_4 = 25 - 12 = 13$（mA）；

在节点 b 上：$I_2 = I_6 + I_5$，则 $I_6 = I_2 - I_5 = 9 - 13 = -4$（mA）。

电流 I_2 与 I_5 均为正数，表明它们的实际方向与图中所标定的参考方向相同；I_6 为负数，表明它的实际方向与图中所标定的参考方向相反。

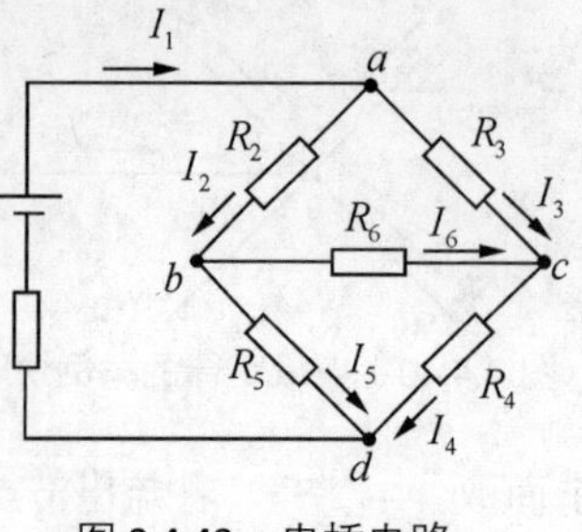

图 2.4.43　电桥电路

3. 基尔霍夫电压定律（KVL，又称回路电压定律）

1）基尔霍夫电压定律的表述

在任何时刻，沿着电路中的任一回路绕行，回路中各段电压的代数和恒等于零，即

$$EU = 0 \tag{2.4.22}$$

以图 2.4.44 所示电路为例，沿着回路 *abcdea* 绕行，有

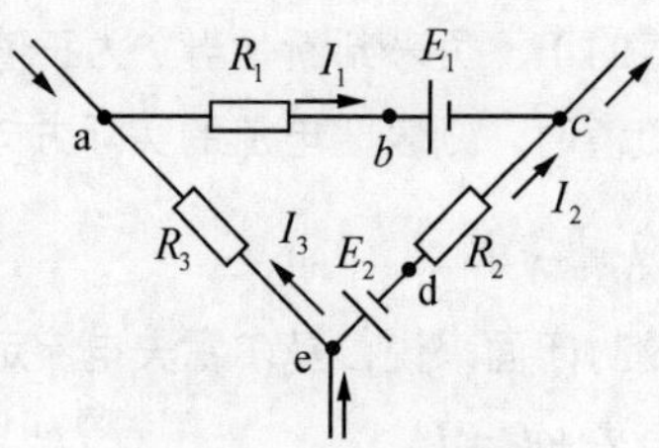

图 2.4.44　示例电路

$$U_{ac} = U_{ab} + U_{bc} = R_1I_1 + E_1$$

$$U_{ce} = U_{cd} + U_{de} = -R_2I_2 - E_2$$

$$U_{ea} = R_3I_3$$

$$U_{ac} + U_{ce} + U_{ea} = 0$$

即

$$R_1I_1 + E_1 - R_2I_2 - E_2 + R_3I_3 = 0$$

也可写成

$$R_1I_1 - R_2I_2 + R_3I_3 = -E_1 + E_2$$

对于电阻电路来说，任何时刻，在任一闭合回路中，各段电阻上的电压降代数和等于各电源电动势的代数和，即

$$\sum RI = \sum E \tag{2.4.23}$$

2）利用 $\sum RI=\sum E$ 列回路电压方程的原则

（1）标出各支路电流的参考方向并选择回路绕行方向（既可沿着顺时针方向绕行，也可沿着反时针方向绕行）。

（2）电阻元件的端电压为 $\pm RI$，当电流 I 的参考方向与回路绕行方向一致时，取“+”号，反之取“−”号。

（3）电源电动势为 $\pm E$，当电源电动势的标定方向与回路绕行方向一致时，取“+”号，反之应取“−”号。

2.4.3.2　支路电流法

以各支路电流为未知量，应用基尔霍夫定律列出节点电流方程和回路电压方程，解出各支路电流，从而可确定各支路（或各元件）的电压及功率，这种解决电路问题的方法叫作支路电流法。

对于具有 b 条支路、n 个节点的电路，可列出 $n-1$ 个独立的电流方程和 $b-(n-1)$ 个独立的电压方程。

例 2.4.18　如图 2.4.45 所示电路，已知 $E_1=42\ \text{V}$，$E_2=21\ \text{V}$，$R_1=12\ \Omega$，$R_2=3\ \Omega$，$R_3=6\ \Omega$，试求：各支路电流 I_1、I_2、I_3。

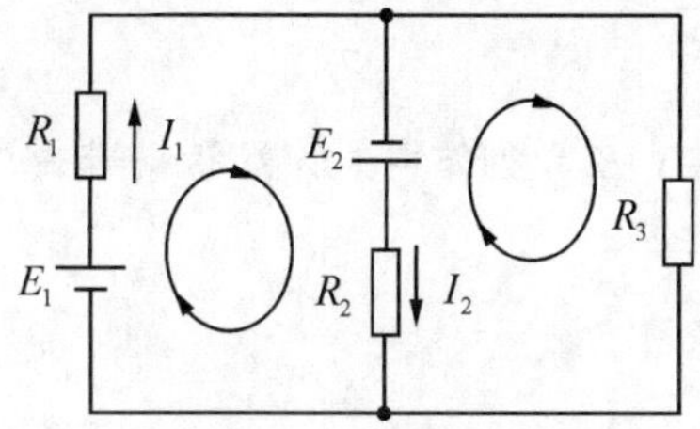

图 2.4.45　例题 2.4.18 图

解：该电路支路数 $b=3$，节点数 $n=2$，所以应列出 1 个节点电流方程和 2 个回路电压方程。

① $I_1=I_2+I_3$　　（任一节点）

② $R_1I_1+R_2I_2=E_1+E_2$　　（网孔 1）

③ $R_3I_3-R_2I_2=-E_2$　　（网孔 2）

代入已知数据，解得：$I_1=4\ \text{A}$，$I_2=5\ \text{A}$，$I_3=-1\ \text{A}$。

电流 I_1 与 I_2 均为正数，表明它们的实际方向与图中所标定的参考方向相同；I_3 为负数，表明它的实际方向与图中所标定的参考方向相反。

应用支路电流法求各支路电流的步骤如下：

（1）任意标出各支路的电流参考方向和回路的绕行方向。

（2）根据节点电流定律列独立的节点电流方程。

（3）根据回路电压定律列独立的回路电压方程。

（4）代入已知数，解联立方程组求出各支路电流。

2.4.3.3　叠加定理

电路的参数不随外加电压及通过其中的电流而变化，即电压和电流成正比的电路，叫作线性电路。叠加定理是反映线性电路基本性质的一个重要定理。

在图 2.4.46（a）所示电路中，根据基尔霍夫电压定律可得

$$I(R_1+R_2+R_3)=E_1-E_2$$

即

$$I=\frac{E_1-E_2}{R_1+R_2+R_3}$$

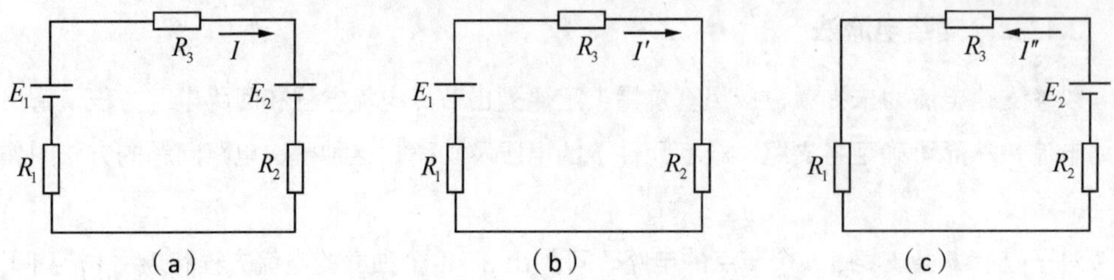

图 2.4.46　线性电路分析

在图 2.4.46（b）所示电路中，E_1 单独作用（E_2 置零），电路中电流

$$I'=\frac{E_1}{R_1+R_2+R_3}$$

在图 2.4.46（c）所示电路中，E_2 单独作用（E_1 置零），电路中电流

$$I''=\frac{E_2}{R_1+R_2+R_3}$$

显然，$I=I'-I''$，这说明图 2.4.46（a）所示电路中的电流 I，可以看成 E_1 单独作用时产生的电流 I' 与 E_2 单独作用时产生的电流 I'' 合成的结果。

在线性电路中，因为电流正比于电动势，所以当复杂电路中有几个电动势同时作用时，任意一条支路中所通过的电流，都可以看成是由电路中各个电动势单独作用时分别在该支路中所产生的电流的代数和。

求解复杂电路时，可将其化解成几个简单电路来研究，然后将计算结果叠加，求得原来电路中的电流、电压。

叠加定理：在有多个电动势的线性电路中，任意一条支路的电流等于电路中各个电动势单独作用在该电路时，该电路各部分电阻（包括电源内阻）不变情况下，在该支路中所产生的电流的代数和。在考虑各个电动势单独作用时，其余电动势为零，即除去其余电动势并用短路代替，电路内所有的电阻值（包括电源的内电阻）则保持不变。

例 2.4.19　在图 2.4.47（a）所示电路中，$E_1=12\text{ V}$，$E_2=6\text{ V}$，$R_1=R_2=R_3=2\ \Omega$，用叠加定理求各支路电流 I_1、I_2 和 I_3。

解：

（1）将复杂电路分解成几个简单电路，有几个电动势就分解为几个具有单一电动势的简单电路，并标出电流参考方向，如图 2.4.47（b）、（c）所示。

（2）对简单电路进行分析、计算，求出单一电动势作用时的各支路电流。

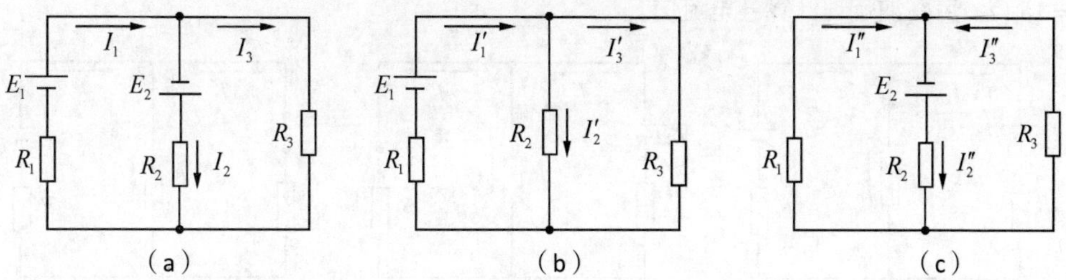

图 2.4.47

在图（b）中，E_1 单独作用时

$$I_1' = \frac{E_1}{R_1 + R_2 // R_3} = \frac{E_1}{R_1 + \frac{R_2 R_3}{R_2 + R_3}} = \frac{12}{2 + \frac{2\times 2}{2+2}} = 4\ (\text{A})$$

应用分流公式求出

$$I_2' = \frac{R_3}{R_2 + R_3} I_1' = \frac{2}{2+2} \times 4 = 2\ (\text{A})$$

$$I_3' = I_1' - I_2' = 4 - 2 = 2\ (\text{A})$$

在图（c）中，E_2 单独作用时

$$I_2'' = \frac{E_2}{R_2 + R_1 // R_3} = \frac{E_2}{R_2 + \frac{R_1 R_3}{R_1 + R_3}} = \frac{6}{2 + \frac{2\times 2}{2+2}} = 2\ (\text{A})$$

应用分流公式求出

$$I_1'' = \frac{R_3}{R_1 + R_3} I_2'' = \frac{2}{2+2} \times 2 = 1\ (\text{A})$$

$$I_3'' = I_2'' - I_1'' = 2 - 1 = 1\ (\text{A})$$

（3）应用叠加原理求 E_1、E_2 共同作用时各支路电流：

$$I_1 = I_1' + I_1'' = 4 + 1 = 5\ (\text{A})$$

$$I_2 = I_2' + I_2'' = 2 + 2 = 4\ (\text{A})$$

$$I_3 = I_3' - I_3'' = 2 - 1 = 1\ (\text{A})$$

叠加定理不仅是线性电路的一个重要定理，而且是一个具有普遍意义的定理。在一个系统中，当原因和结果之间满足线性关系时，则这个系统中几个原因共同作用所产生的结果就等于每个原因单独作用时所产生的结果的总和。所以，凡是能用一次方程来描述其相互关系的物理量都具有可叠加性。

特别应当指出的是，叠加定理只适用于线性电路，只能用来计算电流和电压，不能用来计算功率。

例 2.4.20 在图 2.4.48（a）所示电路中，已知 $E_1=18\ \mathrm{V}$，$E_2=15\ \mathrm{V}$，$R_1=12\ \Omega$，$R_2=10\ \Omega$，$R_3=15\ \Omega$，用叠加定理计算各电流值。

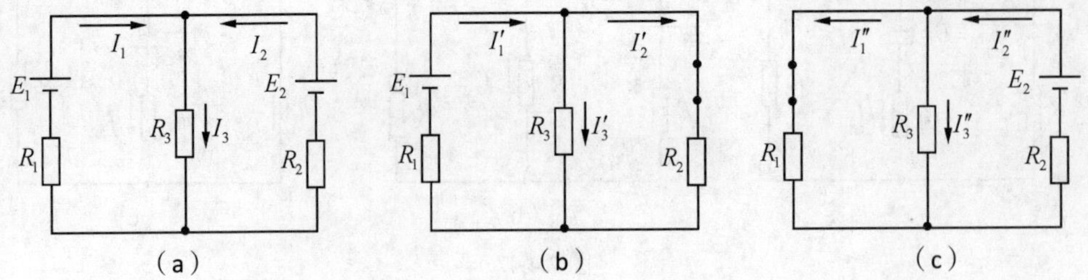

图 2.4.48

解： 用叠加定理计算该电路时，可把该电路看成是两个电源单独作用时的电路相叠加，如图 2.4.48（b）、（c）所示。

由图（b）可求得

$$I_1'=\frac{E_1}{R_1+(R_2//R_3)}=\frac{18}{12+\frac{10\times15}{10+15}}=\frac{18}{12+6}=1\ (\mathrm{A})$$

$$I_2'=\frac{R_3}{R_2+R_3}I_1'=\frac{15}{10+15}\times1=0.6\ (\mathrm{A})$$

$$I_3'=\frac{R_2}{R_2+R_3}I_1'=\frac{10}{10+15}\times1=0.4\ (\mathrm{A})$$

由图（c）可求得

$$I_2''=\frac{E_2}{(R_1//R_3)+R_2}=\frac{15}{\frac{12\times15}{12+15}+10}=0.9\ (\mathrm{A})$$

$$I_1''=\frac{R_3}{R_1+R_3}I_2''=\frac{15}{12+15}\times0.9=0.5\ (\mathrm{A})$$

$$I_3''=\frac{R_1}{R_1+R_3}I_2''=\frac{12}{12+15}\times0.9=0.4\ (\mathrm{A})$$

根据以上计算可求得

$$I_1=I_1'-I_1''=1-0.5=0.5\ (\mathrm{A})$$

$$I_2=I_2''-I_2'=0.9-0.6=0.3\ (\mathrm{A})$$

$$I_3=I_3'+I_3''=0.4+0.4=0.8\ (\mathrm{A})$$

上例是含有几个电压源的复杂电路。在应用叠加定理分析含有几个电流源的复杂电路时，可把该复杂电路中的电流看成是由几个电流源单独作用时的电流相叠加。对于暂不考虑的恒流源，应令其处于断路状态。

综上所述，应用叠加定理计算复杂电路，有时要多次地计算串联和并联电阻，所以解题过程并不简便，但叠加定理表达了线性电路的基本性质。在分析和论证一些电路时，常要用到叠加定理，例如在电子电路中应用叠加定理来分析经过线性化以后的晶体管电路等。

2.4.3.4 戴维南定理

任何具有两个引出端的电路，都可叫作二端网络。若网络中有电源，称为有源二端网络；若网络中无电源，称为无源二端网络。二端网络如图 2.4.49 所示。

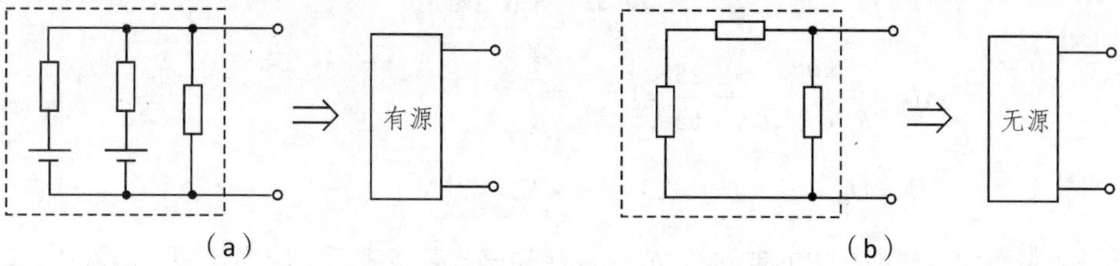

图 2.4.49 二端网络

一个无源二端网络，可以用一个等效电阻 R 来代替；一个有源二端网络，可以用一个等效电压源 E_0 和内阻 R_0 来代替。

任何一个复杂电路，都可把所研究支路以外的部分看成一个有源二端网络，并将其用一个等效电压源 E_0 和内阻 R_0 来代替，这样就能化简电路，避免了烦琐的计算。

戴维南定理：任何一个线性有源二端网络，对外电路而言，都可以用一个等效电源代替。等效电源的电动势 E_0，等于有源二端网络两端点间的开路电压，如图 2.4.50（a）；等效电源的内阻 R_0，等于在该有源二端网络中，将电动势用短路代替置零后，所得无源二端网络两端点间的等效电阻，如图 2.4.50（b）所示。

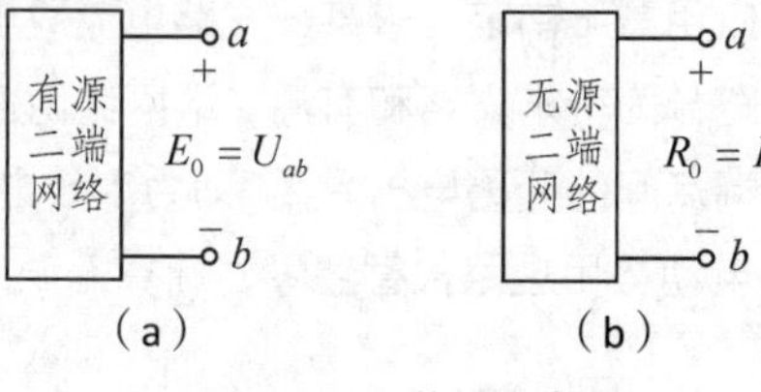

图 2.4.50 戴维南定理

例 2.4.21 在图 2.4.51 所示电路中，已知 $E_1 = 5\ \text{V}$，$R_1 = 8\ \Omega$，$E_2 = 25\ \text{V}$，$R_2 = 12\ \Omega$，$R_3 = 2.2\ \Omega$。试用戴维南定理，求通过 R_3 的电流 I_3 及 R_3 两端的电压 U_3。

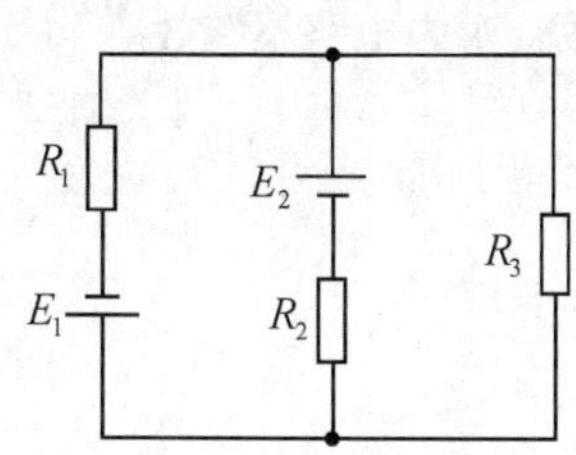

图 2.4.51 例 2.4.21 图

解：（1）断开待求支路，分离出有源二端网络，如图 2.4.52（a）所示。计算出开路电压 U_{ab}，即为所求等效电源的电动势 E_0：

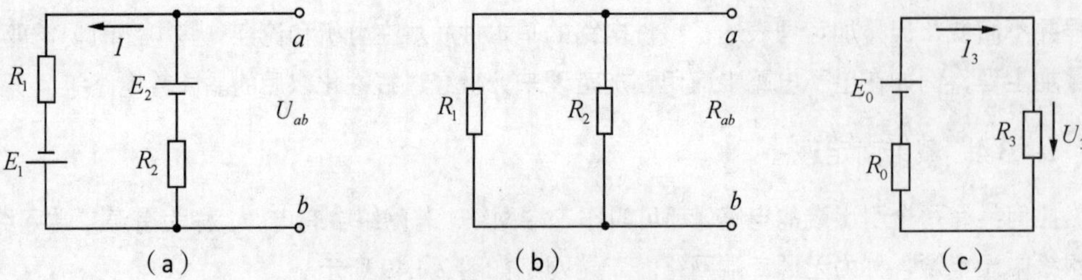

图 2.4.52 等效电路

$$I=\frac{E_1+E_2}{R_1+R_2}=\frac{5+25}{9+12}=1.5\text{（A）}$$

$$E_0=U_{ab}=E_2-IR_2=25-1.5\times 12=7\text{（V）}$$

（2）将有源二端网络中的电动势 E_1、E_2 用短路代替置零后，成为无源二端网络，如图 2.4.52（b）所示。计算出等效电阻 R_{ab}，即为所求电源的内阻 R_0：

$$R_0=R_{ab}=\frac{R_1\times R_2}{R_1+R_2}=\frac{8\times 12}{8+12}=4.8\text{（Ω）}$$

（3）将所求得的等效电源 E_0 和 R_0 与待求支路的电阻 R_3 连接，形成等效简化电路，如图 2.4.52（c）所示。计算支路电流 I_3 和电压 U_3：

$$I_3=\frac{E_0}{R_0+R_3}=\frac{7}{4.8+2.2}=1\text{（A）}$$

$$U_3=I_3\times R_3=1\times 2.2=2.2\text{（V）}$$

通过以上分析，可总结出应用戴维南定理求某一支路电流或电压的方法和步骤：

（1）断开待求支路，将电路分为待求支路和有源二端网络两部分。

（2）求出有源二端网络两端点间的开路电压 U_{ab}，即为等效电源电动势 E_0。

（3）将有源二端网络中各电动势用短路代替置零，计算无源二端网络的等效电阻 R_{ab}，即为等效电源的内阻 R_0。

（4）将等效电源与待求支路连接，形成等效简化电路，根据已知条件求解。

应用戴维南定理解题时，应注意：

（1）等效电源电动势 E_0 的方向与有源二端网络开路时的端电压极性一致。

（2）等效电源只对外电路等效，对内电路不等效。

【任务实施】

1. 任务实施准备

1）仪　表

指针式万用表 1 块，直流电流表 3 块。

2）器　材

双路直流稳压电源 1 台，100 Ω、200 Ω、300 Ω电阻各 1 个，导线若干。

2. 任务实施步骤

（1）将直流稳压电源的输出电压均调到 11 V，然后断开“电源开关”。按图 2.4.53 所示电路图进行接线，并检查有无差错。

（2）请指导教师复查后再接通“电源开关 1”。

（3）分别记下 3 个电流表的读数 I_1、I_2、I_3，填入表 2.4.2 中。

（4）用万用表（50 V）挡测量电压 U_{AB}、U_{CB}、U_{BD} 的数值，填入表 2.4.2 中。

（5）调整稳压电源输出电压，使 E1 = 10 伏，E2 = 13 伏，重复步骤（3）、（4）。

表 2.4.2　测量结果记录表

E_1/V	E_2/V		I_1/mA	I_2/mA	I_3/mA	U_{AB}/V	U_{CB}/V）	U_{BD}/V
11	11	计算数						
		测量数						
10	13	计算数						
		测量数						

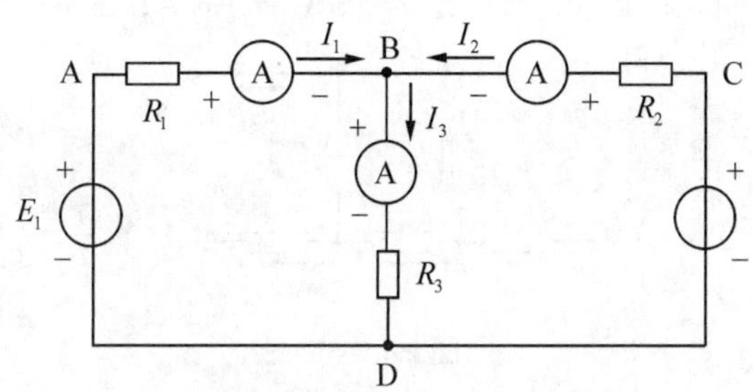

图 2.4.53　基尔霍夫定律验证电路

【任务评价】

将实训过程评价填入“实训过程综合评价表”（见附表 1）。

【思考与练习】

一、填空题

1. 基尔霍夫电流定律又称作________定律，其内容为：在任何时刻，电路中流入任一节点中的电流______，恒等于从该节点______的电流之和，其数学表达式为__________。

2. 基尔霍夫电压定律又称作________定律，其内容为：对于电阻电路来说，任何时刻，在任一闭合回路中，各段电阻上的_____代数和等于各电源_________的代数和，其数学表达式为__________。电阻元件的端电压为 $\pm RI$，当电流 I 的参考方向与回路绕行方向一致时，取____号；反之，取____号。电源电动势为$\pm E$，当电源电动势的标定方向与回路绕行方向一致时，取____号，反之应取_____号。

3. 应用基尔霍夫定律计算出其支路电流是正值，表明该支路电流的_____方向与标定的参考方向相同；支路电流是负值，表明该支路电流的实际方向与标定的______方向相反。

4. 应用支路电流法求各支路电流的步骤如下：

（1）任意标出各支路____的参考方向和回路的____方向。

（2）根据 KCL 列独立的节点______方程。

（3）根据 KVL 列独立的回路______方程。

（4）代入已知数，解联立方程组求出各_____电流。

5. 叠加定理只适用于_____电路，只能用来计算_____和______，不能用来计算______。

6. 叠加定理的内容是____。

7. 二端网络中有_______，称为有源二端网络；二端网络中没有_______，称为无源二端网络。

8. 戴维南定理：任何一个线性有源二端网络，对外电路而言，可以用一个_________代替。等效电源的电动势 E_0，等于有源二端网络两端点间的_________；等效电源的内阻 R_0，等于在该有源二端网络中，将电动势用__________置零后，所得无源二端网络两端点间的等效电阻。

二、计算题

1. 电路如图 2.4.54 所示，已知 $I_1=1\,\text{A}$，$I_2=3\,\text{A}$，$I_5=9\,\text{A}$，求 I_3、I_4、I_6。

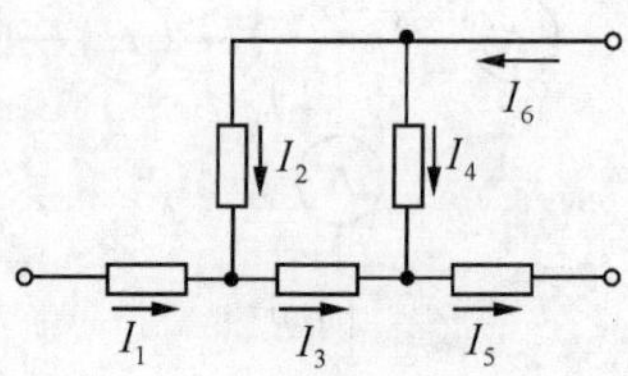

图 2.4.54

2. 在图 2.4.55 所示电路中，各电流参考方向已标明。已知 $I_1=I_2=2\,\text{A}$，$I_B=5\,\text{A}$，$I_C=7\,\text{A}$，$E_1=2\,\text{V}$，$E_2=3\,\text{V}$，$R_1=R_2=R_4=1\,\Omega$。求 R_3 与各支路电压 U_{AB}、U_{BC}、U_{CD}、U_{DA}。

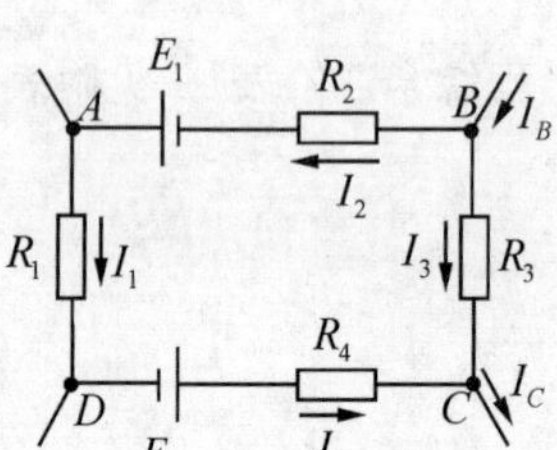

图 2.4.55

3. 在图 2.4.56 所示电路中，已知 $R_1=R_2=1\,\Omega$、$R_3=4\,\Omega$，$E_1=18\,\text{V}$、$E_2=9\,\text{V}$。求 I_1、I_2、I_3。

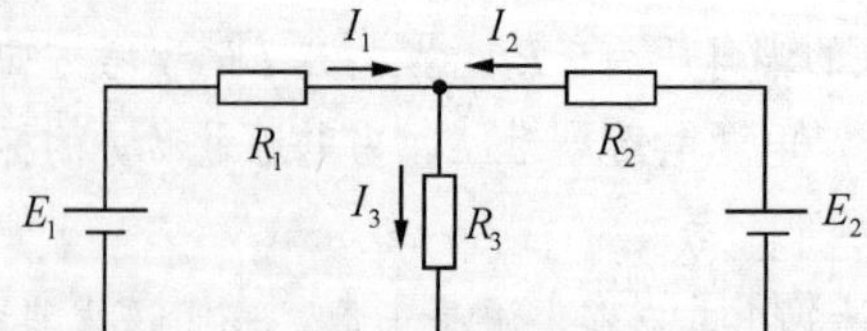

图 2.4.56

4. 在图 2.4.57 所示电路中，已知 $E_1 = E_2 = 17\text{ V}$，$R_1 = 2\,\Omega$，$R_2 = 1\,\Omega$，$R_3 = 5\,\Omega$，用叠加定理求各支路电流 I_1、I_2 和 I_3。

5. 在图 2.4.58 所示电路中，已知 $E_1 = 12\text{ V}$，$R_1 = 6\,\Omega$，$E_2 = 15\text{ V}$，$R_2 = 3\,\Omega$，$R_3 = 2\,\Omega$，试用叠加定理求流过 R_3 的电流 I_3 及 R_3 两端的电压 U_3。

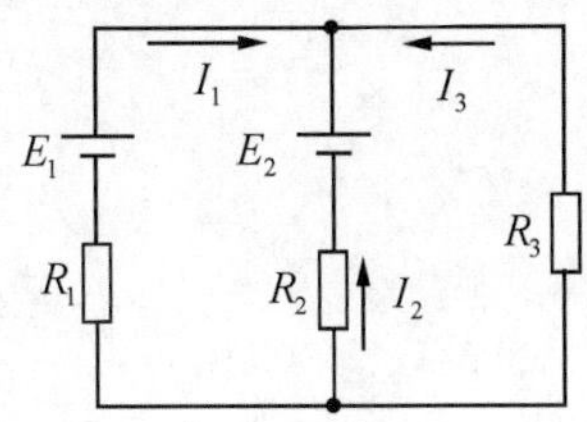

图 2.4.57

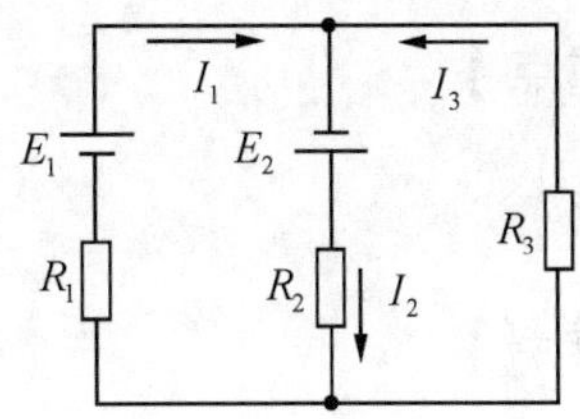

图 2.4.58

6. 在图 2.4.59 所示电路中，已知 $E_1 = 12\text{ V}$，$R_1 = 6\,\Omega$，$E_2 = 15\text{ V}$，$R_2 = 3\,\Omega$，$R = 2\,\Omega$，用戴维南定理求出 I、U。

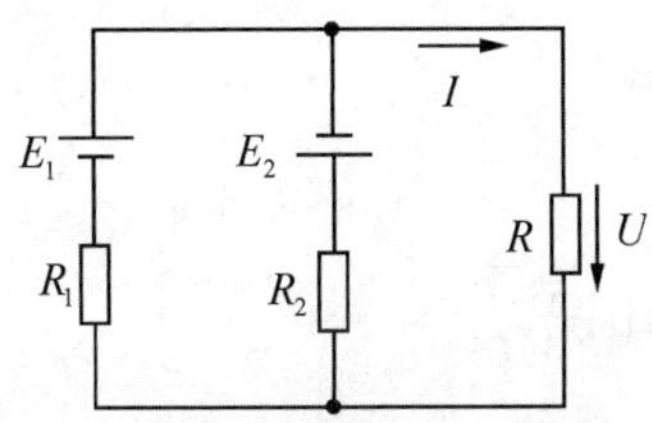

图 2.4.59

任务 2.5　MF47 型指针式万用表的装配与调试（实训）

【任务描述】

MF47 型万用表是我们学习和今后工作中常用的测量仪表，常常用来测量交直流电压和电流、电阻等物理量，还用来检测晶体管、电容器以及电路的通断。本任务要求能用万用表套件，按照工艺要求，成功装配一块万用表。

【任务目标】

知识目标：

（1）能识读万用表电气原理图和印制电路板图，了解万用表的内部结构。

（2）掌握电烙铁的使用维护方法和手工焊接五步法。

（3）掌握万用表的装配、调试方法。

技能目标：

（1）能用指针式万用表对电子元器件进行识别与检测。

（2）能对印制电路板进行检验，能对问题印制电路板进行简单维修。

（3）会装配、调试 MF47 型指针万用表。

（4）能按 6S 标准清点、整理工具及工作现场。

思政目标：

（1）培养学生按标准化作业的职业素养。

（2）培养学生的工匠精神。

【任务重点】

五步焊接法。

【任务难点】

万用表的组装及调试。

【任务学时】

6 学时。

【知识链接】

2.5.1　6S 管理的基本知识

2.5.1.1　什么是 6S 管理?

6S 就是整理（SEIRI）、整顿〈SEITON〉、清扫（SEISO）、清洁（SEIKETSU）、素养（SHITSUKE），安全（SECURITY）六个项目，因均以“S”开头，简称 6S。

6S 管理 6S 就是整理（SEIRI）、整顿（SEITON）、清扫（SEISO）、清洁（SEIKETSU）、素养（SHITSUKE）、自检（SELF-CRITICISM）六个项目，因均以“S”开头，简称 6S。指对生产现场各生产要素（主要指物的要素）所处的状态不断进行整理、整顿、清扫、安全、清洁及提升人的素养的活动。

2.5.1.2　6S 管理的内容及目的

（1）整理（SEIRI）——将工作场所的任何物品区分为有必要和没有必要的，除了有必要的留下来，其他的都消除掉，即在生产现场不放置与生产无关的物品。目的：腾出空间，活用空间，防止误用，营造清爽的工作场所。

（2）整顿（SEITON）——把留下来的必须要用的物品依规定位置摆放，并放置整齐加以标识，使所需物品始终处在需用时能够高效地可取和放回状态。目的:工作场所一目了然，消除寻找物品的时间，提高劳动生产率。

（3）清扫（SEISO）——将工作场所内看得见与看不见的地方清扫干净，保持工作场所始终处于无垃圾、灰尘的整洁状态。目的：稳定品质，保持工作现场干净明亮。

（4）清洁（SEIKETSU）——经常进行整理、整顿和清扫，始终保持清洁的状态，将整理、整顿、清扫进行到底，并且制度化，经常保持环境处在美观的状态。目的:创造干净明亮的现场，通过制度化维持上面 3S 成果，持之以恒。

（5）素养（SHITSUKE）——正确执行企业的规定和规则，并养成遵守规则做事的良好习惯。目的:培养遵守规则的良好习惯，提高员工的职业素质，营造团队精神。

（6）安全（SECURITY）——养成良好的安全防范意识，减少和杜绝安全事故、人身伤亡事件的发生。目的：建立安全生产的环境。

2.5.2　焊接的基本知识

2.5.2.1　电烙铁的结构、使用和维护

1. 电烙铁的结构

电烙铁是电子制作和电器维修必备工具，主要用途是焊接元件及导线。最常用的是单一焊接使用的直热式电烙铁，它又可以分为内热式和外热式两种，如图 2.5.1、图 2.5.2 所示。

它们都由手柄、外壳、加热体和烙铁头等四个主要部分组成。内热式电烙铁的发热器件（烙铁芯）装置于烙铁头内部。外热式电烙铁的结构与内热式不同之处在于加热体安装在烙铁头的外部。加热体（俗称烙铁芯）由镍铬发热电阻丝缠在云母、陶瓷等耐热、绝缘材料上构成。

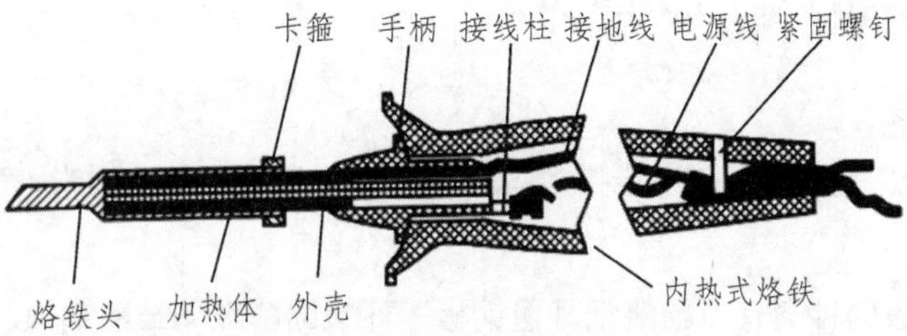

图 2.5.1　内热式电烙铁

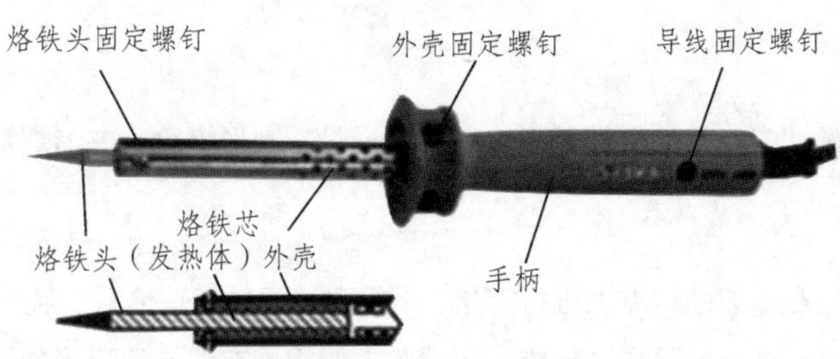

图 2.5.2　外热式电烙铁

2. 烙铁头的使用维护

烙铁头的使用维护是指对烙铁头进行清洁和镀锡处理。首先将烙铁座里的耐高温海绵半浸在水中，将烧热的烙铁头在沾水的耐高温海绵上擦亮，然后将烙铁头补镀焊锡。如果旧烙铁头经过较长时间的使用而发生损坏或表面严重氧化，不能通过擦亮露出焊锡镀层，则需要将烙铁断电后，用刮刀或细砂纸将烙铁头打磨光亮，然后通电烧热后镀锡。一定要注意长寿命烙铁头不能用锉刀修整。新烙铁头预先镀过锡，也不能拿来就用，仍然要重新镀锡后再使用。

2.5.2.2 焊料和焊剂的选用

1. 焊　料

在电子产品维修和装配中，常用的焊料为锡铅焊料（63Sn37Pb），其熔点和凝固点为 183 ℃。市面上出售的焊锡丝通常制作成管状，中间带有助焊剂，一般为特级松香的混合物。由于焊锡丝中含有一定比例的铅，而铅是对人体有害的一种重金属，操作后应洗手，避免食入铅尘，未来将逐步推广使用无铅焊料，以减少对人体和环境的危害。

2. 助焊剂

助焊剂的作用是：① 除去氧化膜；② 防止加热时的再氧化；③ 降低焊料熔化后的表面张力，增加了焊锡流动性，有助于焊锡浸润；④ 使焊点美观。

电子产品焊接中常用的助焊剂有松香、松香水和焊锡膏。

手工焊接常使用的管状焊锡丝，内部已经装有由松香和活化剂制成的助焊剂。焊锡丝的直径有 0.5 mm、0.8 mm、1.0 mm、1.2 mm……5.0 mm 等多种规格，要根据焊点的大小选用。一般焊锡丝的直径略小于焊盘的直径。

2.5.2.3 印制电路板的组成和种类

1. 覆铜板

覆铜板又称敷铜板，供生产印制电路板的覆铜板主要由铜箔、树脂（黏合剂）和增强材料三个部分构成。

常用的覆铜板的种类有：酚醛纸基覆铜板、环氧酚醛玻璃布覆铜板、聚四氟乙烯覆铜板等。

2. 焊盘类型

印制电路板设计中，常见的焊盘形状有岛形焊盘、圆形焊盘、方形焊盘和椭圆形焊盘。

3. 阻焊膜

为了使焊料只在需要的焊点上进行焊接，采用耐高温的阻焊涂料（阻焊剂），把不需要焊接的部位保护起来，这一层阻焊涂料称为阻焊膜；使用带有颜色的阻焊剂，如深绿色和浅绿色等，可使印制电路板的板面显得整洁美观。

4. 印制电路板的种类

印制电路板按结构可以分为单面印制电路板、双面印制电路板、多层印制电路板、软印制电路板和平面印制电路板等。

2.5.2.4 焊接前的准备工作

1. 引线的预处理

根据实际经验的积累，我们常把手工焊接的过程归纳成八个字“一刮、二镀、三测、四焊”。而“刮”“镀”“测”等步骤是焊接前的准备过程。

（1）“刮”就是处理焊接对象的表面。元器件引线一般都镀有一层薄薄的锡料，但时间一长，引线表面会产生一层氧化膜而影响焊接，所以焊接前首先要用刮刀将氧化膜去掉，如图2.5.3所示。

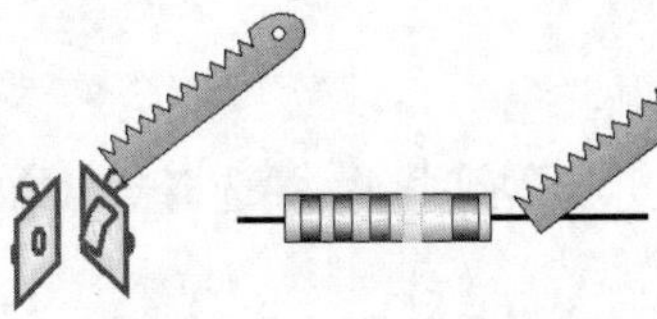

图 2.5.3　清理元件表面

（2）“镀”指对被焊部位镀锡。镀锡的过程：将刮好的引线放在松香上，用烙铁头轻压引线，往复摩擦，连续转动引线使之沾上助焊剂，然后给引线各部分均匀镀上一层锡。另外，在焊接端子片时，一定要记住“先镀后焊”。

（3）“测”指分辨元件端子、检查元器件质量好坏以及是否损坏。

2. 器件引线的加工成型

元器件在插装前要测量引线孔的距离，并对引线进行加工成型。元器件在印制板上的排列和安装有两种方式，一种是直立式安装，一种是卧式安装，如图2.5.4所示。根据安装方式将元器件引线加工成型，加工方法如图2.5.5所示。加工时注意不要将引线齐根弯折，一般应留2 mm以上的余量，弯曲不要成死角，弯曲半径应大于引线直径的1～2倍。

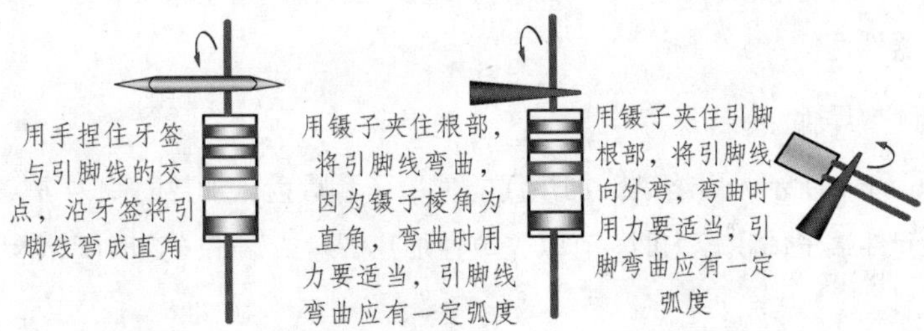

图 2.5.4　元器件引线加工方法

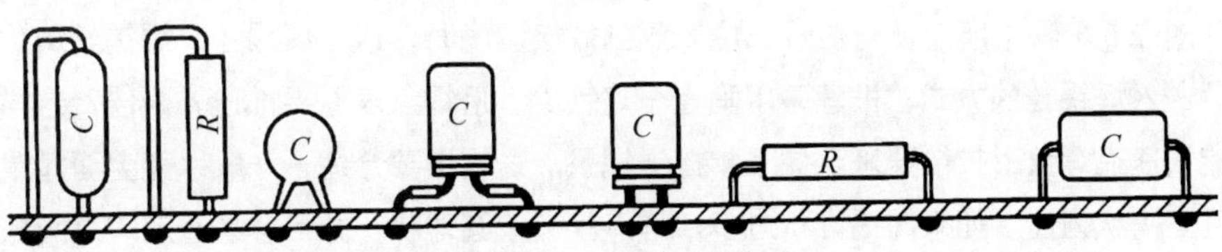

图 2.5.5　元器件在印制板上的排列和安装方式

2.5.2.5　手工焊接技术

焊接是利用加热技术使两种金属牢固地结合在一起的方法，即将电路板上的线路与元器件连接起来。焊接质量的好坏直接影响产品的质量。

用电烙铁焊接导线时，必须使用焊料和焊剂。

1. 焊接要求

焊接时应无漏焊、虚焊，漏焊会使电路不通无电流，虚焊会使电路中无电流或开始有电流，经过振动后电路出现断路，这种故障从表面很难看出，也较难查找。

焊点表面要饱满、光滑、清洁、不拉尖，焊点要整齐，焊剂、焊料要适当。

2. 手工焊接的五步焊接法

焊接操作要掌握好烙铁的温度与焊接时间，并选择恰当的烙铁头和焊点的接触位置，才可能得到良好的焊点。

手工焊接五步焊接法如图 2.5.6 所示。

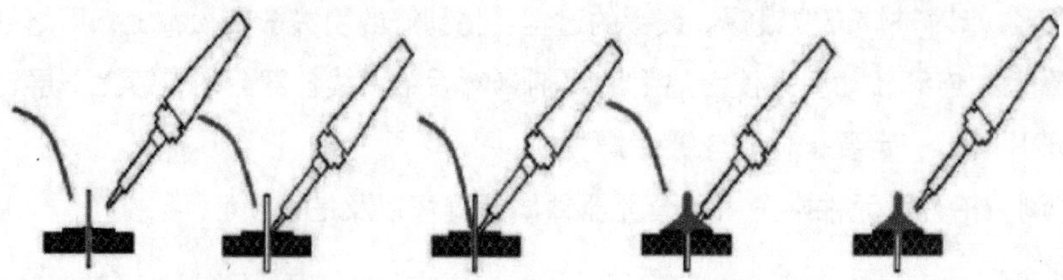

（a）准备施焊 （b）预热焊件 （c）送入焊丝 （d）移开焊丝 （e）移开烙铁

图 2.5.6 手工焊接五步法示意图

1）准备施焊

如图 2.5.6（a）所示，准备好被焊元器件，将电烙铁加热到工作温度，烙铁头保持干净并镀好锡，右手大拇指和食指夹住电烙铁，腕部放松，自然落于桌上，左手拿好焊锡丝，分别居于被焊元器件两侧。

2）均匀预热焊件

如图 2.5.6（b）所示，用烙铁头加热元器件端子和焊盘，加热时间为 1～2 s。如果焊盘面积较大或者元件端子体积较大时，可以先单独加热焊盘或端子一定时间，然后再同时加热，以保证均匀受热。

3）送入焊丝

如图 2.5.6（c）所示，当被焊部位升温到焊接温度时，送上焊锡丝，焊锡丝熔化并润湿焊盘。送入焊锡丝的方式，推荐采用垂直于烙铁尖、沿焊盘表面平推送入为佳，这样焊锡熔化后能快速在焊盘上扩散开来，便于掌握送锡量。送锡量要合适，一般以能全面润湿整个焊盘并且呈裙状为佳。如果焊锡堆积过多，焊点就会成圆球状，并且容易造成焊点间搭桥（短路）；但如果焊锡填充得太少，就会造成焊点强度较低。

4）移开焊丝

当焊锡丝熔化到一定量（覆盖焊盘）以后，迅速移去焊锡丝，如图 2.5.6（d）所示。

5）移开烙铁

如图 2.5.6（e）所示，移去焊料后，在助焊剂还未挥发完之前，将烙铁尖后移到焊盘边缘，继续加热 1～2 s，然后以 45 度方向迅速移去电烙铁。

3. 焊接注意事项

（1）焊接前检查每个元器件插放是否正确、整齐，二极管、电解电容极性是否正确，电阻读数的方向是否一致，全部合格后方可进行元器件的焊接。

（2）烙铁头应同时接触两个需要焊接在一起的焊件（引脚与焊盘），烙铁一般倾斜 45 度。

（3）烙铁头与焊件接触时需要稍加用力，但用力过度会使焊件损坏。

（4）焊接温度与加热时间时间不足，会使焊料不能充分浸润焊件，形成虚焊。反之，过量的加热，可能造成元器件的损坏，甚至导致印制板上铜箔焊盘的剥落。因此，在适当的加热时间里，准确掌握加热火候是优质焊接的关键。

（5）焊接完后的元器件，要求排列整齐，高度一致，如图 2.5.7 所示。为了保证焊接的整齐美观，焊接时两边架空的高度要一致，元件插好后，要调整位置，使它与桌面相接触，保证每个元件焊接高度一致。

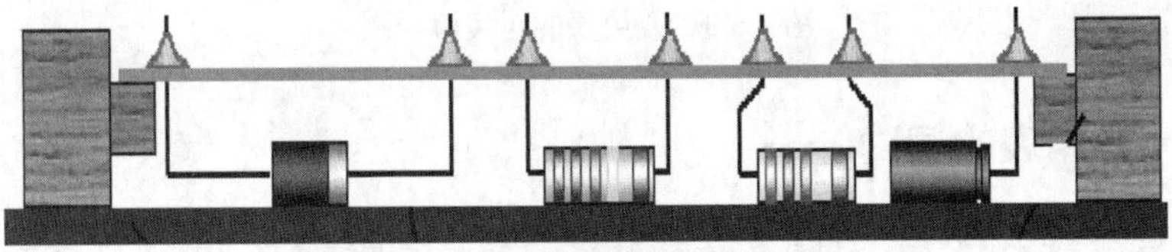

图 2.5.7　焊接元器件排列整齐美观

4. 合格焊点的标准与检查

常见的焊点形状如图 2.5.8 所示。图中，焊点 a 比较牢固；焊点 b 为理想状态，一般不易焊出；焊点 c 焊锡较多，往往有虚焊可能；焊点 d、e 焊锡太少，容易断开；焊点 f 是提烙铁时方向不对，造成形状不规则；焊点 g 烙铁温度不够，焊点呈碎渣状，多为虚焊；焊点 h 与焊盘间有缝隙，为虚焊或接触不良；焊点 i 引脚放置歪斜。一般形状不正确的焊点，元件多数没有焊接牢固，应重焊。

合格焊点的外观质量标准和检查方法如表 2.5.1 所示。

表 2.5.1　合格焊点的外观质量标准与检查方法

<table>
<tr><td colspan="2" rowspan="4">标准</td><td>① 焊接外形应以焊件为中心，均匀、成裙状拉开</td></tr>
<tr><td>② 焊点表面光滑、光亮，无针眼、粗糙、发黑、拉尖、焊点与引线和焊盘间无裂缝现象</td></tr>
<tr><td>③ 焊锡充满整个焊盘，形成对称的焊角，焊锡量适当，无过少或过多甚至搭桥现象</td></tr>
<tr><td>④ 焊点干净，见不到焊剂的残渣，在焊点表面应有薄薄的一层焊剂</td></tr>
<tr><td rowspan="2">方法</td><td>目测法</td><td>用眼睛观看焊点的外观质量及电路板整体的情况，即检查焊点是否符合外观检验标准，还要检查各焊点是否有漏焊、桥接、焊料飞溅以及导线及元器件绝缘的损伤等焊接缺陷</td></tr>
<tr><td>手触法</td><td>用手触摸元器件（不是用手去触摸焊点），对可疑焊点也可以用镊子轻轻牵拉引线，观察焊点有无异常，这对发现虚焊和假焊特别有效。可以检查有无导线断线、焊盘脱落等缺点。</td></tr>
</table>

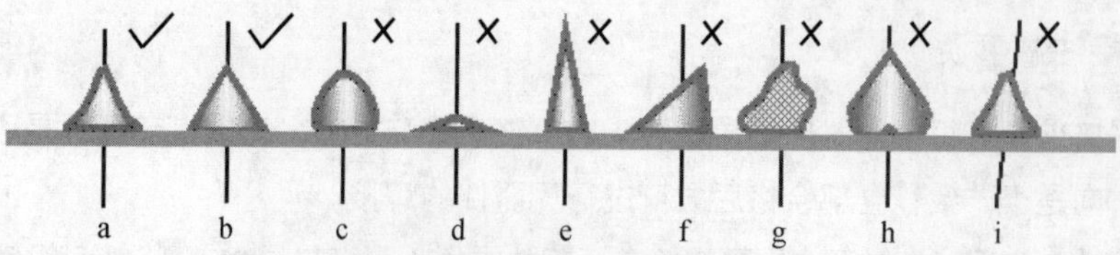

图 2.5.8　焊点外观形状

2.5.3　万用表的组装流程

万用表的组装流程如图 2.5.9 所示。

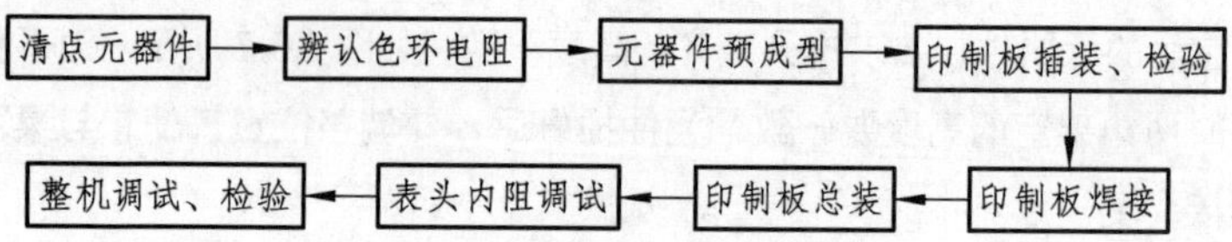

图 2.5.9　万用表的组装流程图

2.5.4　万用表的调试

万用表完成电路组装后，必须进行详细检查、校验和调试，使各挡测量的准确度都达到技术要求。MF-47 型万用表技术参数如表 2.5.2 所示。

表 2.5.2　MF-47 型万用表技术参数

限量范围		灵敏度及电压降	准确度
交流电流	0-0.05-0.5-5-50-500 mA	0.3 V	±2.5%
	5 A		±5%
直流电压	0-0.25-1-2.5-10-50-250-500-1 000 V	20 kΩ/V	±2.5%
	2 500 V		±5%
交流电压	0-10-50-250 V-500 V-1 000 V-2 500 V	4 kΩ/V	±5%
直流电阻	R×1,R×10,R×100, R×1K, R×10K	R×1 中心刻度为 16.5	±2.5%
音频电平	−10 ~ +22 dB	0 dB = 1 mW 600 Ω	
晶体管直流放大	0 ~ 300 hFE		
电感	20 ~ 1 000 H		
电容	0.001 ~ 0.03 μF		

2.5.4.1　表头参数的测定

万用表的测量电路是由多种类型测量电路组合而成的，各项测量误差有所不同。为使万用表达到规定技术指标，应对各单元电路进行调试，调试必须在表头性能良好前提下进行。

1. 表头电流灵敏度的测定

测定表头灵敏度，就是测定使指针从零刻度起，到满刻度为止动圈所通过的电流值。按图 2.5.10 所示电路接线，将 S 置于 1 位置，调节 Rp1、Rp2 或电源电压 U，使被测表头（G）

的指针达到满刻度。此时标准表 G_0 指示的电流值就是被测表头的灵敏度。

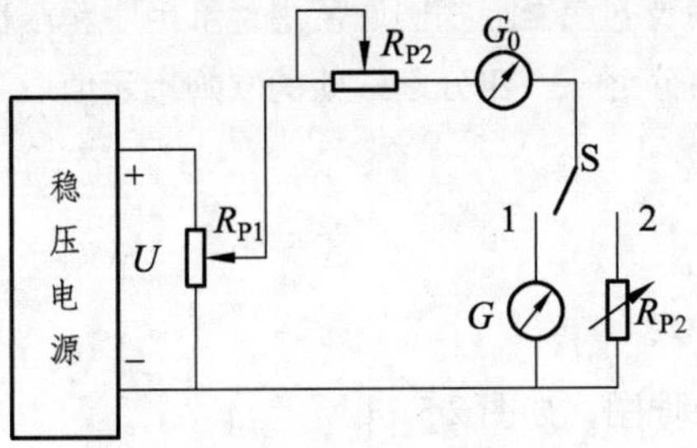

图 2.5.10　表头参数测量电路

2. 表头内阻测定

在图 2.5.10 中，将开关 S 置于位置 1，调节 Rp1、Rp2 或稳压电源的输出电压 U，使被测表头的指针指在较大值，记下标准表读数；然后将开关 S 置于 2 位置，调节 Ro，使标准表的读数保持不变，用电桥或欧姆表测出电阻 Ro 的阻值即为表头内阻。

2.5.4.2　万用表调试的方法

这里以校准直流电压挡为例来说明测试的方法。按图 2.5.11 所示电路接线。调节稳压电源的输出电压 U_s 或调节电位器 R_p，使被调表的指针依次指在标尺刻度值的 20%、40%、60%、80%和 100%，分别记下标准表和被调表的读数 U_0 和 U，在每个刻度值上的绝对误差为 $\Delta U = U - U_0$，取绝对误差中的最大值 ΔUmax，按下式计算被调万用表电压挡的准确度等级 A。$A\% = \dfrac{\Delta U_{\max}}{U_m} \times 100\%$，$U_m$ 为被调表的量限。

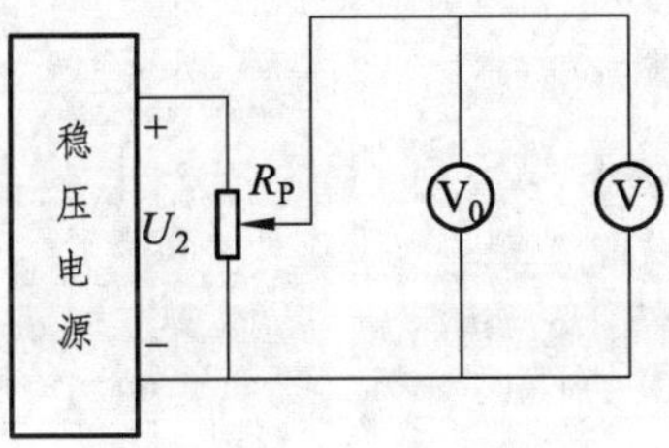

图 2.5.11　直流电压调试电路

若准确度已达到设计的技术要求，则认为合格，若低于设计的指标，必须重新调试和检查，直到符合要求为止。其他挡的调试均可按此方法进行。

图 2.5.12 为直流电流调试电路，图 2.5.13 为交流电压调试电路。

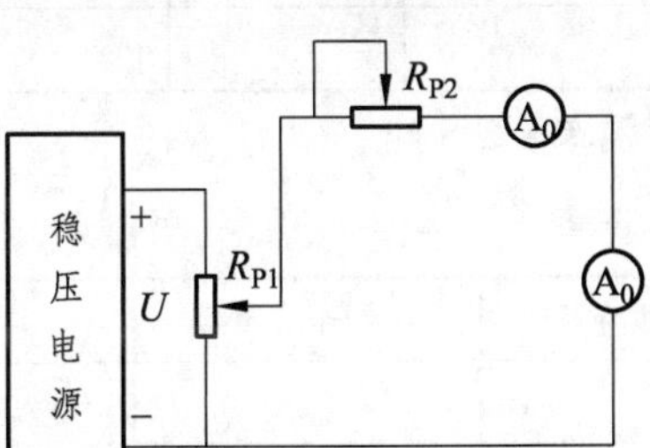

图 2.5.12　直流电流调试电路

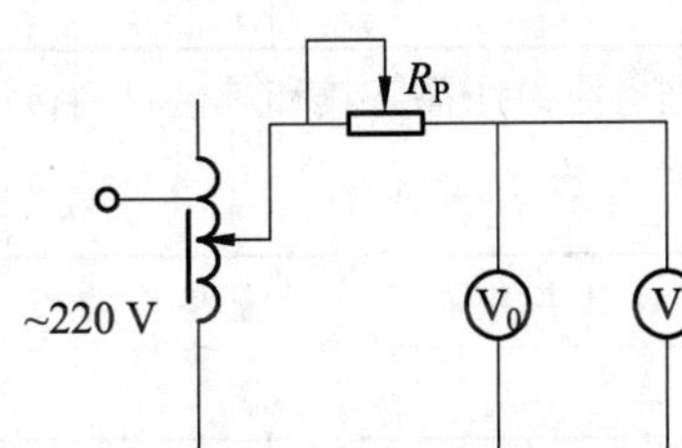

图 2.5.13　交流电压调试电路

电阻挡的调整：电阻量限的调整是将标准电阻串入电路中，通过观察被调表指示与标准表指示是否一致来确定被调表的误差。我们通常用标准电阻箱来检定。校准检查分为三点进行，即中心值、刻度长的四分之一、四分之三处的欧姆指示值。

【任务实施】

1. 组装前的准备工作

（1）识读万用表电路原理图，如图 2.5.14 所示。

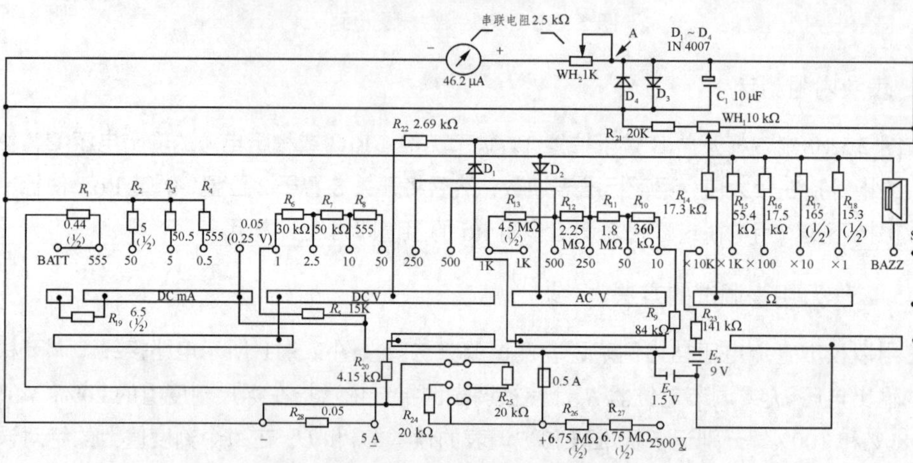

图 2.5.14　MF47 型指针万用表电路原理图

（2）清点图 2.5.15 所示的万用表套件中的零配件，填写组件及材料清单表 2.5.3。

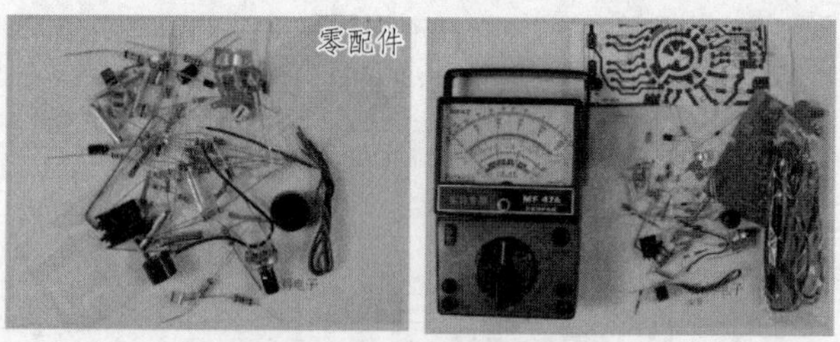

图 2.5.15　万用表套件中的零配件

表 2.5.3　万用表组件及材料清单

序号	组件及材料名称	规格与型号	数量	目测外观情况

（3）准备组装所需工具和焊接材料，填写工具清单表 2.5.4。

表 2.5.4　工具清单

序号	工具名称	规格与型号	数量	目测外观情况	功能

（4）识别色环电阻，并将电阻值填入表 2.5.5 中。

辨认 R1～R28，将色环电阻按顺序插在一张白纸上，并注意使误差环位于右侧，如图 2.5.16 所示。

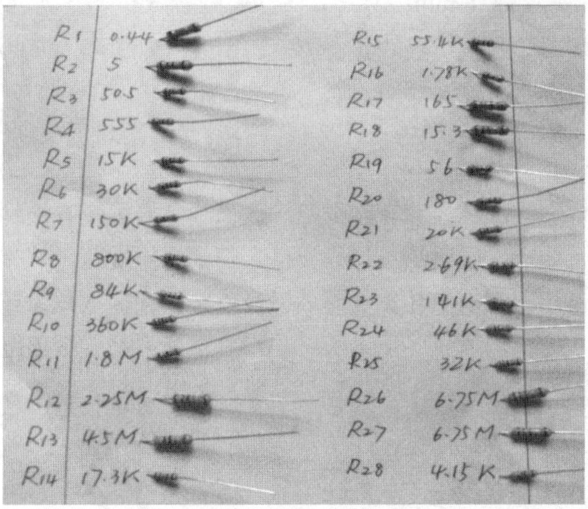

图 2.5.16　将色环电阻按顺序插在一张白纸上

表 2.5.5　色环电阻测量

电阻代号	电阻色环	阻值	电阻代号	电阻色环	阻值

2. 万用表组装

1）元件引线预成型

将元件 R1～R28、D1～D4 引线成型。

2）印制板元件插装

将元件插装在电路板上，注意元器件的参数、极性等。插装的一般顺序是：先小后大；先矮后高；先里后外。插装形式及要求如图 2.5.17 所示。

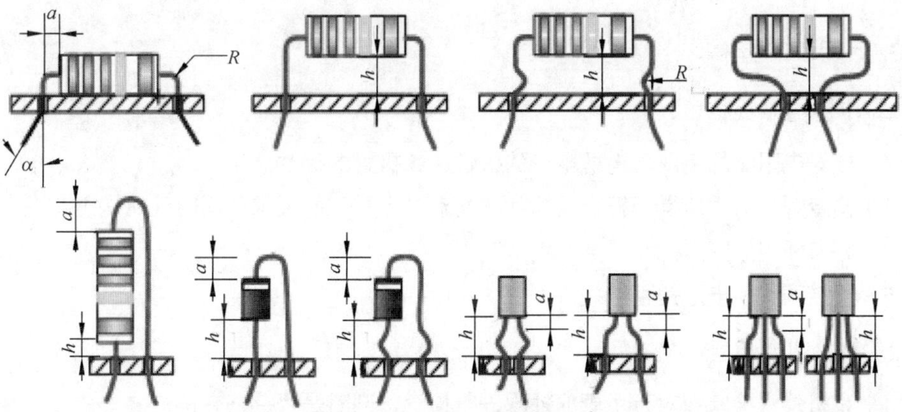

图 2.5.17　元件插装形式及要求

a——引线打弯的位置距元件根部不少于 2 mm；

R——引线打弯的半径不小于 2 倍引线直径，用镊子夹持弯曲时不能弯成直角，对于电阻、二极管类元件采用牙签弯曲较好；

h——安装高度一般为 5 ~ 8 mm；

α——为了防止翻转印制板焊接时元件掉落，引线打弯角度为 30° ~ 45°，且要朝印制导线方向弯。

3）印制电路板元件焊接

将元件装在电路板上，注意元器件的参数、极性等。焊接时，易损坏后装，应分批插装分批焊接。焊点要符合要求，同时焊接过程要符合安全操作规范。

印制电路板元件面（字符面）和焊盘面的元件安装，如图 2.5.18 所示。

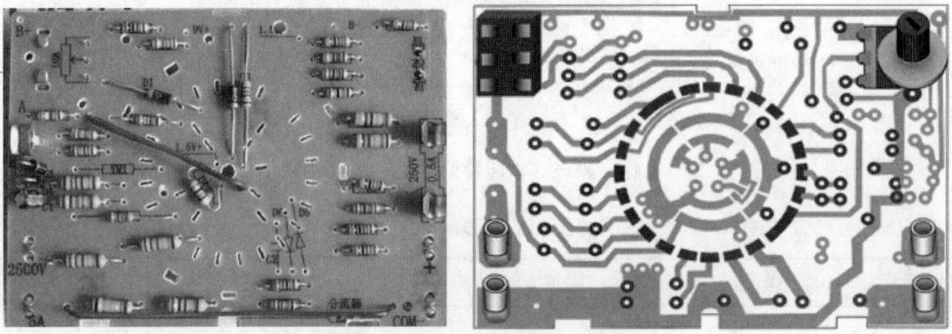

图 2.5.18　印制电路板的装配

4）总　装

完成跳线、电池正负极导线和表头正极线的焊接。

5）表头内阻的调试

表头负极线先不焊接，调节内阻调整电位器 WH2 的阻值，使之与表头线圈的串联电阻值等于 2.5 kΩ，然后再焊接表头负极线。

6）机械部分的安装与调整

正确安装电刷，电路板安装时要保证三个定位销要卡入电路板上的定位孔中。

3. 万用表的检验

1）印制电路板检验

（1）核对电阻器的色环、电解电容的极性、二极管的极性。

（2）检查焊点的质量是否符合“裙状、光滑、光亮”的要求，同时注意是否存在虚焊、漏焊、短路和断路故障。

（3）检查表头、电池是否卡线。

2）整机组装检验

（1）整机外观检验：对万用表的外观进行检查，判断是否存在缺陷。

（2）整机组装检验：慢慢转动转换开关，转换开关的转动是否流畅；表壳及其他部件组装是否牢固。

3）万用表功能检验

（1）挡位校验：采用标准万用表，辅以交直流电源、电阻箱等来校验组装的万用表，使之测量准确。

（2）其他功能挡检测：对万用表测量晶体管、电容器，以及电路的通断的挡位进行检测。

4. 万用表验收及评分

按表 2.5.6 进行验收、评分。

表 2.5.6　万用表的组装验收标准及评分表

序号	验收项目	验 收 标 准	配分	评分	备 注
1	万用表外观	无新的划痕、破损、裂缝，无油污，外观整洁、干净	20		
2	元器件安装	电子元器件型号和规格选用正确，安装位置正确	20		
3	焊接质量	焊接牢固，焊点光滑、无虚焊、漏焊。导线连接工艺符合要求	20		
4	整机组装	整机组装时，元器件、导线位置正确，安装牢固、螺钉无漏装现象	20		
5	性能测试	各项功能测试正常，精度符合标准	20		
评价成绩					

5. 整理工具、清理现场

组装完毕后，按国家环保相关规定和 6S 要求，整理现场，正确处置废弃物。

【任务评价】

采用自评、互评及教师点评的方式，将实训过程评价填入“实训过程评价表”（见附表 1）

【应知应会要点归纳】

1. 电路及电路基本物理量

（1）电路是指电流所经过的路径，由电源、负载、中间环节三部分组成，其主要功能是：实现电能的传输、分配和转换；实现信号的传递和处理。电路有通路、断路和短路三种工作状态。

（2）理想电路元件是指实际元件的理想化模型，由理想元件构成的电路称为电路模型。在生产实践中，通常用电路模型来代替实际电路进行电路的分析与研究。用统一的电气图形符号来表示电路模型的图形称为电路图。

（3）电荷的定向运动形成电流。单位时间内通过导体横截面的电荷量称为电流强度。电流既有大小也有方向，其大小用电流强度来衡量，用字母“I”或“i”表示，单位是安培（A）。

正电荷移动的方向为电流的正方向。

测量直流电流的大小一般用直流电流表。在实际应用中，通常用万用表的直流电流挡代替电流表进行测量。测量电流时，电流表应串联在被测电路中。

（4）两点间的电位差叫电压，用字母“U”或“u”表示。电路中某点的电位就是该点与参考点之间的电压，用字母“V”表示。参考点的电位为零，通常选大地、机壳或电路的公共点为参考点。电位的大小随参考点的选择而变化，因此电位是相对量。电压的大小与参考点的选择无关，因此电压是绝对量。

电动势是衡量电源将非电能转换成电能的本领的物理量。一个完整的电路中，在电源外部电流由高电位流向低电位，在电源内部电流则由低电位流向高电位。电压的实际方向是由高电位指向低电位。电动势的实际方向习惯上规定为从电源的负极指向正极，或是从低电位指向高电位。

测量直流电压的大小一般用直流电压表。在实际应用中，通常用万用表的直流电压挡代替电压表进行测量。测量电压时，电压表应与被测电路并联。

（5）参考方向是在元件或电路中电压、电流的实际方向未知的情况下，为了分析（或测量）电路而事先假定的电压或电流的方向，它与实际方向既可能相同也可能相反。当参考方向与实际方向相同时，电压或电流为正值，否则为负值。

（6）电流流过用电器时，用电器将电能转换为其他形式的能量的过程称为电流做功，简称电功，用字母“W”表示。电功的国际单位是焦耳（J），我国常用“千瓦　时（kW · h）”为单位，又称“度”。电功的大小用电度表来测量。

当电流通过电阻时，电流做功而消耗电能，产生了热量，这种现象叫作电流的热效应。电流热效应的公式为 $Q = I^2Rt$。

（7）单位时间内电流所做的功称为电功率，它是反映电路中电流做功快慢的物理量，用“P”表示，单位是“瓦特（W）”，常用单位还有“千瓦（kW）”。

2. 常用电路元件

1）电阻元件

电阻元件就是实际电阻器的电路模型，它是反映元件对电流阻碍作用的一个参数。导体的电阻反映了导体对电流的阻碍作用。导体电阻的大小由导体自身的性质及温度有关，与外加的电压、电流无关。在温度不变的情况下，同一材料的电阻跟它的长度成正比，跟它的横截面面积成反比。在不同温度下同一导体的电阻值之间存在 $R_2 = R_1[1+\alpha(t_2-t_1)]$ 的关系。

2）电容元件

电容元件是实际电容器的电路模型。任何两个相互靠近且彼此绝缘的导体，都可看成是一个电容器。电容器是一种储存电荷和电场能量的容器。电容器所带的电量与其两极板间的电压的比值，称为电容器的电容量，简称电容，用“C”表示，单位是“法拉（F）”。电容量反映了电容器储存电荷的能力，是电容器的固有特性，外界条件变化、电容器是否带电或带电多少都不会使电容量改变。

使电容器两极板带上等量异种电荷的过程叫作电容器充电，使电容器两极板所带电荷释放出来的过程称为电容器放电。电容器是储能元件，充电时把能量储存起来，放电时把储存

的能量释放出去。储存在电容器中的电场能量为

$$W_C=\frac{1}{2}qU_C=\frac{1}{2}CU_C^2$$

电容具有“隔直通交”的特性。电容器常见故障有击穿短路、断路、漏电或电容量变化等。通常利用电容器的充放电特性，使用指针式万用表的电阻挡（“R×100”或“R×1 K”）测量电容器两端之间的漏电阻，根据指针的摆动情况，来判断电容器的质量好坏。

3）电感元件

电感元件是实际电感线圈的电路模型。电感器也是一种储能元件，它是能够把电能转化为磁能而存储起来的电路元件。电感量，简称电感，也称自感系数，是反映电感储存电能的能力的物理量。电感的大小决定于线圈的尺寸、几何形状、匝数和介质的磁导率，与通电电流的大小无关。

电感器的直流电阻可以通过万用表电阻挡的“$R\times1$”挡进行测量。

4）电压源与电流源

任何一个实际的电源都可以用两种不同形式来表示：一种是以电压的形式来表示，称为电压源；另一种是以电流的形式来表示，称为电流源。

实际电压源可以用具有一个恒定不变的电动势和内电阻 R_0 串联的模型表示。实际电压源的输出电压（即电源的端电压）的大小为：$U=E-IR_0$。内电阻等于零的电压源称为理想电压源，或称恒压源。

实际电流源可以用一个恒定不变的电流 I_s 和内电阻 R_0 并联的模型表示。实际电流源的输出电流 I 的大小为：$I=I_s-\dfrac{U}{R_0}$。内电阻为无穷大的电流源称为理想电流源，或称恒流源。

3. 电路的基本定律

（1）部分电路欧姆定律：在不包含电源的一段电路中，流过导体的电流与这段导体两端的电压成正比，与导体的电阻成反比。

（2）全电路欧姆定律：在全电路中，电流强度与电源的电动势成正比，与整个电路的内、外电阻之和成反比。

（3）基尔霍夫第一定律，也称节点电流定律（KCL），其内容是：在任何时刻，电路中流入任一节点中的电流之和，恒等于从该节点流出的电流之和，即 $\sum I_{流入}=\sum I_{流出}$。

（4）基尔霍夫第二定律，也称回路电压定律（KVL），其内容是：在任一闭合回路中，各段电阻上的电压降的代数和等于各电源电动势的代数和，即 $\sum RI=\sum E$。

（5）叠加定理：当线性电路中有多个电源同时作用时，各支路的电流或电压等于各个电源单独作用时，在该支路产生的电流或电压的代数和。

（6）戴维南定理：任何一个线性有源二端网络，对外电路而言，可以用一个等效电源代替。等效电源的电动势 E_0，等于有源二端网络两端点间的开路电压；等效电源的内阻 R_0，等于在该有源二端网络中，将电动势用短路代替置零后，所得无源二端网络两端点间的等效电阻。

4. 电路的连接及等效

1）电阻的串并联及等效

（1）电阻串、并联电路的特点如表 2.6.1 所示。

表 2.6.1　电阻串、并联电路的特点

比较项目	串联	并联
电流	$I=I_1=I_2=\cdots=I_n$	$I=I_1+I_2+\cdots+I_n$ 两个电阻并联时的分流公式： $I_1=\dfrac{R_2}{R_1+R_2}I$，$I_2=\dfrac{R_1}{R_1+R_2}I$
电压	$U=U_1+U_2+\cdots+U_n$ 两个电阻串联时的分压公式： $U_1=\dfrac{R_1}{R_2+R_1}U$，$U_2=\dfrac{R_2}{R_1+R_2}$	$U=U_1=U_2=\cdots=U_n$
电阻	$R=R_1+R_2+\cdots+R_n$ 当 n 个阻值为 R 的电阻串联时 $R_{总}=nR$	$\dfrac{1}{R}=\dfrac{1}{R_1}+\dfrac{1}{R_2}+\cdots+\dfrac{1}{R_n}$ 当 n 个阻值为 R 的电阻并联时 $R_{总}=\dfrac{R}{n}$
电功率	功率分配与电阻成正比 $\dfrac{P_1}{P_2}=\dfrac{R_1}{R_2}$	功率分配与电阻成反比 $\dfrac{P_1}{P_2}=\dfrac{R_2}{R_1}$

（2）Y 形与△形电阻网络的等效互换：

$$\text{Y形网络电阻}=\frac{\text{△形网络相邻电阻的乘积}}{\text{△形网络电阻之和}}$$

$$\text{△形网络电阻}=\frac{\text{Y形网络成对电阻的乘积之和}}{\text{相对Y形网络电阻}}$$

2）电容的连接及等效

电容串、并联电路的特点如表 2.6.2 所示。

表 2.6.2　电容串、并联特点

比较项目	串联	并联
电荷量	$Q=Q_1=Q_2=\cdots=Q_n$	$Q=Q_1+Q_2+\cdots+Q_n$
电压	$U=U_1+U_2+\cdots+U_n$ 电压分配与电容成反比：$\dfrac{U_1}{U_2}=\dfrac{C_2}{C_1}$	$U=U_1=U_2=\cdots=U_n$
电容量	$\dfrac{1}{C}=\dfrac{1}{C_1}+\dfrac{1}{C_2}+\dfrac{1}{C_3}+\cdots+\dfrac{1}{C_n}$ 当 n 个电容为 C 的电容串联时 $C_{总}=\dfrac{C}{n}$	$C=C_1+C_2+C_3+C_{总}$ 当 n 个电容为 C 的电容并联时 $C_{总}=nC$

3）实际电压源与实际电流源的等效

实际的电压源和电流源对外电路可以进行等效变换，等效变换的条件是：

$$E = I_S R_0 \text{（或} I_S = \frac{E}{R_0}\text{），而且} R_0 \text{（电压源内阻）} = R_0 \text{（电流源内阻）}$$

5. 复杂直流电路的分析

1）支路电流法

支路电流法是以支路电流为未知数，用基尔霍夫定律列出节点电流方程和回路电压方程，通过求解联立方程组来分析复杂电路的方法。

应用支路电流法求各支路电流的步骤：

（1）标出各支路的电流参考方向和回路的绕行方向。

（2）根据节点电流定律列独立的节点电流方程。

（3）根据回路电压定律列独立的回路电压方程。

（4）代入已知数，解联立方程组求出各支路电流。

2）用节点电压法求解电路的步骤

（1）选择参考点，标在电路图中。

任意选择电路中某一节点作为参考节点，其余节点与此参考节点间的电压称为对应的节点电压。节点电压的参考极性均以所对应节点为正极性端，以参考节点为负极性端。

（2）根据 KCL 列出关于节点电压的电路方程。

可先算出各节点的自电导、互电导及汇集到本节点的已知电流代数和，然后直接代入节点电流方程。

（3）将方程式联立求解，得出各节点电压。

（4）选取各支路电流的参考方向，根据欧姆定律找出其他待求量与各节点电压的关系进而求解。

3）电路中各点电位的计算方法和步骤

（1）确定电路中的零电位点（参考点）。

（2）计算电路中某点 a 的电位，就是计算 a 点与参考点 d 之间的电压 U_{ad}，在 a 点与 d 点之间，选择一条捷径（元件最少的简捷路径），a 点电位即为此路径上全部电压的代数和。

（3） 列出选定路径上全部电压代数和方程，确定该点电位。

【复习与考工模拟】

一、判断题

1. 电路中允许电源短路。（　）
2. 导体中的电流方向与电子流的方向一致。（　）
3. 电流表必须并联在被测电路中。（　）

4. 电路中两点的电压等于这两点间的电位差，所以两点电压与电位的参考点选择有关。(　　)

5. 直流电路中，电流总是从高电位流向低电位。(　　)

6. 电阻两端的电压为 9 V 时，电阻值为 100Ω；当电压升至 18 V 时，电阻值将为 200 Ω。(　　)

7. 电路中某点的电位值随所选择的参考点不同而变化，而电路中任意两点间的电压值与参考点的选择无关。(　　)

8. 电功率越大的用电器，其消耗的电能必然越多。(　　)

9. 电阻值 $R_1 = 20\ \Omega$、$R_2 = 10\ \Omega$的两个电阻串联，因电阻小对电流的阻碍作用小，故 R_2 中流过的电流比 R_1 中的电流大些。(　　)

10. 马路上路灯总是同时亮、同时灭，因此这些灯都是串联接入电网的。(　　)

11. “220 V，60 W” 的荧光灯在 110 V 的电源上能正常工作。

12. 由公式 $R = U/I$ 可知，电阻的大小与两端的电压和通过它的电流有关。(　　)

13. 使用指针式万用表测电阻时，挡位与量程选择开关打在 “$R\times 10$” 挡，若指针指在刻度盘电阻挡的 10 位置，则被测电阻的大小为 100Ω。

14. 当外电路开路时，电源的端电压等于零。(　　)

15. 通常照明电路中灯开得越多，总的负载电阻就越大。(　　)

16. 电源的端电压会随负载电阻的增大而增大。(　　)

17. 任一瞬时从电路中某点出发，沿回路绕行一周回到出发点，电位不会发生变化。(　　)

18. 实际电压源与实际电流源等效转换时，实际电压源中 U_S 正极应与实际电流源 I_S 的流出端相对应。(　　)

19. 一电流源内阻为 2Ω，当把它等效变成 10 V 的电压源时，电流源的电流是 5A。(　　)

20. 理想电流源与理想电压源之间可以等效变换。(　　)

21. 传输电力线之间存在一定的电容。(　　)

22. 由公式 $C = q/U$ 可知，电容器的电容量会随着它两端所加电压的增大而增大。(　　)

23. 几个电容器串联后的总电容一定大于其中任何一个电容器的容量。(　　)

24. 两个 10 μF 的电容器，耐压分别为 10 V 和 20 V，则串联后总的耐压值为 30 V。(　　)

25. 在进行电路或电器维修时，若碰到大容量的电容器，应先通过短接把其电荷量放掉后再进行维修，以防被电击。(　　)

26. 利用万用表的电阻挡对较大容量的电容器进行检测时，转换开关通常打在 “$R\times 10$K” 挡。(　　)

27. 某瓷片电容标有 “103” 字样，则其标称容量为 103 μF。

28. 任何一个含源二端网络都可以用一个电压源来等效代替。(　　)

29. 短路状态下，电源内阻的压降为零。(　　)

30. 使用指针式万用表测电压时，应读刻度盘上最上面的一条线上的数值。(　　)

二、选择题

1. 一电阻两端加 15 V 电压时，通过它的电流为 3 A；若在它两端加 18 V 电压时，通过它的电流为 (　　)。

A. 1 A　　B. 3 A　　C. 3.6 A　　D. 5 A

2. 两根同种材料的电阻丝,长度之比为1:2,横截面积之比为3:2,则它们的电阻之比为(　　)。

A. 3:4　　B. 1:3　　C. 3:1　　D. 4:3

3. 电路中安装熔断器，主要是为了（　　）。

A. 短路保护　　B. 漏电保护　　C. 过载保护　　D. 以上都是

4. 万用表不能用来测量（　　）。

A. 电压　　B. 电流　　C. 电阻　　D. 频率

5. 一个五色环电阻器，其色环颜色依次为黄、紫、黑、棕、棕，则其标称阻值和允许误差为（　　）。

A. 47 Ω±1%　　B. 47 kΩ±1%　　C. 4.7 kΩ±1%　　D. 470 Ω±1%

6. 在闭合电路中，负载电阻减小，则端电压将（　　）。

A. 增大　　B. 减小　　C. 不变　　D. 不能确定

7. 将“100 Ω、4 W”和“100 Ω、25 W”的两个电阻串联时，允许加的最大电压是(　　)。

A. 40 V　　B. 50 V　　C. 70 V　　D. 140 V

8. 一个额定值为 220 V、40 W 的白炽灯与一个额定值为 220 V、60 W 的白炽灯串联接在 220 V 电源上，则（　　）。

A. 40 W 灯较亮　　B. 60 W 灯较亮　　C. 两灯亮度相同　　D. 不能确定

9. 一个电容为 30 μF 的电容器，接到直流电源上对它充电，这时它的电容为 30 μF，当它不带电时，它的电容是（　　）。

A. 0　　B. 15 μF　　C. 30 μF　　D. 10 μF

10. 使用指针式万用表测 10 kΩ电阻器的阻值，挡位与量程选择开关选择（　　）比较合适。

A. $R\times10$ 挡　　B. $R\times100$ 挡　　C. $R\times1$ 挡　　D. $R\times1$K 挡

三、计算题

1. 求图 2.6.1 电路中 A 点的电位 V_A。

2. 图 2.6.2 电路中 $R_1=R_2=R_3=R_4=2\ \Omega$，求 A、B、C、D、E、F 各点的电位。

3. 有一额定电压为 220 V 额定功率为 110 W 的白炽灯，求其额定电流和灯丝电阻。

4. 某 29 英寸彩电的额定功率是 200 W，周一到周五每天工作 2 h，周六、日每天工作 4 h，若每千瓦时电费为 0.5 元，则此电视机使用一周的电费为多少？

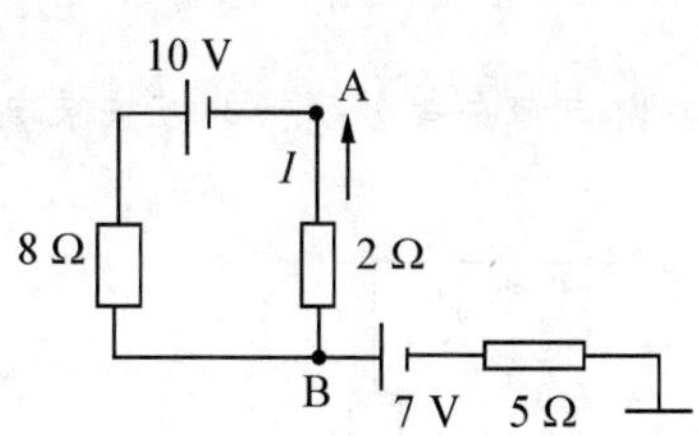

图 2.6.1

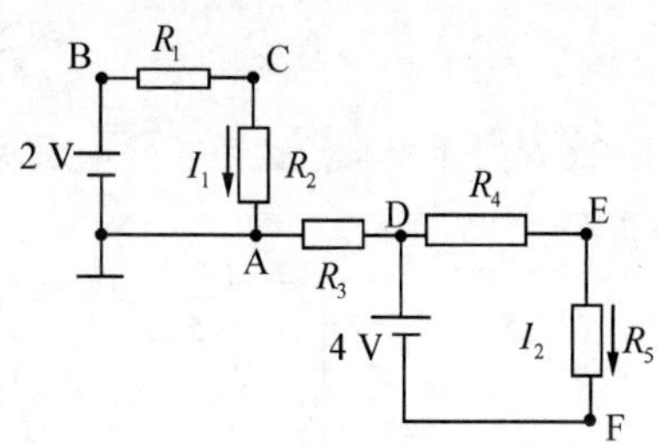

图 2.6.2

5. 电路如图 2.6.3 所示，求 U_3 和 R_3。

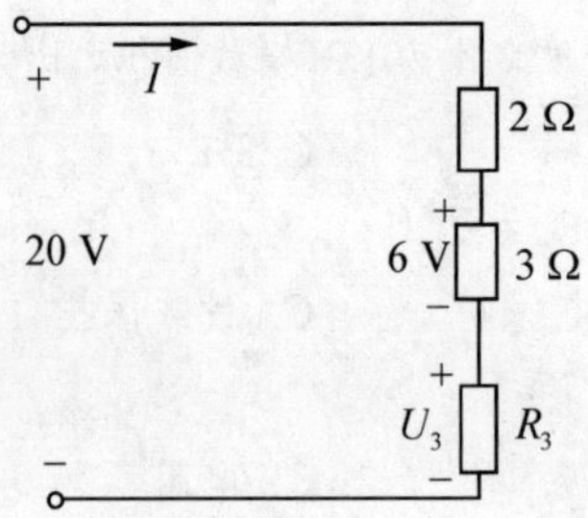

图 2.6.3

6. 一个 10 kΩ的电阻与一个 30 kΩ内阻的电压表串联，如果电路接入 100 V 电源，求 10 kΩ电阻两端的电压 U_1 和电压表指示的电压 U_2。

7. 两个电容器，分别标有 C_1：300 μF、700 V，C_2：600 μF、600 V。它们串联后，加上 1 000 V 的电压是否会被击穿？

8. 现有一个电容器，它的电容为 10 μF，加在电容器两端的电压为 300 V，求该电容器上存储的电荷量为多少？

9. 如图 2.6.4 所示电路，已知 $I_1 = 1$ A，$I_2 = 3$ A，$I_5 = 9$ A，求电流 I_3、I_4、I_6。

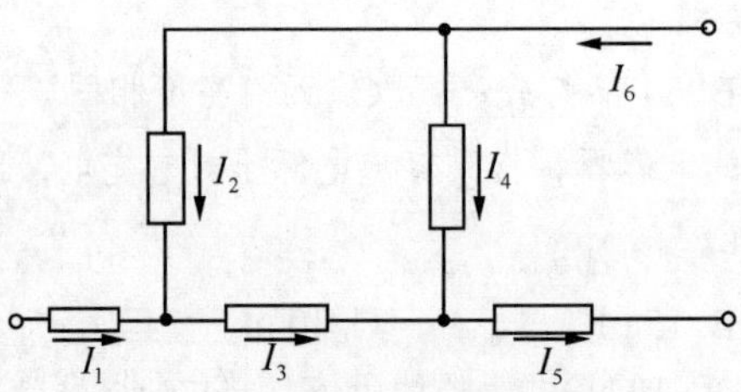

图 2.6.4

10. 在图 2.6.5 所示电路中，已知 $R_1 = R_2 = 1$ Ω、$R_3 = 4$ Ω、$E_1 = 18$ V、$E_2 = 9$ V。用支路电流法求出 I_1、I_2、I_3。

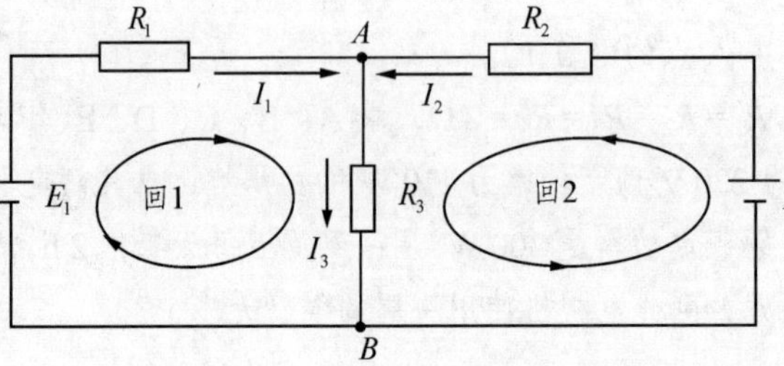

图 2.6.5

11. 如图 2.6.6 所示电路，试用实际电压源与实际电流源等效变换的方法求电流 I，并画出等效变换求解过程的图解。

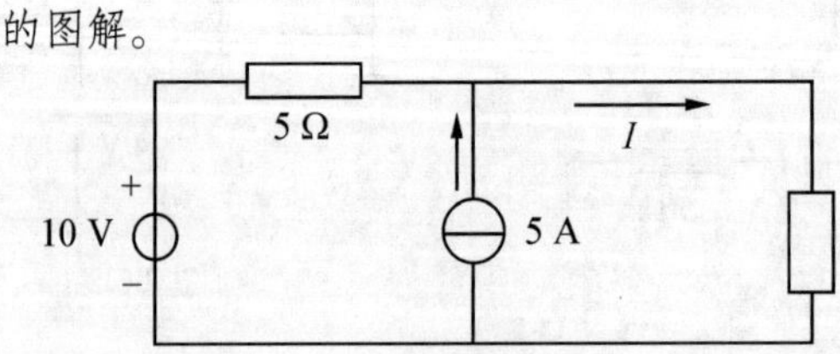

图 2.6.6

项目 3　电磁关系与变压器

项目导读

电和磁之间并不是孤立的，而是有着奇妙的关系，电能生磁，磁也能生电。电磁关系在电工技术、电磁测量等领域都有着广泛应用，并对现代文明产生着深远的影响。本项目将对电磁关系与变压器进行归纳整理，帮助读者获得这些知识。

任务 3.1　认识磁场

【任务目标】

知识目标：

（1）了解磁的基本知识，能够知道哪些物质可以产生磁场，知道几种常见磁场（条形磁铁、U 形磁铁，直线电流和环形电流）磁感线的分布情况。

（2）理解描述磁场的几个物理量。

（3）了解铁磁材料的磁性能。

（4）掌握电流的磁效应、磁场对电流的作用、电磁铁的工作原理。

能力目标：

（1）能用安培定则判断磁场的方向。

（2）能用左手定则判断电磁力的方向。

（3）能熟练计算电磁力的大小。

思政目标：

激发学生学习兴趣，培养学生空间想象能力和探究问题的能力。

【任务重点】

描述磁场的几个物理量、右手螺旋定则、左手定则、电磁力的计算公式。

【任务难点】

磁感应强度、磁通和磁场强度 3 个物理量的理解。

【任务学时】

12 学时。

【知识链接】

3.1.1 磁的基本知识

3.1.1.1 磁的基本知识

磁性：能吸引铁、钴、镍等金属或它们的合金的性质。

磁体：具有磁性的物体。磁体分为天然磁体（如吸铁石）和人造磁体两大类。

磁极：磁体上磁性最强的部位。任何磁体都具有两个磁极——南极（S 极）和北极（N 极）。

磁力：磁极间的相互作用力。磁极间相互作用的规律：同性相斥，异性相吸。

磁场：磁极周围存在的一种无形无质（无质量）的特殊物质，它具有力和能的特性。

磁感线：为形象描述磁场的强弱和方向而引入的假想线。图 3.1.1 和图 3.1.2 所示是几个常见磁场的磁感应线分布情况。

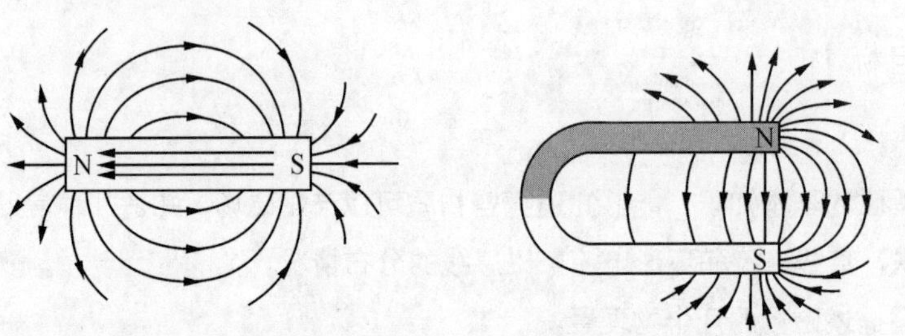

（a）（b）

图 3.1.1 条形磁铁和 U 形磁铁的磁感线分布情况

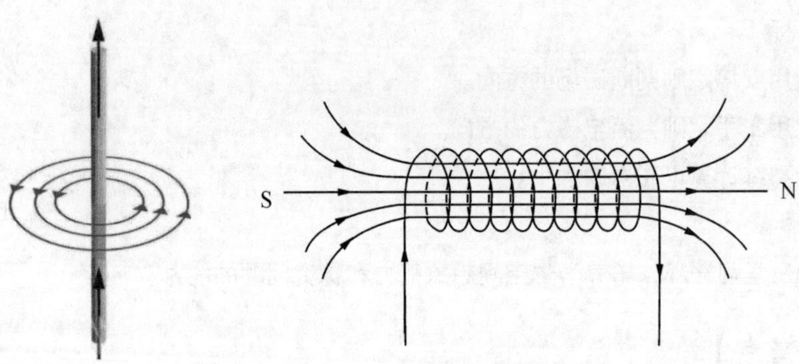

（a）（b）

图 3.1.2 直线电流和环形电流产生磁场的磁感线分布图

磁感线的特征：

（1）磁感线是互不交叉的闭合曲线，在磁体外部由 N 极指向 S 极，在磁体内部由 S 极指向 N 极。

（2）磁感线上任意一点的切线方向，就是该点的磁场方向（即小磁针 N 极的指向）。

（3）磁场的强弱可用磁感线的疏密表示，磁感线密的地方磁场强，疏的地方磁场弱。磁感线均匀分布而又相互平行的区域称为匀强磁场，反之称为非匀强磁场。

3.1.1.2　电流的磁效应

丹麦科学家奥斯特发现，电流周围存在着磁场（俗称“动电生磁”）。通电导体周围存在磁场，这种现象叫作电流的磁效应。

电流与其产生磁场的方向可用右手螺旋法则来判断。右手螺旋法则既适用于判断电流产生的磁场方向，也适用于在已知磁场方向时判断电流的方向。一般可分两种情况使用：

1. 直线电流产生的磁场

右手握住导线并把拇指伸开，用拇指指向电流方向，那么四指环绕的方向就是磁场方向（磁感线方向），如图 3.1.3 所示。

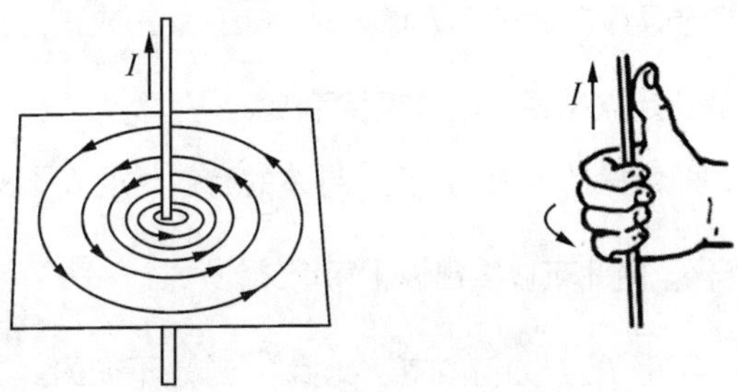

图 3.1.3　直线电流产生的磁场

2. 环形电流产生的磁场

右手握住螺线管并把拇指伸开，弯曲的四指指向电流方向，拇指所指方向就是磁场的北极（N 极）方向，如图 3.1.4 所示。

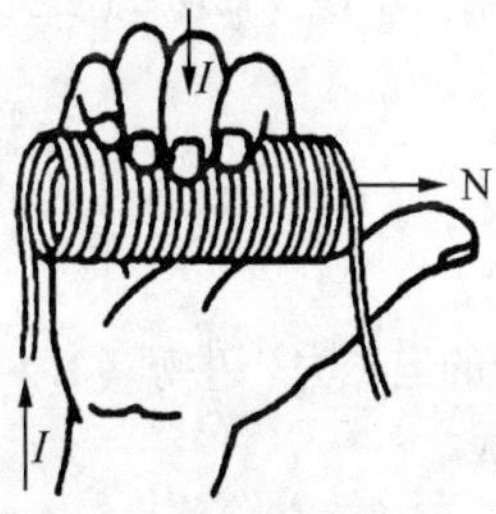

图 3.1.4　环形电流产生的磁场

3.1.2　描述磁场的几个物理量

3.1.2.1　磁感应强度

磁感应强度是定量描述磁场强弱和方向的物理量。

图 3.1.5 所示的匀强磁场方向为垂直进入纸面，磁场中的导线 *MN* 与弹簧相连接。当电路中有电流通过时，载流导线 *MN* 受到力的作用向上运动，弹簧缩短。通常把通电导体在磁场中受到的作用力叫作“电磁力”。

实验证明，当载流导线 MN 在磁场中与磁感线方向垂直时，导体所受的电磁力 F 的大小与导体本身的有效长度 L、流入导线的电流 I 成正比。

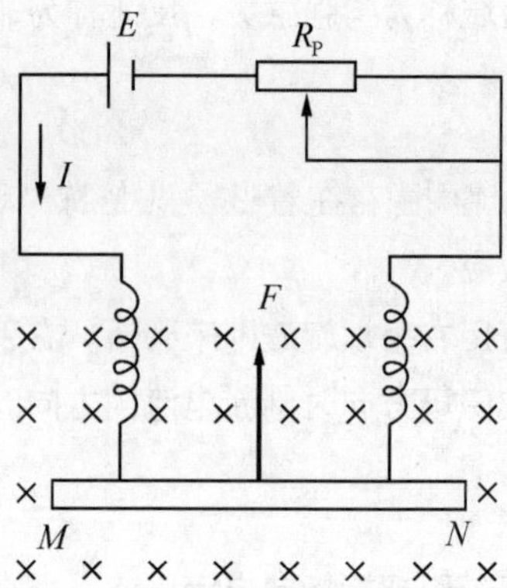

图 3.1.5　通电导体在磁场中受力示意图

当导线中的电流 I 或者导线有效长度 L 增大时，电磁力 F 成正比例增大，而比值 $\frac{F}{IL}$ 对于一个给定磁场或磁场中的给定点来说，总是保持不变。

若改变磁场的强弱，即使保持电流 I 不变、导体的有效长度 L 不变，此时再计算 $\frac{F}{IL}$，会发现 $\frac{F}{IL}$ 的大小发生了变化。由此可以得出以下两个结论：

（1）在同一个磁场，不管 I、L 如何改变，比值 $\frac{F}{IL}$ 总是不变的。

（2）I、L 不变，在不同的磁场中，比值 $\frac{F}{IL}$ 是不同的。

可见，比值 $\frac{F}{IL}$ 是由磁场本身来决定的，与 F、I、L 无关。

因此，可以用与磁感线方向垂直的通电导体在磁场中某点受到的电磁力，与导体中的电流和导体有效长度的乘积的比值，来表示该点磁场的性质，并称作该点的磁感应强度 B。其数学式为

$$B=\frac{F}{IL} \tag{3.1.1}$$

式中　F——通电导体在磁场中受到的电磁力，牛顿（N）；

　　I——导体中的电流，安培（A）；

　　L——导体在磁场中的有效长度，米（m）；

　　B——匀强磁场的磁感应强度，特斯拉（T）。

工程上常用的磁感应强度单位是高斯（Gs），它与特斯拉（T）的换算关系是：

$$1\ \text{T}=10^4\ \text{Gs}$$

磁感应强度 B 的大小既然与 F、I、L 无关，只跟磁场本身有关，那么它与磁场的什么因素有关呢？

直线电流产生的磁场中（见图 3.1.6），某点磁感应强度 B 的大小由以下公式中的各量决定：

$$B=\mu\frac{I}{2\pi r} \tag{3.1.2}$$

式中　I ——产生磁场的电流，安培（A）。

r ——磁场中某点到电流的距离，米（m）。

μ——磁导率，亨利/米（H/m）。

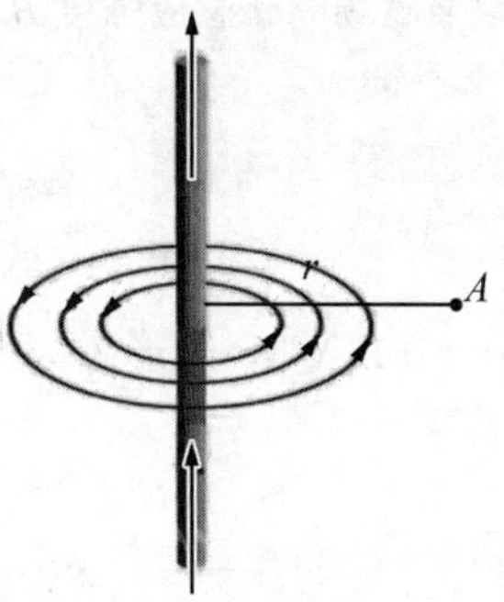

图 3.1.6　直线电流产生的磁场

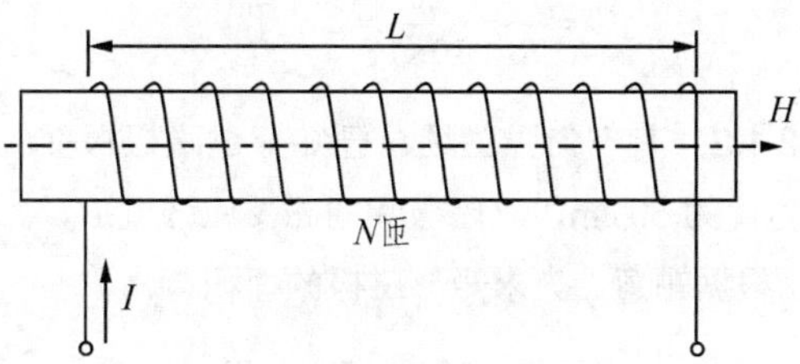

图 3.1.7　环形电流产生的磁场

环形电流产生的磁场中，如图 3.1.7 所示，某点磁感应强度 B 的大小由以下公式中的各量决定：

$$B=\mu\frac{NI}{L} \tag{3.1.3}$$

式中　I——产生磁场的电流，单位是安培（A）。

N ——线圈的匝数。

L ——螺线管的有效长度，米（m）。

μ ——磁导率，亨利/米（H/m）。

3.1.2.2　磁　通

磁通是描述磁场在一定面积范围内分布情况的物理量，是磁通量的简称，以字母Φ表示。磁通的单位是韦伯，简称韦，用符号 Wb 表示。工程上常用的磁通单位是麦克斯韦（Mx），它与韦伯（Wb）的换算关系是：

$$1\ \text{Wb}=10^{8}\ \text{Mx}$$

在匀强磁场中，垂直于磁场的平面上磁通的大小为

$$\Phi=BE \tag{3.1.4}$$

式中　B——匀强磁场的磁感应强度，特斯拉（T）。

S——与 B 垂直的某一截面面积，平方米（m^2）。

Φ ——通过该面积的磁通，韦伯（Wb）。

式（3.1.4）可变形为

$$B=\frac{\Phi}{S} \tag{3.1.5}$$

式（3.1.5）说明，磁感应强度的大小就是单位面积上垂直穿过的磁通。所以，磁感应强

度又叫作磁通密度。

由于磁场在某一区域的强弱可以形象地用这一区域的磁感线疏密程度来描述，因此磁通可以形象地用通过这个平面的磁感线的多少来理解。即当面积一定时，通过该面积的磁场越强，则通过这个平面的磁感线就越密集，磁通就越大。

例 3.1.1 在一个匀强磁场中，垂直于磁场方向放置一根直导线，导线长为 1 m，导线中的电流为 10 A，导线在磁场中受到的电磁力为 20 N，试求匀强磁场的磁感应强度 B。

解：根据磁感应强度公式得

$$B=\frac{F}{IL}=\frac{20}{10\times1}=2\ (\mathrm{T})$$

例 3.1.2 有一匀强磁场，已知穿过磁极极面的磁通 $\Phi=0.15$ Wb，矩形磁极的长度为 60 cm、宽度为 50 cm，求磁极间的磁感应强度 B。

解：根据题意，先求矩形磁极的面积

$$S=60\times10^{-2}\times50\times10^{-2}=0.3\ (\mathrm{m}^2)$$

根据磁感应强度公式得

$$B=\frac{\Phi}{S}=\frac{0.15}{0.3}=0.3\ (\mathrm{T})$$

3.1.2.3 磁导率

磁导率是用来衡量各种物质导磁性能强弱的物理量，也就是说是衡量各种物质对磁场影响程度的物理量。

如图 3.1.8 所示，先用一个通电的螺线管去吸引铁块，然后在螺线管中插入一根铜棒去吸引同一铁块，最后把铜棒换成铁棒，再去吸引同一铁块。我们发现，前两种情况下螺线管对铁块的吸力都不大，而有铁棒的螺线管的吸力比前两种情况下大得多。

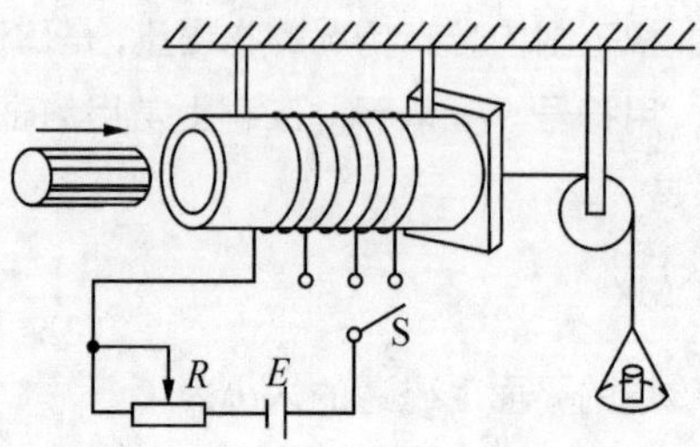

图 3.1.8 磁介质对磁场强弱的影响

如果改变线圈的匝数和通过电流的大小，重复上述实验，我们会发现螺线管对铁块的吸力随线圈的匝数和通过的电流的增大而增大。

从上述实验可以看出，螺线管产生的磁场强弱，不但与电流、匝数有关，而且与置于磁场中磁介质的材料有密切的关系。为了表征介质材料的导磁性能，我们引入磁导率这个物理量。

在通电螺线管产生的磁场中放置不同的物质（如上述实验中的空气、铜、铁），会使磁场受到不同的影响，其对磁场强弱的影响程度取决于所放置物质的导磁性能，即物质的磁导率

μ。不同的物质，磁导率各不相同。在同样的线圈中通入同样大小的电流时，介质材料的μ值越大，则产生的磁场越强。

真空中的磁导率是个常数，用μ_0表示。由实验测得

$$\mu_0 = 4\pi\times 10^{-7}\ \text{H/m} \tag{3.1.6}$$

为便于比较各种物质的导磁能力，引入了相对磁导率这个物理量。以真空中的磁导率μ_0为基准，将其他物质的磁导率μ与μ_0比较，其比值叫作相对磁导率，用μ_r表示，即

$$\mu_r = \frac{\mu}{\mu_0} \tag{3.1.7}$$

相对磁导率μ_r没有量纲，它的物理意义是：在其他条件相同的情况下，存在于某种介质材料中的磁场，其磁感应强度是存在于真空中的多少倍。

根据各种物质磁导率的大小，可将物质分为三类：

1. 顺磁物质

顺磁物质的相对磁导率μ_r略大于 1，如空气、锡、铝、铅等都是顺磁物质，其μ_r值为 1.000 003 ~ 1.000 014。

2. 反磁物质

反磁物质的相对磁导率μ_r略小于 1，如铜、银、锌、石墨等都是反磁物质，其μ_r值为 0.999 995 ~ 0.999 999 7。

3. 铁磁物质

铁磁物质的相对磁导率μ_r远大于 1，如铁、钢、铸铁、镍和钴等都是铁磁物质。在磁场中放置铁磁物质，可使磁感应强度增加几千甚至几万倍。表 3.1.1 列出了通过实验测定的几种常见材料的相对磁导率。

表 3.1.1　几种常见材料的相对磁导率

材料	相对磁导率	材料	相对磁导率
钴	174	已经退火的铁	7000
未经退火的铸铁	240	硅钢片	7500
已经退火的铸铁	620	在真空中熔化的电解铁	12 950
镍	1120	镍铁合金	60 000
软钢	2180	“C”型坡莫合金	115 000

不同介质材料的μ值之所以不同，是因为在外磁场作用下，介质材料磁化而产生不同的附加磁场所致。将反磁物质和顺磁物质置于磁场中，由于$\mu_r \approx 1$，所以对磁场影响不大，一般将它们称为非铁磁物质。

磁感应强度 B 是一个矢量，它不仅表示了磁场中某点磁场的强弱，而且表示了该点的磁场方向。磁场中某点的磁感应强度方向，就是该点磁感线的切线方向（小磁针在该点静止时

N 极所指方向）。

对于磁场中某一固定点，其磁感应强度的大小和方向都是完全确定的，即 B 为定值。但对于不同的点，B 的大小和方向可能完全不同。因此，可用 B 来描述磁场各点的性质。

若磁场中各点的磁感应强度的大小相等，方向相同，则该磁场叫作匀强磁场。在匀强磁场中，磁感线是平行、等距的一系列直线。

为讨论问题方便，我们规定用符号“⊗”和“⊙”分别表示电流或磁感线垂直进入和流出纸面的方向。

3.1.2.4 磁场强度

磁感应强度是与介质材料磁导率有关的量，而介质的影响常使磁场的分析计算变得复杂，为此，人们引入磁场强度这个物理量来表示磁场的性质。磁场强度用符号 H 表示。

磁场中某点的磁场强度，其大小等于该点磁感应强度的大小与介质材料磁导率的比值，即

$$H=\frac{B}{\mu} \tag{3.1.8}$$

式中 B——磁场中某点的磁感应强度，特斯拉（T）。

μ——磁场中介质材料的磁导率，亨/米（H/m）。

H——磁场中该点的磁场强度，安/米（A/m）。

磁场强度是矢量，它的方向与该点的磁感应强度方向相同。

可以将通电螺线管内部磁场近似看成匀强磁场。如图 3.1.9 所示，如果螺线管的匝数为 N，长度为 L，通电电流为 I，经理论和实验证明，其内部的磁场强度为

$$H=\frac{NI}{L} \tag{3.1.9}$$

式（3.1.9）说明：磁场强度 H 与介质无关（只与电流产生的磁场有关），而磁感应强度 B 却与介质有关。通电螺线管产生的磁场强度的方向，可用右手螺旋定则来判断。

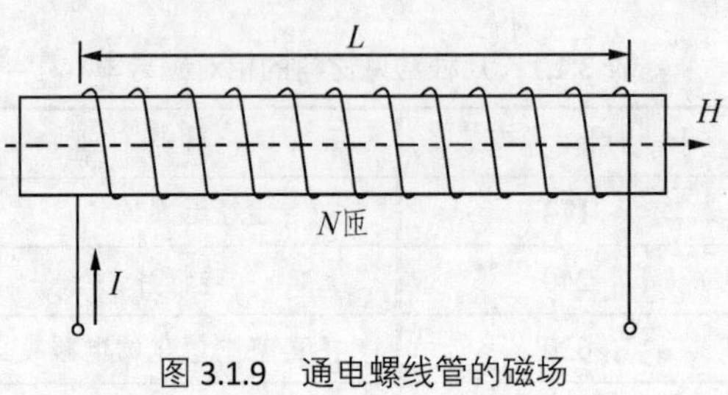

图 3.1.9 通电螺线管的磁场

例 3.1.3 通有 2 A 电流的螺线管长为 20 cm，共 5000 匝，求以空气为介质时螺线管内部的磁场强度和磁感应强度。

解：磁场强度

$$H=\frac{NI}{L}=\frac{2\times5000}{0.2}=50\ 000\ \text{(A/m)}$$

磁感应强度

$$B = \mu_0 H = 4\pi \times 10^{-7} \times 50\ 000 = 6.28 \times 10^{-2}\ （T）$$

3.1.3 铁磁材料的磁性能

3.1.3.1 铁磁材料的磁化

将铁磁物质（如铁、钴、镍等）置于磁场中，会大大加强原磁场。这是由于铁磁物质会在外加磁场的作用下，产生一个与外磁场同方向的附加磁场，正是这个附加磁场促使了总磁场的加强。铁磁物质在外磁场作用下会呈现磁性的这种现象，称作铁磁物质被“磁化”。

铁磁物质具有被“磁化”这种特性，是由其内部结构决定的。研究表明，铁磁物质内部是由许多叫“磁畴”的天然磁化区域所组成的。虽然每个磁畴的体积很小，但其中却包含有数亿个分子，且磁畴中的“分子电流”排列整齐，因此每个磁畴就构成一个永磁体，具有很强的磁性（分子电流是由原子中的电子，一方面绕核旋转，另一方面又自旋形成，由于电流周围存在着磁场，则这种分子电流相当于一个小磁体）。

在没有外界磁场作用时，铁磁物质内部的磁畴杂乱无章地排列，每个磁畴就像一个小磁铁，磁畴间的磁性相互抵消，对外不显示磁性，如图 3.1.10 所示。

在一定强度的外磁场作用下，这些磁畴将顺着外磁场的方向趋向规则的排序，因而在铁磁性物质内部形成了很强的与外磁场同方向的“附加磁场”，从而大大地加强了磁感应强度，即铁磁物质被“磁化”了，如图 3.1.11 所示。

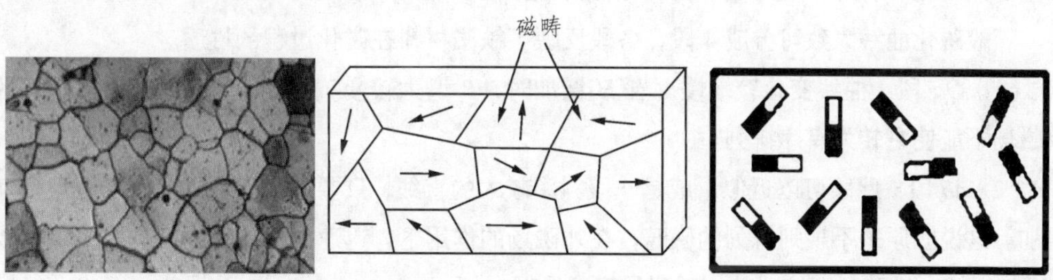

图 3.1.10　磁化前的磁畴

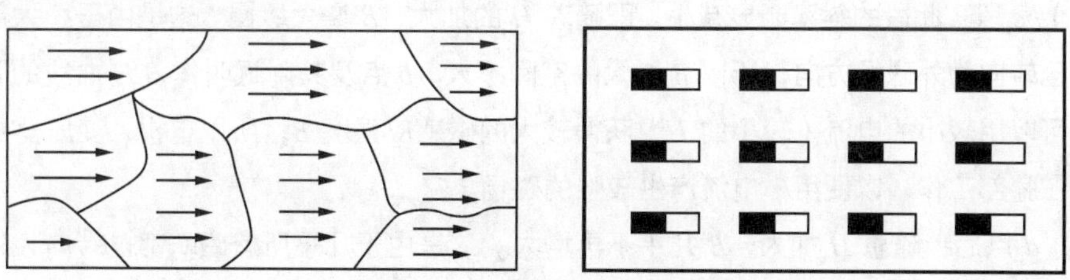

图 3.1.11　磁畴磁化后的示意图

当外磁场进一步加强时，所有磁畴形成的小磁场都几乎转向外磁场方向，这时附加磁场不再加强，这种现象叫作“磁饱和”。非铁磁物质（如铝、铜、银等）由于没有磁畴结构，也就没有磁化现象。

铁磁物质具有很强的磁化作用，说明铁磁材料具有“高导磁性”，其相对磁导率 μ_r 可达 $10^2 \sim 10^4$。因而，它是制造电磁铁、变压器、电机等的主要材料。

3.1.3.2 磁化曲线

工程上常用磁化曲线来表示各种铁磁物质的磁化特性。铁磁物质在磁化过程中的 B 与 H 之间的关系曲线称为磁化曲线，又叫 B-H 曲线。这种曲线一般由实验测得，其实验电路如图 3.1.12（a）所示。

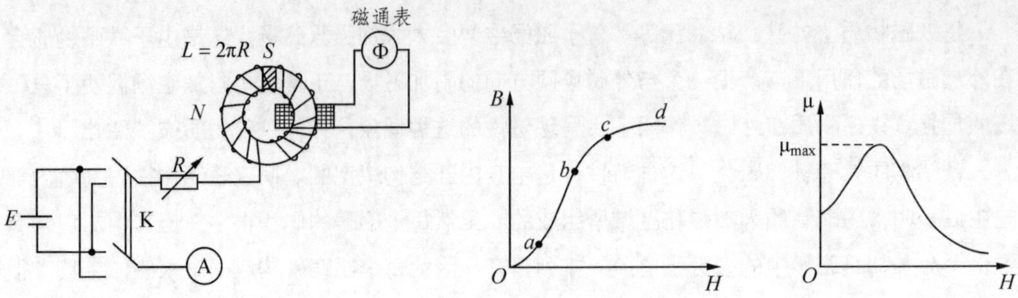

（a）（b）（c）

图 3.1.12　磁化曲线测量电路和磁化曲线

图 3.1.12（a）中 R 为可变电阻，用来调节回路电流 I 的大小；双刀双掷开关 K 用来改变流过线圈的电流的方向；右边的圆环是由被测的铁磁物质制成，其截面面积为 S，平均长度为 L；线圈绕在圆环上，匝数为 N；磁通表用来测量磁路中磁通的大小。

由 $B=\Phi/S$，$H=NI/L$ 知，依次改变 I 值，测量 Φ 值，可分别计算出 B 和 H，绘出曲线，如图 3.1.12（b）所示。由于 $B=\mu H$，故也可绘出 μ-H 曲线，如图 3.1.12（c）所示。

一般磁化曲线大致可分成 4 段，各段反映了铁磁材料在磁化过程的性质。

（1）Oa 段：曲线变化较缓慢，当 H 增加时，B 增大较慢。这说明磁畴有惯性，较弱的外磁场不能使它转为有序排列。

（2）ab 段：此段可以近似看成是一段斜率较大的直线，只要 H 略有增加，B 相应地快速增加。这说明原来不规则排列的磁畴，在外磁场的作用下，迅速沿外磁场的方向排列，所以 B 增加很快。铁磁材料这时的相对磁导率 μ_r 是很大的。

（3）bc 段：此段的斜率明显减小，即随着 H 的加大，B 增大缓慢。这是由于绝大部分磁畴这时已转向为外磁场方向，所以 B 增大的空间不大。b 点及其附近叫作 B-H 曲线的膝部。在膝部可以用较小的电流（较小的 H）获得较大的磁感应强度 B，所以电机、变压器的铁心常设计在膝部工作，以便用小电流产生较强的磁场。

（4）d 点后：随着 H 加大，B 几乎不再增大。这是由于几乎所有磁畴都已转向为外磁场方向，即使 H 加大，附加磁场也不可能再增大。这个现象叫作铁磁物质的磁饱和，d 点以后的区域叫饱和区。这时，铁磁材料的磁导率 μ 降低到近似等于 μ_0。

磁化曲线是非线性的说明了：

（1）铁磁材料具有“磁饱和性”，表现在磁感应强度 B 不会随磁场强度 H 的增强而无限增强，当磁场强度 H 增大到一定值时，磁感应强度 B 就不再增大。

（2）铁磁材料的磁导率 μ 不是常数，它会随磁饱和程度的增大而减小，如图 3.1.12（c）所示。

3.1.3.3　磁滞回线

磁化曲线只反映了铁磁物质在外磁场（H）由零逐步增加时的磁化过程。在很多实际应用中，外磁场（H）的大小和方向是不断变化的，即铁磁性物质受到交变磁化（反复磁化）。实验表明，交变磁化时的 B-H 曲线如图 3.1.13 所示，这是一个回线，称为磁滞回线。

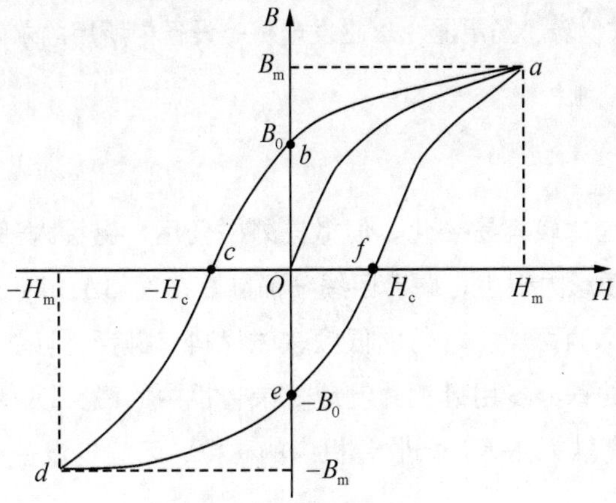

图 3.1.13　磁滞回线

磁滞回线表明，当铁磁物质沿起始点 O 磁化到 a 点后，若减小电流（H 减小），B 也随之减小，但 B 不是沿原磁化曲线轨迹减小，而是沿另一路径 ab 减小，且当 $I=0$（$H=0$）时，B 并不为零，而是 $B=B_0$，B_0 称作“剩磁”，这种现象叫作磁滞。磁滞现象是铁磁物质所特有的，要消除剩磁（常称为去磁），需反向加大 H，也就是 bc 段，当 $H=-H_c$（Oc）段时，$B=0$，剩磁才被消除，此时的 H_c 叫作材料的“矫顽力”。H_c 的大小反映了材料保持剩磁的能力。

如果我们继续反向加大 H，使 $H=-H_m$，$B=-B_m$，再让 H 减小到零（de 段），再加大 H 到 H_m，使 $B=B_m$（efa 段），反复改变电流方向，得到的闭合曲线 $abcdefa$，该曲线叫作铁磁物质的磁滞回线，如图 3.1.13 所示。它说明了铁磁材料具有“磁滞性”，因为 B 的变化总是滞后于 H 的变化。

由磁滞回线可以总结出铁磁材料的磁性能主要体现在高导磁性、磁饱和性、磁滞性和剩磁性几个方面。

不同的铁磁材料具有不同的磁滞回线，剩磁和矫顽力也不相同，因此，它们的用途也不同。一般将铁磁性材料分为三类，如图 3.1.14 所示。

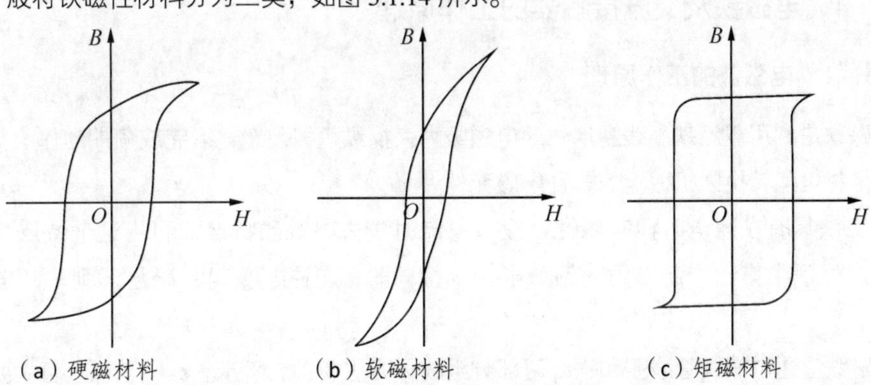

（a）硬磁材料　（b）软磁材料　（c）矩磁材料

图 3.1.14　三类铁磁材料的磁滞回线

1. 硬磁材料

硬磁材料的特点是需要较强的外磁场才能使其磁化，但一经磁化，就不易退磁。反映在磁滞回线上是剩磁较大，矫顽力较大，磁滞回线较宽，如图 3.1.14（a）所示。这类材料在磁化后能保持很强的剩磁，适宜制作永久磁铁。常用的硬磁材料有铁镍钴合金、镍钢、钴钢、镍铁氧体等。在磁电式仪表、扬声器、永磁发电机等设备中所用的永磁铁就是用硬磁材料制作的。

2. 软磁材料

软磁材料的特点是比较容易磁化，但撤去外磁场后，磁性大部分消失，反映在磁滞回线上是剩磁很小，矫顽力很小，磁滞回线窄而陡，如图 3.1.14（b）所示。软磁材料又可按用途分为低频和高频两类。常用的低频软磁材料有硅钢、坡莫合金等，电机、变压器等各种电力设备中的铁心多用硅钢片制成，录音机中的磁头铁心多用坡莫合金制成；常用的高频软磁材料有铁氧体等，如收音机中的磁棒、无线电设备中的中周变压器铁心，都是用铁氧体制成的。

3. 矩磁材料

矩磁材料的特点是只要在很小的外磁场作用下，该材料就能被磁化，并且达到磁饱和，当撤掉外磁场后，磁性仍然保持与磁饱和状态相同。其反映在磁滞回线上是一条矩形闭合曲线，所以称为矩磁材料，如图 3.1.14（c）所示。目前使用较多的矩磁材料是锰-镁铁氧化体、锂-锰铁氧体。矩磁材料可用来制造计算机中存储元件的环形磁心。

【知识拓展】

在日常生活和工作中常常需要将硬磁材料磁化使其带有磁性，变为永久磁铁（如各类人造磁铁、磁性玩具等），或将失去磁性的永久磁铁恢复磁性，采用一定的方法完成这项工作就称为充磁。磁化后的材料受到外来能量的影响（如加热、冲击、剧烈振动等），会使其中的各磁畴的磁性方向变得不一致，磁性就会减弱或消失，此过程称为消磁。

3.1.4 电磁铁及交流接触器的工作原理

3.1.4.1 电磁铁的工作原理

电磁铁是利用载流铁心线圈产生的电磁吸力来操纵机械装置，以完成预期动作的一种电器。它是将电能转换为机械能的一种电磁元件。

电磁铁具有在通电时拥有磁性，没有电流时失去磁性的特点，利用这个特点，电磁铁在生产生活中得到广泛应用，例如电铃、报警器、电磁起重机、磁悬浮列车、电磁继电器等。

电磁铁由通电螺线管线圈和铁心两部分组成，如图 3.1.15 所示。其中，螺线管主要用于通上电流产生磁场，铁心主要用于增强磁场的强度。

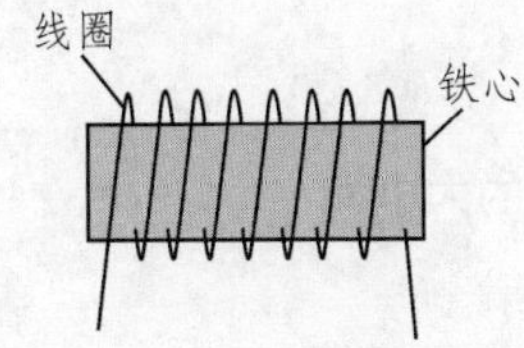

图 3.1.15　电磁铁的基本结构

电磁铁是利用电流的磁效应来工作的。当通电螺线管通上电流时会产生一个磁场，通电螺线管内部的铁心被磁场磁化，磁化后的铁心变成一个磁体，通电螺线管的磁场和铁心的磁场相互叠加，从而使螺线管的磁性大大增强。铁心的形状通常做成条形或蹄形，采用蹄形时，两边线圈的绕向必须相反，一边顺时针，一边逆时针。如果绕向相同，两线圈对铁心的磁化作用相互抵消，使铁心不显磁性。另外，铁心的材料需选择容易磁化，又容易退磁的软铁或硅钢来制作，这样的电磁铁才能保证通电时有磁性，断电后磁性随之消失。

3.1.4.2　交流接触器的工作原理

交流接触器是利用电磁线圈的通电或断电，使衔铁和铁心吸合或释放，从而带动动触头与静触头闭合或断开，实现接通或断开电路的目的。如图 3.1.16 所示的交流接触器控制三相电动机的电路中，当接触器的线圈通电后，线圈中流过的电流产生磁场，使铁心产生足够大的吸力，克服弹簧对衔铁的拉力，将衔铁吸合，通过传动机构带动辅助常闭触头断开，三对主触头和常开辅助触头闭合，三相电源便接到电动机上，使电动机启动运转。当接触器线圈断电或电压显著下降时，由于电磁吸力消失或过小，衔铁在弹簧的作用下复位，带动各触头恢复到原始状态，切断电源，电动机便停转。

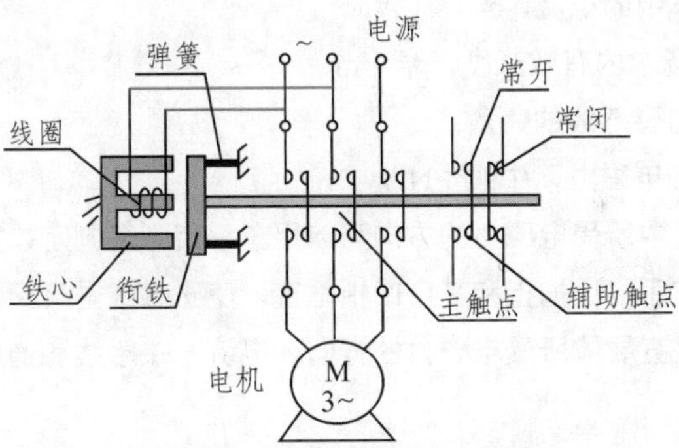

图 3.1.16　交流接触器的工作原理

3.1.5　磁场对电流的作用

磁场对处于其中的通电导体具有力的作用，这是磁场的重要特性。

3.1.5.1　磁场对通电直导体的作用

电流可以产生磁场，磁场也会对通电导体产生力的作用。在 3.1.2.1 小节讲解磁感应强度时曾经讲述过，将一通电直导体放置在匀强磁场中，导体与磁场方向垂直，则该处磁感应强度为

$$B = \frac{F}{IL}$$

则通电直导体在磁场中所受电磁力的大小为

$$F = BIL \tag{3.1.10}$$

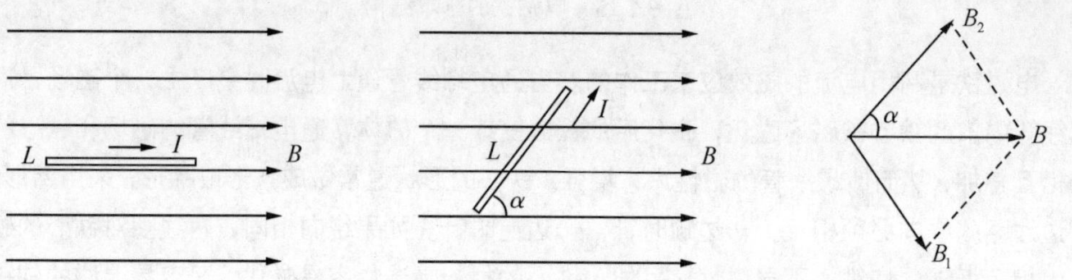

（a）　　　　　　　（b）　　　　　　　（c）

图 3.1.17　通电直导体在磁场中受力分析

如果通电直导体与磁感应强度的方向（磁感线方向）平行，那么通电导体不受力，如图 3.1.17（a）所示；如果通电直导体与磁感应强度方向成α 角（见图 3.1.17（b）），由于磁感应强度 B 是矢量，可将 B 分解成与通电直导体垂直的 B_1 和与通电直导体平行的 B_2 两个分量(见图 3.1.17（c）)，则 $B_1 = B\sin\alpha$，$B_2 = B\cos\alpha$。B_2 对通电直导体的作用力为零，B_1 对通电直导体的作用力为

$$F = B_1IL = BIL\sin\alpha \tag{3.1.11}$$

式中　B——匀强磁场的磁感应强度，特斯拉（T）；

I——通电直导体中的电流，安培（A）；

L——导体在磁场中的有效长度，米（m）；

α——通电导体与磁感线的夹角；

F——导体受到的电磁力，牛顿（N）。

通电直导体在磁场中所受电磁力的方向可以用左手定则来判定，如图 3.1.18 所示。

左手定则：伸出左手，让拇指和其余四指垂直，使磁感线垂直穿过掌心，则四指指向电流方向，拇指指向就是直导体所受电磁力的方向。电流、磁感线和通电直导体受力方向，三者互成直角。

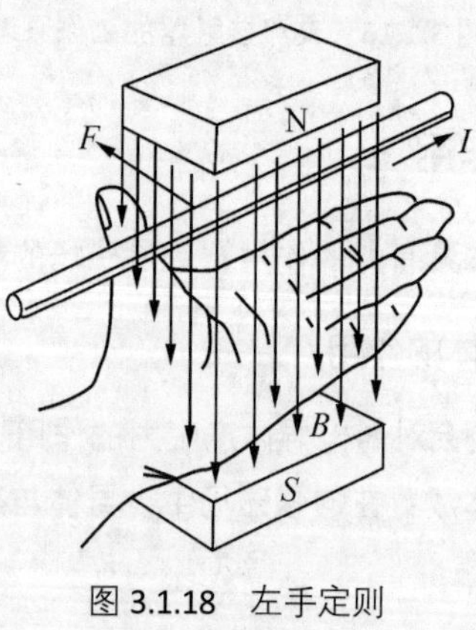

图 3.1.18　左手定则

例 3.1.4 在磁感应强度 $B=0.5\ \mathrm{T}$ 的匀强磁场中，有一长度 $L=60\ \mathrm{cm}$ 的导线，导线中的电流 $I=10\ \mathrm{A}$，当导线与磁感线的夹角 α 分别为 0°、30°、90°时，求导体各受多大的电磁力。

解： 通电直导体在磁场中受电磁力的大小为

$$F=BIL\sin\alpha$$

（1）$\alpha_1=0°$时：

$$F_1=BIL\sin\alpha_1=0.5\times10\times0.6\times0=0\ (\mathrm{N})$$

（2）$\alpha_2=30°$时：

$$F_2=BIL\sin\alpha_2=0.5\times10\times0.6\times\frac{1}{2}=1.5\ (\mathrm{N})$$

（3）$\alpha_3=90°$时：

$$F_3=BIL\sin\alpha_3=0.5\times10\times0.6\times1=3\ (\mathrm{N})$$

可见，当$\alpha=0°$，即导体与磁感线平行时，$F=0$，通电导体不受力；当$\alpha=90°$，即导体与磁感线垂直时，$F=BIL$，通电导体受到的电磁力最大。

3.1.5.2 平行通电导体间的相互作用力

我们知道，通电导体周围存在磁场。图 3.1.19 所示是两根平行的通有电流的导体，由于每根通电导体周围都产生磁场，两根导体又相互平行，所以每根导体都是处在另一根导体周围的磁场中，并且与磁感线方向垂直，因此，这两根通电导体都要受到电磁力的作用，电磁力的方向可由左手定则确定。

当两根平行通电导体中的电流方向相同时，导体就相互吸引；电流方向相反时，导体就相互排斥，如图 3.1.19 所示。

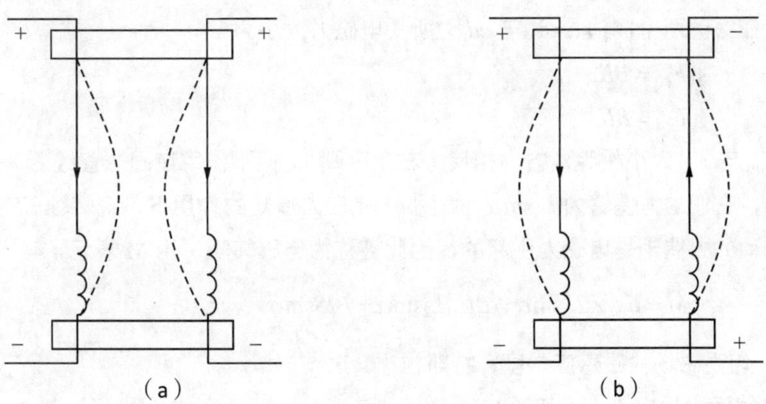

图 3.1.19 平行通电导体间的相互作用力

发电厂和变电所的母线（汇流排）就是这种互相平行的通电导体。互相平行的两排或三排母线之间，经常作用着推力或吸力，当电路出现短路故障时，电流可增大到正常时的几十倍，这时两排母线间的作用力极大，会使母线受损。为此，每间隔一定距离就须安装一个支持母线的绝缘子，这样可以提高母线的机械强度。

3.1.5.3　磁场对通电矩形线圈的作用

磁场对通电直导体有作用力，对通电矩形线圈同样有作用力。直流电压表、电流表，直流电动机都是应用这一原理制成的。

在磁感应强度为 B 的匀强磁场中，放置一个矩形线圈 $abcd$。其中，ab 边长为 L_1，ad 边长为 L_2，线圈中的电流为 I，线圈平面的法向 n（垂直平面方向）与磁感应强度 B 的方向夹角为α，线圈平面与磁感应强度 B 的方向夹角为θ，轴线 EF 与磁感线垂直，EF 与 ab 边平行。其主视图如图 3.1.20（a）所示，俯视图如图 3.1.20（b）所示。

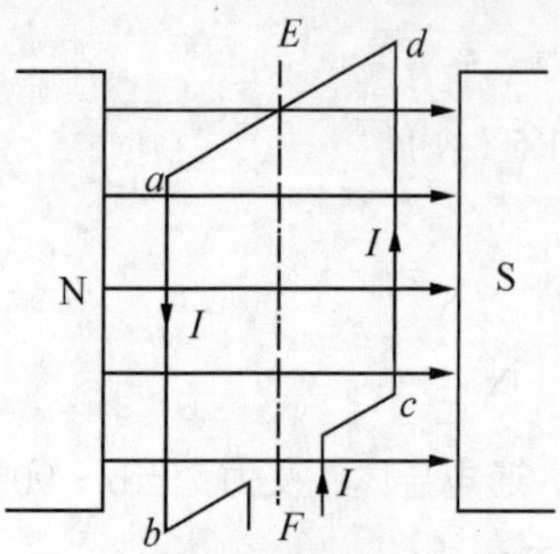

（a）主视图

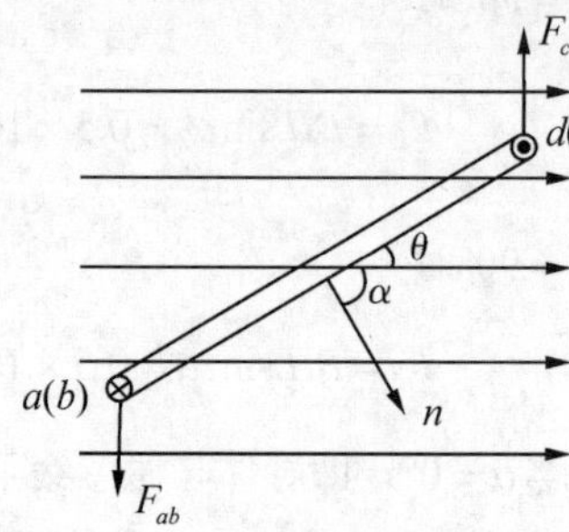

（b）俯视图

图 3.1.20　磁场对通电矩形线圈的作用

ad 边与 bc 边所受电磁力的大小为

$$F_{ad} = BIL_2\sin\theta$$

$$F_{bc} = BIL_2\sin\theta$$

由图 3.1.20 知：F_{ad} 与 F_{bc} 大小相等，方向相反（左手定则），作用在一条直线上，是一对平衡力，因此不会使线圈发生运动。

而作用在线圈两个侧边 ab 边与 cd 边所受电磁力大小为

$$F_{ab} = BIL_1$$

$$F_{cd} = BIL_1$$

虽然 F_{ab} 与 F_{cd} 大小相等，方向相反（左手定则），但不作用在同一直线上，因此，形成了一对力偶，它们的力偶臂为 $L_2\sin\alpha$。线圈 $abcd$ 在力偶矩的作用下，绕转轴 EF 转动。由于引起线圈转动的力偶矩是电磁力引起的，因此被称为电磁转矩，用 M 表示，其大小为

$$M = F_{ab} \times L_2\sin\alpha = BIL_1L_2\sin\alpha = BIS\sin\alpha \quad (3.1.12)$$

式中　B——匀强磁场的磁感应强度，特斯拉（T）；

I——线圈中的电流，安培（A）；

S——线圈所包围的面积，平方米（m^2）；

α——磁感应强度方向与线圈平面法线方向夹角；

M——线圈的电磁转矩，牛米（N·m）。

如果线圈的匝数为 N，则总电磁转矩为

$$M = NBIS\sin\alpha \quad (3.1.13)$$

说明：两个力的大小相等，方向相反，但不作用在一条直线上，这样的一对力称为“力偶”。“力偶矩”等于其中任何一个力的大小与两力作用线之间的垂直距离（力偶臂）的乘积，它决定了力偶的转动效应。

例 3.1.5 如图 3.1.21 所示，在磁感应强度 $B = 0.1$ T 的匀强磁场中，放置一个矩形线圈，匝数 $N = 20$，通电电流 $I = 5$ A，线圈长 30 cm，宽 20 cm，分别求线圈平面法线方向与磁感应强度方向夹角为 0°、30°、90°时的电磁转矩 M。

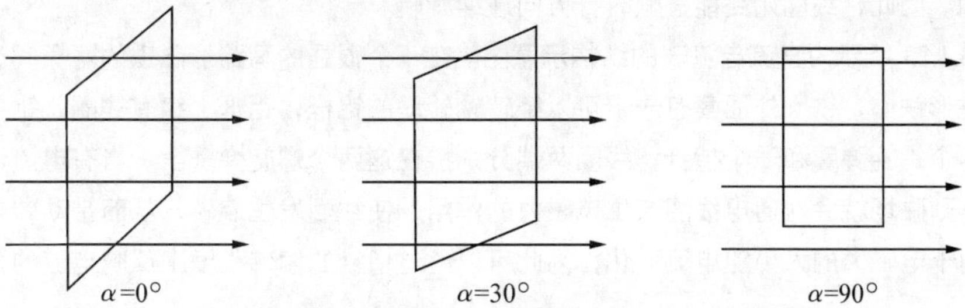

图 3.1.21　例题图

解： 矩形线圈在磁场中的电磁转矩为

$$M = NBIS\sin\alpha$$

（1）$\alpha = 0°$时：

$$M_1 = \mathrm{NBIS}\sin\alpha = 20 \times 0.1 \times 5 \times 0.3 \times 0.2 \times 0 = 0\ (\mathrm{N \cdot m})$$

（2）$\alpha = 30°$时：

$$M_2 = \mathrm{NBIS}\sin\alpha = 20 \times 0.1 \times 5 \times 0.3 \times 0.2 \times 0.5 = 0.3\ (\mathrm{N \cdot m})$$

（3）$\alpha = 90°$时：

$$M_3 = \mathrm{NBIS}\sin\alpha = 20 \times 0.1 \times 5 \times 0.3 \times 0.2 \times 1 = 0.6\ (\mathrm{N \cdot m})$$

可见，当α = 0°时，线圈平面与磁场方向垂直，线圈受到的电磁转矩为零；当α = 90°时，线圈平面与磁场方向平行，线圈受到的电磁转矩最大。

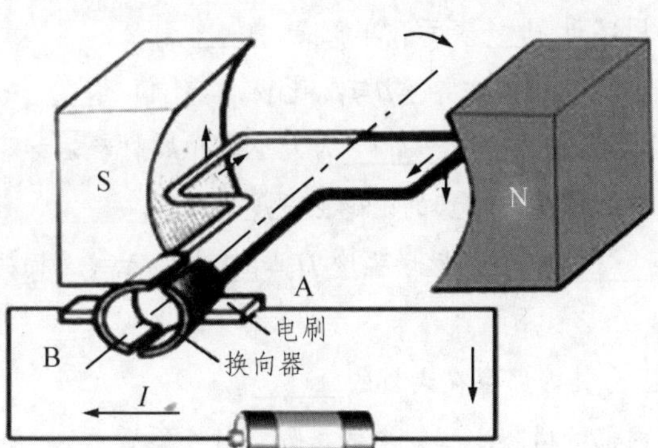

图 3.1.22　直流电动机的工作原理

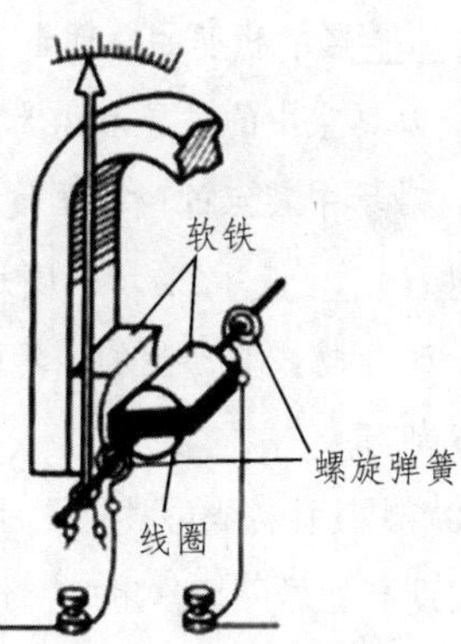

图 3.1.23　直流电流表的结构

图 3.1.22 所示为直流电动机的工作原理示意图。固定在转轴上的线圈分别接在两个铜制

的滑环上（称为换向器），每个滑环上安装了一个电刷，电刷与直流电源相连接。当线圈平面与磁感线平行时（图示位置），根据左手定则可知，线圈在 N 极一侧的部分所受电磁力向下，在 S 极一侧的部分所受电磁力向上，线圈按顺时针方向转动，这时线圈受到的转矩最大。当线圈平面与磁感线垂直时，线圈受到的转矩为零，但线圈仍然靠惯性继续转动。通过换向器的作用，与电源负极相连的电刷 A 始终与转到 N 极一侧的导线相连，电流方向始终为由 A 流出线圈；与电源正极相连的电刷 B 始终与转到 S 极一侧的导线相连，电流方向始终为由 B 流入线圈。因此，线圈始终能按顺时针方向连续旋转。

图 3.1.23 所示为直流电流表的结构示意图。在一个很强的马蹄形磁铁的两极间有一个固定的圆柱形铁心，铁心外面套有一个可以绕转轴转动的铝框，铝框上绕有线圈，铝框的转轴上装有两个螺旋弹簧和一个指针，线圈两端分别接在这两个螺旋弹簧上。当有电流沿弹簧流入线圈，则磁场就会对通电线圈产生电磁力的作用，使线圈发生偏转，从而带动转轴和指针偏转。由于电磁力的大小随电流变化，因此可以通过指针的偏转程度来反映电流的大小。

【思考与练习】

一、填　空

1. 永久磁铁和通电导线的周围有________存在。

2. 通电长直导线所产生磁场方向的判定方法是：______手握住导线并把拇指伸开，用拇指指向________方向，那么四指环绕的方向就是______方向。

3. 通电螺线管所产生磁场方向的判定方法是：______手握住螺线管并把拇指伸开，弯曲的四指指向_____方向，拇指所指方向就是磁场的____极方向。

4. 磁场中某点的磁感应强度的方向，就是该点的_______________方向，也是该点磁感线的_______________方向。

5. 磁通公式 $\Phi=BS$ 成立的条件是磁场必须是______磁场，式中，磁感应强度 B 的单位是________，面积 S 的单位是_______，磁通 Φ 的单位是_______。

6. 磁导率是用来衡量各种物质______性能强弱的物理量，也就是说是衡量各种物质对磁场________影响程度的物理量。磁导率用字母_____表示，单位是_______。

7. 以真空中的磁导率 μ_0 为基准，将其他物质的磁导率 μ 与 μ_0 比较，其比值叫____磁导率。

8. 磁场中某点的磁场强度，其大小等于该点__________的大小与介质材料磁导率的比值，即 $H=$______。磁场强度是矢量，它的方向与该点的磁感应强度方向_______。

9. 通电螺线管产生的磁场强度 $H=$__________。磁场强度 H 与_______无关，而磁感应强度 B 却与_______有关。

10. 铁磁材料能够被磁化的原因是因为其内部存在大量的______。

在没有外界磁场作用时，铁磁物质内部的磁畴________的排列，对外不显示______。在外磁场作用下，磁畴都趋向于沿外磁场方向______地排列，对外呈现________。

11. 铁磁物质在磁化过程中 B 与 H 之间的关系曲线称为_____曲线。

铁磁材料被反复磁化，所得闭合的 B 与 H 关系曲线称____________。

12. 剩磁与矫顽力都大的铁磁材料叫作_____材料，这类材料适宜制作________。剩磁与矫顽力都小的铁磁材料叫作_____材料,这类材料中的_____可用来制作电机与变压器的铁心。

13. 通电直导体在磁场中受到的电磁力方向用__________定则来判断，其大小可用公式 $F=$__________来计算。

14. 左手定则的内容是：伸出左手，让拇指和其余四指_____，使磁感线垂直_____掌心，则四指指向_____方向，拇指指向就是直导体所受的_______方向。

15. 当两根平行通电导体中的电流方向相同时，导体就相互______；电流方向相反时，导体就相互_______。

16. 通电矩形线圈在磁场中产生的力偶矩 $M=$________。

二、综合题

1. 用右手螺旋法则判断图 3.1.24 所示通电线圈的 N 极和 S 极。

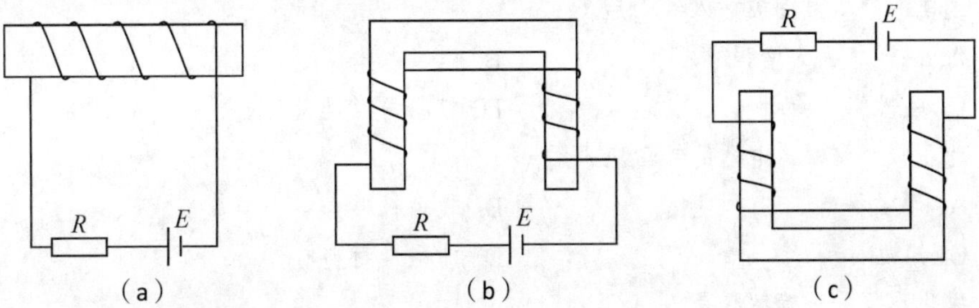

图 3.1.24

2. 如图 3.1.25 所示，根据已标明的通电线圈的 N 极和 S 极，判断线圈中的电流方向。

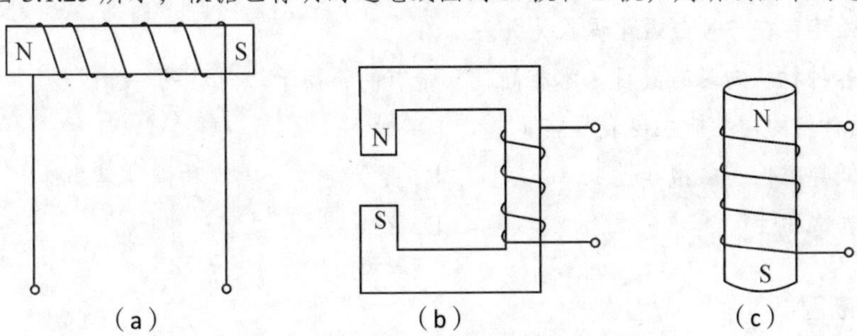

图 3.1.25

3. 判断图 3.1.26 所示磁场中，通电导体的受力方向。

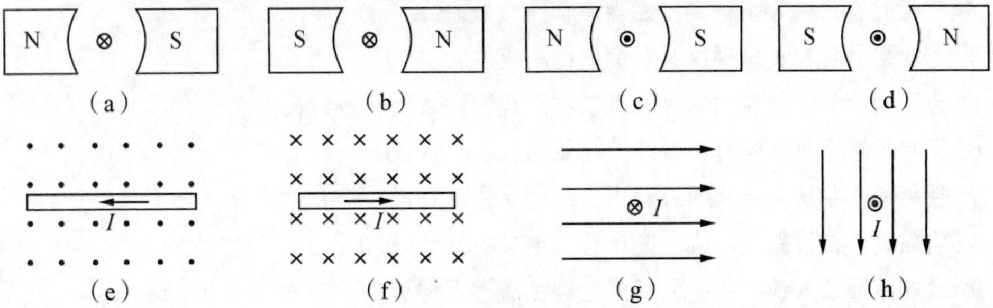

图 3.1.26

三、选择题

1. 关于磁感线的说法，正确的是（　　）。

A. 磁感线是磁场中客观存在的有方向的曲线。

B. 磁感线始于磁体北极而终于磁体南极。

C. 磁感线是相互交叉的闭合曲线。

D. 小磁针在磁感线上某点静止时北极所指方向就是该点的磁场方向。

2. 下列说法中，正确的是（　　）。

A. 一段通电导线在磁场某处受到的电磁力大，则该处磁场的磁感应强度就大。

B. 磁感线密集处的磁感应强度大。

C. 通电导线在磁场中受力为零，则该处磁场的磁感应强度一定为零。

D. 在磁感应强度为 B 的匀强磁场中，放入一面积为 S 的线框，则通过线框的磁通一定为 $\Phi=BS$。

3. 通电的空心线圈被插入铁心后（　　）。

A. 磁性将大大增强　　B. 磁性基本不变

C. 磁性将减弱　　D. 铁心与磁性无关

4. 为了减小剩磁，电器的铁心应采用（　　）。

A. 硬磁材料　　B. 软磁材料

C. 矩磁材料　　D. 非磁性材料

5. 磁化现象的正确解释是（　　）。

A. 磁畴在外磁场的作用下转向形成附加磁场。

B. 磁化过程是磁畴回到原始杂乱无章的状态。

C. 磁畴存在与否与磁化现象无关。

D. 各种材料的磁畴数目基本相同，只是有的不易于转向形成附加磁场。

6. 铁磁材料的磁性能主要表现在（　　）。

A. 低导磁性、磁饱和性　　B. 高导磁性、磁饱和性、磁滞性

C. 磁饱和性　　D. 高导磁性

四、判断题

1. 磁体上的两个极，一个叫 N 极，一个叫 S 极，且总是成对出现。（　　）

2. 如果通过某一截面的磁通为零，则该截面处的磁感应强度一定为零。（　　）

3. 铁磁材料的磁导率与真空磁导率都是常数。（　　）

4. 与软磁材料相比，硬磁材料的剩磁较大。（　　）

5. 为了消除铁磁材料的剩磁，可以在原线圈中通以适当的反向电流。（　）

6. 恒定磁通穿过铁磁材料时要产生铁损耗。（　　）

7. 铁磁物质在反复磁化的过程中，H 的变化总是滞后于 B 的变化。（　）

8. 软磁材料常被做成电机、变压器、电磁铁的铁心。（　）

9. 通电线圈插入铁心后，它所产生的磁通大大增加。（　）

10. 通电线圈在磁场中的受力方向可以用左手定则判断。（　）

五、计算题

1. 有一匀强磁场，磁感应强度 $B=2$ T，矩形磁极的长度为 20 cm，宽度为 10 cm，求穿过矩形磁极的磁通 Φ 。

2. 有一细长空心螺线管，长 10 cm，匝数为 250 匝，当通过 2 A 电流时，求螺线管内部的磁场强度 H 和磁感应强度 B。

3. 有一平均周长为 80 cm，截面直径为 4 cm 的环形螺旋线圈，线圈的匝数为 5000 匝，当线圈中通入 5 A 的电流，产生 7.5×10^{-2} Wb 的磁通，求线圈铁心的相对磁导率。

4. 有一长 10 cm 的通电直导体，流过的电流为 $I=10$ A，放置在磁感应强度 $B=0.5$ T 的匀强磁场中，如图 3.1.27 所示。求导体所受电磁力 F 的大小，并在图上标出电磁力的方向。

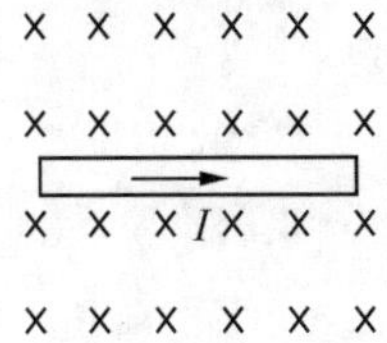

图 3.1.27

5. 把一根通有 4 A 电流、长为 30 cm 的导线放在均匀磁场中，当导线和磁感应线垂直时，测得所受电磁力为 0.06 N。求：（1）磁场的磁感应强度 B；（2）如果导线和磁场方向夹角为 30°，导线所受的电磁力的大小。

6. 在磁感应强度 $B=0.2$ T 的匀强磁场中，放置一个长 40 cm、宽 20 cm 的矩形线圈，线圈匝数 $N=100$，线圈中的电流 $I=2$ A，线圈平面与磁场方向平行，求线圈所受到的最大力偶矩 M。

六、问答题

1. 什么是磁场强度？它与磁感应强度有什么区别和联系？

2. 根据磁导率不同，将物质分为哪三类？各类的特点是什么？

3. 铁磁材料可以分为哪几类？其各自的特点分别是什么？

4. 磁导率的物理意义是什么？根据磁导率的不同，物质可以分为哪几类？

任务 3.2　磁路与磁路欧姆定律

【任务目标】

知识目标：

（1）了解什么是磁路。

（2）理解磁路中磁势、磁阻的概念，理解磁路欧姆定律。

能力目标：

能用磁路欧姆定律定性分析出磁场的强弱。

素质目标:
培养学生将各知识点融会贯通的能力。

【任务重点】

磁路欧姆定律。

【任务难点】

磁路欧姆定律的理解。

【任务学时】

2 学时。

【知识链接】

3.2.1 磁路的概念及分类

3.2.1.1 磁路的概念

磁通经过的闭合路径称为磁路。磁路可以形象地理解为磁感线经过的闭合路径。

为了使磁通集中在一定的路径上获得较强的磁场，通常把铁磁材料制成一定形状的铁芯，构成各种电气设备所需的磁路。图 3.2.1 所示为几种常见电气设备的磁路。

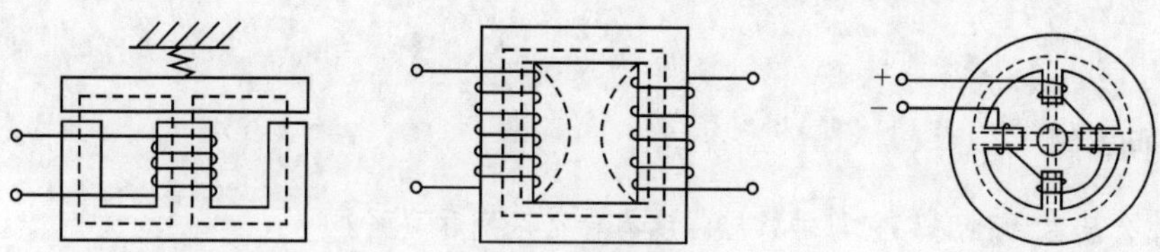

（a）电磁铁的磁路　（b）变压器的磁路　（c）直流电机的磁路

图 3.2.1　几种常见的磁路

3.2.1.2 磁路的分类

与电路相比，漏磁现象比漏电现象严重得多。在图 3.2.2 所示线圈通电后，大部分磁感线沿铁心、衔铁和工作气隙构成回路，还有一部分没有经过气隙和衔铁，而是经空气自成回路。全部在磁路内部闭合的磁通叫作“主磁通”，部分经过磁路、部分经过磁路周围介质的闭合磁通叫作“漏磁通”。在漏磁不严重的情况下，为了计算简便，可将其忽略，只计算主磁通。

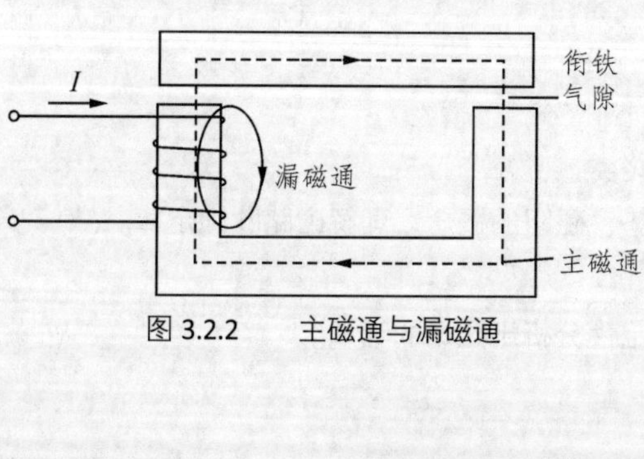

图 3.2.2　主磁通与漏磁通

磁路有无分支磁路和有分支磁路之分，如图 3.2.3 所示。

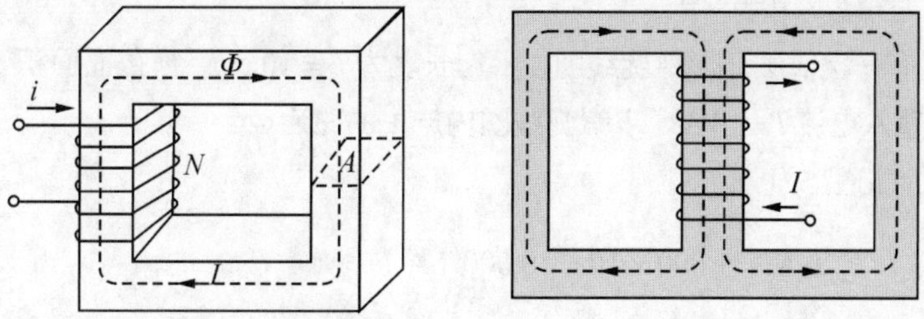

（a）无分支磁路　（b）有分支磁路

图 3.2.3　有分支磁路与无分支磁路

主磁通经过的路径称为主磁路，漏磁通经过的路径称为漏磁路。

3.2.2　磁路欧姆定律

3.2.2.1　磁通势

电流具有磁效应。线圈中有电流流过时，在线圈周围会产生磁场。磁场的大小与线圈的匝数以及线圈中流过的电流有关。在匝数不变的情况下，电流越大，磁场越强，磁通就越大；在电流不变的情况下，匝数越多，磁场越强，磁通就越大。因此，线圈所产生的磁通的大小随着线圈匝数和通过的电流的增加而增加，即通电线圈产生的磁通与线圈匝数和所通过的电流的乘积成正比。

通过线圈的电流和线圈匝数的乘积，称为磁通势（也称磁动势），用符号 F_m 表示，单位是安（A）。如果用 N 表示线圈的匝数，I 表示通过线圈的电流，则磁通势可写成

$$F_m = NI \tag{3.2.1}$$

3.2.2.2　磁　阻

磁阻是表示磁通通过磁路时所受到的阻碍作用大小的物理量，用符号 R_m 表示，单位是亨$^{-1}$（H^{-1}）。磁阻的大小只与磁路的尺寸（L、S）及物质的磁导率μ有关。

实验证明：磁路中磁阻的大小与磁路的长度 L 成正比，与磁路的横截面面积 S 成反比，并与组成磁路的材料的磁导率有关，即

$$R_m = \frac{L}{\mu S} \tag{3.2.2}$$

式中，μ为磁路中磁介质的磁导率。

3.2.2.3　磁路欧姆定律

磁路欧姆定律：磁路中的磁通Φ与磁通势 F_m 成正比，与磁阻 R_m 成反比。

磁路欧姆定律的数学表达式为

$$\Phi=\frac{F_m}{R_m} \tag{3.2.3}$$

例 3.2.1 有一空心圆环形螺旋线圈，平均长度为 $L=10\ \text{cm}$，横截面面积 $S=10\ \text{cm}^2$，匝数 $N=1\,000$，通入电流 $I=10\ \text{A}$，求螺旋线圈内产生的磁通 Φ。

解： 磁路的磁通势为

$$F_{\text{m}}=NI=1\,000\times10=10\,000\ (\text{A})$$

磁路的磁阻为

$$R_{\text{m}}=\frac{L}{\mu S}=\frac{0.1}{4\pi\times10^{-7}\times10\times10^{-4}}\approx7.96\times10^{7}\ (\text{H}^{-1})$$

由磁路欧姆定律得

$$\Phi=\frac{F_{\text{m}}}{R_{\text{m}}}=\frac{10^4}{7.96\times10^7}=1.2\times10^{-4}\ (\text{Wb})$$

【思考与练习】

一、填空题

1. 由铁心制成的使______集中通过的闭合路径称为磁路。

2. 磁路欧姆定律的数学表达式为 $\Phi=$________。

3. 磁通势 $F_{\text{m}}=$_______，它是产生______的原动力。磁阻 $R_{\text{m}}=$______，它表征铁磁材料对磁通的______。磁阻的大小只与磁路的尺寸（L、S）及物质的________有关。

二、判断题

1. 两线圈磁路尺寸完全相同，一为木制，另一个为铁制，如两线圈的磁通势相等，则其 H 值和 B 值都应该对应相等。(　　)

2. 一个线圈的磁通势大小与其通过的电流成正比。(　　)

3. 一个线圈磁通势的大小与线圈匝数无关。(　　)

4. 同一材料长度相同，横截面面积越大则磁阻越小。(　　)

5. 磁路中气隙加大时磁阻加大，要产生同样的磁通就需要较大的磁通势。(　　)

三、计算题

1. 有一个环状铁心线圈，流过的电流 $I=5\ \text{A}$，要使磁通势 $F_{\text{m}}=2\,000\ \text{A}$，求线圈的匝数 N。

2. 有一个圆环形螺旋线圈，其横截面面积 $S=2\ \text{cm}^2$，平均半径 $r=10\ \text{cm}$，线圈匝数 $N=1\,000$，通有 $I=5\ \text{A}$ 的电流，求线圈内分别是空气($\mu=\mu_0=4\pi\times10^{-7}\ \text{H/m}$)和软铁($\mu_{\text{r}}=700\ \text{H/m}$)时的磁通 Φ_1 与 Φ_2。

任务 3.3　自感与互感

【任务目标】

知识目标：

（1）理解电磁感应现象，掌握电磁感应现象产生的条件。

（2）掌握右手定则、楞次定律和法拉第电磁感应定律。

（3）理解自感现象和互感现象。

（4）了解涡流和磁屏蔽。

能力目标：

（1）能用右手定则、楞次定律判断感应电动势和感应电流的方向。

（2）能用法拉第电磁感应定律熟练计算感应电动势的大小。

素质目标：

（1）培养学生对探究的兴趣。

（2）培养学生抽象思维的能力以及仔细观察、认真分析的科学态度。

【任务重点】

电磁感应现象、楞次定律、法拉第电磁感应定律、自感和互感。

【任务难点】

电磁感应现象的理解、楞次定律的理解、自感现象和互感现象的理解。

【任务学时】

10 学时。

【知识链接】

3.3.1　电磁感应现象

3.3.1.1　电磁感应产生的条件

当导体与磁场间发生了切割磁感线运动（见图 3.3.1）或线圈中磁通量发生变化（见图 3.3.2）而产生电动势的现象称为电磁感应现象。电磁感应现象是英国科学家法拉第于 1831 年发现的，它揭示了磁能能够转换为电能的事实，是一切电机工作的理论基础。由于人们发现和掌握了电磁感应的规律，直流、交流电机和变压器等重要的电气设备才相继发明，使大规模生产和输送电能成为可能，从而奠定了生产电气化的基础。

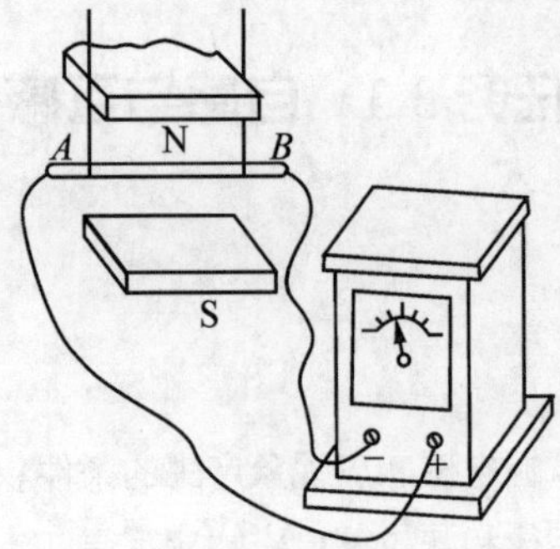

图 3.3.1　导线切割磁感线产生电动势

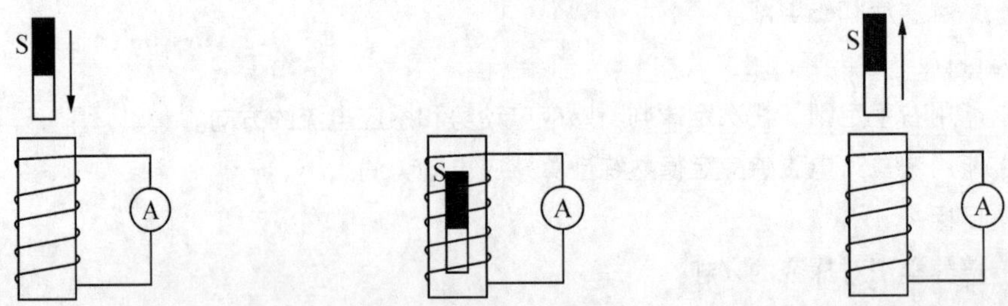

（a）插入时指针偏转　（b）静止时指针不动　（c）拔出时指针反向偏转

图 3.3.2　线圈中磁通量变化产生电动势

由电磁感应现象产生的电动势和电流被称为感应电动势和感应电流。

3.3.1.2　感应电动势（感应电流）的方向

感应电动势和感应电流的方向可以用右手定则和楞次定律判断。

1. 右手定则

右手定则：平摊右手，拇指与其余四指垂直，使磁感线垂直穿过手掌心，拇指的方向表示导线运动的方向，其余四个手指的指向就是感应电动势的方向，如图 3.3.3 所示。

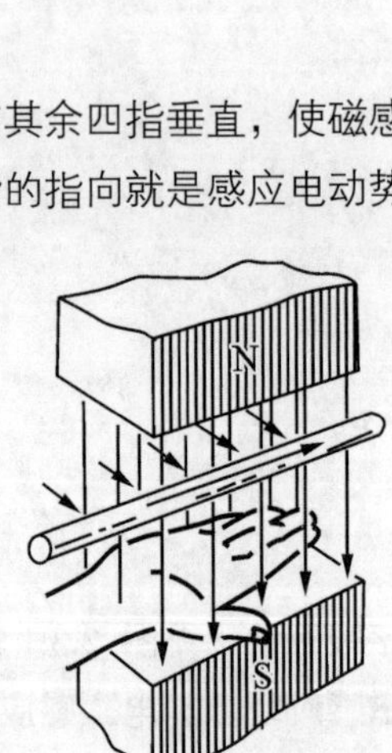

图 3.3.3　右手定则

右手定则用于直导体中感应电动势和感应电流方向的判别。

2. 楞次定律

楞次定律：感应磁通总是阻碍原磁通的变化。

利用楞次定律判别感应电动势或感应电流方向的具体步骤：

（1）确定原磁通的方向及其变化趋势（增加或减少）。

（2）根据楞次定律确定感应磁通的方向（与原磁通同向还是反向）。

（3）利用安培定则（也称右手螺旋法则）来确定感应电动势或感应电流的方向。

如图 3.3.4（a）所示，将磁铁插入线圈时，线圈中的磁通就要增加，根据楞次定律，感应电流所产生的磁通要阻碍原来磁通的增加，也就是说，线圈中感应电流所产生的磁场应该和磁铁所产生磁场的极性相反。所以，感应电流所产生的磁场一定是下面是 N 极，上面是 S 极。根据安培定则可知，要产生这样一个磁场，感应电流的方向必定是自下而上，检流计指针向右偏转。

如图 3.3.4（b）所示，当把磁铁拔出时，线圈中的磁通要减少，根据楞次定律，感应电流所产生的磁通要阻碍原来磁通的减少，也就是感应电流所产生的磁场与磁铁所产生的磁场方向一致，下面是 S 极，上面是 N 极。根据线圈的安培定则可以判断，这时感应电流的方向应该是自上而下，检流计指针向左偏转。

楞次定律适用于导体和磁场之间无相对运动，仅是穿过闭合电路中磁通发生变化的场合。

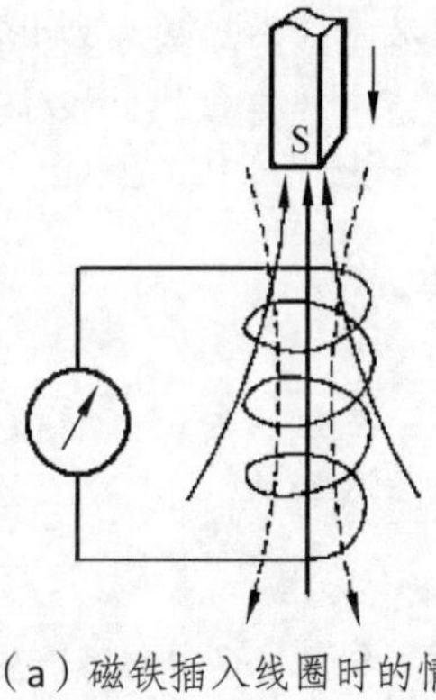

（a）磁铁插入线圈时的情况

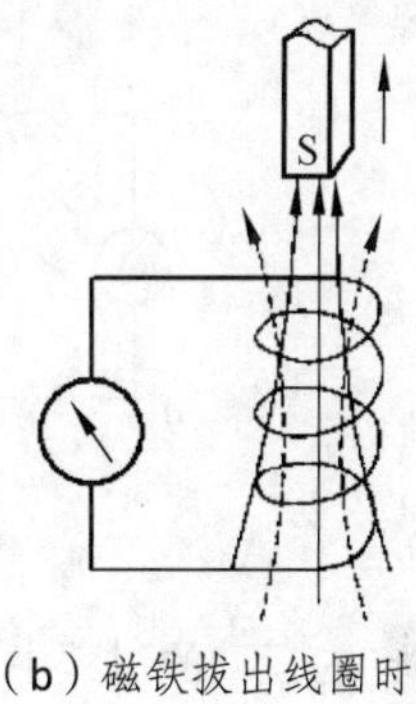

（b）磁铁拔出线圈时的情况

图 3.3.4　楞次定律

3.3.1.3　感应电动势的大小

1. 直导体中感应电动势的大小

当导线在均匀磁场中（即磁场中各点的磁感应强度相等）沿着与磁感线垂直的方向运动时，所产生的感应电动势的大小，与导线的有效长度 l、导线的运动速度 v、磁感应强度 B 成正比。即

$$e = Blv \tag{3.3.1}$$

式中　e——感应电动势，伏（V）；

B——磁感应强度，特斯拉（T）；

l——导线的有效长度，米（m）；

v——导线在垂直于磁感应线的方向上运动的速度，米/秒（m/s）。

如果导体运动的方向与磁感线方向有一夹角α，则导线中的感应电动势为

$$e = Blv\sin\alpha \tag{3.3.2}$$

2. 线圈中感应电动势的大小

线圈中感应电动势的大小可以用法拉第电磁感应定律来计算。

法拉第电磁感应定律:线圈中感应电动势的大小与线圈中磁通的变化速度（变化率）$\dfrac{\Delta\Phi}{\Delta t}$成正比，即

$$e = -\frac{\Delta\Phi}{\Delta t} = -\frac{\mathrm{d}\Phi}{\mathrm{d}t} \tag{3.3.3}$$

若线圈的匝数为 N，则

$$e = -N\frac{\Delta\Phi}{\Delta t} = -N\frac{\mathrm{d}\Phi}{\mathrm{d}t} \tag{3.3.4}$$

式中的负号表示感应电动势的方向是阻碍磁通变化趋势的。

例 3.3.1 如图 3.3.5 所示，$abcd$ 是一个矩形导电线圈，它处于磁感应强度为 B 的匀强磁场中，线圈平面和磁场垂直，导体 mn 可以在线圈平面上自由滑动。设 mn 的长为 l，以速度 v 沿垂直于磁感应线方向向右运动，求导体 mn 中产生的感应电动势为多少?

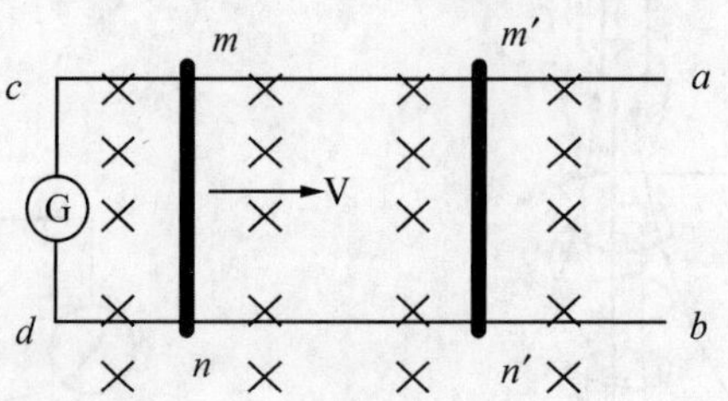

图 3.3.5

解: 导体 mn 向右运动的过程中，切割了磁感应线，导体 mn 中必然产生感应电动势。假设 mn 在Δt 的时间内运动到了 $m'n'$的位置，则磁通的变化量为

$$\Delta\Phi = \Phi_2 - \Phi_1 = B\cdot\Delta S = BLv\Delta t$$

则导体 mn 中产生的感应电动势为

$$e = \frac{\Delta\Phi}{\Delta t} = \frac{Blv\Delta t}{\Delta t} = Blv$$

3.3.2 自感现象探究

3.3.2.1 自感现象

接通如图 3.3.6 所示闭合开关 S 接通电路，灯 HL 正常发光，再断开电路，我们会看到断电的一瞬间，白炽灯突然发出很强的亮光，然后才熄灭。这是因为断电的瞬间，流过线圈的电流发生了由到小的变化，在线圈中产生了感应电动势，由于线圈和灯 HL 构成了

闭合回路，形成了感应电流。根据楞次定律可知，感应电流产生的磁通会阻碍线圈中原来电流的变化。

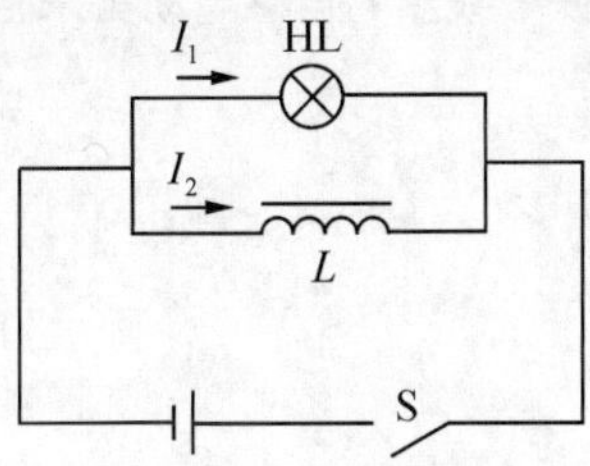

图 3.3.6　自感现象

这种因为流过线圈本身的电流发生变化，造成线圈中磁通跟着变化，使线圈中产生电磁感应的现象叫自感现象，简称自感。在自感现象中产生的感应电动势称为自感电动势，用 e_L 表示。

3.3.2.2　自感电动势

当电流流过线圈时，线圈中有自感磁通穿过。设穿过每一匝线圈的自感磁通为 Φ_L，则当电流流过匝数为 N 的线圈时，穿过 N 匝线圈的总磁通（也称磁链）为

$$\psi_L = N\Phi_L$$

由磁路欧姆定律可知 $\Phi = \frac{F_m}{R_m} = \frac{Ni}{R_m}$，则

$$\psi_L = N\Phi_L = \frac{N^2 i}{R_m} \tag{3.3.5}$$

由式（3.3.5）可知，总磁通（磁链）与线圈的结构、材料及流过线圈的电流有关。我们将线圈的自感磁链 ψ_L 与电流 I 的比值称为线圈的自感系数（也称自感量、电感量），简称电感，用 L 表示，单位是亨利，简称亨，即

$$L = \frac{\psi_L}{I} \tag{3.3.6}$$

电感 L 仅与线圈的几何形状以及磁导率有关，所以电感 L 是表征线圈本身结构的物理量，它的大小反映了一个线圈通入单位电流时产生自感磁链的大小，即产生自感的大小。

当电感 L 和线圈内介质的磁导率 μ 为常数时，根据法拉第电磁感应定律，线圈中的自感电动势的大小为

$$e_L = -N\frac{\Delta\phi}{\Delta t} = -L\frac{\Delta i}{\Delta t} = -\frac{\mathrm{d}i}{\mathrm{d}t} \tag{3.3.7}$$

式中，L 称为线圈的自感系数或电感；$\frac{\Delta i}{\Delta t}$ 称为电流变化率。

式（3.3.7）说明线圈中自感电动势的大小与电感量 L 和电流变化率的乘积成正比。

自感电动势的方向仍然用楞次定律判断。

自感电动势 e_L 起着阻碍电流变化的作用，即当电流 i 增大时，e_L 与 i 的方向相反，以阻

碍电流的增大。而当电流i减小时，则e_L与i的方向相同，以阻碍电流的减小。因此，电感线圈在电路中具有稳定电流的作用，在线圈的电阻一定时，电感越大，稳流作用越强。

在有些电工设备中，常利用铁心线圈的自感电动势来阻碍电流的变化，以达到稳定电流的目的，如整流器中的扼流线圈。

3.3.3 互 感

3.3.3.1 互感现象

如图 3.3.7 所示的互感实验电路中，A、B 两个线圈靠得很近，当开关闭合和打开的瞬间，我们发现检流计 G 的指针发生了偏转，说明线圈 B 中产生了电流。这是因为线圈 A 中的电流发生变化时，电流产生的磁场也要发生变化，通过线圈的磁通也要随之变化，其中必然有一部分磁通通过线圈 B，这部分磁通叫作互感磁通。互感磁通同样随着线圈 A 中电流的变化而变化，因此线圈 B 中就要产生感应电动势。我们把这种在一个线圈中电流的变化导致在另一个线圈中产生的电磁感应现象称为互感现象。由互感现象产生的电动势称为互感电动势，用e_M表示。

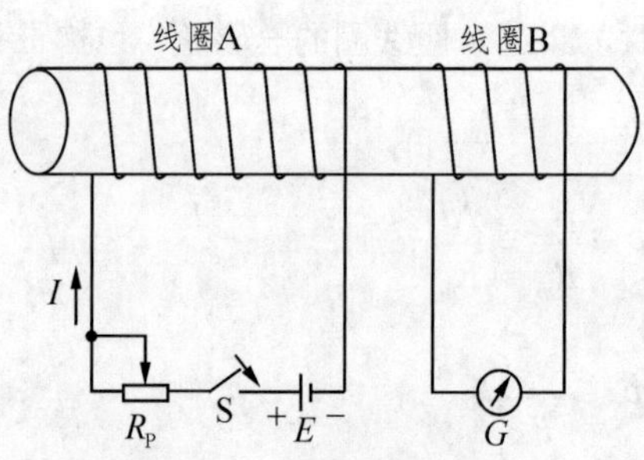

图 3.3.7 互感实验电路

3.3.3.2 互感电动势

互感电动势的大小不仅与线圈 A 中的电流变化率的大小有关，还与两个线圈的结构以及它们之间的相对位置有关。理论和实验证明，互感电动势的大小为

$$e_M = M\frac{di}{dt} \tag{3.3.8}$$

式中 di ——线圈 A 中电流的变化量，安培（A）。

dt ——线圈 A 中电流变化了 di 所用的时间，秒（s）。

M ——互感系数，简称互感，亨利（H）。它由这两个线圈的几何形状、尺寸、匝数、媒介质的磁导率以及它们之间的相对位置决定，与线圈中电流的大小无关。只有当媒介质为铁磁材料时，互感系数才与电流有关。

e_M ——互感电动势，伏特（V）。

当两个线圈相互垂直时，互感电动势最小。当两个线圈相互平行，且第一个线圈的磁通变化全部影响到第二个线圈时，称为全耦合，此时互感电动势最大。

互感电动势的方向用楞次定律判定。

应用互感可以很方便地将能量或信号由一个线圈传递到另一个线圈，但两个或两个以上线圈彼此耦合时，常常需要知道互感电动势的极性。利用线圈同名端，可以很容易判断出互感电动势的极性，以及了解线圈的绕向。

下面说明互感线圈同名端的含义。在图 3.3.8 中，当线圈 1 通有电流 i，并且电流随着时间增加时，电流 i 所产生的自感磁通和互感磁通也随时间增加。由于磁通的变化，线圈 1 中要产生自感电动势，线圈 2 中要产生互感电动势。

根据楞次定律可知，在图 3.3.8（a）中，线圈 1 中的自感电动势从 A 指向 B，线圈 2 中的互感电动势从 C 指向 D。由此可见，A 与 C、B 与 D 的极性相同。在图 3.3.8（b）中，线圈 1 中的自感电动势从 A 指向 B，线圈 2 中的互感电动势从 D 指向 C，可见 A 与 D、B 与 C 的极性相同。

如果电流 i 不是增大而是减小，那么各个端点的正、负极性都要改变。不管电流 i 怎样变化，图 3.3.8（a）中的 A 与 C 和图 3.3.8（b）中的 A 与 D 的感应电动势的极性始终保持一致［显然图 3.3.8（a）中的 B 与 D 和图 3.3.8（b）中的 B 与 C 的极性始终也保持一致］。此外，无论电流从哪个线圈的哪个端点流入，图 3.3.8（a）中的 A 与 C、B 与 D，图 3.3.8（b）中的 A 与 D，B 与 C 的极性均保持一致。

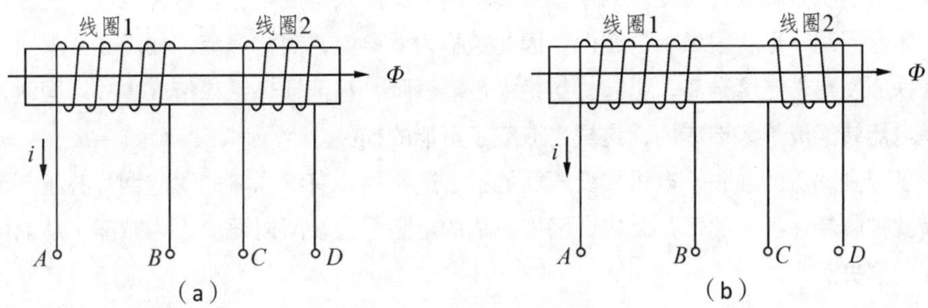

图 3.3.8　互感线圈的同名端

互感线圈中由电流变化所产生的自感与互感电动势极性始终保持一致的端点，叫作同名端，反之叫作异名端。图 3.3.8（a）中的 A 与 C、B 与 D 是同名端，A 与 D、B 与 C 是异名端。电路图中常常用小圆点“•”或小星号“*”表示同名端。

影响同名端的因素是两个线圈的绕向以及它们的相对位置。判别耦合线圈的同名端，在理论分析和实际应用中，具有重要的意义，例如变压器绕组、电机绕组、LC 振荡电路中的振荡线圈等，都要根据同名端进行连接。在已知线圈绕向的情况下，用楞次定律判断互感线圈的同名端，在无法知道线圈具体绕向的情况下，互感线圈同名端的判别方法有以下两种：

1. 直流通断法

如图 3.3.9 所示，当开关闭合瞬间，电流 i_1 由 1 端流入，当直流电流表正向偏转时，线圈 A 和电源正极相接的端点 1 与线圈 B 和直流电流表正极相连接的端点 4 是同名端；当直流电流表反向偏转时，线圈 A 和电源正极相接的端点 1 与线圈 B 和直流电流表负极相连接的端点 3 是同名端。

2. 交流法判别

如图 3.3.10 所示，将线圈 A 的一个端点 2 与线圈 B 的一个端点 4 用导线连接，在线圈 A 两端加交流电压，用交流电压表分别测出 1 和 3 两端的电压 u_{13}，1 和 2 两端的电压 u_{12}，如果 $u_{13} > u_{12}$，那么 1 和 4 为同名端；如果 $u_{13} < u_{12}$，那么 1 和 3 为同名端。

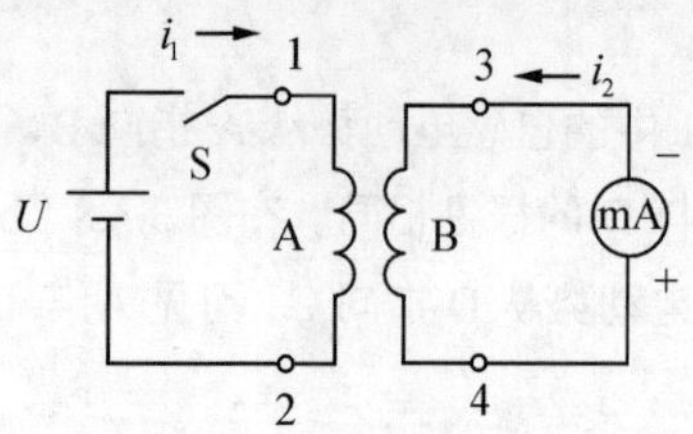

图 3.3.9　直流通断法

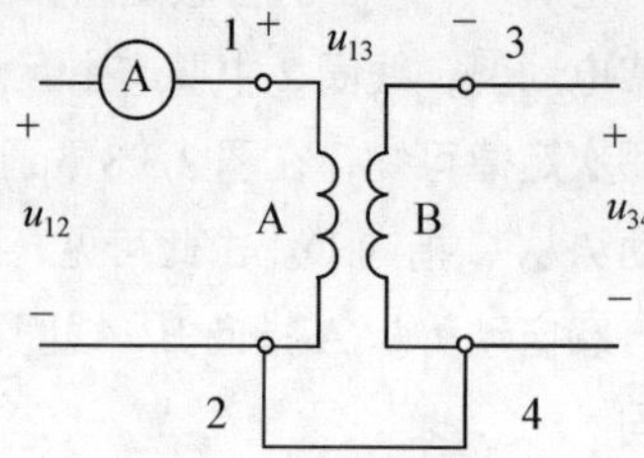

图 3.3.10　交流法判别

3.3.4　涡流与磁屏蔽

3.3.4.1　涡　流

如果把块状金属放在交变磁场中，金属块内部将产生感应电流，这种电流会在金属块内部自成闭合回路，形状很像水的漩涡，因此被称为涡电流，简称涡流，如图 3.3.11 所示。涡流会使铁心发热，温度升高，引起材料绝缘性能下降，甚至损坏绝缘造成事故。同时，铁心发热是电能转换成热能造成的，这样也造成了电能的损失。

为了减少涡流的损失，电机和变压器的铁心通常用涂有绝缘漆的薄硅钢片叠压制成。这样涡流就被限制在狭窄的薄片之内，因为回路的电阻很大，所以涡流大为减弱，从而降低涡流造成的损失。

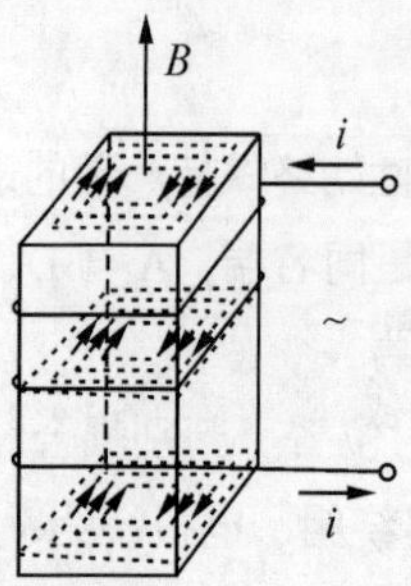

图 3.3.11　涡流现象

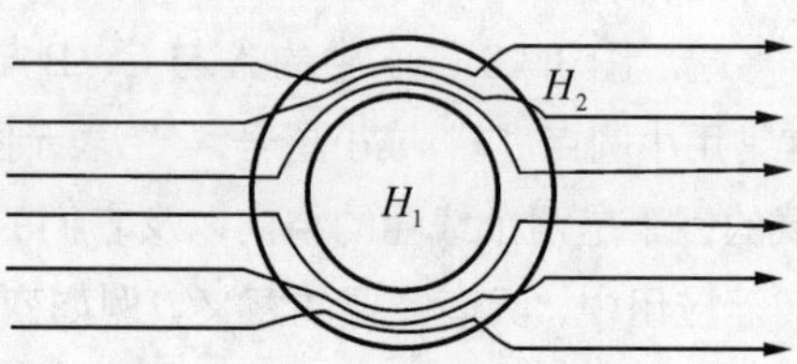

图 3.3.12　磁屏蔽作用示意图

3.3.4.2　磁屏蔽

在电子技术中，有些器件需要避免互感现象，防止出现干扰和自激。为此，必须将这些器件屏蔽起来，使其免受外界磁场的影响，这种措施叫作磁屏蔽。

最常用的屏蔽措施是利用软磁材料制成屏蔽罩，将需要屏蔽的器件放在罩内，如图 3.3.12 所示。因为铁磁材料的磁导率是空气的许多倍，外界磁场的磁通会在磁阻小的铁壁中通过，进入屏蔽罩内的磁通很少，从而起到磁屏蔽的作用。

对高频变化的磁场，常常用铜或铝等导电性能良好的金属制成屏蔽罩，交变的磁场在金属罩上会产生很大的涡流，利用涡流的去磁作用达到磁屏蔽的目的。此外，在装配器件时，将相邻两个线圈相互垂直放置，也可以达到消除互感的作用。

【知识拓展】

无线电能传输又称无接触电能传输，是一种传输电能的新技术，是指通过发射器将电能转换为其他形式的中继能量（如电磁场能、激光、微波及机械波等），隔空传输一段距离后，再通过接收器将中继能量转换为电能，实现无线电能传输。这种传输方式中，电能从电源到负载没有经过电气直接接触。

根据能量传输过程中中继能量形式的不同，无线电能传输可分为：磁（场）耦合式、电（场）耦合式、电磁辐射式（如太阳辐射）、机械波耦合式（超声）。其中，磁耦合式是21世纪初研究最为火热的一种无线电能传输方式，也就是将高频电源加载到发射线圈，使发射线圈在电源激励下产生高频磁场，接收线圈在此高频磁场作用下，耦合产生电流，实现无线电能传输。

根据电能传输原理，目前的无线电能传输大致上可以分为三类：

第一类是非接触式充电技术，采用的电磁感应原理，将两个线圈放置于邻近位置上，当一个线圈中电流在流动时，所产生的磁通量成为媒介，导致另一个线圈中也产生感应电动势。如手机的无线充电、电动牙刷的充电等，图 3.3.13 所示为手机无线充电的原理示意图。

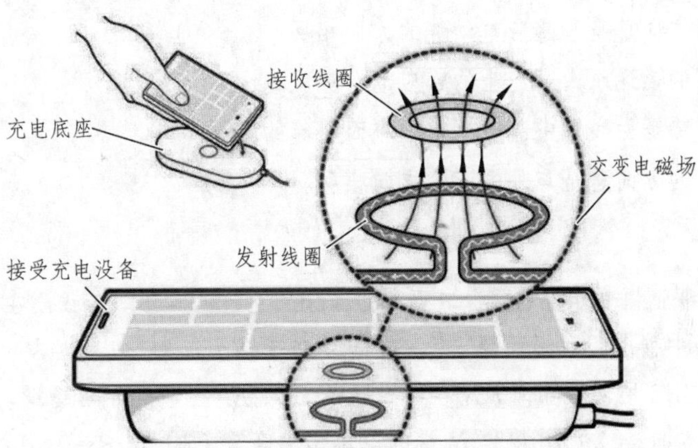

图 3.3.13　手机无线充电原理示意图

第二类是利用微波或激光进行能量传输。该方式的原理是将能量转换为微波或激光的形式，通过天线进行传输。

第三类是利用磁耦合谐振进行能量传输。其实质是利用电路产生一个频率使得线圈谐振，使用与频率相近的线圈产生耦合，从而进行能量的传输。

【思考与练习】

一、填空题

1. 直导体中产生的感应电动势的方向用______________判断。

2. 右手定则的内容是：____
____。

3. 在电磁感应中，用________定律判别感应电动势的方向，用________定律计算感应电动势的大小，其表达式为________________。

如果在 1 s 内，通过 1 匝线圈的磁通变化 1 Wb，则单匝回路中的感应电动势为____V，线圈共 20 匝，1 s 内线圈的感应电动势为______V。

4. 自感现象是______________的一种，它是由线圈本身__________而引起的。自感电动势用________表示。

5. 自感系数用符号__________表示，它的单位是__________。

6. 由于一个线圈中的电流产生变化而在____________中产生电磁感应的现象叫互感现象。

7. 当两个线圈相互________时，互感系数最大；当两个线圈相互________时，互感系数最小。

二、判断题

1. 产生感应电流的唯一条件是导体做切割磁感线运动或线圈中的磁通发生变化。(　　)
2. 当磁通发生变化时，导线或线圈中就会有感应电流产生。(　　)
3. 感应磁场的方向总是和原磁场的方向相反。(　　)
4. 应电流的方向总是和感应电动势的方向相反。(　　)
5. 通过线圈的磁通越大，产生的感应电动势就越大。(　　)
6. 自感电动势是由线圈中流过恒定电流而引起的。(　　)
7. 自感电流的方向总是与外电流的方向相反。(　　)

三、计算题

1. 矩形线圈平面垂直于磁感线，其面积为 4 cm^2，共有 80 匝。若线圈在 0.025 s 内从 $B=$ 1.2 T 的均匀磁场中移出，则线圈两端的感应电动势为多大？

2. 如题图 3.3.13 所示，导体 MN 在导电轨道 CD、EF 上垂直于磁场滑动：(1) 试在图中标出感应电流的方向；(2) M 端和 N 端的电位哪端高？(3) 若 $B=0.6$ T，$v=10$ m/s，MN 的有效长度为 10 cm，整个导电回路的等效电阻 $R=0.2\ \Omega$，则感应电流为多大？(4) 磁场作用在导体上的电磁力为多大？方向如何？

3. 在电感为 10 mH 的线圈中，要产生 200 V 的自感电动势，线圈中电流变化率应为多大？

4. 有一电感为 0.5 H 的线圈，如果在 0.05 s 内电流由 30 A 减少到 15 A，试求线圈中的自感电动势，并确定其方向。

5. 在 $L=0.8$ mH 的线性电感中通入一线性变换的电流，已知 $t=0$ 时的电流为零，$t=5\ \mu S$ 时电流为 2.5 A，试求线圈产生的自感电动势的大小。

6. 线圈 A 与线圈 B 之间的互感系数 M 为 0.36 H，如果线圈 A 中的电流变化率为 5 A/s，求线圈 B 中的互感电动势。

图 3.3.13

任务 3.4 变压器的认知

【任务目标】

知识目标:

（1）了解变压器的基本结构、分类及使用注意事项。

（2）掌握变压器的工作原理。

（3）理解变压器原、副边线圈中电压、电流与匝数关系。

（4）了解轨道交通中常见的变压器。

能力目标:

能运用变压器原、副边线圈中的电压、电流与匝数的关系解决实际问题。

素质目标:

（1）让学生充分体会能量守恒定律的普遍性及辩证统一思想。

（2）培养学生安全用电的意识。

（3）使学生领悟到电学基础与生活的紧密联系，从而激发学生的学习热情。

【任务重点】

变压器的工作原理，变压器的变压、变流和阻抗变换与匝数之间的关系。

【任务难点】

变压器的变压比、变流比和阻抗变换。

【任务学时】

8 学时。

【知识链接】

3.4.1 变压器的分类和结构

3.4.1.1 变压器的分类

变压器是利用电磁感应原理制成的静止电气设备。它可以把某一数值的交变电压变换为同频率的另一数值的交变电压，也可以改变交流电流的数值及变换阻抗或改变相位。电力系统、自动控制及电子设备中广泛使用各种类型的变压器。

变压器的种类很多，一般按照用途、相数、绕组数目、铁心结构和冷却方式来进行划分。

（1）根据用途的不同，可以分为输配电用的电力变压器、冶炼用的电炉变压器、电解用的整流变压器、焊接用的电焊电压器、实验用的调压电压器等。

（2）按相数分为单相和三相变压器。

（3）按照冷却方式不同又可分为自冷式和油冷式两种。

（4）按照铁心的构造不同可分为芯式和壳式两种。

（5）按照绕组数目分为双绕组、三绕组、多绕组和自耦变压器。

3.4.1.2　变压器的结构

尽管变压器的用途、电压等级各有不同，但其基本结构是相同的，都由铁心和套在铁心上的绕组两个基本部分构成，如图 3.4.1 所示。

1. 铁　心

铁心既是变压器的磁路部分，又是安装绕组的骨架。

为了减小涡流及磁滞损耗，铁芯用表面由 0.35 ~ 0.5 mm 厚绝缘层的硅钢片叠成，而电子设备中高频变压器的铁心大多采用坡莫合金或铁氧铁体制成。

铁心分为芯式和壳式两种。芯式铁心呈“口”字形，线圈包着铁芯，如图 3.4.1（a）所示。壳式铁芯呈“日”字形，铁芯包着线圈，如图 3.4.1（b）所示。

2. 绕　组

变压器的绕组是变压器的电路部分。

变压器的绕组用绝缘铜线或铝线绕制而成。变压器工作时与电源连接的绕组叫作初级绕组或一次绕组（也叫原绕组），与负载连接的绕组叫作次级绕组或二次绕组（也叫副绕组）。虽然初、次级绕组在电路上是分开的，但二者却处在同一磁路上。

变压器的高压绕组匝数多而通过的电流小，可用较细的导线绕制；低压绕组匝数少儿通过的电流大，应该用较粗的导线绕制。

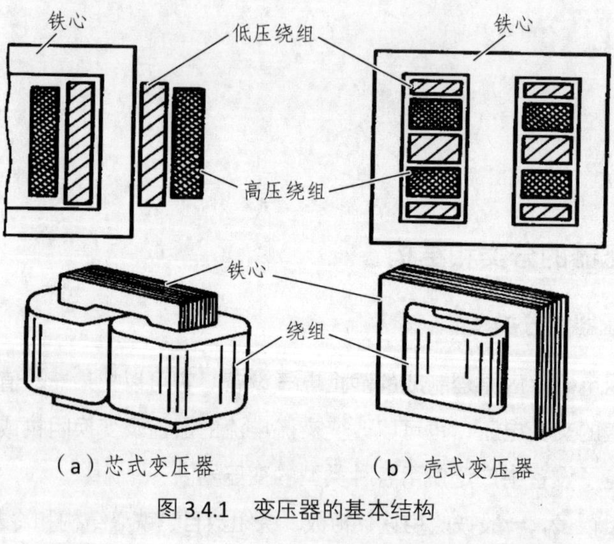

图 3.4.1　变压器的基本结构

3.4.2 变压器的工作原理

3.4.2.1 变压原理

变压器的工作原理如图 3.4.2 所示。把变压器的初级绕组接上额定的交变电压，次级绕组开路（即不与负载接通），变压器便在空载状态下运行。

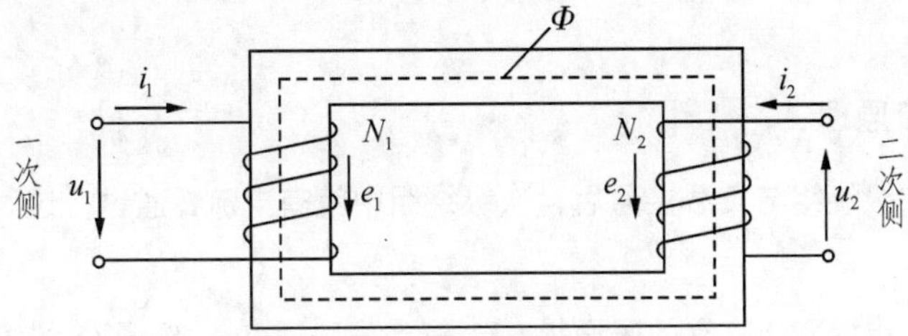

图 3.4.2 变压器的工作原理图

在外加正弦电压 u_1 的作用下，初级绕组中有交变电流 i_0 通过，称为空载电流，其有效值为 I_0。变压器的空载电流一般都很小，为额定电流的 3%～8%。空载电流通过匝数为 N_1 的初级绕组，产生磁通势为 i_0N_1，在其作用下，铁心中产生了正弦交变磁通。其中绝大部分磁通都沿着铁心而闭合，它既与初级绕组交链，又与次级绕组交链，因而称其为主磁通；仅有很少一部分磁通在穿过初级绕组后就沿着附近的空间而闭合，这部分磁通仅与初级绕组交链而不与次级绕组交链，称为初级绕组的漏磁通。

主磁通同时穿过初、次级绕组时，就在两绕组中产生与电源同频率的感应电动势 e_1、e_2。设穿过初级绕组的交变主磁通为

$$\Phi = \Phi_m \sin \omega t$$

则初级绕组的感应电动势为

$$e_1 = -N_1 \frac{\mathrm{d}\Phi}{\mathrm{d}t} = 2\pi f \Phi_m N_1 \sin\left(\omega t - \frac{\pi}{2}\right)$$

上式表明，e_1 滞后于主磁通 $\frac{\pi}{2}$ 电角度。式中，$2\pi f \Phi_m N_1$ 为感应电动势的最大值，把最大值除以 $\sqrt{2}$，则得到 e_1 的有效值为

$$E_1 = 4.44 f \Phi_m N_1$$

同理，次级绕组的感应电动势 e_2 的有效值为

$$E_2 = 4.44 f \Phi_m N_2$$

式中，N_2 是次级绕组的匝数。

当忽略初级、次级绕组的直流电阻和漏磁通时，电压的大小就近似等于感应电动势，即

$$U_1 \approx E_1 \approx 4.44 f \Phi_m N_1$$

$$U_2 \approx E_2 \approx 4.44 f \Phi_m N_2$$

由上两式可得

$$\frac{U_1}{U_2}=\frac{N_1}{N_2}=n \tag{3.4.1}$$

式（3.4.1）表明：变压器的初、次级绕组的电压比等于它们的匝数比。

当初、次级绕组绕有不同的匝数时，可达到升高或降低电压的目的。比值 n 称为变压比，简称变比。对于已经制成的变压器而言，变比为定值，故次级电压的大小与初级电压成正比。

3.4.2.2　变流原理

把变压器的次级绕组与负载接通后，次级绕组中就有电流 i_2 通过，这时变压器便在负载状态下运行。

由次级绕组的电流 i_2 所建立的磁通势 i_2N_2 将产生磁通 Φ_2 。磁通 Φ_2 的绝大部分都与原磁通势 i_0N_1 共同作用在同一个闭合的磁路上，仅有很少的一部分沿着次级绕组周围的空间而闭合。这部分仅与次级绕组交链而不与初级绕组相交链的磁通，称为次级绕组的漏磁通。

当变压器有负载时，由于次级绕组磁通势的影响，以致铁心中的主磁通 Φ_{m} 的数值将企图改变。但在外加电压有效值 U_1 和电源频率 f 不变的条件下，从近似等式

$$U_1 \approx E_1 = 4.44 f \Phi_{\mathrm{m}} N_1$$

可以看出，主磁通 Φ_{m} 应基本保持不变。因此随着 i_2 的出现，初级绕组中通过的电流将从 i_0 增加到 i_1 。初级绕组的磁通势将由 i_0N_1 增加到 i_1N_1 ，它所增加的部分 $i_1'N_1$ 正好与次级绕组的磁通势 i_2N_2 相抵消，从而维持铁心中的主磁通 ϕ_m 的大小基本不变，即与空载时的 Φ_{m} 在数量上接近相等。

变压器空载时的主磁通是由 i_0N_1 所产生，而有载时的主磁通则由 i_1N_1 和 i_2N_2 共同来产生。

由以上分析可知，有载时初级绕组电流所建立的磁通势 i_1N_1 应分为两部分：一是 i_0N_1 ，用来产生主磁通 ϕ_m ；二是 $i_1'N_1$ ，用来抵消次级绕组所建立的磁通势 i_2N_2 ，从而保持 Φ_{m} 基本不变。即

$$i_1N_1 = i_1'N_1 + i_0N_1 = -i_2N_2 + i_0N_1$$

或用相量表示为

$$\dot{I}_1N_1 + \dot{I}_2N_2 = \dot{I}_0N_1$$

上式说明，变压器有载时初级与次级磁通势的相量和，与空载时的磁通势相等。

因为 I_0N_1 很小，在变压器接近满载的情况下， I_0N_1 相对于 I_1N_1 或 I_2N_2 而言基本上可以略去不计，于是得到初、次级磁通势的数值关系为

$$I_1N_1 \approx I_2N_2$$

即

$$\frac{I_1}{I_2}=\frac{N_2}{N_1}=\frac{1}{n} \tag{3.4.2}$$

3.4.2.3 变阻原理

在电子线路中，常用变压器来变换交流阻抗。无论是收音机还是其他电子设备，总是希望负载获得最大功率，但在实际工作中，因为负载的电阻与信号源的内阻往往不相等，所以，把负载直接接到信号源上不能获得最大功率。为此，就需要利用变压器来进行阻抗匹配，使负载获得最大功率。所谓阻抗匹配是指通过选取不同的变压器匝数比，从而把次级的负载阻抗 Z_2 变换为不同数值的初级等效阻抗 Z_1。

设变压器初级输入阻抗为 Z_1，次级阻抗为 Z_2，则

$$Z_1 = \frac{U_1}{I_1}$$

将 $U_1 = \frac{N_1}{N_2}U_2$，$I_1 = \frac{N_2}{N_1}I_2$ 代入上式整理后得

$$Z_1 = \left(\frac{N_1}{N_2}\right)^2 \frac{U_2}{I_2} = \left(\frac{N_1}{N_2}\right)^2 Z_2 = n^2 Z_2 \tag{3.4.3}$$

式（3.4.3）说明两点：

（1）当变压器次级接入负载阻抗 Z_2 时，相当于初级电路中具有等效阻抗 $Z_1 = \left(\frac{N_1}{N_2}\right)^2 Z_2 = n^2 Z_2$。

（2）当次级的负载阻抗 Z_2 一定时，通过选取不同匝数比的变压器，则在初级电路中可得到不同的等效阻抗值。

例 3.4.1 有一台电压为 220 V/22 V 的降压变压器，副边接一盏 $R = 22\ \Omega$的白炽灯泡。试求：

（1）若变压器的原边绕组 $N_1 = 1\ 100$ 匝，副边绕组 N_2 应是多少匝?

（2）灯泡点亮后，原、副边的电流各为多少?

解:（1）由变压比的公式

$$\frac{U_1}{U_2} = \frac{N_1}{N_2} = n$$

可以求出副边绕组的匝数

$$N_2 = \frac{U_2}{U_1} \times N_1 = \frac{22}{220} \times 1\ 100 = 110 \text{（匝）}$$

（2）副边电流为

$$I_2 = \frac{U_2}{R} = \frac{22}{22} = 1 \text{（A）}$$

由变流公式，可求得原边电流为

$$I_1 = I_2 \times \frac{N_2}{N_1} = 1 \times \frac{110}{1\,100} = 0.1\ (\text{A})$$

3.4.3 变压器的冷却方式及主要参数

3.4.3.1 变压器的冷却方式

变压器工作时，因有铁损耗和铜损耗致使铁心和绕组发热，因此必须考虑其冷却问题。在自冷式变压器中，热量依靠空气的自然对流和辐射直接散发到周围的空气内。油冷式变压器的铁心和绕组全部浸入矿物油（即变压器油）内，使其产生的热量通过油传给箱壁而散发到空气中去，如图 3.4.3 所示。

图 3.4.3 油浸式变压器

3.4.3.2 变压器的功率和效率

1. 变压器的功率

变压器的初级输入功率为

$$P_1 = U_1 I_1 \cos\varphi_1$$

式中 U_1——加在原边绕组两端的电压（V）；

I_1——通过原边绕组的电流（A）；

φ_1——原边电压与电流的相位差；

P_1——电源输入变压器原边的功率（W）。

变压器的次级输出功率（负载获得的功率）为

$$P_2 = U_2 I_2 \cos\varphi_2$$

式中 U_2——副边绕组两端的电压（V）；

I_2——副边绕组中的电流（A）；

φ_2——副边电压与电流的相位差；

P_2——变压器副边的输出功率，即负载获得的功率（W）。

输入功率和输出功率的差就是变压器所损耗的功率，即包括铁损（磁滞损耗和涡流损耗）和铜损（线圈导线电阻的损耗）。铜损与初、次级电流有关，铁损决定于电压，并与频率有关。

基本关系是：电流越大，铜损越大；频率越高，铁损越大。铜损和铁损可以通过计算求出或用实验方法测量。

变压器总的功率损耗为

$$\Delta P = P_1 - P_2 = P_{Cu} + P_{Fe}$$

2. 变压器的效率

同机械效率的意义相同，变压器的效率也就是变压器输出功率 P_2 与输入功率 P_1 的百分比，即

$$\eta = \frac{P_2}{P_1} \times 100\%$$

由于变压器的铜损和铁损都很小，所以它的效率很高。大容量变压器的效率可达 98%～99%，小型电源变压器的效率为 70%～80%。

例 3.4.2 有一变压器的初级电压为 2 200 V，次级电压为 220 V，在接有纯电阻性负载时，测得次级电流为 10 A，若变压器的效率为 95%，试求它的损耗功率、初级功率、初级电流。

解： 次级负载功率为

$$P_2 = U_2 I_2 \cos\varphi_2 = 220 \times 10 = 2\ 200\ (\text{W})$$

初级功率为

$$P_1 = \frac{P_2}{\eta} = \frac{2\ 200}{0.95} \approx 2\ 316\ (\text{W})$$

损耗功率为

$$\Delta P = P_1 - P_2 = 2\ 316 - 2\ 200 = 116\ (\text{W})$$

变比

$$n = \frac{U_1}{U_2} = \frac{2\ 200}{220} = 10$$

初级电流为

$$I_1 = \frac{I_2}{n} = \frac{10}{10} = 1\ (\text{A})$$

3. 变压器的额定值

变压器的运行情况分为空载和有载两种。制造工厂所拟定的满负荷运行情况叫作额定运行，额定运行条件下变压器的值称作变压器的额定值。

（1）额定容量：指变压器次级输出的最大视在功率。其大小为次级额定电压和额定电流的乘积，用 V・A 或 kV・A 表示。

（2）初级额定电压：接到变压器初级绕组上的最大正常工作电压。

（3）次级额定电压：当变压器的初级绕组接上额定电压时，次级绕组的空载电压。

（4）额定电流：指规定的满载电流值。

变压器的额定值决定于变压器的构造和所用材料。使用变压器时一般不能超过其额定值。

3.4.4 轨道交通中常见的变压器

轨道交通中常见的变压器有油浸式变压器和干式变压器。

3.4.4.1 油浸式变压器

目前，城市轨道交通供电系统主变电所的主变压器都用的是油浸式变压器，其结构主要由高低压绕组、铁心、油箱、油枕、绝缘套管、分接开关和气体继电器等组成，如图 3.4.4 所示。

图 3.4.4 变电所的主变压器

油浸式变压器具有绝缘性能好、导热性能好、变压器油廉价等优点，能够很好解决变压器大容量散热问题和高电压绝缘问题。但是，油浸式变压器也有其缺点，例如变压器油具有可燃性，当遇到火焰时，可能会燃烧、爆炸，变压器油对人体有害，渗漏严重时会影响设备安全运行，污染环境，因此需要定期检查。

3.4.4.2 干式变压器

干式变压器依靠空气对流进行冷却，其铁心和绕组不浸泡在绝缘油里，一般用于安全防火要求较高的场合，如地铁、机场及高层建筑等，城市轨道交通供电系统中的接地变压器、牵引变电所的整流机组采用的就是干式变压器。另外，局部照明、电子线路等小容量变压器，电力系统中的汽机变压器、锅炉变压器、除灰变压器等也都采用干式变压器。

相对于油浸式变压器，干式变压器因没有油，也就没有火灾、爆炸、污染等问题，故电气规范、规程等均不要求干式变压器置于单独房间内。特别是新一代的变压器，损耗和噪声降到了新的水平，更为变压器与低压屏置于同一配电室内创造了条件。

干式变压器的安全运行和使用寿命，很大程度上取决于变压器绕组绝缘的安全可靠程度。绕组温度超过绝缘耐受温度使绝缘破坏，是导致干式变压器不能正常工作的主要原因之一。

干式变压器在结构上分为固体绝缘包封绕组和不包封绕组，如图 3.4.5 所示。

（a）包封绕组　　　　　　　　　　（b）不包封绕组

图 3.4.5　干式变压器

【思考与练习】

一、填空题

1. 变压器的基本结构由_______和_______两部分构成。

2. 铁心是变压器的__________通道，铁心多用彼此绝缘的硅钢片叠加而成，目的是减少________和__________。

3. 变压器的变比 $n=\frac{N_1}{N_2}$，$\frac{U_1}{U_2}=$_______，$\frac{I_1}{I_2}=$_______，$\frac{Z_1}{Z_2}=$________。

4. 变压器的初级输入功率 $P_1=$__________，次级输出功率 $P_2=$__________，总的功率损耗 $\Delta P=$__________________，变压器的效率 $\eta=$__________。

二、判断题

1. 变压器可以改变各种电源的电压。（　　）

2. 变压器是一种静止的电气设备，它只能传递能量，而不能产生电能。（　　）

3. 变压器用作变换阻抗时，变压比等于一次、二次绕组阻抗的平方比。（　　）

三、计算题

1. 变压器的初级绕组 $N_1=880$ 匝，接在 $U_1=220\ \text{V}$ 的交流电源上，要在次级绕组上得到 $U_2=6\ \text{V}$ 的电压，并将次级绕组接到 $R=2\ \Omega$负载上，求 N_2、I_1。

2. 有一变压器的初级电压 $U_1=2\,200\ \text{V}$，次级电压 $U_2=220\ \text{V}$，在接有纯电阻性负载时，测得次级电流 $I_2=50\ \text{A}$，若变压器的效率 $\eta=80\%$，试求它的损耗功率ΔP、初级功率 P_1、初级电流 I_1。

3. 有一理想变压器，已知一次绕组匝数是 1000 匝，二次绕组匝数是 200 匝，将一次侧接在 220 V 的交流电路中，若二次侧负载阻抗是 110 Ω，求：（1）二次绕组的输出电压；（2）一次、二次绕组中的电流。

任务 3.5　变压器的识别与检测

【任务描述】

变压器具有变压、变流、变阻抗等基本功能，在电力系统、自动控制及电子设备中有着广泛应用。变压器的结构是什么样的?变压器的同名端怎么判断？通过本任务学习，将会掌握这些知识。

【任务目标】

知识目标：

（1）掌握单相变压器绕组同名端的测量方法。

（2）了解变压器的结构。

能力目标：

（1）能够用万用表进行变压器绕组电阻值的测量，判断出单相变压器绕组的同名端。

（2）能够正确识别常用变压器，能够读出变压器的铭牌数据。

（3）能够正确选择兆欧表并进行变压器绕组绝缘电阻的测量。

素质目标：

（1）培养学生科学探究能力。

（2）培养学生团队意识

【任务重点】

变压器铭牌的识读、单相变压器绕组同名端的判别

【任务难点】

变压器绕组同名端的判别。

【任务学时】

4 学时。

【任务准备】

1. 实训器材的准备

（1）连接导线若干。

（2）实验用变压器若干。

（3）万用表 1 块。

（4）兆欧表 1 块。

2. 实训资料的准备

实训报告、变压器学习资料包。

【任务实施】

1. 识别各种变压器

根据实训室提供的变压器，识别其型号（见图 3.5.1），并填写在表 3.5.1 中。

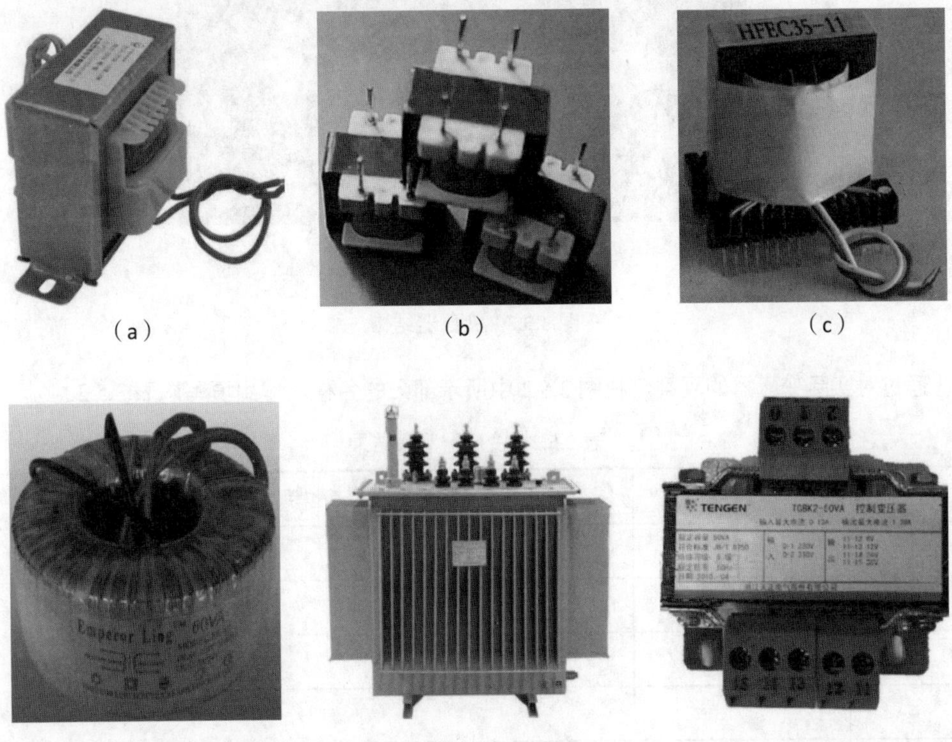

（a）（b）（c）

（d）（e）（f）

图 3.5.1　变压器识别

表 3.5.1　变压器识别

序号	名称	型号	额定容量	额定电压	额定频率

2. 变压器结构的认知

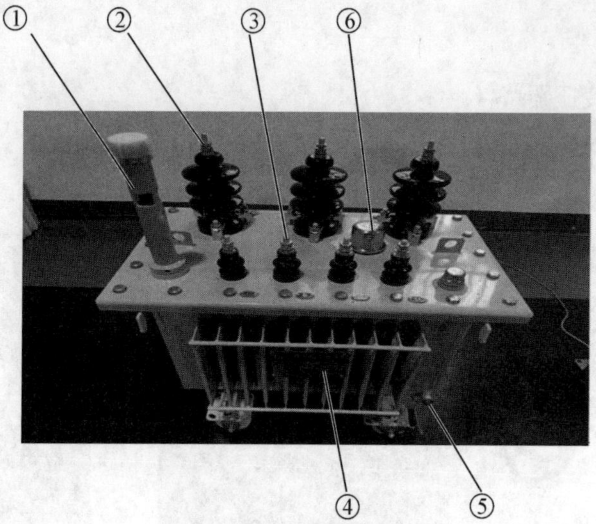

图 3.5.2　变压器结构

通过对实际变压器的观察，将图 3.5.2 中所示部分的名称及作用填写入表 3.5.2 中。

表 3.5.2　变压器观察结果

序号	名称	作用
1		
2		
3		
4		
5		
6		

3. 用万用表测量电源变压器绕组的阻值

电源变压器初级绕组一般为几十欧到几千欧姆，次级绕组阻值一般为几欧姆到几十欧姆，如果测量出阻值为特别大，则绕组可能开路，如果测量出阻值特别小，则绕组可能存在匝间短路。将测量数据填入表 3.5.3 中。

表 3.5.3　电源变压器绕组的阻值测量

序号	标注	初级绕组阻值	次级绕组阻值	是否合格

4. 变压器初级、次级绝缘电阻的测量

根据实训室提供的变压器，选择合适的摇表，测量变压器绕组与铁心之间的绝缘电阻。摇表表笔一端接绕组抽头，另一端接变压器外壳，测量出绝缘电阻。电压等级为 500 V 使用 500 V 摇表，1 000 V 的高压绕组使用 2 500 V 摇表，500 V 至 1 000 V 的低压绕组用 1 000 V 摇表。一般绝缘电阻值规定(20 °C): 3 ~ 10 kV 为 300 MΩ、20 ~ 35 kV 为 400 MΩ、63 ~ 220 kV 为 800 MΩ、500 kV 为 3 000 MΩ，500 V 以下应不低 0.5 MΩ，绝缘电阻越大越好。将测量数据填入表 3.5.4 中。

表 3.5.4 变压器初、次级绕组的绝缘电阻

序号	标注	初级绕组绝缘电阻	次级绕组绝缘电阻	是否合格

5. 变压器同名端的判别

1）直流通断法

（1）按图 3.5.3 所示连接电路，将干电池的正极接 1 端，负极接 2 端，将万用表调到直流电流挡，红表笔接 4 端，黑表笔接 3 端。

（2）合上开关，观察万用表指针偏转情况，若指针正向偏转，则线圈 A 与电池正极相连的 1 端和线圈 B 与万用表红表笔相连的 4 端为同名端；当万用表反向偏转时，线圈 A 和电源正极相接的端点 1 与线圈 B 和万用表负极相连接的端点 3 为同名端。

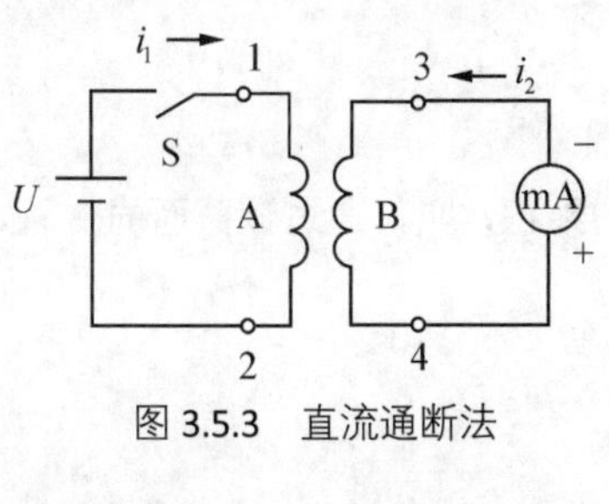

图 3.5.3 直流通断法

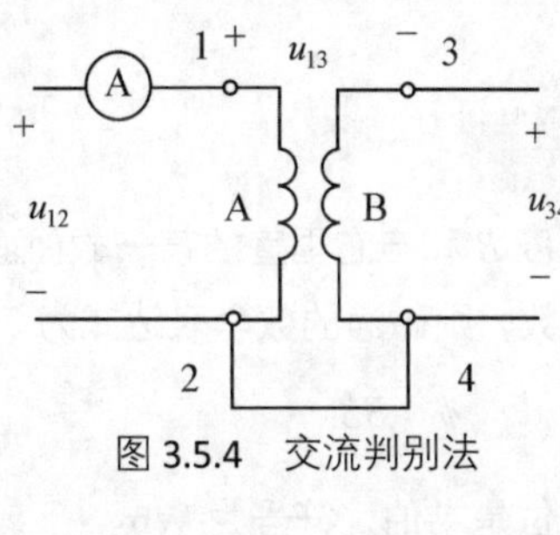

图 3.5.4 交流判别法

2）交流法判别

（1）按图 3.5.4 所示连接电路，将线圈 A 的一个端点 2 与线圈 B 的一个端点 4 用导线连接。

（2）将万用表调到交流电压挡，并选择合适的量程。

（3）在线圈 A 的 1、2 端之间加一较低的交流电压。

（4）测量 1、2 两端的电压并记录，测量 1、3 两端的电压并记录。如果 $u_{13} > u_{12}$，那么 1 和 4 为同名端；如果 $u_{13} > u_{12}$，那么 1 和 3 为同名端。

【任务评价】

把实训过程评价填入“实训过程综合评价表”（见附表 1）。

【应知应会要点归纳】

1. 电流的磁效应

通电导体周围存在着磁场，电流与其所产生磁场的方向可用右手螺旋法则来判断。要特别注意拇指与四指所指方向的意义。

1）通电长直导线产生的磁场方向

右手握住导线并把拇指伸开，用拇指指向电流方向，那么四指环绕的方向就是磁场方向（磁感线方向）。

2）通电螺线管产生的磁场方向

右手握住螺线管并把拇指伸开，弯曲的四指指向电流方向，拇指所指方向就是磁场的 N 极方向。

2. 描述磁场的基本物理量

1）磁感应强度 B

磁感应强度 B 是矢量，它表示磁场中任意一点磁场的强弱与方向。其方向与磁感线方向相同，磁场中某点磁感应强度的大小

$$B=\frac{F}{IL}$$

值得注意的是，导线与磁感应强度方向垂直时，上式才成立。B 的单位是特斯拉，符号为 T。

2）磁通 ϕ

磁感应强度 B 和与它垂直的某一截面面积 S 的乘积，叫作通过该截面的磁通。在匀强磁场中，B 是常数，则磁通的数学表达式为

$$\phi=BS$$

磁通的单位是韦伯，符号为 Wb。

3）磁导率 μ

磁导率是用来表示物质对磁场影响程度的物理量，也就是衡量物质导磁性能强弱的物理量。其单位是亨/米（H/m）。非铁磁物质的 μ 是常数，而铁磁物质的 μ 不是常数。

以真空中的磁导率 μ_0 为基准，将其他物质的磁导率 μ 与 μ_0 比较，其比值叫作相对磁导率，用 μ_r 表示，即

$$\mu_r=\frac{\mu}{\mu_0} \quad 或 \quad \mu=\mu_0\mu_r$$

4）磁场强度 H

磁场强度是为便于分析和计算磁场而引入的辅助量。磁场中某点的磁场强度的大小为

$$H=\frac{B}{\mu}$$

磁场强度的单位符号为 A/m，它的方向与该点 B 的方向相同。通电螺线管中的磁场强度

$$H=\frac{NI}{L}$$

磁场强度 H 只与产生磁场的电流有关，而与磁场中的介质无关。而 B（$B=\mu H$）却与磁场中的介质有关。

3. 铁磁材料的磁性能

铁磁材料的磁性能主要表现在高导磁性、磁饱和性、磁滞性三个方面。

1）高导磁性

铁磁物质在外磁场作用下会呈现磁性的这种现象，称作铁磁物质被“磁化”。铁磁物质具有很强的磁化作用，将它置于磁场中，会大大加强原磁场。这说明铁磁物质具有高导磁性，其相对磁导率 μ_r 可达 $10^2\sim10^4$。

2）磁饱和性

铁磁物质在磁化过程中 B 与 H 之间的关系曲线称为磁化曲线，又叫 B-H 曲线。磁化曲线的非线性说明：铁磁材料具有磁饱和性，即 B 不会随 H 的增加而无限增加，当 H 增大到一定值时，B 就不再增大。这是因为铁磁物质的磁导率 μ 不是常数，它会随磁饱和程度的增大而减小。

3）磁滞性

铁磁性物质受到反复磁化时的 B-H 曲线称磁滞回线。磁滞回线说明，铁磁材料具有磁滞性，即 B 的变化总是滞后于 H 的变化。

铁磁性材料分为三类：

（1）硬磁材料：这类材料在磁化后能保持很强的剩磁，且一经磁化，就不易退磁，适宜制作永久磁铁。硬磁材料的剩磁较大，矫顽力较大，磁滞回线较宽。

（2）软磁材料：其特点是比较容易磁化，但撤去外磁场后，磁性大部分消失。软磁材料的剩磁很小，矫顽力很小，磁滞回线窄而陡。电机、变压器等各种电力设备中的铁心多用软磁材料硅钢片制成。

（3）矩磁材料：其特点是只要在很小的外磁场作用下，就能被磁化，并且达到磁饱和。当撤掉外磁场后，磁性仍然保持与磁饱和状态相同。矩磁材料的磁滞回线是一条矩形的闭合曲线。矩磁材料可用来制造计算机中存储元件的环形磁心。

4）磁滞损耗

在交流电的作用下，铁心中的磁畴不断地改变转向，引起能量消耗。这种能量消耗主要

表现为铁磁材料中的热损耗，称为磁滞损耗。

4. 磁路欧姆定律

1）磁　路

由铁心制成使磁通集中通过的闭合路径称为磁路。

2）磁路欧姆定律

磁路中的磁通 ϕ 与磁通势 F_m 成正比，与磁阻 R_m 成反比。即

$$\Phi=\frac{F_m}{R_m}$$

式中，$F_m=NI$，是产生磁通的原动力，称磁通势，单位是安（A）;

$R_m=\frac{L}{\mu S}$，称为磁阻，单位为亨$^{-1}$（H^{-1}）。它表征铁磁材料对磁通的阻力，相当于电路中的电阻。

5. 磁场对电流的作用

1）磁场对通电直导体的作用

通电直导体在磁场中所受电磁力的方向用左手定则判定。电磁力的大小为

$$F=BIL\sin\alpha$$

左手定则的内容是：伸出左手，让拇指和其余四指垂直，使磁感线垂直穿过掌心，则四指指向电流方向，拇指指向的就是直导体所受的电磁力方向。

2）平行通电导体间的相互作用力

当两根平行通电导体中的电流方向相同时，导体就相互吸引；电流方向相反时，导体就相互排斥。

3）磁场对通电矩形线圈的作用

磁场对通电矩形线圈要产生一个使线圈旋转的力偶矩，其大小为

$$M=NBIS\sin\alpha$$

式中，N 为线圈匝数；α 为线圈平面的法线方向与磁感应强度方向间的夹角，当 $\alpha=90°$，即线圈平面与磁感应强度方向平行时，$\sin 90°=1$，线圈所受到的力偶矩最大。

6. 电磁感应

（1）产生感应电动势的条件是导线相对磁场运动而切割磁感线，或者线圈中的磁通发生变化。

（2）直导体切割磁感线产生的感应电动势的方向由右手定则来判断。其大小用公式 $e=Blv\sin\alpha$ 来计算。

（3）楞次定律：感应电流的磁场总是阻碍原磁通的变化。楞次定律是用来判断感应电动

势的方向的。

（4）法拉第电磁感应定律：线圈中感应电动势的大小与磁通的变化率成正比。即

$$e = N\left|\frac{\mathrm{d}\Phi}{\mathrm{d}t}\right|$$

（5）由于线圈本身电流变化而引起的电磁感应叫自感。自感电动势的大小用公式 $e_{\mathrm{L}} = -L\frac{\mathrm{d}i}{\mathrm{d}t}$ 来计算。

（6）一个线圈中电流的变化在另一个线圈中引起的电磁感应现象叫互感。互感电动势的大小用公式 $e_{\mathrm{M}} = M\frac{\mathrm{d}i}{\mathrm{d}t}$ 来计算。

（7）电感线圈的电感 L 是衡量线圈通电后产生磁场本领大小的物理量：

$$L = \frac{\Psi}{i} = \frac{N\Phi}{i}$$

【复习与考工模拟】

一、填空题

1. 使原来没有磁性的物质具有磁性的过程称为__________。
2. 一般将磁性材料分为______材料、______材料和矩磁材料三类。
3. 适合制造各种形状的永久磁铁的材料是______材料。
4. 电磁力的大小用公式______来计算，电磁力的方向用______判断。
5. 感应电流产生的磁通总是______原磁通的变化，这称为_____定律。
6. 描述磁场的四个基本物理量是________、________、________和______。
7. 铁磁材料的磁性能有______、________、________和________。
8. 楞次定律的内容是________________________________。
9. 感应电动势的大小与磁通的________成正比。

二、选择题

1. 关于磁感应强度 B，下列说法正确的是________。

   A．由 $B = \frac{F}{IL}$ 知，B 与 F 成正比，与 IL 成反比

   B．由 $B = \frac{F}{IL}$ 知，B 的方向就是 F 的方向

   C．B 是磁场的性质，由磁场自身决定，与外界无关

   D．电流在磁场中某处受力为零时，该处的磁感强度 B 一定等于零

2. 下列有关磁感线的说法中，正确的是________。

   A．在磁场中存在着一条一条的磁感线

   B．磁感线起于 N 极，止于 S 极

   C．磁感线越密集处磁场越强

   D．磁感线的切线方向就是磁场对电流的作用力的方向

3. 描述磁场强弱的物理量中，与磁介质有关的是＿＿＿＿＿。

A. 磁力线　　　　　　　　　　B. 磁感应度 B

C. 磁场强度 H　　　　　　　　D. 以上都不是

4. 相对磁导率大于 1 的物质叫＿＿＿＿＿＿。

A. 逆磁性物质　B. 顺磁性物质

C. 铁磁性物质　　　　　　　　D. 以上都不是

5. 逆磁性物质的相对磁导率＿＿＿＿＿＿＿。

A. 小于 1　　B. 大于 1　　C. 远远大于 1　　D. 等于 1

6. 如图 3.5.5 所示的四种情况，通电导体均置于匀强磁场中，其中通电导线不受安培力的是＿＿＿＿。

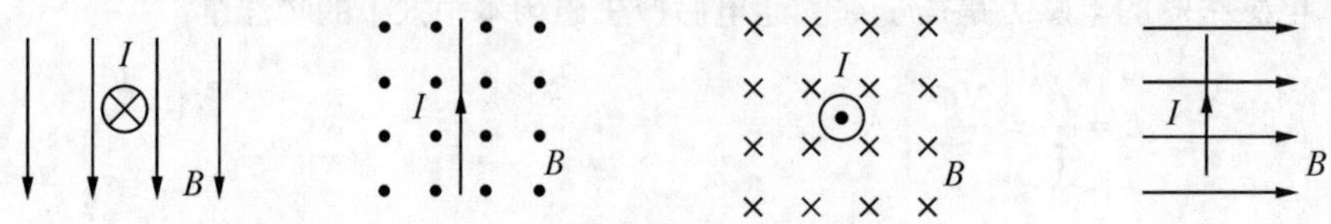

图 3.5.5

7. 如图 3.5.6 所示，通电直导线右边有一个矩形线框，线框平面与通电直导线共面，若使线框逐渐远离（平动）通电导线，则穿过线框的磁通量将＿＿＿＿。

A. 逐渐减小　　　　　　　　　B. 逐渐增大

C. 保持不变　　　　　　　　　D. 不能确定

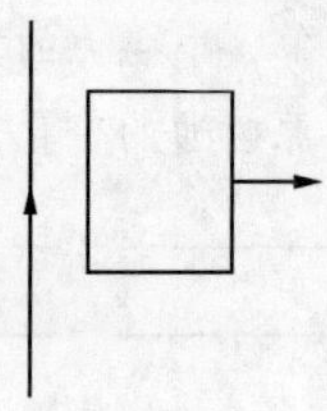

图 3.5.6

8. 适用于制作永久磁铁和扬声器的材料是＿＿＿＿＿。

A. 软磁材料　　B. 硬磁材料　　C. 矩磁材料　　D. 顺磁材料

9. 适用于变压器铁心的材料是＿＿＿＿＿＿。

A. 软磁材料　　B. 硬磁材料　　C. 矩磁材料　　D. 顺磁材料

10. 在均匀磁场中，有一根导线与磁感应线垂直，导线长 0.2 米，导线中通有电流 0.45 A，若导线受力为 0.045 N，则该磁场的磁感应强度为＿＿＿＿。

A. 0.5 T　　B. 5 T　　C. 10 T　　D. 15 T

11. 变压器一次、二次绕组中不能改变的物理量是＿＿＿＿。

A. 电压　　B. 电流　　C. 阻抗　　D. 频率

12. 一台变压器 U_1=220 V，N_1=100 匝，N_2=50 匝，则 U_2=＿＿＿＿V。

A. 110　　B. 440　　C. 220　　D. 50

13. 变压器的变比 n 大于 1 时，变压器为＿＿＿＿。

A. 升压变压器　　　　　　　　B. 降压变压器

C. 升压降压变压器　　　　　　　　D. 电流互感器

三、判断题

1. 两个平行导体中通的电流方向相同时，它们之间会产生排斥力。(　　)

2. 磁路中的欧姆定律是：磁感应强度与磁动势成正比，而与磁阻成反比。(　　)

3. 磁导率是一个用来表示媒介质磁性能的物理量，对于不同的物质就有不同的磁导率。(　　)

4. 定量描述磁场中某点强弱和方向的物理量是磁感应强度。(　　)

5. 感应电流的磁通方向总是与原磁通方向相反。(　　)

6. 当磁通发生变化时，导线或线圈中就会有感应电流产生。(　　)

7. 自感电动势的大小与线圈的电流变化率成正比。(　　)

8. 电路中所需的各种直流电压可以通过变压器变换获得。(　　)

9. 变压器用作改变电压时，电压比是一、二次绕组匝数的二次方比。(　　)

10. 变压器是根据电磁感应原理而工作的，它能改变交流电压和直流电压。(　　)

四、计算题

1. 如图 3.5.7 所示，有一矩形导电框架两端各串一电阻，$R_1=1\ \Omega$，$R_2=2\ \Omega$，放在匀强磁场中，其磁感应强度 $B=5\ \text{T}$，方向见图。今有一导体 AB，长 0.2 m，以 1 m/s 的速度在框架上向右滑动，则磁场对导体 AB 的作用力的大小是多少？

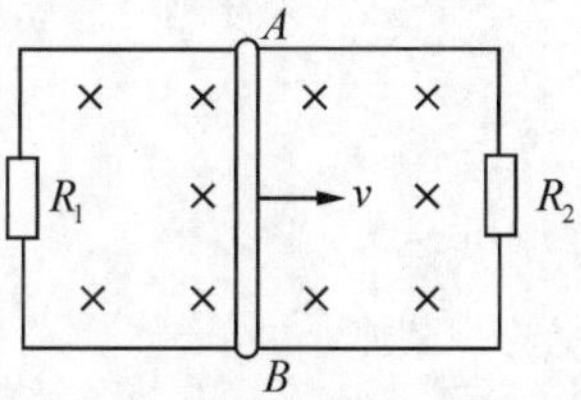

图 3.5.7

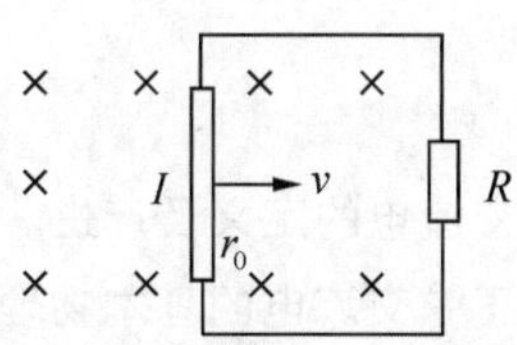

图 3.5.8

2. 如图 3.5.8 所示，有一有效长度 $L=30\ \text{cm}$ 的导体，在 $B=1.25\ \text{T}$ 的均匀磁场中运动，运动方向与 B 垂直且速度 $v=40\text{m/s}$。设导体的电阻 $r_0=0.1\ \Omega$，外电路的电阻 $R=19.9\ \Omega$，则闭合回路中电流的大小为多少？

五、简答题

为什么电感式镇流器中采用的是硅钢片而不是整块硅钢？试说明原因。

项目 4 单相交流电路的认知

项目导读

由交流电源、用电器、连接导线和开关等组成的电路称为交流电路。若电源中只有一个交变电动势，则称为单相交流电路。交流负载一般是电阻、电感、电容或它们的不同组合。

在本项目中，我们要学习正弦交流电的基本概念，如表示正弦交流电的基本物理量，正弦交流电的表示方法；学习单相交流电路的电压与电流的关系，以及电功率的概念；并通过相关的实训体验，加深对单相交流电路基本概念与计算的认知。

任务 4.1 正弦交流电的认知

【任务目标】

知识目标：

（1）了解正弦交流电的定义及产生。

（2）掌握表示正弦交流电的基本物理量。

（3）掌握正弦交流电的表示方法。

能力目标：

（1）能在函数表达式中找出三要素。

（2）能通过三要素写出函数表达式。

（3）能用相量法及相量图表示正弦交流电。

素质目标：

（1）养成每次课后归纳总结所学内容的习惯。

（2）建立起对知识点理解后能反复背记以牢固掌握的习惯。

【任务重点】

正弦交流电的“三要素”。

【任务难点】

对相位与相位差的理解。

【任务学时】

10 学时。

【知识链接】

4.1.1　正弦交流电的定义及产生

4.1.1.1　正弦交流电的定义

大小和方向都随时间做周期性变化的电动势、电压和电流分别称为交变电动势、交变电压和交变电流，统称为交流电。按正弦规律随时间做周期性变化的交流电称正弦交流电。在交流电作用下的电路称为交流电路。

交流电有极广泛的应用。例如，可以用变压器把某一数值的交流电压变换成同频率的另一数值的交流电压，这样就解决了高压输电和低压配电之间的矛盾。现代发电厂发出的电能基本都是交流电，所以在照明、动力、电热等方面的绝大多数设备都是使用交流电。即使某些需要直流电的工业，如电镀、电解等，也是采用整流设备把交流电转换成直流电来进行的。

直流电和交流电的基本区别在于：直流电的方向不随时间而变化，交流电的大小和方向都随着时间不断变化。

图 4.1.1 为三种交流电的波形图。如果交流电按正弦规律变化，我们就把按正弦规律变化的交流电称为正弦交流电。

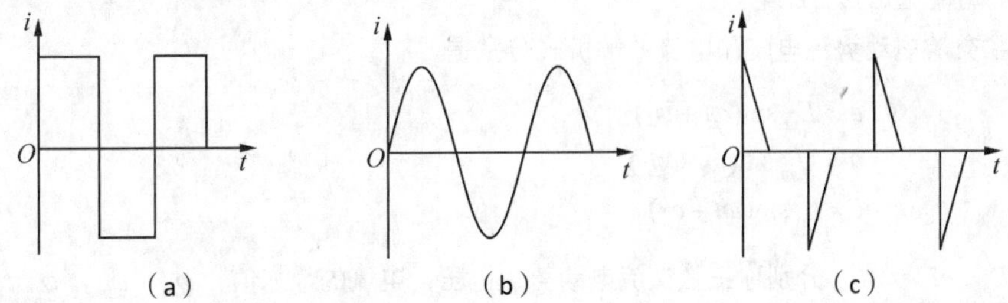

图 4.1.1　三种交流电的波形图

4.1.1.2　正弦交流电的产生

正弦交流电通常由交流发电机产生。图 4.1.2 所示是最简单的交流发电机的原理示意图，可用来说明交流发电机的基本工作原理。

在图 4.1.2（a）中，将一个可以绕固定转动轴转动的单匝线圈 *abcd* 放置在均匀磁场中。为了避免在线圈转动过程中，两根引出的导线扭绞到一起，把线圈的两根引线分别接到与线圈一起转动的两个铜环上，铜环通过电刷与外电路连接。当线圈 *abcd* 在外力作用下在均匀磁场中以角速度ω匀速转动时，线圈的 *ab* 边和 *cd* 边做切割磁感应线运动，线圈中产生感应电动势。如果外电路是闭合的，闭合回路中将产生感应电流。

图 4.1.2（b）所示是转动线圈的侧视图。线圈 *abcd* 以角速度 ω 逆时针匀速转动。设在起始时刻，线圈平面与中性面的夹角为 φ_0，t 时刻线圈平面与中性面夹角为 $\omega t+\varphi_0$。从图中可以看出，*cd* 边运动速度 v 与磁感应线方向的夹角也是 $\omega t+\varphi_0$。设 *cd* 边的长度为 L，磁场的磁

感应强度为 B，则由于 cd 边做切割磁感应线运动所产生的感应电动势为

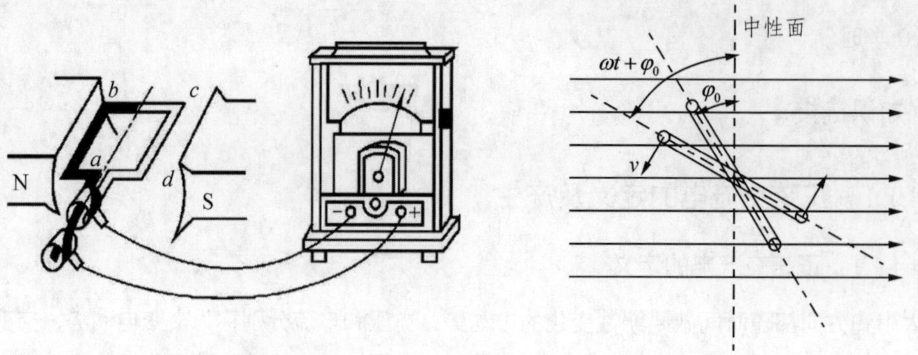

（a）　　（b）

图 4.1.2　交流发电机原理示意图

$$e_{cd} = BLv\sin(\omega t+\varphi_0)$$

同理，ab 边产生的感应电动势为

$$e_{ab} = BLv\sin(\omega t+\varphi_0)$$

由于这两个感应电动势是串联的，所以整个线圈产生的感应电动势为

$$e = e_{ab} + e_{cd} = 2BLv\sin(\omega t+\varphi_0) = E_{\rm m}\sin(\omega t+\varphi_0)$$

式中，$E_{\rm m} = 2BLv$ 称感应电动势的最大值。可见，发电机产生的电动势按正弦规律变化，可以向外电路输送正弦交流电。

正弦交流电动势、电压和电流的解析式分别是

$$e = E_{\rm m}\sin(\omega t+\varphi_e)$$
$$u = U_{\rm m}\sin(\omega t+\varphi_u)$$
$$i = I_{\rm m}\sin(\omega t+\varphi_i)$$

式中，$E_{\rm m}$、$U_{\rm m}$、$I_{\rm m}$ 分别称正弦交流电动势、电压、电流的最大值；φ_e，φ_u，φ_i 分别称正弦交流电动势、电压、电流的初相位。

4.1.2　正弦交流电的基本物理量

4.1.2.1　正弦交流电的周期、频率和角频率

1. 周　期

交流电每重复变化一次所需要的时间称为周期，用符号 T 表示，单位是秒（s）。

2. 频　率

交流电在单位时间（1 s）内完成周期性变化的次数，叫作频率，用字母 f 表示，单位是赫兹（Hz）。频率常用的单位还有千赫（kHz）和兆赫（MHz），它们的换算关系为：

$$1\ \text{kHz} = 10^3\ \text{Hz}$$

$$1\ \text{MHz} = 10^6\ \text{Hz}$$

如果交流电的频率是 50 Hz，即每秒钟做 50 次周期性变化，那么完成一次周期性变化所用的时间是$\frac{1}{50}$s，所以周期是$\frac{1}{50}$s。显然，周期和频率之间为倒数关系，即

$$T = \frac{1}{f} \tag{4.1.1}$$

我国发电厂发出的交流电的频率都是 50 Hz，习惯上称为“工频”。

3. 角频率

在仅有一对磁极的情况下，线圈转动一周，线圈中的感应电动势也变化一周，也就是电动势的电角度变化了 2π 弧度。正弦交流电每秒内变化的电角度称为角频率，用符号 ω 表示，单位是弧度/秒（rad/s）。角频率与周期、频率有如下关系：

$$\omega = 2\pi f = \frac{2\pi}{T} \tag{4.1.2}$$

引入角频率 ω 后，相应正弦交流电波形的横坐标也就用 ωt 表示。

4.1.2.2 正弦交流电的瞬时值、最大值和有效值

1. 瞬时值

正弦交流电的大小时时刻刻都在变化，我们把其在某一瞬间的数值称为瞬时值，规定用小写字母 i 、u、e 来表示正弦交流电的交变电流、电压、电动势的瞬时值。

2. 最大值

正弦交流电在一个周期内所能达到的最大瞬时值称为最大值（又称峰值、幅值），分别用 I_m 、U_m 、E_m 来表示正弦交流电的交变电流、电压、电动势的最大值。

3. 有效值

因为交流电的大小是随时间变化的，所以采用最大值、瞬时值表示就不够方便，通常采用有效值。交流电的有效值是根据其热效应来确定的。

把一交变电流 i 和一直流 I 分别通过两个阻值相同的电阻 R，如果在一个周期内，它们各自在电阻上产生的热量彼此相等，则此直流值叫作该交变电流的有效值。因此，交变电流的有效值实际上就是在热效应方面同它相当的直流值。

根据推导计算，正弦交流电的有效值等于最大值的 $\frac{1}{\sqrt{2}}$ 倍，即

$$I = \frac{I_m}{\sqrt{2}}，\ E = \frac{E_m}{\sqrt{2}}，\ U = \frac{U_m}{\sqrt{2}} \tag{4.1.3}$$

在交流电路中，通常都是计算其有效值。电机、电器的额定电流、额定电压也都用有效值来表示。交流伏特表和安培表的刻度也都是用有效值来表示的。

4.1.2.3　正弦交流电的相位与相位差

如图 4.1.3 所示，有两个正弦交流电动势，尽管它们的频率相等，最大值也一样，但由于交变的起点不同，则它们在各个瞬间的数值和变化步调也不相一致。交变起点的先后是由其相位来决定的。

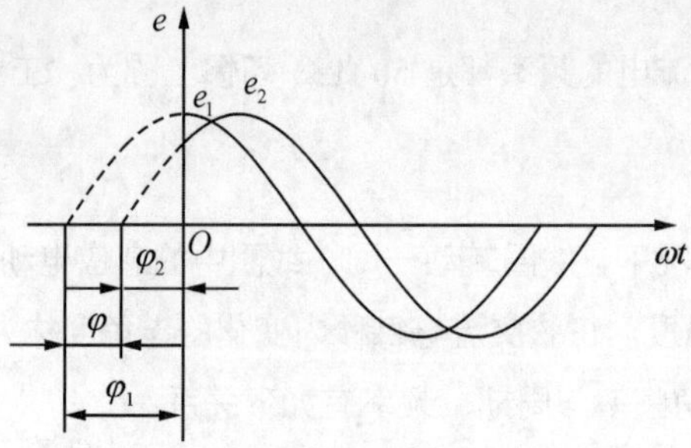

图 4.1.3　两个相位不同的电动势

由 $e = E_m \sin(\omega t + \varphi_0)$ 可知，电动势的瞬时值 e 是由最大值 E_m 和正弦函数 $\sin(\omega t + \varphi_0)$ 共同决定的。

t 时刻线圈平面与中性面的夹角 $\alpha = (\omega t + \varphi_0)$ 叫作正弦交流电的相位（角）。

因为 $(\omega t + \varphi_0)$ 里含有时间 t，所以相位是随时间变化的量。当 $t = 0$ 时，相位 $\alpha = \varphi_0$。φ_0 叫作初相位，它反映了正弦交流电起始时刻的状态。

初相位的大小和时间起点的选择有关。习惯上初相位的绝对值用小于π 的角表示，即

$$|\varphi_0| < 180°$$

凡大于π 的正角度改用负角度表示，例如 240°改用 –120°表示；同理，绝对值大于π 的负角度改用正角度表示。

两个同频率交流电的相位之差叫作相位差，用 φ 表示，即

$$\varphi = (\omega t + \varphi_1) - (\omega t + \varphi_2) = \varphi_1 - \varphi_2$$

由此可见，两个同频率交流电的相位差就等于它们的初相位之差，即

$$\varphi = \varphi_1 - \varphi_2 \tag{4.1.4}$$

两个同频正弦交流电的相位关系：

（1）若相位差 $\varphi = \varphi_1 - \varphi_2 > 0°$，表示 e_1 的初相位大于 e_2 的初相位，e_1 的变化领先于 e_2，这种情况叫作 e_1 的相位超前于 e_2，或 e_2 的相位滞后于 e_1。即前者叫“超前”，后者叫“滞后”。

（2）若相位差 $\varphi = \varphi_1 - \varphi_2 = 0°$，表示 e_1 与 e_2 同时到达正的最大值或零值或负的最大值，这种情况叫作 e_1 与 e_2 同相位。

（3）若相位差 $\varphi = \varphi_1 - \varphi_2 = 180°$，这种情况叫作 e_1 与 e_2 反相位。

可见，两个同频率的交流电之间存在着某一相位差，其实质也就是它们彼此间到达正的最大值或零值或负的最大值有一段时间差。

综上所述，正弦交流电的交变情况，主要取决于以下三个方面：一是交变的快慢；二是交变的幅度；三是交变的起始状态。

我们可以分别用角频率来反映交变的快慢，用最大值来反映交变的幅度，用初相位来反映交变的起始状态，知道了这三个量就可以唯一确定一个交流电，写出其瞬时值的表示式，因此把最大值、角频率和初相位称为正弦交流电的三要素。

例 4.1.1 已知一正弦交流电 $i=2\sin\left(314t-\frac{\pi}{4}\right)$ A，求该交流电的最大值、角频率、初相位、有效值，周期、频率。

解： 最大值 $I_m=2$ (A)

角频率 $\omega=314$（rad/s）

初相位 $\varphi_0=-\frac{\pi}{4}$

有效值 $I=\frac{I_m}{\sqrt{2}}=\frac{2}{\sqrt{2}}=1.414$ (A)

周期 $T=\frac{2\pi}{\omega}=\frac{6.28}{314}=0.02$ (S)

频率 $f=\frac{1}{T}=\frac{1}{0.02}=50$ (Hz)

该例题说明了知道正弦交流电的函数表达式，就能得出正弦交流电的三要素，反之知道了三要素，就能写出正弦交流电的函数表达式。

例 4.1.2 已知 $u_1=20\sin\left(314t+\frac{\pi}{6}\right)$ V，$u_2=40\sin\left(314t-\frac{\pi}{3}\right)$ V，说明这两个正弦交流电的相位关系。

解： 相位差 $\varphi=\varphi_1-\varphi_2=\frac{\pi}{6}-\left(-\frac{\pi}{3}\right)=\frac{\pi}{2}=90°$

说明 u_1 超前于 u_2 90°，或者说 u_2 滞后于 u_1 90°。

4.1.3 正弦交流电的表示方法

4.1.3.1 解析法

用三角函数式表示正弦交流电随时间变化关系的方法叫作解析法。正弦交流电动势、电压和电流的解析式分别是

$$e=E_m\sin(\omega t+\varphi_e)$$

$$u=U_m\sin(\omega t+\varphi_u)$$

$$i=I_m\sin(\omega t+\varphi_i)$$

只要给出时间 t 的数值，就可以求出该时刻 e、u、i 相应的值。

4.1.3.2 曲线法

在平面直角坐标系中，将 t 作为横坐标，将与之对应的 e、u、i 的值作为纵坐标，作出 e、u、i 随时间 t 变化的曲线，这种方法叫作曲线法。这种曲线叫作交流电的波形，它的优点是可以直观地看出交流电的变化规律。

4.1.3.3 相量法（正弦量的有效值相量表示方法）

1. 复数的代数与极坐标形式

复数的代数形式为

$$A = a + \mathrm{j}b$$

如图 4.1.4 所示，OA 的长度 r 称为复数 A 的模；OA 与实轴正方向的夹角 φ 称为 A 的辐角；OA 在实轴上的投影就是 A 的实部 a，在虚轴上的投影就是 A 的虚部 b。

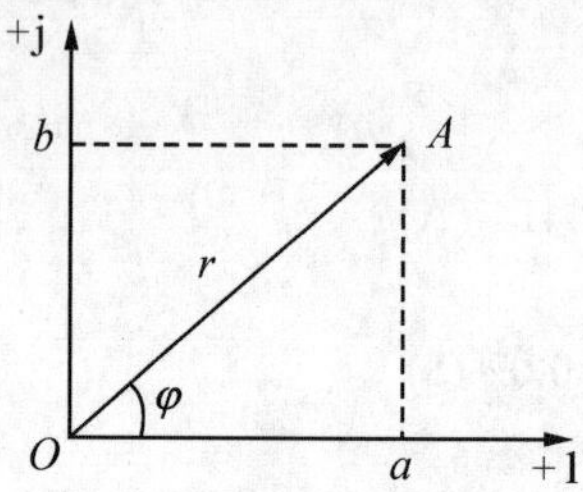

图 4.1.4　复数的相量表示法

复数的极坐标形式为

$$\mathrm{A} = \mathrm{r}\angle\varphi \tag{4.1.5}$$

式中，$r=\sqrt{a^2+b^2}$，为复数的模，表示复数的大小；$\varphi=\arctan\dfrac{b}{a}$，为复数的辐角，表示复数相量与实轴的夹角。

复数的代数式和极坐标式的关系为

$$A = a + \mathrm{j}b = r\angle\varphi \tag{4.1.6}$$

式中，$a = r\cos\varphi$，$b = r\sin\varphi$。

2. 相量法（正弦量的有效值相量表示方法）

相量法是用复数来表示正弦量的特殊表示法，是正弦量的有效值相量表示方法，简称相量法。相量法指用相量的模表示正弦量的有效值，用相量的辐角表示正弦量的初相位。

如某正弦交流电流为 $i = I_{\mathrm{m}}\sin(\omega t+\varphi_i)$，电压为 $u = U_{\mathrm{m}}\sin(\omega t+\varphi_u)$，则

$\dot{I} = I\angle\varphi_i$（正弦交流电流的有效值相量）

$\dot{U} = U\angle\varphi_u$（正弦交流电压的有效值相量）

说明：相量是一种被用来表示正弦交流量的复数，它不等于正弦量。

3. 相量图 （有效值相量图）

在复平面上表示正弦量有效值相量的图形称为有效值相量图，简称相量图。相量图可用来表示同频率正弦交流电的有效值和它们间的相位差，如图 4.1.5 所示。

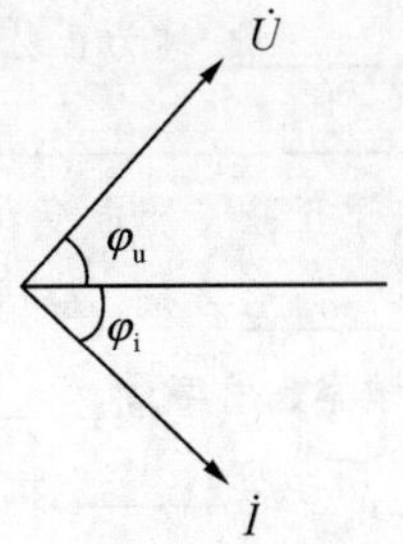

图 4.1.5　电压 u 与电流 i 的相量图

注意：只有同频率正弦量的对应相量才能画在同一复平面上，不同频率正弦量的对应相量不能画在同一相量图中。

相量图的特点：

（1）相量的长度表示正弦交流电的有效值。

（2）相量与水平正方向的夹角代表正弦交流电的初相位，沿逆时针方向转动的角度为正，反之为负。

（3）有效值相量的符号是 $\dot{\boldsymbol{E}}$ 、$\dot{\boldsymbol{U}}$ 、$\dot{\boldsymbol{I}}$ 。

（4）两同频正弦交流电的加减运算服从平行四边形法则。

例 4.1.3　写出 $\dot{\boldsymbol{U}} = 5\angle 30^\circ$ V，$\dot{\boldsymbol{I}} = 4\angle -30^\circ$ A 的瞬时值表达式，并绘出相量图（设角频率为 ω= 314 rad/s）。

解： 由 $\dot{U} = 5\angle 30^\circ$ V 可知

$$U_m = 5\times\sqrt{2} = 5\sqrt{2}\ \text{V}$$

$$\varphi = 30^\circ$$

所以
$$u = U_m \sin(\omega t+\varphi) = 5\sqrt{2}\sin(314t+30^\circ)\ \text{V}$$

由 $\dot{\boldsymbol{I}} = 4\angle -30^\circ$ A 可知

$$I_m = 4\times\sqrt{2} = 4\sqrt{2}\ \text{V}$$

$$\varphi = -30^\circ$$

所以
$$i = I_m \sin(\omega t+\varphi) = 4\sqrt{2}\sin(314t-30^\circ)\ \text{A}$$

绘制相量图如图 4.1.6 所示。

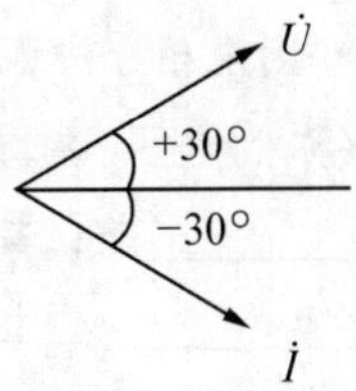

图 4.1.6　相量图

【思考与练习】

一、填空题

1. 大小和方向都随时间做____________变化的电动势、电压和电流统称为交流电。按正弦规律变化的________________称为正弦交流电。正弦交流电的函数表达式为 $e=$____________，$u=$____________，$i=$______________。

2. 周期、频率、角频率都是反映了正弦交流电变化快慢的量。交流电________一次所需要的时间称为周期，用符号______表示，单位是______。交流电在单位时间（1 s）内完成________的次数，叫作频率，用字母____表示，单位是______。交流电在 1 s 内变化的____数，叫作角频率，用字母____表示，单位是______。周期与频率关系是 T=____，角频率与周期、频率关系是 $\omega=$______。

3. 正弦交流电在______的数值称为瞬时值，规定用小写字母______分别表示交变电流、电压、电动势的瞬时值，它反映了正弦交流电在______的大小。交流电在一个周期内所能达到的________称为最大值，分别用________来表示交变电流、电压、电动势的最大值，它反映正弦交流电的变化范围。交流电的有效值是在热效应方面同它相当的______值，交流电流、电压、电动势的“有效值”分别用______表示。有效值＝____最大值。通常所说的交流电压 220 V 或 380 V，是指它的______。

4. 反映正弦交流电状态的量是相位与相位差。$\alpha=(\omega t+\varphi_0)$ 称正弦交流电的相位角，简称“相位”，它反映正弦交流电在________的状态。$t=0$ 时的相位角 $\alpha=\varphi_0$ 称“初相角”或“初相位”。它反映正弦交流电（t＝0 时刻）的________状态。两同频正弦交流电的________之差称相位差，即 $\varphi=\varphi_1-\varphi_2$。

5. 两个______正弦交流电的相位关系：若相位差 $\varphi=\varphi_1-\varphi_2$______，则前者叫“超前”，后者叫“滞后”。若相位差 $\varphi=\varphi_1-\varphi_2=$____，则称它们“同相”。若相位差 $\varphi=\varphi_1-\varphi_2=$____，则称它们“反相”。

6. 最大值、角频率、初相角称正弦交流电的“三要素”。______反映正弦交流电交变的幅度。______反映正弦交流电交变的快慢。______反映正弦交流电交变的起始状态。知道了这三个量就可以唯一确定一个正弦交流电，写出其函数式如 $u=U_m\sin(\omega t+\varphi_0)$，因此常把最大值、角频率和初相位称为正弦交流电的三要素。

7. 表示正弦交流电的方法有解析法、曲线法、相量法。用三角函数式表示正弦交流电随时间变化关系的方法称______法。根据解析式画出正弦交流电____的方法称曲线法。用正弦量的______相量表示正弦交流电的方法称相量法；相量法的特点是用相量的模表示正弦量的______值，用相量的______表示正弦量的初相位。如某正弦交流电流为 $i=I_{\mathrm{m}}\sin(\omega t+\varphi_i)$，$u=U_{\mathrm{m}}\sin(\omega t+\varphi_u)$，则用相量法可表示为 $\dot{I}=$______，$\dot{U}=$______。

8. 在复平面上表示______的图形称相量图。有效值相量图简称相量图，可用来表示同频正弦交流电的______和它们间的______差；其特点是：相量的长度=______。相量与水平正方向的夹角=______________。相量的符号是__________；两同频正弦交流电的加减运算服从____________法则。

二、综合题

1. 写出正弦交流电动势、电压和电流的三角函数表达式。

2. 已知某交流电的角频率为 628 rad/s，试求相应的周期和频率。

3. 已知交流电动势 $e=155\sin\left(377t-\dfrac{2}{3}\pi\right)$ V，试求 E_{m}、E、ω、f、T 和 φ 各为多少。

4. 写出下列各组交流电动势的相位差，并指出哪个超前，哪个滞后。

（1）$e_1 = 380\sqrt{2}\sin 314t$ V，$e_2 = 380\sqrt{2}\sin\left(314t - \dfrac{2}{3}\pi\right)$ V

（2）$e_1 = 220\sqrt{2}\sin\left(314t - \dfrac{\pi}{2}\right)$ V，$e_2 = 220\sqrt{2}\sin\left(314t - \dfrac{\pi}{6}\right)$ V

5. 已知三个正弦电压 u_1、u_2、u_3 的有效值都为 380 V，初相分别为 $\varphi_1 = 0°$、$\varphi_2 = -120°$、$\varphi_3 = 120°$，角频率为 314 rad/s，试写出三个电压的瞬时值表达式与相量法表达式，并在同一坐标上画出上述三个同频电压的相量图。

任务 4.2　正弦交流电信号的观察与测量（实训）

【任务描述】

交流电路中的电压、电流应怎样测量？波形有什么特点？通过完成本任务，学习相关的概念和方法。

【任务目标】

知识目标：

（1）学会示波器、信号发生器、交流电压表与电流表的使用。

（2）学会对交流电压与电流的测量。

（3）学会用示波器对正弦交流电信号的观察。

能力目标：

（1）掌握示波器、信号发生器、交流电压表、交流电流表的使用方法。

（2）会用双踪示波器观察交流信号的波形与两同频正弦信号的相位关系。

（3）会正确连接交流电压表与交流电流表并正确读出测量数值。

素质目标：

（1）养成按要求与标准程序操作设备的好习惯。

（2）养成通过实训的直观体验加深对所理论知识点理解的好习惯。

【任务学时】

2 学时。

【知识链接】

4.2.1　示波器

示波器是一种用途广泛的电子测量仪器。它既能直接显示各种不同电信号幅度随时间变化的波形曲线，又能测试各种不同的电量，如电压、电流、频率、相位差、调幅度等。图 4.2.1

所示为双踪示波器外形，其面板各按钮与旋钮及其功能如表 4.2.1 所示。

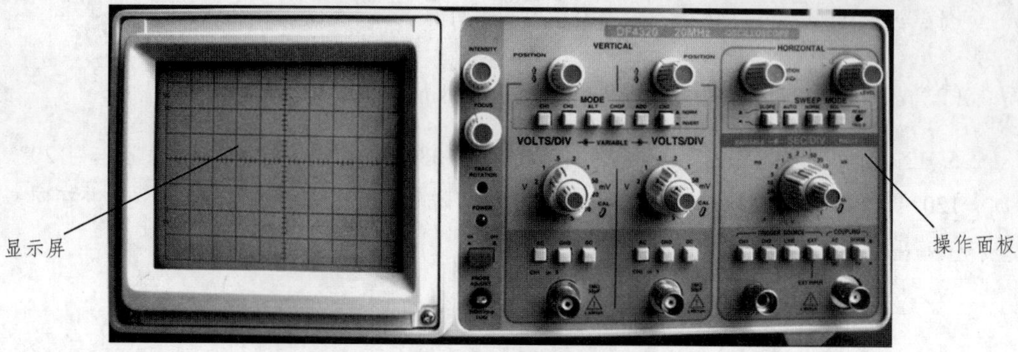

图 4.2.1　示波器外形

图 4.2.2　示波器面板

表 4.2.1　示波器各控制件的功能

序号	控制件名称	功　能
1	亮度	调节显示波形的亮度
2	聚焦	调节显示波形的清晰度
3	电源指示灯	显示电源是否接通
4	电源开关（power）	电源开关按键
5	校准信号输出	输出幅度为 0.5 V，频率为 1 kHz 的方波信号
6	垂直位移	调节显示波形的垂直位置
7	水平位移	调节显示波形的水平位置
8	垂直偏转灵敏度选择开关（VOLTS/DIV）	调节扫描速率，指示水平方向每格的扫描时间

续表

序号	控制件名称	功 能
9	灵敏度微调	CH1 或 CH2 幅度微调旋钮，用以连续调节垂直轴偏转系数，该旋钮逆时针旋转到底时为校准位置，此时可根据“VOLTS /DIV”刻度盘位置和屏幕显示幅度读取该信号的电压值
10	输入信号耦合方式选择	“AC”表示信号通过电容器隔离直流后接入，“DC”表示信号直接接入，“接地”表示直接接地
11	通道工作方式选择	“CH1”“CH2”的单独显示；ALT 为两个通道交替显示；“CHOP”为两个通道断续显示；“ADD”显示两个通道信号幅度的代数和或差；“CH2■■”为通道 2 极性转换
12	扫描方式选择	“自动”：一旦有触发信号输入，电路自动转换为触发扫描状态，调节“电平”可使波形稳定显示在屏幕上，此方式适合观察频率为 50 Hz 以上的信号。 “常态”：无信号输入时，屏幕上无光迹显示；有信号输入，且触发电平旋钮在合适位置上时，电路被触发扫描。当被测信号频率低于 50 Hz 时，必须使用该方式。 “锁定”：仪器工作在锁定状态后，无须调节电平即可使波形稳定地显示在屏幕上。 “单次”：按动复位键，电路工作在单次扫描方式
13	扫描速率选择开关（SEC/DIV）	根据被测信号的频率高低，选择合适的挡位。当扫描“微调”置于校准位置时，可根据开关刻度盘位置和波形在水平轴的距离读出被测信号的时间参数
14	扫描速率微调	扫描速率微调旋钮
15	选择触发源信号	“CH1”表示 CH1 通道的输入信号为触发信号；“CH2” 表示 CH2 通道的输入信号为触发信号；“交替”表示两路信号交替显示；“外接”表示触发信号来自外接输入端口
16	触发信号耦合方式	有 AC/DC TV 与输入信号耦合方式
17	外接输入	外接输入端口
18	电平（LEVEL）	调节被测信号在某一电平触发扫描
19	触发极性选择	选择上升或下降沿触发扫描

4.2.2 信号发生器

信号发生器是一种能提供各种频率、波形和输出电平电信号的设备。在测量各种电信系统或电信设备的振幅特性、频率特性、传输特性及其他电参数时，以及测量元器件的特性与参数时，其用作测试信号源或激励源。

信号发生器能够产生多种波形，如正弦波、三角波、锯齿波、矩形波（含方波）。其外形如图 4.2.3 所示。

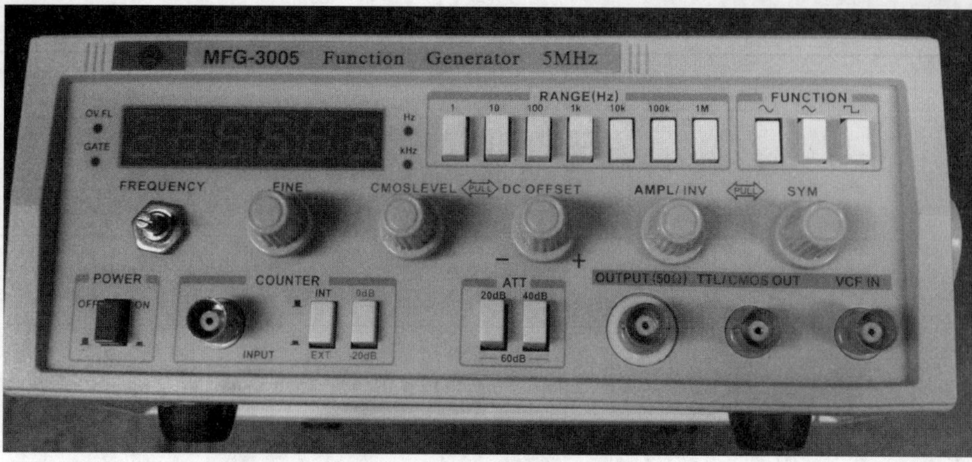

图 4.2.3 信号发生器的外形

信号发生器面板控件名称及功能如图 4.2.4 与表 4.2.2 所示。

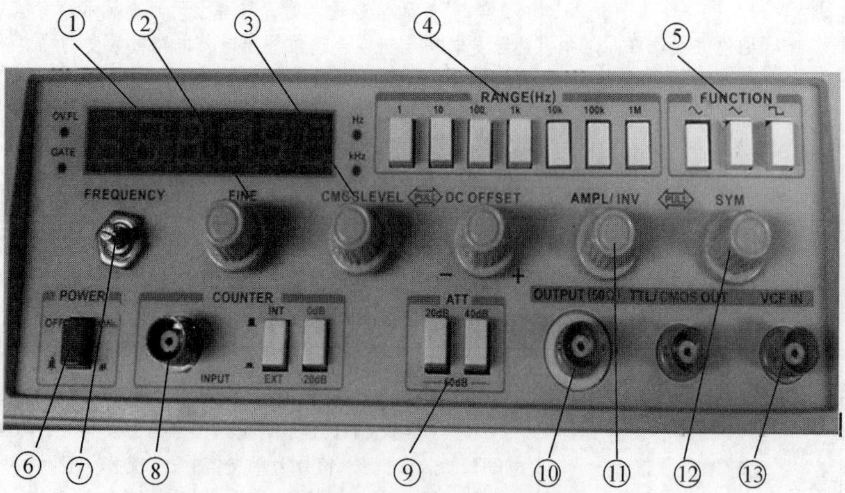

图 4.2.4 信号发生器面板

表 4.2.2 信号发生器控件名称及功能

序号	控制件名称	功能
1	显示屏及指示灯	（1）显示输出信号频率或外接计数频率，当显示函数频率时，用 4 位数码管显示；当显示外接计数频率时，用 6 位数码管显示；（2）闸门时间（GATE）指示；（3）计数频率量程溢出（OVFL）指示，此指示灯亮，需将频段挡级扩大，直到指示灯熄灭
2	频率调节旋钮	在所选择的频段范围内调节信号频率的大小
3	直流偏置旋钮	当该旋钮拉出时，直流偏置电压，加到输出信号上，其范围为 −10 ~ +10 V
4	频段开关	选择信号频率的范围
5	函数选择按键（FUNCTION）	由 3 个互锁按键开关组成，用于选择输出波形：方波、三角波、正弦波

续表

序号	控制件名称	功能
6	电源开关	接通或断开电源
7	函数/计数（FUNC/COUNT）显示控制按键	抬出时，数码管显示函数信号频率；按入时，显示外接计数频率
8	频率计数输入（COUNT IN）端	外接频率计数信号的输入端
9	衰减器（ATT）开关：	开关按入后，函数信号输出衰减约 30 dB，对外接频率计数信号衰减约 20 dB，弹出不衰减
10	信号输出（OUTPUT）端	可输出正弦波、方波、三角波、脉冲，锯齿波信号
11	“AMPL”幅度调节	拉出可对脉冲波、锯齿波进行倒相
12	占空比调节（SYM）旋钮	用于调节锯齿波或三角波的占空比，使用时需拉出来
13	压控振荡输入（VCFIN）端口	当一个外部直流电压（0 ~ 15 V DC）由 VCFIN 输入时，函数发生器的信号频率变化为 100:1

4.2.3　交流电压表与电流表

交流电压表与电流表用于测量交流电压与电流的有效值，如图 4.2.5 所示。

交流电压表使用方法：选定量程，并入电路，不分极性。

交流电流表使用方法：选定量程，串入电路，不分极性。

注意事项：

电压表内阻很大，测量时应并联接入电路，如果错接成串联，会严重影响电路的工作状态，并使电压表无法正常工作和计量。

电流表内阻很小，测量时应串联接入电路，如果错接成并联，会造成电路短路，并烧坏电流表。

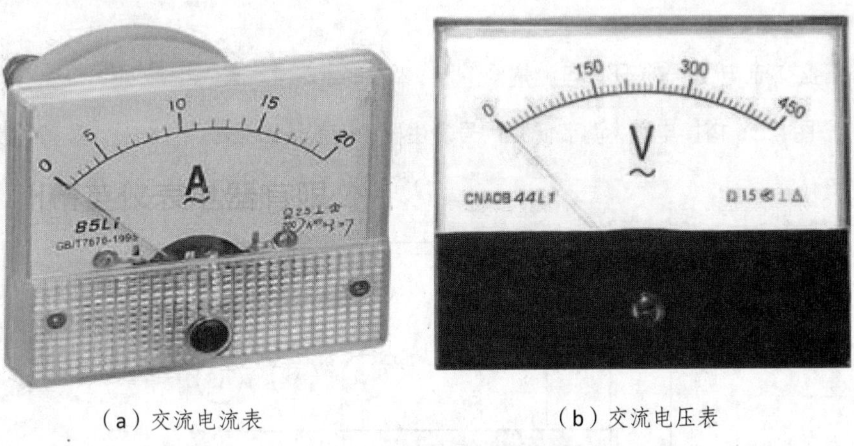

（a）交流电流表　　　　（b）交流电压表

图 4.2.5　交流电流表与电压表外形

【任务实施准备】

1. 器材装备

交流电压表 1 块，交流电流表 3 块，低频信号发生器 1 台，双踪示波器 1 台，电阻器 1 个，电感器 1 个，电容器 1 个，连接导线若干。

2. 实训资料准备

示波器、低频信号发生器学习包，实训报告。

【任务实施步骤】

1. 示波器面板功能认知

（1）接通示波器的电源，电源指示灯点亮，在屏幕上出现一条横直线波形，若横线不在刻度 0 处，则调节垂直位移，使横线移动到刻度 0 处。

（2）调整聚焦旋钮，使横线清晰显示；调整亮度旋钮，使横线亮度适中。

（3）初始设置：选择“CH1”通道、“自动”扫描方式，将耦合方式调整为“DC”。

（4）将校准信号（峰-峰值为 0.5 V、频率为 1 kHz 的方波信号）从示波器的“CH1”输入。

（5）调整灵敏度选择开关“VOLTS/DIV”和扫描速率选择开关“SEC/DIV”，将刻度记录下来，计算出测量的电压值和频率，与校准电压和频率进行对比，然后调节校正示波器。

（6）将探极换到“CH2”输入插座，选择“CH2”通道，触发源选择“CH2”，重复步骤（5）。

2. 函数信号发生器面板功能认知

（1）接通函数信号发生器电源开关。

（2）按下波形选择开关中的三角波开关。

（3）将频段开关置于“10k”档，调节“频率调节”旋钮，使显示屏上显示“2 kHz”的频率。

3. 正弦交流电信号的观察与测量

（1）按图 4.2.6 搭接电路，调节低频信号发生器，使其输出频率为 1 kHz、峰-峰值为 10 V 的正弦波。

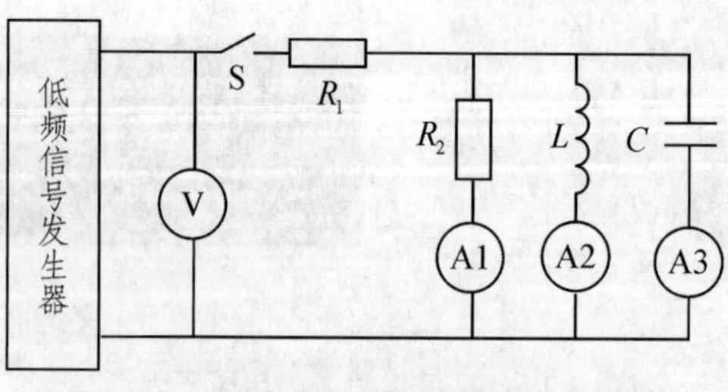

图 4.2.6　正弦交流电信号的观察与测量

（2）用双踪示波器其中一路观察电阻 R_2 上电压波形，另一路观察电容上电压波形，再分别观察电阻与电感两端的电压波形，电感与电容两端的电压波形，并读出电压信号的峰值，并从中观察它们的相位差。

【任务评价】

把实训过程评价填入“实训过程综合评价表”（见附表 1）。

任务 4.3　单一元件的单相交流电路的认知

【任务目标】

知识目标：

（1）掌握电阻的概念及纯电阻电路中电压与电流的关系及电功率。

（2）掌握感抗的概念及纯电感电路中电压与电流的关系及电功率。

（3）掌握容抗的概念及纯电容电路中电压与电流的关系及电功率。

能力目标：

（1）能理解电阻、感抗、容抗的定义与作用。

（2）能理解在纯电阻、电感、电容电路中电压与电流的数量与相位关系。

（3）能理解有功功率与无功功率的定义与作用。

素质目标：

（1）养成每次课后归纳总结所学内容的习惯。

（2）建立起对知识点理解后能反复背记以牢固掌握的习惯。

【任务重点】

感抗与容抗的定义与作用，电压与电流的数量关系。

【任务难点】

无功功率的概念及电压与电流的相位关系。

【任务学时】

8 学时。

【知识链接】

交流负载一般是电阻、电感、电容或它们的不同组合。我们把负载中只有电阻的交流电路称为纯电阻电路，只有电感的电路称为纯电感电路，只有电容的电路称为纯电容电路。严格地讲，几乎没有单一参数的纯电路存在，但为分析交流电路的方便，常常先从分析纯电路所具有的特点着手。

4.3.1 纯电阻电路

由白炽灯、电烙铁、电阻炉等电阻器组成的交流电路都可近似看成是纯电阻电路，因为这些电路中，当外加电压一定时，影响电流大小的主要因素是电阻 R。

4.3.1.1 纯电阻电路中电压与电流的关系

1. 电压与电流的数量关系

图 4.3.1（a）所示为一纯电阻电路。在电阻两端加上交流电压 u_R 时，电阻中就有电流 i 通过。根据欧姆定律，电阻元件两端的电压和通过它的电流成正比。对于交流电路来说，这一关系在任何瞬间都是成立的，即

$$u_R = iR$$

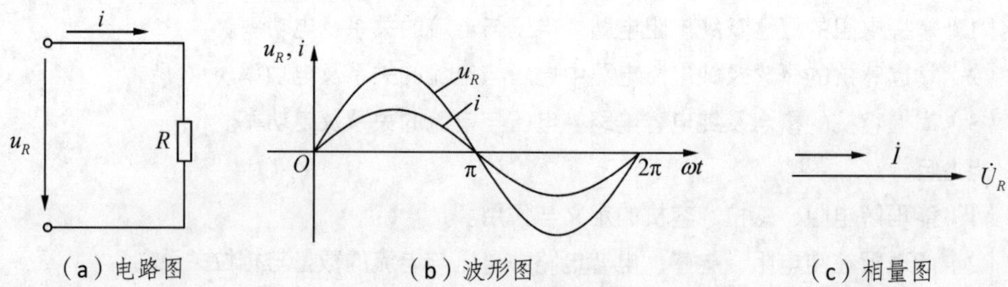

图 4.3.1 纯电阻电路

设加在电阻两端的电压为

$$U_R = U_{Rm}\sin\omega t$$

则通过电阻的电流为

$$i = \frac{u_R}{R} = \frac{U_{Rm}}{R}\sin\omega t = I_m \sin\omega t$$

式中，$I_m = \dfrac{U_{Rm}}{R}$ 是电流的最大值。

将等式 $I_m = \dfrac{U_{Rm}}{R}$ 两边各除以 $\sqrt{2}$，则得电压与电流有效值之间的关系为

$$I = \frac{U_R}{R} \tag{4.2.1}$$

可见，在纯电阻交流电路中，电压与电流的数量关系，不管用瞬时值、最大值或有效值来表达，都符合欧姆定律。

2. 电压与电流的频率关系与相位关系

电压、电流的波形图如图 4.3.1（b）所示，其相量图如图 4.3.1（c）所示。在纯电阻电路中波形图、相量图和电压、电流的瞬时值表达式都表明：

（1）电压与电流的频率相同。

（2）电压与电流的相位相同（即电压 u_R 与电流 i 的初相位相同，$\varphi_u=\varphi_i$）。

例 4.3.1 一个 $R=11\ \Omega$的电阻，接到 $u=220\sqrt{2}\sin(314t+30°)$ V 的电源上，求流过电阻的电流瞬时值表达式，并画出电压、电流的相量图。

解：

$$I=\frac{U}{R}=\frac{220}{11}=20\ (\mathrm{A})$$

$$i=20\sqrt{2}\sin(314t+30°)\ (\mathrm{A})$$

相量图如图 4.3.2 所示。

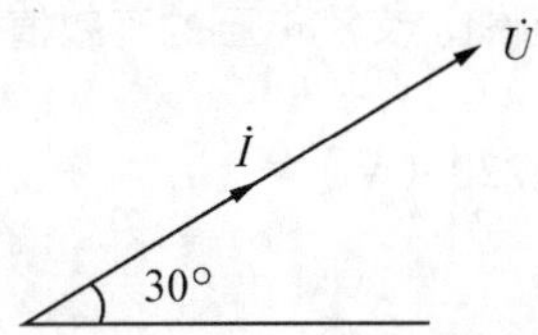

图 4.3.2　电压、电流的相量图

4.3.1.2　纯电阻电路中的电功率

1. 瞬时功率

由于电阻两端的电压和电阻中的电流都在不断变化，所以电阻消耗的功率也在不断变化。我们把电压瞬时值和电流瞬时值的乘积叫作瞬时功率。

设 $u_R=U_{Rm}\sin\omega t$，$i=I_m\sin\omega t$，则瞬时功率

$$p=U_Ri=U_{Rm}\sin\omega t\times I_m\sin\omega t \tag{4.3.2}$$

根据式（4.3.2），将电压和电流同一瞬间的数值逐点相乘，即可画出如图 4.3.3 所示的瞬时功率曲线。由于在前半周内电压和电流都为正值，则功率也为正值，在后半周内虽然电压和电流都是负值，但二者的乘积仍为正值，所以瞬时功率曲线都为正值。

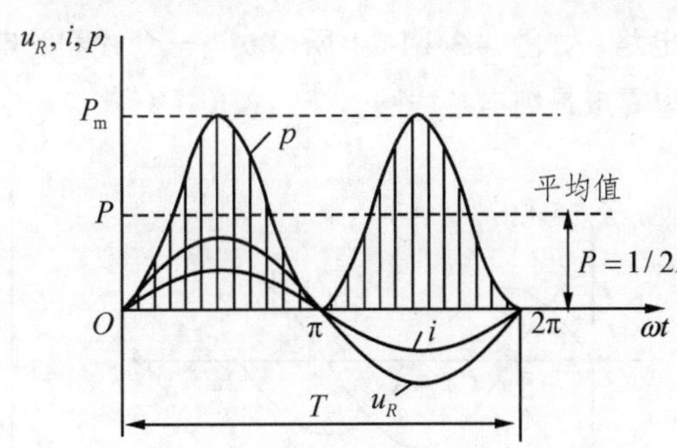

图 4.3.3　纯电阻电路的功率曲线

2. 有功功率

由于瞬时功率的测量和计算都不方便，故通常用电阻在交流电一个周期内平均消耗的功率来表示功率的大小，叫作平均功率。又因为电阻消耗电能说明电流做了功，从做功的角度又把平均功率叫作“有功功率”，以 P 表示，单位仍是瓦（W）。经数学推导证明，有功功率

等于最大瞬时功率的一半，即

$$P=\frac{1}{2}U_{R\mathrm{m}}I_{\mathrm{m}}=U_RI=I^2R=\frac{U_R^2}{R}\text{（W）} \tag{4.3.3}$$

式中　P——有功功率（W）；

U_R——加在电阻两端的交流电压有效值（V）；

I——流过电阻的交流电流有效值（A）；

R——用电器的电阻值（Ω）。

例 4.3.2　已知某电烙铁工作时的电阻 $R=1100\,\Omega$，其两端电压为 $u=311\sin 314t\,\mathrm{V}$。试求：（1）电流有效值 I，并写出电流的瞬时值表达式；（2）电烙铁的有功功率 P。

解：（1）由 $u=311\sin 314t\,\mathrm{V}$ 可知，交流电压的有效值为

$$U=\frac{U_{\mathrm{m}}}{\sqrt{2}}=\frac{311}{\sqrt{2}}=220\text{（V）}$$

则电流有效值为

$$I=\frac{U}{R}=\frac{220}{1\,100}=0.2\text{（A）}$$

又因电烙铁可视为纯电阻，电流与电压初相位相同，所以电流的瞬时值表达式为

$$i=0.2\sqrt{2}\sin 314t\text{（A）}$$

（2）由式（4.3.3）可直接求得电烙铁的有功功率为

$$P=UI=220\times 0.2=44\text{（W）}$$

4.3.2　纯电感电路

电感也是交流电路的参数之一。一般来说，任何电路都有电感，只是大小不同而已。当电路的外加电压一定时，影响电流大小的决定性因素是电感，而电阻、电容的影响可以忽略不计，则此电路叫作纯电感电路，如图 4.3.4（a）所示。当一个线圈的电阻小到可以忽略不计的程度时，这个线圈就可以看成是纯电感线圈。

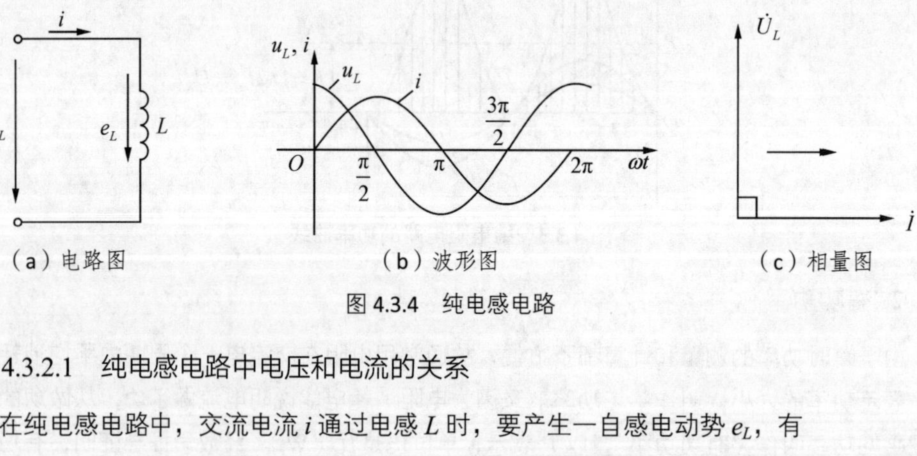

（a）电路图　（b）波形图　（c）相量图

图 4.3.4　纯电感电路

4.3.2.1　纯电感电路中电压和电流的关系

在纯电感电路中，交流电流 i 通过电感 L 时，要产生一自感电动势 e_L，有

$$e_L = -L\frac{\mathrm{d}i}{\mathrm{d}t}$$

式中，负号表示电流增大时($\mathrm{d}i/\mathrm{d}t>0$)，自感电动势 e_L 为负值，反之同样成立，即自感电动势的方向永远和外电流的变化趋势相反；L 为线圈的电感，它是衡量线圈产生自感磁通本领大小的物理量，单位为亨（H）。

当选定 u_L 的参考方向与 e_L 的参考方向相同时，有

$$u_L = -e_L = L\frac{\mathrm{d}i}{\mathrm{d}t}$$

可以看出，电压的大小与电流的变化率成正比，而不是与电流成正比。

设流过电感元件的正弦电流初相位为零，即

$$i = I_{\mathrm{m}}\sin\omega t$$

则电感元件两端的电压为

$$u_L = L\frac{\mathrm{d}i}{\mathrm{d}t} = L\frac{\mathrm{d}}{\mathrm{d}t}(I_{\mathrm{m}}\sin\omega t) = \omega L I_{\mathrm{m}}\cos\omega t = \omega L I_{\mathrm{m}}\sin(\omega t + 90°) = U_{L\mathrm{m}}\sin(\omega t + 90°)$$

式中 $$U_{L\mathrm{m}} = \omega L I_{\mathrm{m}}$$

电压、电流的波形图如图 4.3.4（b）所示，其相量图如图 4.3.4（c）所示。电压、电流的瞬时值表达式及波形图、相量图，能说明以下问题：

1. 电压与电流的频率关系

在纯电感电路中，电压 u_L 与电流 i 是相同频率的正弦量。

2. 电压与电流的相位关系

在纯电感电路中，电压 u_L 的初相位 $\varphi_u = \varphi_i + 90°$，即电压 u_L 超前于电流 i 90°。

3. 电感元件的感抗

电感元件两端电压的有效值与流过其电流的有效值的比值，称为电感元件的电抗，简称感抗，用符号 X_L 表示，单位是欧姆（Ω）。

由 $U_{L\mathrm{m}} = \omega L I_{\mathrm{m}}$ 知：

$$X_L = \frac{U_L}{I} = \frac{U_{L\mathrm{m}}}{I_{\mathrm{m}}} = \omega L = 2\pi f L\ (\Omega) \tag{4.3.4}$$

感抗 X_L 是用来表示电感元件对交流电所起阻碍作用大小的物理量，它与电源的频率成正比。这是由于频率越高，电流变化越快，自感电动势 e_L 就越大，对电流的阻碍作用也越大。对于直流电，因 $f=0$，则 $X_L=0$，电感线圈可视为短路。这是由于电感线圈通直流电时，不能产生自感电动势的缘故。

值得注意的是，虽然感抗 X_L 的作用和电阻 R 相当，但感抗只有在交流电路中才有意义，而且感抗只能代表电压和电流最大值或有效值的比值，不能代表电压和电流瞬时值的比值，即 $X_L \neq u_L/i$，这是因为 u_L 和 i 的初相位是不同的。

4. 电压与电流的数量关系

由式（4.3.4）得

$$I=\frac{U_L}{X_L} \quad 或 \quad U_L=IX_L \tag{4.3.5}$$

可见，在纯电感交流电路中，电压、电流有效值和感抗三者的数量关系仍符合欧姆定律。

例 4.3.3 将电压有效值 $U=220$ V，$f=50$ Hz 的正弦交流电接到 $L=0.75$ H 的纯电感上，试计算电感器的感抗 X_L 及流过它的电流 I。

解：感抗为 $X_L=2\pi fL=2\times3.14\times50\times0.75=235.6$（Ω）

电流为
$$I=\frac{U}{X_L}=\frac{220}{235.6}=0.93\text{（A）}$$

4.3.2.2 纯电感电路中的电功率

1. 瞬时功率

在纯电感电路中，电压瞬时值与电流瞬时值的乘积，称为瞬时功率，即

$$p_L=u_Li=U_{Lm}\sin（\omega t+90°）I_m\sin\omega t=U_LI\sin2\omega t \tag{4.3.6}$$

根据式（4.2.6），将电压、电流同一瞬间的数值逐点相乘，即可画出图 4.3.5 所示的瞬时功率曲线。

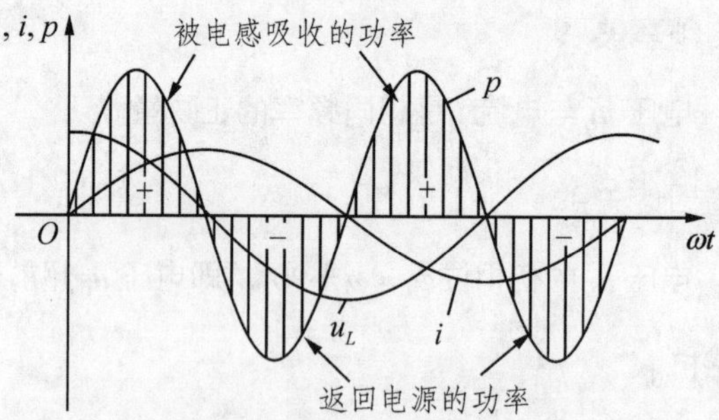

图 4.3.5 纯电感电路的瞬时功率

2. 有功功率

由图 4.3.5 可知，瞬时功率 p 在一个周期内的平均值为零，即纯电感电路的有功功率为零（$P_L=0$）。这说明电感在交流电路中不消耗电能，但电感与电源间却进行着能量交换。

3. 无功功率

由于纯电感电路的瞬时功率的频率是电压和电流频率的两倍，则在第一及第三个 1/4 周期内，p 为正值，这表示电感吸收电源能量并以磁能形式储存于线圈中；在第二及第四个 1/4 周期内，p 为负值，这表示电感把储存的能量送回电源。不同的电感与电源交换能量的规模是不同的，人们用瞬时功率的最大值来反映电感元件与电源间进行能量交换的规模，并把它叫作电路的无功功率，用 Q_L 表示，单位为乏（var）。其数学表达式为

$$Q_L = U_L I = I^2 X_L = \frac{U_L^2}{X_L}\ (\mathrm{var}) \tag{4.3.7}$$

必须指出，“无功”的含义是“交换”而不是“消耗”，它是相对“有功”而言的，决不能理解为“无用”。事实上，无功功率在生产实践中占有很重要的地位，具有电感性质的变压器、电动机等设备都是靠电磁转换工作，因此，若没有无功功率，这些设备就无法工作。

例 4.3.4 有一电阻可以忽略、$L = 0.7$ H 的电感线圈接在 $u = 220\sqrt{2}\sin(314t + 30°)$ V 的交流电源上，求：（1）线圈的感抗 X_L；（2）流过线圈的电流有效值 I 及其瞬时值表达式；（3）电路的无功功率 Q_L。

解：（1）线圈的感抗

$$X_L = \omega L = 314 \times 0.7 \approx 220\ (\Omega)$$

（2）电压有效值 U = 220V，则流过线圈的电流有效值

$$I = \frac{U_L}{X_L} = \frac{220}{220} = 1\ (\mathrm{A})$$

因电流滞后电压 90°，而电压的初相位为 30°，则电流的初相位为

$$\varphi_i = \varphi_u - 90° = 30° - 90° = -60°$$

所以流过线圈的电流瞬时值表达式为

$$i = \sqrt{2}\sin(314t - 60°)\ (\mathrm{A})$$

（3）电路的无功功率为

$$Q_L = U_L I = 220 \times 1 = 220\ (\mathrm{var})$$

4.3.3 纯电容电路

因为电容器的损耗是很小的，所以一般情况下可将电容器看成是一个纯电容。纯电容电路如图 4.3.6（a）所示。

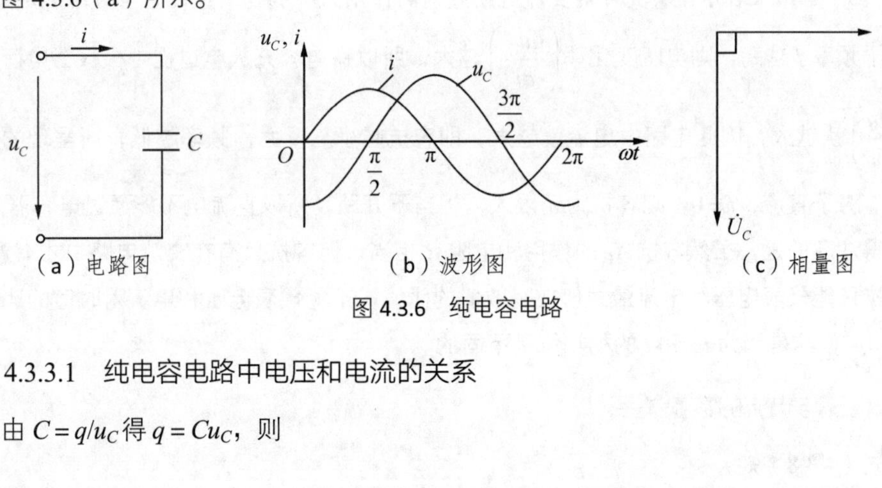

图 4.3.6 纯电容电路

4.3.3.1 纯电容电路中电压和电流的关系

由 $C = q/u_C$ 得 $q = Cu_C$，则

$$i=\frac{dq}{dt}=C\frac{du_C}{dt}$$

设加在电容器两端的正弦电压为

$$U_C=U_{Cm}\sin\omega t$$

则通过电容器的电流为

$$i=C\frac{du_C}{dt}=C\frac{d}{dt}(U_{Cm}\sin\omega t)=\omega CU_{Cm}\cos\omega t=\omega CU_{Cm}\sin(\omega t+90°)$$

$$=I_m\sin(\omega t+90°)$$

式中 $$I_m=\omega CU_{Cm}$$

电压、电流的波形图如图 4.3.6（b）所示，相量图如图 4.3.6（c）所示。电压、电流的瞬时值表达式及波形图、相量图，能说明以下问题：

1. 电压与电流的频率关系

在纯电容电路中，电压 u_C 与电流 i 是相同频率的正弦量。

2. 电压与电流的相位关系

在纯电容电路中，电压 u_C 的初相位 $\varphi_u=\varphi_i-90°$，即电压 u_C 滞后于电流 i 90°。

3. 电容元件的容抗

电容器两端电压的有效值与流过电容器电流的有效值的比值，称电容元件的电抗，简称容抗，用符号 X_C 表示，单位是欧姆（Ω）。

由 $I_m=\omega CU_{Cm}$ 知：

$$X_C=\frac{U_C}{I}=\frac{U_{Cm}}{I_m}=\frac{1}{\omega C}=\frac{1}{2\pi fC}\ (\Omega) \tag{4.3.8}$$

容抗 X_C 是用来表示电容元件对交流电所起阻碍作用大小的物理量，它与频率 f 成反比。这是由于频率 f 越高，则电压变化率 $\left(\frac{du_C}{dt}\right)$ 越大，所以在电容充放电过程中极板上电荷的变化率 $\left(\frac{dq}{dt}\right)$ 就越大，因此电路中电流就越大，即容抗越小。反之，频率越低，所呈现的容抗就越大。对于直流，$f=0$，则容抗为无限大，相当于开路，所以直流电不能通过电容器。

值得注意的是，虽然容抗 X_C 的作用和电阻 R 相当，但容抗只有在交流电路中才有意义，而且容抗只能代表电压和电流最大值或有效值的比值，不能代表电压和电流瞬时值的比值，即 $X_C\neq u_C/i$，这是因为 u_C 和 i 的初相位是不同的。

4. 电压与电流的数量关系

由式（4.3.8）知：

$$I=\frac{U_C}{X_C} \quad 或 \quad U_C=IX_C \tag{4.3.9}$$

可见，在纯电容电路中，电压、电流有效值和容抗三者的数量关系仍符合欧姆定律。

例 4.3.5 某电容量 $C=1/100\pi$ F 的电容器接在 $U=10$ V、$f=50$ Hz 的交流电源上，求电容器的容抗 X_C 及通过电容器的电流 I。

解： 容抗为

$$X_C=\frac{1}{2\pi fC}=\frac{1}{100\pi\times\frac{1}{100\pi}}=1\ (\Omega)$$

电流为

$$I=\frac{U}{X_C}=\frac{10}{1}=10\ (\text{A})$$

4.3.3.2 纯电容电路中的电功率

1. 瞬时功率

在纯电容电路中，电压瞬时值与电流瞬时值的乘积，称为瞬时功率，即

$$p=U_Ci=U_{\text{Cm}}\sin\omega tI_{\text{m}}\sin(\omega t+90°) \tag{4.3.10}$$

根据式（4.3.10）可画出图 4.3.7 所示的瞬时功率曲线。

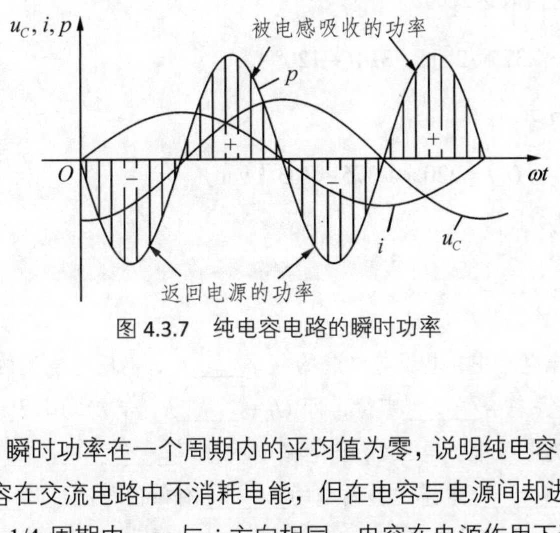

图 4.3.7 纯电容电路的瞬时功率

2. 有功功率

由图 4.3.7 可知，瞬时功率在一个周期内的平均值为零，说明纯电容电路的有功功率为零（$P_C=0$）。这表明电容在交流电路中不消耗电能，但在电容与电源间却进行着能量交换。

在第二及第四个 1/4 周期内，u_C 与 i 方向相同，电容在电源作用下进行充电，瞬时功率为正值，表明电源用充电方式向电容器输送能量，电容将吸取的能量转换为电场能量储存在电容器中；在第一及第三个 1/4 周期内，u_C 与 i 反方向，电容进行放电，p 为负值，表明电容送出功率，将原来储存在电容器中的能量送还给电源。所以，电容与电感一样，不消耗电源的能量，是个储能元件。

3. 无功功率

与纯电感电路相似，把纯电容电路中瞬时功率的最大值定义为无功功率，用以表示电容

器与电源交换能量的规模。无功功率的数学表达式为

$$Q_C = U_C I = I^2 X_C = \frac{U_C^2}{X_C} \text{ (var)} \tag{4.3.11}$$

例 4.3.6 将 $C = 20\ \mu\text{F}$ 的电容器接在 $u = 220\sqrt{2}\sin(314t + 30°)$ V 的交流电源上，试求：

（1）电容器的容抗 X_C。

（2）电流有效值 I 及瞬时值表达式。

（3）电路的无功功率 Q_C。

解：（1）电容器的容抗

$$X_C = \frac{1}{\omega C} = \frac{1}{314 \times 20 \times 10^{-6}} \approx 160\ (\Omega)$$

（2）电压有效值 $U = 220$ V，则流过电容的电流有效值为

$$I = \frac{U}{X_C} = \frac{220}{160} \approx 1.375\ (\text{A})$$

因电流超前电压 90°，而电压的初相位 $\varphi_u = 30°$，则电流的初相位为

$$\varphi_i = \varphi_u + 90° = 30° + 90° = 120°$$

所以电流的瞬时值表达式为

$$i = 1.375\sqrt{2}\sin(314t + 120°)\ \text{A}$$

（3）无功功率为

$$Q_C = U_C I = 220 \times 1.375 \approx 303\ (\text{var})$$

【思考与练习】

一、填空题

1. 在纯电阻交流电路中，电压与电流的频率______，电压与电流的相位______，电压与电流的有效值数量关系符合______定律，即 $U_R =$ ______R。有功功率 $P =$ ____________。

2. 在纯电感交流电路中，电压 u_L 与电流 i 的频率______。电压 u_L 在相位上超前于电流 i______，即 $\varphi_u = \varphi_i +$ ______。电感元件两端的______有效值与流过其______有效值之比，称为电感元件的感抗，它表示电感元件对电流产生的阻碍作用，相当于电感元件的“电阻”，用符号 X_L 表示，单位是______，$X_L =$ ___/$I =$ ________。在纯电感交流电路中，电压、电流有效值和感抗三者的数量关系符合________定律，即 $U_L = I$________。纯电感电路的有功功率 $P_L =$ ______，这说明______在交流电路中不消耗电能，是个储能元件，但电感与电源间却进行着能量________。人们用无功功率的大小来反映电感元件与电源间进行能量交换的规模，用符号 Q_L 表示，单位为______。 $Q_L =$ ____$I = I^2$______。

3. 在纯电容交流电路中，电压 u_C 与电流 i 的频率______。电压 u_C 在相位上滞后于电流 i______，即 $\varphi_u = \varphi_i -$ ______。电容器两端______的有效值与流过电容器______的有效值______，

称电容器的容抗，它表示电容元件对电流产生的阻碍作用，相当于电容元件的“电阻”，用符号 X_C 表示，单位是_____。X_C=_____/I=_______________。在纯电容交流电路中，电压、电流有效值和容抗三者的数量关系符合______定律。即 $U_C=I$_____。纯电容电路的有功功率 P_C=_______，这说明电容器在交流电路中不________电能，是个储能元件。纯电容电路的无功功率用以表示电容器与电源交换能量的______，用符号 Q_C 表示，单位为______，Q_C =____$I=I^2$____ =_____/X_C。

二、计算题

1. 室内装有两个灯泡，一个标明 220 V/110 W，另一个标明 220 V/22 W，将它们并联到 220 V 的电源上，两个灯泡都正常发光时，线路中的总电流是多少？

2. 一个 22 Ω 的电阻丝，接到 $u=220\sqrt{2}\sin(314t-120°)$ V 的电源上，求流过电阻丝的电流相量表达式，并画出电压、电流的相量图。

3. 把电感 $L=1/\pi$ H，电阻可忽略不计的电感线圈接到 $u=220\sqrt{2}\sin(100\pi t+30°)$ V 的电源上，要求：

（1）试求线圈的感抗 X_L；

（2）试求流过线圈的电流有效值 I；

（3）写出电流的瞬时值表达式与相量表达式；

（4）画出电压和电流相应的相量图；

（5）试求无功功率 Q_L。

4. 已知一电感线圈通过 50 Hz 的电流时，其感抗为 10 Ω，u_L 与 i 的相位差为 90°，试问：若电压有效值不变，当频率升高到 5 000 Hz 时，其感抗是多少？u_L 与 i 的相位差是多少？

5. 把 $C=1/1\,000\pi$ F 的电容器接到 $u=220\sqrt{2}\sin(100\pi t+30°)$ V 的电源上。

（1）试求流过电容器的电流有效值 I；

（2）写出电流的瞬时值表达式与相量表达式；

（3）画出电压和电流相应的相量图；

（4）试求无功功率 Q_C。

6. 已知一电容器通过 50 Hz 的电流时，其容抗为 100 Ω，i 与 u_C 相位差为 90°，试问：若电压有效值不变，当频率升高到 5 000 Hz 时，其容抗是多少？i 与 u_C 的相位差是多少？

任务 4.4　含有多个电路元件的单相交流电路的分析

【任务目标】

知识目标：

（1）掌握阻抗的定义与作用。

（2）掌握电路中电压与电流的相位与数量关系。

（3）掌握有功、无功、视在功率与功率因数的概念与作用。

（4）了解谐振的概念及串并联谐振电路的特点。

能力目标：

（1）能理解阻抗的定义与作用。

（2）能理解电压与电流的数量与相位关系。

（3）能理解有功、无功、视在功率、功率因数的定义与作用。

素质目标：

（1）养成每次课后归纳总结所学内容的习惯。

（2）建立起对知识点理解后能反复背记以牢固掌握的习惯。

【任务重点】

阻抗的定义与作用，电压与电流的数量关系。

【任务难点】

电压与电流的相位关系，对无功与视在功率的理解。

【任务学时】

8 学时。

【知识链接】

4.4.1　RL 串联电路

4.4.1.1　RL 串联电路中总电压与各分电压的关系

在许多实际电路中，如电动机的线圈，它们的简化等效电路都是电阻与电感串联的电路，简称 R-L 串联电路，如图 4.4.1（a）所示。

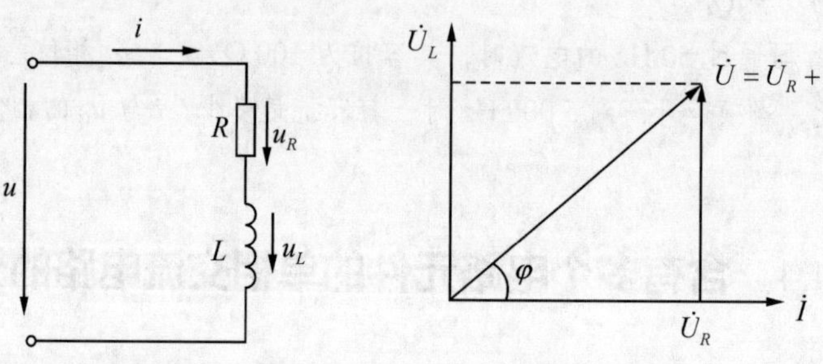

（a）电路图　　（b）相量图

图 4.4.1　*R-L* 串联电路

设通过 R-L 串联电路的电流为参考正弦量，即

$$i=I_{\mathrm{m}}\sin\omega t=\sqrt{2}\,I\sin\omega t$$

因为电阻上的电压是与电流同频率、同相位的正弦量，电感上的电压是超前电流 90°的同频

正弦量，所以它们的瞬时值表达式分别是：

$$U_R = U_{Rm}\sin\omega t = \sqrt{2}\,U_R\sin\omega t,\ U_R = IR$$

$$U_L = U_{Lm}\sin(\omega t + 90°) = \sqrt{2}\,U_L\sin(\omega t + 90°),\ U_L = IX_L$$

根据 u_R、u_L 的瞬时值表达式作相量图，如图 4.4.1（b）所示。由相量图可知：电路两端的总电压是这两个分电压的相量和，即

$$\dot{U} = \dot{U}_R + \dot{U}_L$$

则电路的总电压有效值为

$$U = \sqrt{U_R^2 + U_L^2} = \sqrt{(IR)^2 + (IX_L)^2} = I\sqrt{R^2 + X_L^2} \qquad (4.4.1)$$

由相量图可得电压三角形，如图 4.4.2 所示。

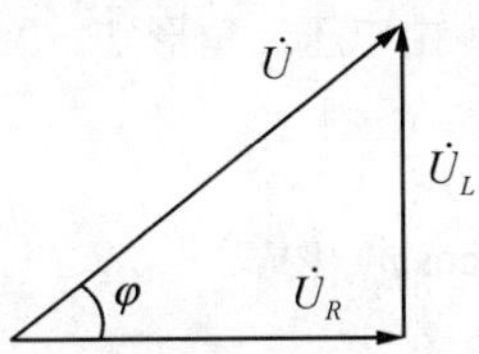

图 4.4.2　*R-L* 串联电路的电压三角形

4.4.1.2　负载的阻抗

负载两端的电压与流过负载的电流之比，称为负载的阻抗，符号用 Z 表示，单位是欧姆（Ω）。它表示电路的负载对电流产生的阻碍作用的大小。

由式（4.4.1）可得

$$Z = \frac{U}{I} = \frac{I\sqrt{R^2 + X_L^2}}{I} = \sqrt{R^2 + X_L^2} \qquad (4.4.2)$$

R-L 串联负载的阻抗，综合了电路的电阻、电感对交流电流的阻碍作用。其大小只决定于电路负载的参数（R、L）和电源的频率 f，而与电压及电流的大小无关。

式（4.4.2）表明，Z、R、X_L 三者在数量关系上组成了阻抗三角形，如图 4.3.3 所示。

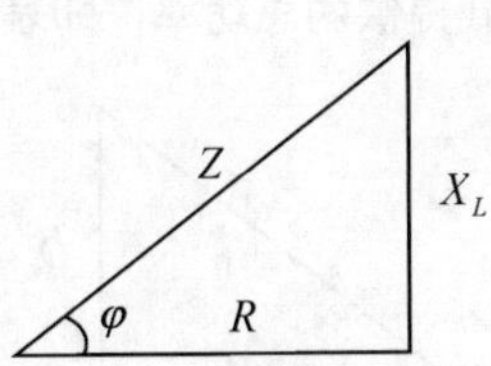

图 4.3.3　*R-L* 串联电路的阻抗三角形

总电压和电流的相位差 φ 可由电压三角形或阻抗三角形计算出来，即

$$\varphi = \arctan\frac{U_L}{U_R} = \frac{IX_L}{IR} = \frac{X_L}{R}$$

上式说明，相位差 φ 是由电路负载的参数（R、L）及电源频率所决定的，而与电压和电

流的大小及初相位无关。角φ也称为“阻抗角”。

4.4.1.3 电压与电流的数量关系

由式（4.4.2）得

$$U = IZ \tag{4.4.3}$$

故

$$U_R = IR,\ U_L = IX_L$$

4.4.1.4 *RL* 串联电路中的功率

R-L 串联电路中，由于既有储能元件电感，又有耗能元件电阻，所以既有有功功率，又有无功功率。

1. 有功功率

有功功率是电阻上消耗的功率，由电压三角形知

$$U_R = U\cos\varphi$$

$$P = U_R I = I^2 R = UI\cos\varphi \quad (\mathrm{W}) \tag{4.4.4}$$

2. 无功功率

在 *R-L* 串联电路中，电感与电源进行能量交换，所以有无功功率。整个电路的无功功率由电压三角形知

$$U_L = U\sin\varphi$$

$$Q = Q_L = U_L I = I^2 X_L = UI\sin\varphi \quad (\mathrm{var}) \tag{4.4.5}$$

3. 视在功率

电路中总电压有效值 U 与电流有效值 I 的乘积，叫作视在功率，用符号 S 表示，即

$$S = UI \quad (\mathrm{V \cdot A}) \tag{4.4.6}$$

为了和有功功率、无功功率的单位相区别，视在功率用伏安（V·A）或千伏安（kV·A）作为单位。视在功率表示电源向负载提供的总功率，即表示交流电源的容量大小。

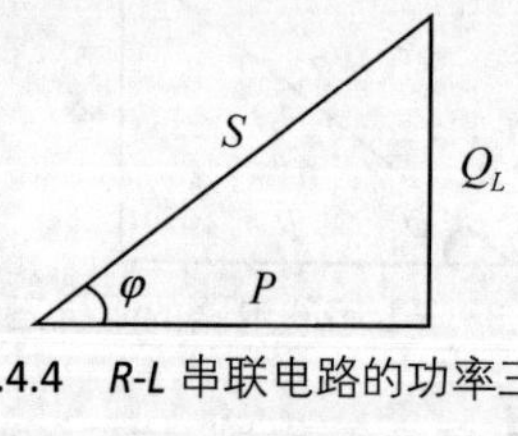

图 4.4.4 *R-L* 串联电路的功率三角形

由 P、Q、S 可构成功率三角形，如图 4.4.4 所示。它的斜边是视在功率 S，两直角边分别是有功功率 P 和无功功率 Q。由于 P、Q、S 不是相量，所以功率三角形也不是相量三角形。

在功率三角形中，有

$$S = \sqrt{P^2 + Q^2} \tag{4.4.7}$$

4. 功率因数

为了反映电源利用率，我们把有功功率与视在功率的比值称作功率因数（$\cos\varphi$）。由功率、电压、阻抗三角形得

$$\cos\varphi=\frac{P}{S}=\frac{U_R}{U}=\frac{R}{Z} \tag{4.4.8}$$

例 4.4.1 将电感 $L=25.5$ mH、电阻 $R=6\ \Omega$的线圈接到电压有效值 $U=220$ V、角频率 $\omega=314$ rad/s 的电源上，求：（1）线圈的 X_L、Z；（2）电路中的电流 I、U_R、U_L；（3）电路的 P、Q_L、S；（4）功率因数 $\cos\varphi$。

解：（1）感抗

$$X_L=\omega L=314\times25.5\times10^{-3}\approx8\ (\Omega)$$

阻抗

$$Z=\sqrt{R^2+X_L^2}=\sqrt{6^2+8^2}=10\ (\Omega)$$

（2）

$$I=\frac{U}{Z}=\frac{220}{10}=22\ (\text{A})$$

$$U_R=IR=22\times6=132\ (\text{V})$$

$$U_L=IX_L=22\times8=176\ (\text{V})$$

（3）

$$P=I^2R=22\times22\times6=2\,904\ (\text{W})$$

$$Q_L=I^2X_L=22\times22\times8=3\,872\ (\text{var})$$

$$S=UI=220\times22=4\,840\ (\text{V}\cdot\text{A})$$

（4）

$$\cos\varphi=\frac{P}{S}=\frac{R}{Z}=\frac{6}{8}=0.6$$

4.4.2 *RLC* 串联电路

讨论 *RLC* 串联电路的特性是很重要的，因为它包含了电阻、电感、电容三个不同的电路参数，能体现出正弦交流电路的一般特点。

4.4.2.1 *RLC* 串联电路中总电压与各分电压的关系

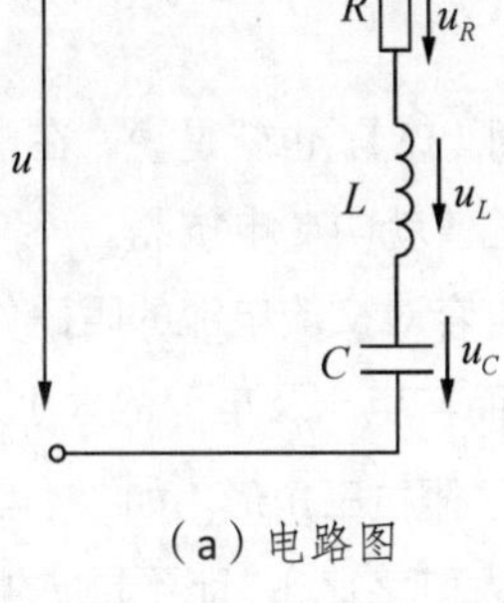

（a）电路图

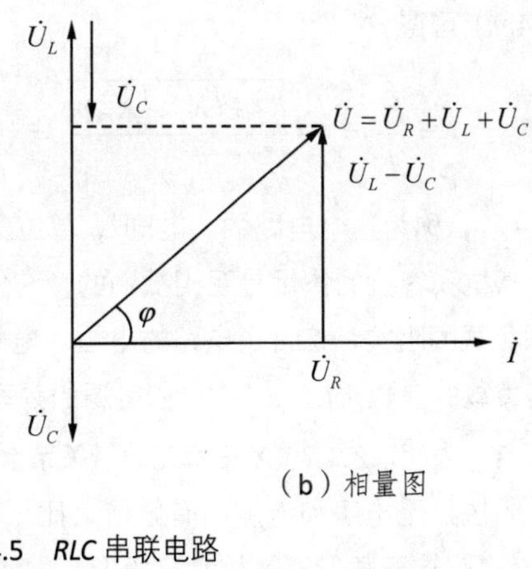

（b）相量图

图 4.4.5 *RLC* 串联电路

设通过 *RLC* 串联电路的电流为参考正弦量，即

$$i = I_{\mathrm{m}}\sin\omega t = \sqrt{2}\, I\sin\omega t$$

因为电阻上的电压是与电流同频率、同相位的正弦量，电感上的电压是超前电流 90°的同频正弦量，电容上的电压是滞后电流 90°的同频正弦量，所以它们的瞬时值表达式分别是：

$$U_R = U_{R\mathrm{m}}\sin\omega t = \sqrt{2}\, U_R\sin\omega t，\ U_R = IR$$

$$U_L = U_{L\mathrm{m}}\sin（\omega t + 90°）= \sqrt{2}\, U_L\sin（\omega t + 90°），\ U_L = IX_L$$

$$U_C = U_{C\mathrm{m}}\sin（\omega t - 90°）= \sqrt{2}\, U_C\sin（\omega t - 90°），\ U_C = IX_C$$

根据 U_R、U_L、U_C 的瞬时值表达式作相量图，如图 4.4.5（b）所示（设 $X_L>X_C$，即 $U_L>U_C$）。由相量图可知：电路两端的总电压是这三个分电压的相量和，即

$$\dot{U} = \dot{U}_R + \dot{U}_L + \dot{U}_C$$

电路的总电压有效值为

$$U = \sqrt{U_R^2 + (U_L - U_C)^2} = \sqrt{(IR)^2 + (IX_L - IX_C)^2} = I\sqrt{R^2 + (X_L - X_C)^2} \qquad (4.4.9)$$

由相量图可得电压三角形，如图 4.4.6（a）所示。

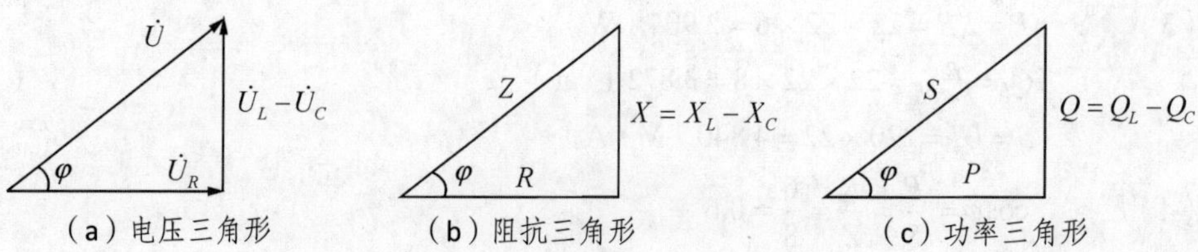

图 4.4.6　串联电路的电压、阻抗、功率三角形

4.4.2.2　*RLC* 串联电路中电压与电流的关系

1. 负载的阻抗

负载两端的电压与流过负载的电流之比，称为负载的阻抗，用符号 Z 表示，单位是欧姆（Ω）。它表示电路的负载对电流产生的阻碍作用的大小。

由式（4.4.9）可得

$$Z = \frac{U}{I} = \frac{I\sqrt{R^2 + (X_L - X_C)^2}}{I} = \sqrt{R^2 + (X_L - X_C)^2} = \sqrt{R^2 + X^2} \qquad (4.4.10)$$

式中，$X = X_L - X_C$，称为这个电路的“电抗”，单位为欧姆（Ω）。也就是说，在电感和电容串联的电路中，感抗和容抗的作用是互相抵消的，它们的差值就叫“电抗”。

RLC 串联负载的阻抗，综合了电路的电阻、电感和电容对交流电流的阻碍作用。其大小只决定于电路负载的参数（R、L、C）和电源的频率 f，而与电压及电流的大小无关。

$Z = \sqrt{R^2 + X^2}$ 表明，Z、R、X 三者在数量关系上组成了阻抗三角形，如图 4.4.6（b）所示。

应注意，阻抗只是电压和电流的有效值之比（或最大值之比），而不是它们瞬时值之比（$Z \neq u/i$）。显然，阻抗三角形不是相量三角形。

总电压和电流的相位差 φ 可由电压三角形或阻抗三角形计算出来，即

$$\varphi=\arctan\frac{U_L-U_C}{U_R}=\arctan\frac{X_L-X_C}{R}$$

上式说明，相位差φ是由电路负载的参数（R、L、C）及电源频率所决定的，而与电压和电流的大小及初相位无关。角φ也称为“阻抗角”。

2. 电压与电流的数量关系

由式（4.4.10）得

$$U=IZ \tag{4.4.11}$$

故 $U_R=IR$，$U_L=IX_L$，$U_C=IX_C$

3. 电流与电压的相位关系

在 RLC 串联电路中，电抗 $X=X_L-X_C$ 是电感与电容共同作用的结果，X 的正负决定了电路的性质，下面分别加以讨论。

1）电路呈感性

当 $X_L>X_C$，即 $X=X_L-X_C>0$ 时，$U_L>U_C$，电路呈感性，电路中总电压超前电流φ角，其相量图如图 4.4.7（a）所示。

2）电路呈容性

当 $X_L<X_C$，即 $X=X_L-X_C<0$ 时，$U_L<U_C$，电路呈容性，电路中总电压滞后电流φ角，其相量图如图 4.4.7（b）所示。

3）电路呈阻性

当 $X_L=X_C$，即 $X=X_L-X_C=0$ 时，$U_L=U_C$，电路呈阻性，电路中总电压与电流同相，其相量图如图 4.4.7（c）所示。

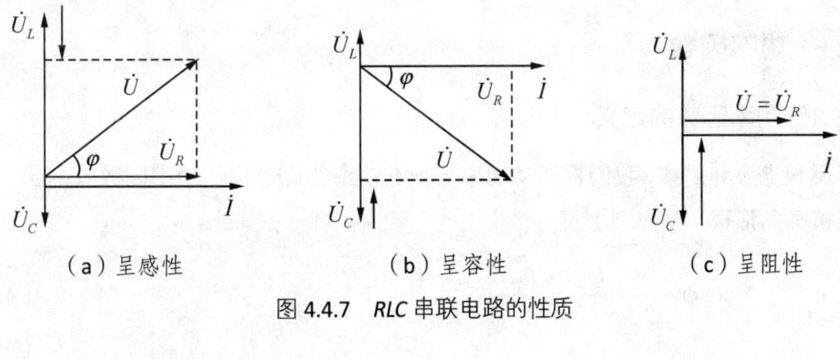

图 4.4.7　*RLC* 串联电路的性质

4.4.2.3　*RLC* 串联电路的功率

RLC 串联电路中，由于既有储能元件（电感和电容），又有耗能元件（电阻），所以既有有功功率，又有无功功率。

1. 有功功率

有功功率是电阻上消耗的功率，由电压三角形得

$$U_R = U\cos\varphi$$

$$P = U_R I = I^2R = UI\cos\varphi \quad (\text{W}) \tag{4.4.12}$$

2. 无功功率

在 RLC 串联电路中，电感和电容都与电源进行能量交换，所以都有无功功率。由于 u_L 和 u_C 的相位差为 180°，是反相的，所以它们的瞬时功率状态也是相反的，即当电感吸收能量时（$p_L>0$），电容正好放出能量（$p_C<0$），反之电容吸收能量时（$p_C>0$），电感放出能量（$p_L<0$）。它们之间进行能量交换的差值才与电源进行交换，即只有电感和电容相互交换能量不足的部分，才与电源进行交换，所以整个电路的无功功率为

$$Q = Q_L - Q_C = (U_L - U_C)I = I^2X = UI\sin\varphi \quad (\text{var}) \tag{4.4.13}$$

由电压三角形知

$$U_L - U_C = U\sin\varphi$$

3. 视在功率

电路中总电压有效值 U 与电流有效值 I 的乘积，叫作视在功率，用符号 S 表示，即

$$S = UI \quad (\text{V}\cdot\text{A}) \tag{4.4.14}$$

视在功率表示电源向负载提供的总功率，即表示交流电源的容量大小。

由 P、Q、S 可构成功率三角形，如图 4.4.6（c）所示。它的斜边是视在功率 S，两直角边分别是有功功率 P 和无功功率 Q。由于 P、Q、S 不是相量，所以功率三角形也不是相量三角形。

在功率三角形中，有

$$S = \sqrt{P^2 + Q^2} \tag{4.4.15}$$

4.4.3 功率因数

4.4.3.1 功率因数的定义

为了反映电源利用率，我们把有功功率与视在功率的比值称作功率因数（$\cos\varphi$）。由功率、电压、阻抗三角形得

$$\cos\varphi = \frac{P}{S} = \frac{U_R}{U} = \frac{R}{Z} \tag{4.3.16}$$

例 4.4.2 一个电阻 $R = 1\ \text{k}\Omega$、电感 $L = 0.5\ \text{mH}$ 的线圈，和一个电容 $C = 5\times10^{-4}\ \mu\text{F}$ 的电容器相串联，外加电源的频率 $f = 150\ \text{kHz}$，通过电路的电流 $I = 20\ \text{mA}$。求：（1）电压 U、U_R、U_L、U_C；（2）功率 P、Q、S；（3）功率因数 $\cos\varphi$。

解： 感抗 $X_L = 2\pi fL = 2\times3.14\times150\times10^3\times0.5\times10^{-3} = 4\ 710\ (\Omega)$

容抗 $X_C = \dfrac{1}{2\pi fC} = \dfrac{1}{2\times3.14\times150\times10^3\times5\times10^{-10}} = 2\ 123\ (\Omega)$

阻抗 $Z=\sqrt{R^2+(X_L-X_C)^2}=\sqrt{1\,000^2+(4\,710-2\,123)^2}=2\,773.5$（Ω）

电源电压 $U=IZ=2\,773.5\times2\times10^{-2}=55.47$（V）

电阻两端电压 $U_R=IR=1\,000\times2\times10^{-2}=20$（V）

电感两端电压 $U_L=IX_L=4\,710\times2\times10^{-2}=94.2$（V）

电容两端电压 $U_C=IX_C=2\,123\times2\times10^{-2}=42.46$（V）

有功功率 $P=I^2R=2\times10^{-2}\times2\times10^{-2}\times1\,000=0.4$（W）

无功功率 $Q=Q_L-Q_C=I^2$（X_L-X_C）$=2\times10^{-2}\times2\times10^{-2}\times$（$4\,710-2\,123$）$\approx1.0$（var）

视在功率 $S=UI=55.47\times2\times10^{-2}\approx1.1$（V·A）

功率因数 $\cos\varphi=\dfrac{P}{S}=\dfrac{U_R}{U}=\dfrac{R}{Z}=\dfrac{1\,000}{2\,773.5}\approx0.36$

4.4.3.2　提高功率因数的意义及方法

1. 提高功率因数的意义

每个供电设备（如发电机、变压器）都有其额定容量，即视在功率。供电设备在正常工作时是不允许超过额定值的，否则极易损坏。另外，在有感性负载时，供电设备输出的总功率中既有有功功率又有无功功率。由 $P=S\cos\varphi$ 知，当 S 一定时，功率因数 $\cos\varphi$ 越低，有功功率就越小，无功功率的比重自然就越大，这说明电源提供的总功率被负载利用的部分就越少。如当 $\cos\varphi=0.5$ 时，$P=S/2$，这说明负载只利用了电源所提供能量的一半，从供电的角度来看，显然是很不划算的。若能将功率因数提高到 1，则 $P=S$，这说明电源提供的能量全部被负载利用了。

另外，由 $P=UI\cos\varphi$ 还可看出，当电源电压 U 和负载的有功功率 P 一定时，功率因数 $\cos\varphi$ 越低，电源提供的电流就越大。又由于供电线路总具有一定电阻，电流越大时线路上的损耗（$P=I^2R$）就越大，这不仅会使电能白白地消耗在线路上，而且会使负载两端的电压降低，影响负载正常工作。

从以上讨论可明显看出，提高功率因数是很有必要的，其意义在于：

（1）提高供电设备的利用率。

（2）减小输电线路上的损耗，提高输电效率。

2. 提高功率因数的方法

日常生活中常用的负载如日光灯、电动机等，属于低功率因数的感性负载。为了既提高功率因数又不改变负载两端的工作电压，通常采用下面两种方法。

1）在感性负载两端并联适当容量的电容器

提高感性负载功率因数的最简便的方法，是用适当容量的电容器与感性负载并联，如图 4.4.8（a）所示。这样就可以使电感中的磁场能量与电容器的电场能量进行交换，从而减少电源与负载间能量的互换。

并联电容前（S 断开），总电流 $\dot{I}=\dot{I}_{RL}$，且滞后于 $\dot{U}$ 一个较大的 φ 角，功率因数 $\cos\varphi$ 较

低。并联电容后(S闭合),电容支路出现超前电压$\dot{U}$ 90°的电流$\dot{I}_C$,使总电流变为$\dot{I}=\dot{I}_{RL}+\dot{I}_C$。从图 4.4.8（b）所示的相量图可知，并联电容后，$\dot{U}$与$\dot{I}$的相位差减小为φ_1，因$\varphi_1<\varphi$，故$\cos\varphi_1>\cos\varphi$，即整个电路的功率因数提高了。

结论：并联电容后，电路的总电流I减小，电路总功率因数增大。原感性支路的工作状态不变，功率因数不变，电流I_{RL}不变。因为电路中的电阻没有变化，所以消耗的有功功率也不变。

借助相量图分析可证明：对于额定电压为U、额定功率为P、工作频率为f的感性负载来说，将功率因数从$\cos\varphi_1$提高到$\cos\varphi_2$，所需并联的电容为

$$C=\frac{P}{2\pi fU^2}(\tan\varphi_1-\tan\varphi_2)$$

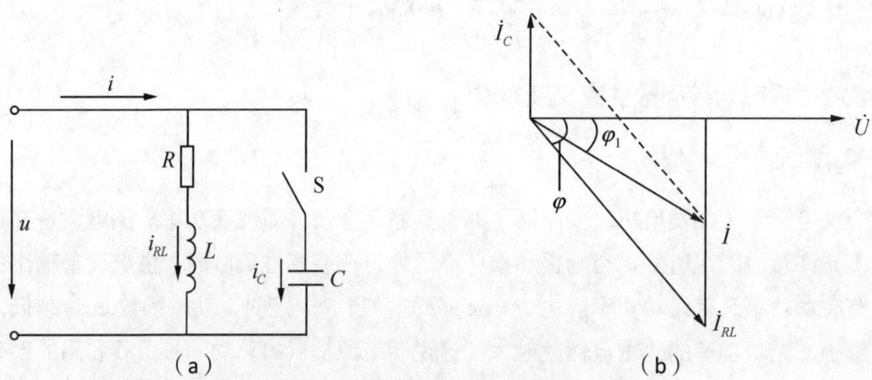

图 4.4.8　并联电容提高感性负载的功率因数

2）提高用电设备自身的功率因数

提高用电设备自身的功率因数，主要是指合理选用电动机，即不要用大容量的电动机来带动小功率负载（俗称“大马拖小车”）。应尽量避免用电设备在轻载或空载状态下运行，因为一般用电设备，例如感应电动机，在轻载时，其$\cos\varphi$仅为 0.2 ~ 0.3，而满载时则可达 0.8 ~ 0.85。

4.4.4　交流电路中的谐振电路

4.4.4.1　谐振的定义与分类

谐振又称“共振”，是指振荡系统在周期性外力作用下，当外力作用频率与系统固有振荡频率相同或很接近时，振幅急剧增大的现象。交流电路负载具有电阻、电感和电容三个元件时，一般情况下，总电压与总电流之间都有一定的相位差。如果我们调节电路元件（L 或 C）的参数或电源频率，使总电压与总电流同相，则电路的功率因数等于 1，整个电路呈现为纯电阻性，电路达到的这种状态称之为谐振，这时的电路叫作谐振电路。

根据电路的不同接法，谐振分为串联谐振和并联谐振。

4.4.4.2　串联谐振电路

在RLC串联电路中，电抗X的值决定了电路的性质。$X>0$，电路呈感性；$X<0$，电路呈

容性；当电路端电压和电流同相时，$X=0$，电路呈电阻性，电路的这种状态叫作串联谐振。

在图 4.4.9（a）所示实验电路中，电源电压有效值一定，改变电源频率，使它由小逐渐变大，小灯泡 HL 由暗逐渐变亮；当电源频率增大到某一数值时，小灯泡最亮；继续增大电源频率，小灯泡又由亮变暗。

将上述实验中的电容器换成可变电容器，如图 4.4.9（b）所示。让电源的电压大小及频率保持某一适当值，调节可变电容器，使其电容量由小逐渐变大，小灯泡由暗逐渐变亮；当电容增大到某一数值时，小灯泡最亮；继续增大电容，小灯泡又由亮逐渐变暗。

小灯泡最亮时，说明 RLC 串联电路中的总阻抗最小，电流最大，这种现象叫作“谐振”现象。

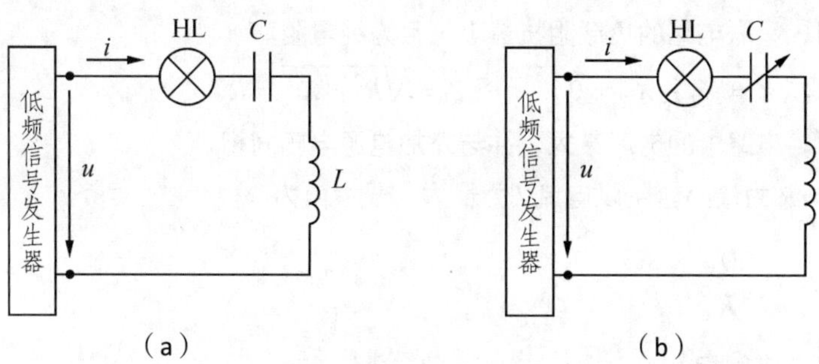

图 4.4.9　串联谐振实验

1. 谐振条件

RLC 串联电路发生谐振的条件是：电路的电抗为零，即

$$X = X_L - X_C = 0$$

则谐振时电路的阻抗角为

$$\varphi = \arctan\frac{X}{R} = 0$$

$\varphi=0$ 说明电压与电流同相。

我们把 RLC 串联电路中出现的阻抗角 $\varphi=0$，即电流和电压同相的情况，称作“串联谐振”。

2. 谐振频率

RLC 串联电路发生谐振时，必须满足条件：

$$X = X_L - X_C = \omega L - \frac{1}{\omega C} = 0$$

即

$$\omega^2 LC = 1$$

分析上式可知，要满足谐振条件，一种方法是改变电路中的参数 L 或 C，另一种方法是改变电源频率。对于电感、电容为确定值的电路，要产生谐振，电源角频率必须满足下式：

$$\omega = \omega_0 = \frac{1}{\sqrt{LC}}$$

谐振时电源频率为

$$f = f_0 = \frac{1}{2\pi\sqrt{LC}} \tag{4.4.17}$$

谐振频率 f_0 仅由电路参数 L 和 C 决定，与电阻 R 的大小无关，它反映了电路的固有特性。当电路的参数确定之后，f_0 是确定的值，因此 f_0 叫作电路的“固有频率”。

电路发生谐振时，外加电源频率必须等于电路的“固有频率”。在实际应用中，当电源的频率 一定时，可改变电容 C 和电感 L，使电路在某一频率下发生谐振。

3. 串联谐振的特点

（1）谐振时，串联电路的负载阻抗最小，且为纯电阻。

因为谐振时，$X = X_L - X_C = 0$，所以 $Z_0 = \sqrt{R^2 + X^2} = R$。

（2）谐振时，电路中的电流最大，并与外加电源电压同相。

谐振时，$Z = R$ 为最小，所以电流 I 为最大，最大值为

$$I = \frac{U}{R}$$

此时 $U = U_R$，且二者同相。

4.4.4.3 并联谐振电路

1. 谐振条件

在图 4.4.10（a）所示的 RLC 并联电路中，发生谐振的条件是 $X_L = X_C$，则 $I_L = I_C$。

由图 4.4.10（b）所示的相量图可知，$\dot{I}_L$ 与 $\dot{I}_C$ 大小相等，方向相反，其相量和为零，则总电流 $\dot{I}$ 等于电阻电流 $\dot{I}_R$，且与电压同相。即各电流间有如下关系：

$$\dot{I}_L = -\dot{I}_C,\quad \dot{I} = \dot{I}_R + \dot{I}_L + \dot{I}_C = \dot{I}_R$$

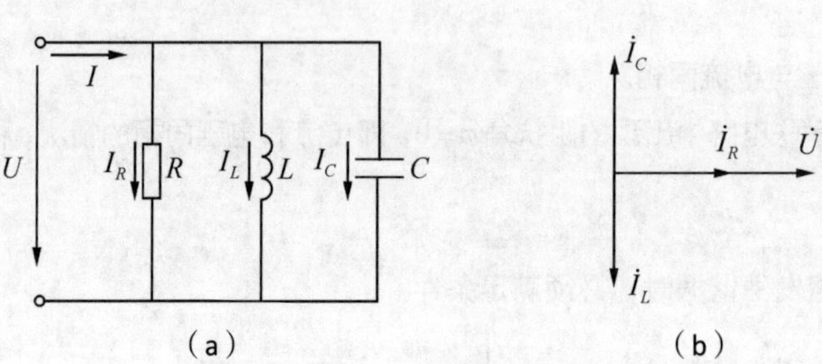

图 4.4.10 *RLC* 并联谐振电路

2. 谐振频率

根据谐振条件：$X_L = X_C$，即 $\omega_0 L = \dfrac{1}{\omega_0 C}$，可求出谐振角频率为

$$\omega_0 = \frac{1}{\sqrt{LC}}$$

谐振频率为

$$f_0 = \frac{1}{2\pi\sqrt{LC}} \tag{4.4.18}$$

3. 并联谐振的特点

（1）总电流 $I=I_R$ 为最小。

当电压一定时，并联谐振电路的总电流最小，这与串联谐振电路相反。

$$I=\sqrt{{I_R}^2+(I_L-I_C)^2}\ =I_R$$

（2）总阻抗 $Z=R$ 最大。

并联谐振电路的总阻抗最大，这与串联谐振电路相反。因为电压一定时，电流 $I=I_R$ 为最小，而阻抗 $Z=\frac{U}{I}=R$ 为最大。

4.4.4.4 谐振的应用

谐振应用在高电压技术中，可使交流耐压试验设备轻量化而适于现场试验。例如为变压器等电力设备做耐压试验，可以有效地发现设备中危险的集中性缺陷，这是检验电气设备绝缘强度的最有效和最直接的方法。

谐振应用在无线电工程中，常常利用串联谐振以获得较高的电压。使用最广泛的是广播电视中的选台电路。

【思考与练习】

一、填空题

1. 在 RL 串联电路中，负载两端的_______有效值 U 与流过负载的________有效值 I 之比，称负载的阻抗，用符号_____表示，单位是______；它表示含有电阻元件与电感元件的整个负载对电流产生的阻碍作用，相当于负载的“电阻”；负载阻抗的计算公式为 $Z=\frac{U}{I}=$_______________________，其中 X_L=______________。在 R-L 电路中，电路中总电压 u 超前于电流 i 一个角度 φ，且 $0°<\varphi<90°$，电路呈感性，或者说负载是“感性负载”。在 RL 电路中，电压与电流的数量关系为 $U=I$____，$U_R=I$____，$U_L=I$____。在 RL 串联电路中，有功功率 $P=$______$I=$________I^2，单位为________，它表示电阻上消耗的功率；无功功率 $Q_L=$___$I=$___I^2，单位为____，它表示电感元件与电源交换能量的规模；视在功率 $S=$____I，单位为____，它表示电源向负载提供的总功率，即表示交流电源的容量大小；有功功率与视在功率的_____称作功率因数，功率因数 $\cos\varphi$=______=______=______，其大小反映了电源的利用率。

2. 在 RLC 串联电路中，含 R、L、C 负载的阻抗 $Z=U/I=$___________________，其中 X 称为__________，它是______与________共同作用的结果，X=_____________。当 X 大于 0 时，X_L_____X_C，相位关系为电路的总电压_______电流 φ 角，电路呈________；当 X 小于 0 时，X_L_______X_C，相位关系为电路的总电压_________电流 φ 角，电路呈______；当 $X=0$

时，X_L ______X_C，电路中总电压与电流________，电路呈________。在 R-L-C 串联电路中，电压与电流的数量关系为 $U=I$____，$U_R=I$____，$U_L=I$____，$U_C=I$____；有功功率 $P=$____I $=$____$I^2=UI$____，单位为_____；无功功率 $Q=$______________，单位为_____；视在功率 $S=$__________，单位为____；功率因数 $\cos\varphi=$_______ $=$ ______ $=$ ______。提高功率因数能提高_______的利用率，减少输电路的__________；提高功率因数的方法是在感性负载两端一个适当的电容器，另一个方法是提高用电设备________的功率因数。

3. 交流电路的总电压与总电流_________，整个电路呈现为纯______性时的状态称为谐振，这时的电路叫作谐振电路。串联谐振与并联谐振，两者的谐振条件相同，均为_________，两者的谐振频率相同，均为_______________；不同之处为：串联谐振的阻抗_______，电流_________。并联谐振的阻抗________，电流_________。

二、计算题

1. 将电阻 $R=3\,\Omega$，电感 $L=\dfrac{1}{25\pi}$ H 的线圈接到 $u=220\sqrt{2}\sin(100\pi t+90°)$ V 的交流电源上，求：（1）线圈的感抗 X_L、阻抗 Z；（2）电路中的 I、U_R、U_L；（3）电路的 P、Q_L、S、$\cos\varphi$。

2. 一个线圈和一个电容器相串联，已知线圈电阻 $R=4\,\Omega$，$L=\dfrac{4}{100\pi}$ H，电容 $C=\dfrac{1}{100\pi}$ F，外加电压 $u=110\sqrt{2}\sin(100\pi t+90°)$ V，求：（1）电路的阻抗 Z；（2）电流的有效值的 I；（3）U_R、U_L、U_C；（4）P、Q、S、$\cos\varphi$。

任务 4.5　日光灯电路的安装及功率因数的提高（实训）

【任务描述】

日光灯电路正常工作时，它是电阻与电感串联的 *RL* 串联电路。该电路是怎样安装连接的?怎样提高该电路的功率因数？怎样通过电压与电流的测量，用公式计算出该电路的电阻、感抗、阻抗、功率因数？通过本任务的学习，我们将解决上述问题。

【任务目标】

知识目标：

（1）知道日光灯电路的组成及各组成部分的作用。

（2）知道日光灯电路的工作原理。

（3）理解感性负载提高功率因数的方法。

能力目标：

（1）能按要求正确连接出日光灯电路。

（2）能正确测量出电压与电流值，并用公式计算出电阻、感抗、阻抗、功率因数。

（3）能掌握并联电容器提高电路功率因数的方法。

思政目标:

培养学生的节能环保意识。

【任务学时】

2 学时。

【知识链接】

4.5.1　日光灯电路的组成

日光灯利用紫外线照射荧光粉来发光，所以这种灯具也被称为荧光灯。日光灯具有发光效率高（日光灯的发光效率比白炽灯高出 3 倍以上）、使用寿命长、光色好、节能效果显著等特点，广泛应用于家庭、教室、办公楼、图书馆、医院、超市等场所。

日光灯有电子式日光灯和电感式日光灯之分，其基本结构都是由日光灯管、灯座和镇流器等部分组成，不同的是电子式日光灯不需要启辉器，而电感式日光灯需要。

日光灯管是一根玻璃管，内壁涂有一层荧光粉（钨酸镁、钨酸钙、硅酸锌等），不同的荧光粉可发出不同颜色的光。灯管内充有稀薄的惰性气体（如氩气或氪气）和水银（汞），灯管两端有由钨制成的灯丝，灯丝涂有受热后易于发射电子的氧化物。当灯丝有电流通过时，使灯管内灯丝发射电子，还可使管内温度升高，汞蒸发，形成汞蒸气。这时，若在灯管的两端加上足够的电压，就会使灯丝发射出的电子不断轰击惰性气体和汞蒸气，使惰性气体和汞分子在与电子的碰撞中电离。汞蒸气电离会产生肉眼看不见的紫外光，紫外光线照射在管壁内的荧光粉上面，使灯管发出近视于日光的可见光线。日光灯灯管的结构如图 4.5.1 所示。

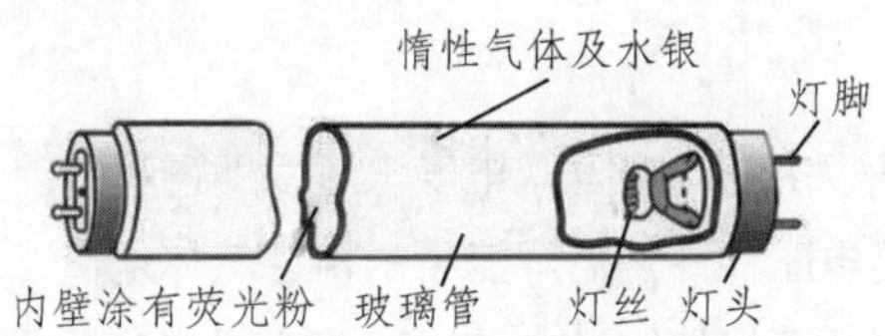

图 4.5.1　日光灯管的结构

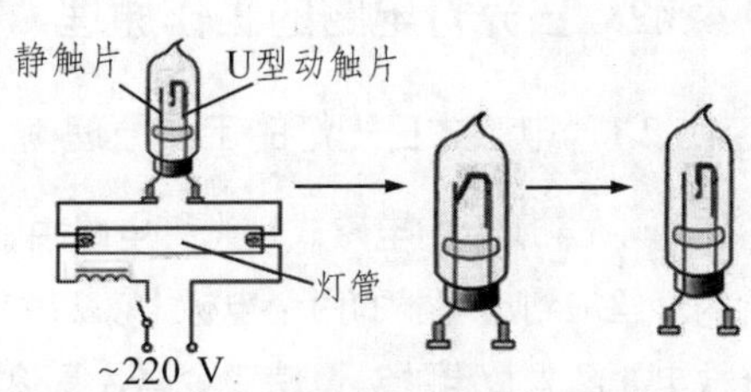

图 4.5.2　启辉器的结构及工作特点

启辉器又被称为启动器，是一个用来预热日光灯灯丝，并提高灯管两端电压，以点亮灯管的自动开关。启辉器由氖泡、纸介质电容器、引脚和外壳组成。氖泡是玻璃材质的，里面有一个固定的静触片和一个双金属片制成的呈 U 形的动触片，整个氖泡中充有氖气。双金属片由两种膨胀系数差别很大的金属薄片黏合而成。动触片与静触片平时分开，两者相距 0.5 mm 左右。当两个触片间加上一定的电压时，氖气导电、发光、发热，动触片稍稍伸开一些，和静触片接触，氖气不再发光，这时双金属片冷却，动触片形状复原，两个触点重新分开。其结构及工作特点如图 4.5.2 所示。启辉器中纸介质电容的作用是与镇流器线圈组成 LC 振荡电路，延长灯丝预热时间和维持脉冲放电电压，并吸收干扰电子设备的杂波信号。

镇流器分为电感式镇流器和电子式镇流器两种，如图 4.5.3 所示。

电感式镇流器是一个带铁心的自感线圈，其自感系数很大，感抗值很大。镇流器在启辉器把电路突然中断的瞬间，由于自感现象而产生一个瞬时高压并加在灯管上，使日光灯管成为通路开始发光。

日光灯正常工作时，由于自感现象在镇流器的线圈中产生自感电动势阻碍电流变化，起到降压作用。

（a）电感式镇流器　　（b）电子镇流器

图 4.5.3　镇流器

电感式镇流器的作用归纳为：在启动时与启辉器配合，产生瞬时高压点燃灯管；在正常工作时利用串联于电路中的高电抗限制灯管电流，延长灯管使用寿命。

电子镇流器内部电路通常由整流滤波电路、高频振荡电路以及 LC 串联谐振电路等部分组成。基本原理是使电路产生高频自激振荡，无需启辉器，直接通过谐振电路使灯管两端得到高频电压，让灯管发光。

电子镇流器具有体积小、重量轻、适应电源电压范围宽、自身的功耗低（通常在 1 W 左右）、效率高等优点。

4.5.2　日光灯电路的工作原理

4.5.2.1　电感式日光灯的工作原理

在图 4.5.4 所示的电感式日光灯电路中，当开关接通的时候，电源电压立即通过镇流器和灯管的灯丝加到启辉器的两个电极上。220 V 的电压立即使启辉器中的惰性气体电离，产生辉光放电。辉光放电的热量使双金属片受热膨胀，两极接触。电流通过镇流器、启辉器触极和两端灯丝构成通路。灯丝很快被电流加热，发射出大量电子。这时，由于启辉器两极闭合，两极间电压为零，辉光放电消失，管内温度降低；双金属片自动复位，两极断开。在两极断开的瞬间，电路电流突然切断，镇流器产生很大的自感电动势，与电源电压叠加后作用于管两端。灯丝受热时发射出来的大量电子，在灯管两端高电压作用下，以极大的速度由低电位端向高电位端运动。在加速运动的过程中，碰撞管内惰性气体分子，使之迅速电离。惰性气体电离生热，热量使汞产生汞蒸气，随之汞蒸气也被电离，并发出强烈的紫外线。在紫外线的激发下，管壁内的荧光粉发出各种颜色的可见光。

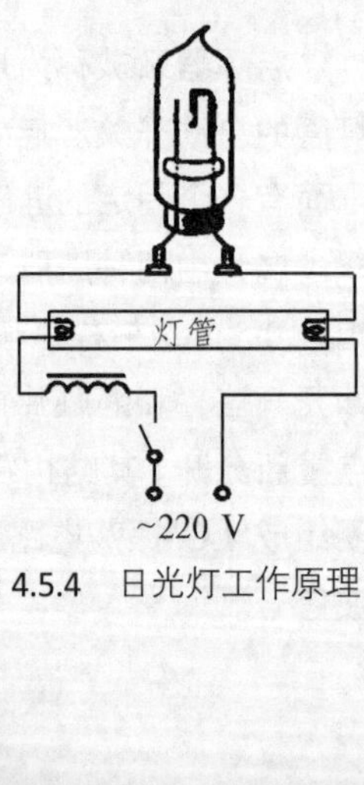

图 4.5.4　日光灯工作原理

4.5.2.2 电子式日光灯的工作原理

电子式日光灯通过半导体电子元件先将工频交流电经过整流滤波后，再通过振荡电路形成高频交流电源并加到与日光灯管连接的 LC 串联谐振电路上，产生的高频电压加热灯管中的灯丝，让灯管中的气体放电变成“导通”状态开始发光。电子式日光灯具有重量轻、适应电源电压范围宽、效率高、电路连接简单、不需要启辉器、工作时无噪声、功率因数高（大于 0.9）、灯管使用寿命长等特点，受到广泛的使用。

4.5.2.3 节能灯的工作原理

节能灯，又称为省电灯泡、电子灯泡、紧凑型荧光灯及一体式荧光灯，是指将荧光灯 与镇流器（安定器）组合成一个整体的照明设备。节能灯的尺寸与白炽灯相近，与灯座的接口也和白炽灯相同，所以可以直接替换白炽灯。节能灯的正式名称是稀土三基色紧凑型荧光灯，于 20 世纪 70 年代诞生于荷兰的飞利浦公司。图 4.5.5 所示为常见节能灯的外形。

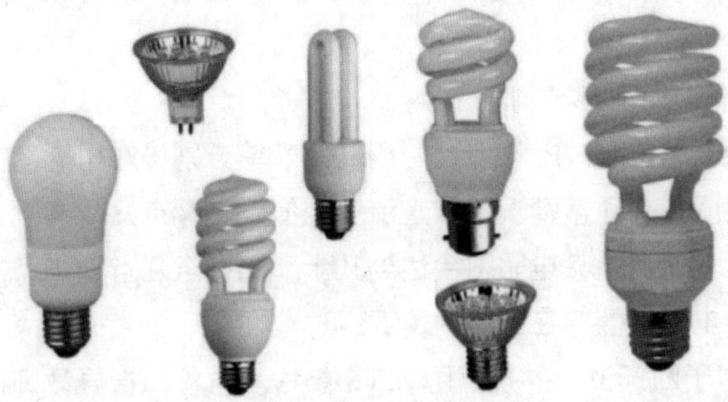

图 4.5.5 常见节能灯外形

这种光源在达到同样光能输出的前提下，只需耗费普通白炽灯用电量的 1/5 ~ 1/4，从而可以节约大量的照明电能和费用。

市场上常见的节能灯有 2U 系列、3U 系列等节能灯。这些节能灯的灯管是成 U 字形的，2 U 代表 2 根灯管，3U 代表 3 根灯管。不同形状的灯管没有大的区别，主要区别在于功率大小，通常长度越长，灯管和塑料越粗，功率越大。

电子节能灯工作原理与电子式日光灯的工作原理一样。它具有以下几个优点:光效率高（紧凑型荧光灯与普通灯泡相比，发光效率提高 5 ~ 6 倍，如 11 W 节能灯的光通量相当于 60 W 普通白炽灯）、寿命长（普通白炽灯泡的额定寿命为 1 000 h，紧凑型荧光灯的寿命一般为 5 000 h）、显色好（能真实地反映出物体的颜色而不失真）、体积小巧、造型美观、使用简便。

4.5.3 提高功率因数的方法

由于镇流器的感抗较大，日光灯电路的功率因数通常在 0.5 左右。过低的功率因数会使供电设备的利用率较低并使输电线路上的损耗加大。在保证用电器能够在额定状态下安全工作的前提下，通常采用在日光灯、电动机等感性负载两端并联适当容量的电容器的方法来提高功率因数。

【任务准备】

1. 器材准备

日光灯套件 1 套、开关 1 个、电容器 1 个、万用表 1 块、交流电流表 2 块、导线若干。

2. 实训资料准备

日光灯电路学习资料包、实训报告。

【任务实施】

（1）识读图 4.5.4 所示日光灯电路图。

（2）日光灯电路元器件的识别与检测。

① 灯管的识别与检测。

将万用表的转换开关置于电阻挡的“R×1”挡，将两只表笔分别接触在灯管一端的灯脚上，测量这一端的灯丝电阻，若电阻 R→∞则说明灯丝已断，灯管损坏。完成后再测量另一端的灯丝电阻。

② 电感式镇流器的识别与检测。

将万用表的转换开关打到“R×1”挡，用红黑表笔分别接触电感器的两个引脚来测量电感线圈两端的直流电阻值。通常情况下其直流电阻值只有零点几欧姆到几欧姆，对于线圈匝数较多、线径较细的电感器，其电阻值会达到几十欧姆甚至几百欧姆。若测得的电阻值很大或表针不动，则表示电感线圈存在断路的情况。

（3）将开关 S 置于断开位，并按照图 4.5.6 接线。自检和指导教师检查无误后，接通电源，点亮日光灯管。

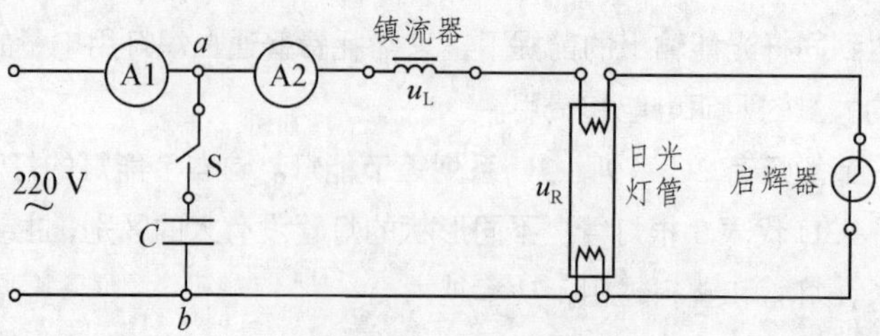

图 4.5.6　日光灯电路

（4）使用万用表交流电压 500 V 挡测量 U_{ab}、U_L、U_R 的电压值，读取电流表 A1 与 A2 的电流值 I_1 与 I_2，并将测量出的 U_{ab}、I_1、I_2 值记录在测量数据表 4.5.1 中。

（5）将开关 S 闭合，重复步骤（4）。

（6）根据测量数据与计算公式，计算出 R、X_L、Z、$\cos\varphi$ 的值记录在测量数据表 4.5.1 中。

表 4.5.1　测量数据表

	U_{ab}/V	U_L/V	U_R/V	I_1/mA	I_2/mA	R/Ω	X_L/Ω	Z/Ω	$\cos\phi$
并联 C 前									
并联 C 后									

【知识拓展】

（1）镇流器安装时应该与灯管串联，启辉器安装时应与灯管并联。灯管两端的电压低于220 V。

（2）日光灯不能发光的原因有：灯座或启辉器底座接触不良，灯管的灯丝烧断或日光灯接线错误。

（3）日光灯抖动或两头发光的原因是启辉器损坏。

（4）灯管两端发黑或生黑斑的原因是灯管陈旧。

【任务评价】

把实训过程评价填入“实训过程综合评价表”（见附表 1）。

任务 4.6　家用配电板、配电箱的设计与安装（实训）

【任务描述】

在生产和生活实践中，低压电器和设备与外部供电系统是怎么连接的？连接时，如何做到：保障人身和财产安全、节约能源、技术先进、功能完善、经济合理、配电可靠和安装运行方便？通过本任务的学习，我们将解决上述问题。

【任务目标】

1. 知识目标

（1）知道家用配电系统设计的方法及原则。

（2）认识常用低压配电器件。

2. 能力目标

（1）能正确选择导线，正确进行导线的连接。

（2）能根据安装线路图正确安装家用配电板、配电箱。

3. 思政目标

培养工匠精神和节能环保的意识。

【任务重点】

导线的连接、常用低压配电器件的选择与安装。

【任务难点】

家用配电板、配电箱的正确安装。

【任务学时】

12 学时。

【知识链接】

4.6.1　家用配电板的设计与安装

4.6.1.1　家庭照明线路配电常识

1. 家庭配电电路组成

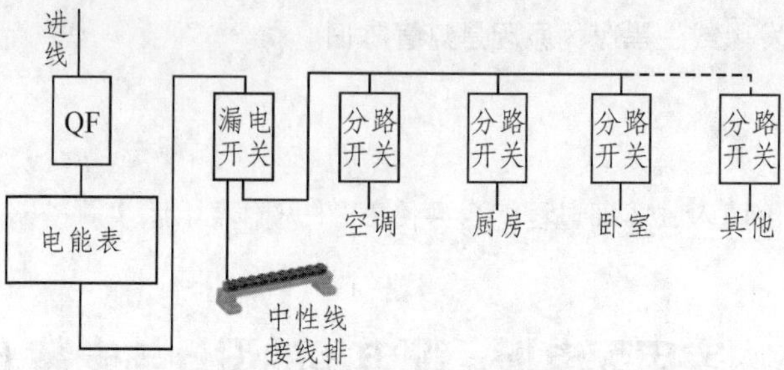

图 4.6.1　家庭配电线路设计图

图 4.6.1 所示为某家庭配电线路设计图。图中家庭配电线路由空气断路器（QF）、电能表、漏电保护器（漏电开关）、分路开关、中性线接线排及若干连接导线组成。其中，空气断路器和漏电保护器两者可组合为一个整体，即带漏电保护的空气断路器。

2. 配置说明

分路开关的数量可根据负载回路的个数来确定。负载回路的配置个数可根据实际情况进行设计，一般二室一厅至少要配置 4～5 个回路，即空调器回路（无论安装一台空调器还是两台空调器（漏电开关），甚至多台空调器，都必须单独设置用电回路，导线截面面积以 4 mm^2 以上为宜），照明、厨房电源插座回路（一般导线截面面积为 2.5 mm^2，若有大功率厨房电器则应选择更大截面面积的导线），卫生间电源插座回路（导线截面面积以 2.5 mm^2 以上为宜），精密电器回路等。

图中的中性线接线排是为了把所有负载回路的中性线连在一起而设计的。

4.6.1.2　家庭常用低压配电器件认知

家庭常用低压配电器件如表 4.6.1 所示。

表 4.6.1　家庭常用低压配电器件

名称	规格	数量	实物	备注
空气断路器（QF）	C40A	1		

续表

名称	规格	数量	实物	备注
电能表	DDS7738	1		电子式或机械式
漏电开关	C40	1		
分路开关	C25、C10	若干	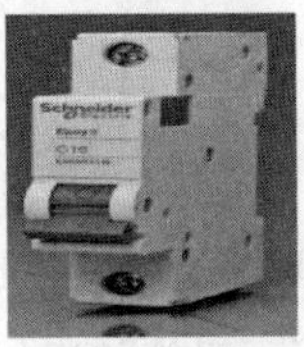	
固定导轨	10 cm	1	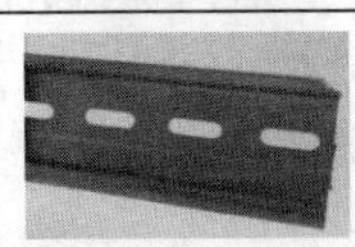	固定器件用
中性线排		1～2		
导线	红蓝两色	若干		

1. 空气断路器

空气断路器，又名空气开关、空开，是断路器的一种。其常作为总开关和照明回路的开关使用，是一种只要电路中电流超过额定电流就会自动断开的开关。空气开关的最基本作用是通断电路。在进行线路检修的时候，通过空气开关可以控制电路的通路和断路，从而保证线路检修时的安全。空气开关是低压配电网络和电力拖动系统中非常重要的一种电器，它集控制和多种保护功能于一身，除能完成接触和分断电路外，还能对电路或电气设备引发生的短路、严重过载及欠电压等进行保护，同时也可以用于不频繁地启动电动机。

空气开关具有短路保护和过载保护两个最基本的功能。

短路保护功能是当电路中该回路发生短路时，空气开关会自动断开，从而切断电源对线路进行保护。

过载保护功能是当线路中的电流大于等于空气开关的额定电流时，空气开关就会跳闸，从而切断电源对电路进行保护。

有的空气开关还具有过压和欠压保护功能。

选用空气开关时，应先估算出该线路电器总功率是多少，然后根据功率估算出这条线路的电流，再根据电流选择空气开关。要求空气开关额定电流要大于负载电流。一般情况下总漏电开关的选择是按负载电流的 1.5 倍计算的。图 4.6.2 所示为空气断路器的外形。

图 4.6.2　空气断路器

2. 电能表

电能表是用来测量电能的仪表，又称电度表、火表、千瓦小时表，可记录电器消耗的有功电能。家用电能表一般为单相机械式或电子式电能表。全电子式家用电能表还可实行集中抄表、多费率、预付费、防窃电、满足互联网接入服务要求等功能。选用电能表时应注意长期使用的电流表值不能高于最大额定电流值。

3. 漏电保护器

漏电保护器，又叫漏电开关、漏电断路器，主要用来在设备发生漏电故障时对人进行触电保护。漏电保护开关是指不仅与其他断路器一样可将主电路接通或断开，而且具有对漏电流进行检测和判断的功能，当主回路中发生漏电或绝缘破坏时，漏电保护开关可根据判断结果将主电路断开的开关元件。漏电保护器同时还具有过载和短路保护功能，可用来保护线路或电动机的过载和短路，亦可在正常情况下作为线路的不频繁转换启动之用。漏电保护器的外形如图 4.6.3 所示。

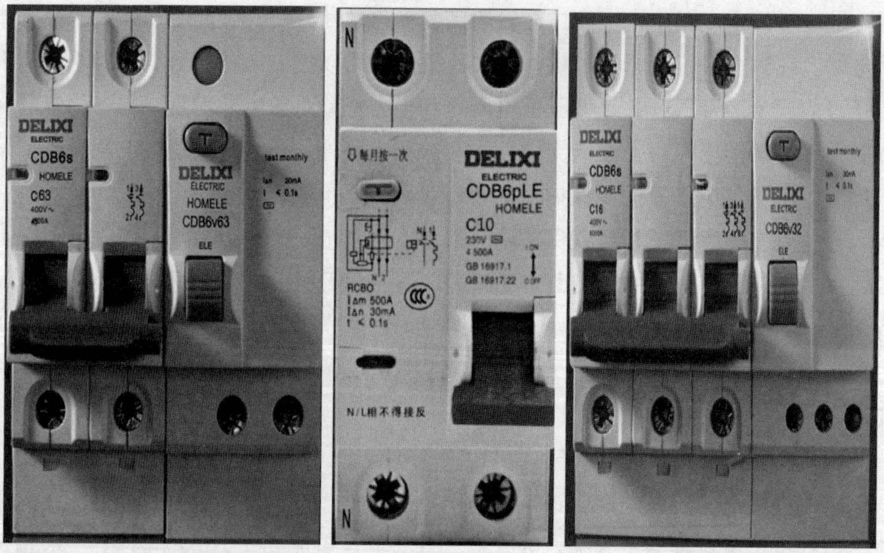

图 4.6.3　漏电保护器

漏电保护器选用时应根据保护范围、人身设备安全和环境要求来确定其电源电压、工作电流、漏电电流及动作时间等参数。一般环境下动作电流应不超过 30 mA，动作时间不超过 0.1s，这两个参数保证了发生人体触电时，不会使触电者产生病理性生理危险效应。

4.6.1.3　家用导线的选择及连接

1. 家用导线的选择

《住宅装饰装修工程施工规范》(GB 50327—2001) 中规定：配线时，相线与零线的颜色应该不同，同一住宅相线（L）颜色应统一（可选择黄、绿、红中的任一种），零线（N）宜用蓝色，保护线（PE）必须用黄绿双色线。

家用导线一般选择铜芯线或铝芯线。

导线粗细的选择：应先根据线路上用电器的功率计算出这条线路上的电流大小，再根据导线的安全载流量来选择。导线的安全载流量是根据所允许的线芯最高温度、冷却条件、敷设条件来确定的。一般铜导线的安全载流量为 5 ~ 8 A/mm^2，铝导线的安全载流量为 3 ~ 5 A/mm^2。

2. 导线的连接

1）铜芯导线绝缘层的去除

芯线截面面积在 4 mm^2 以上的可用电工刀进行剥削操作 (见图 4.6.4)：先根据所需线头的长度，将刀口以 45° 角切入塑料层，注意不触及芯线；然后将刀面与芯线保持 25°左右，用力向外削出一条缺口；最后将剖开的绝缘层向后扳翻，用电工刀齐根部切除。

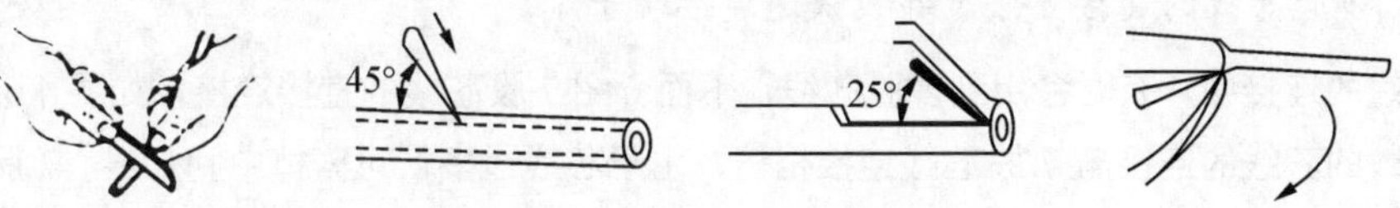

图 4.6.4　导线绝缘层的去除

芯线截面面积在 4 mm^2 及以下的一般可用剥线钳进行剥线操作：将导线放入剥线钳口，根据所需线头的长度调整导线，压下剥线钳完成剥线操作。

2）单股铜芯线的直接连接

单股铜芯线直接连接如图 4.6.5 所示。具体步骤为：将去除绝缘层的裸线端头进行 X 形相交，互相绞绕 2 ~ 3 圈；再扳直两线自由端子，把两根线头扳起与另一根处于下边的线头保持垂直；将每根线头在对边的线芯上紧绕 6 ~ 8 圈，圈间不应有缝隙；绕毕切去线芯多余端。

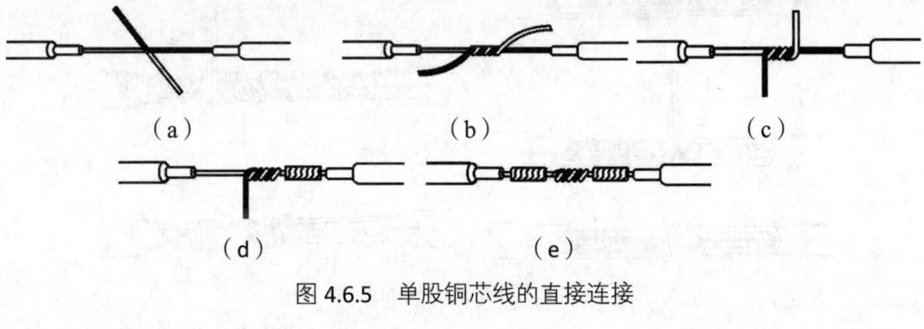

图 4.6.5　单股铜芯线的直接连接

3）单股铜芯线的 T 形连接

芯线截面面积在 6 mm^2 及以下的导线 T 字形连接如图 4.6.6 所示。具体步骤为：用电工刀或剥线钳去除导线的绝缘层；将支线线头与干线十字相交后绕一单结，支线根部留 3～5 mm，然后紧密并绕在干线芯线上，缠绕长度为芯线直径的 8～10 倍；剪去多余线头并修平接口毛刺。

芯线截面面积较大的导线可用直接缠绕法进行 T 字形连接，如图 4.6.7 所示。具体方法为：芯线线头与干线十字相交后直接缠绕在干线上，缠绕长度为芯线直径的 8～10 倍，缠绕时可用钢丝钳或尖嘴钳配合，做到缠绕紧固。必要时在连接后用烙铁进行锡钎焊。

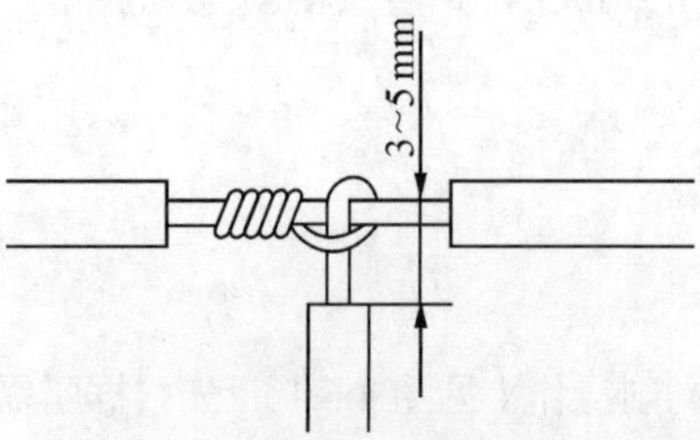

图 4.6.6　线芯截面面积较小的 T 形连接

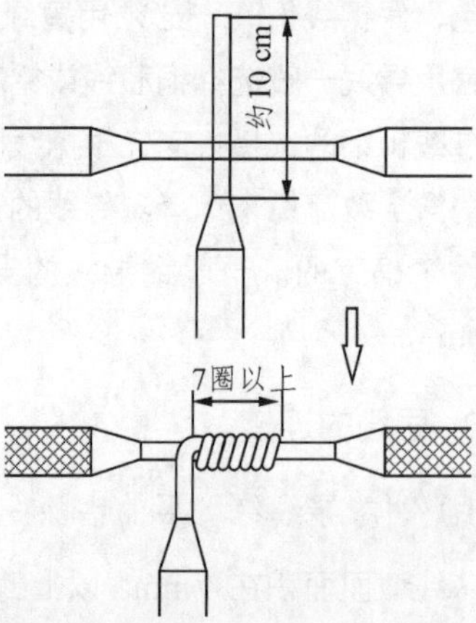

图 4.6.7　线芯截面面积较大的 T 形连接

4）多股芯线的连接方法与导线快速连接端子

导线的连接中，有时会用到多股芯线，下面介绍 7 股芯线的直接连接，如图 4.6.8 所示。更多股数的芯线的连接与 7 股芯线连接相仿，由于芯线过多，可剪掉中间几根。7 股芯线的连接步骤如下：

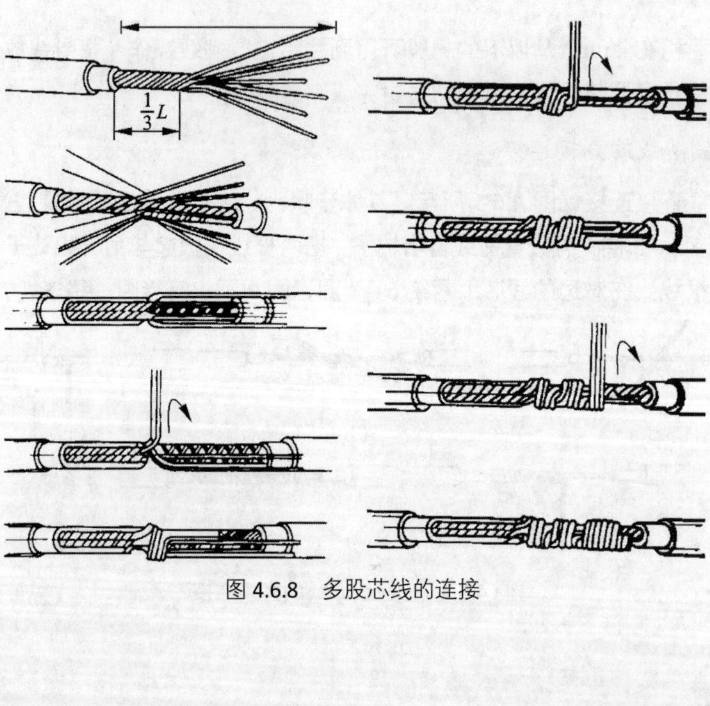

图 4.6.8　多股芯线的连接

（1）先将两端需连接的线头进行整形处理，用钢丝钳或尖嘴钳将其根部 1/3 的部分绞紧，其余部分呈伞骨状。

（2）将两芯线线头隔股对叉，叉紧后将每股芯线捏平。

（3）将一端的 7 股芯线线头按 2 股、2 股、3 股分成 3 组，将第 1 组的 2 股垂直于芯线扳起，按顺时针方向紧绕 2 周后，扳成直角与芯线平行。

（4）再将第 2 组芯线紧贴第 1 组芯线的直角根部并扳起，按第 1 组的绕法缠绕 2 周后仍扳成直角.

（5）第 3 组 3 根芯线绕法如前，但要绕 3 周，绕完 2 周后，将第 3 组芯线留 1 圈长度，多余部分剪掉，再将前两组芯线留合适长度，多余部分剪掉，使第 3 周绕完后正好盖住前两组芯线线头。

（6）一端连接完成后，完成另外一端的连接。

在室内布线施工中，经常会使用到导线快速连接端子（图 4.6.9），使用后可以大幅度提高接线效率，同时方便检修。常见的快速连接端子和使用方法如图 4.6.10 所示；将需要连接的导线的端子用剥线钳剥去绝缘层，插入快速连接端子的插孔中，快速连接端子有多少个孔，就可以完成多少根导线的连接。实际使用中应注意导线端子绝缘层剥削的长度，剥太长了存在安全隐患，剥太短了有可能造成连接不可靠。

图 4.6.9　常见快速连接端子

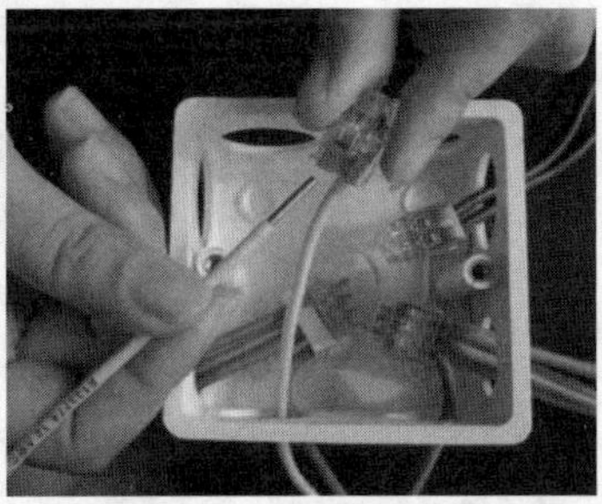

图 4.6.10　常见快速连接端子的使用

5）导线绝缘的恢复

导线的连接好后需要对破坏的绝缘层进行修复，修复后其抗拉强度和绝缘等级应不低于原有的绝缘层。绝缘层通常用包缠法进行修复，绝缘材料一般选用塑料胶布、黑胶布，宽度一般在 20 mm 较适宜，具体操作过程如图 4.6.11 所示。在恢复 220 V 线路中导线的绝缘时，应内包一层塑料胶布，外缠一层黑胶布。黑胶布与塑料胶布采用续接方法衔接，或不用塑料胶布，只缠两层黑胶布亦可。在恢复 380 V 线路中导线的绝缘时，要内包两层塑料胶布，外缠一层黑胶布。黑胶布要缠紧，且要覆盖塑料胶布。

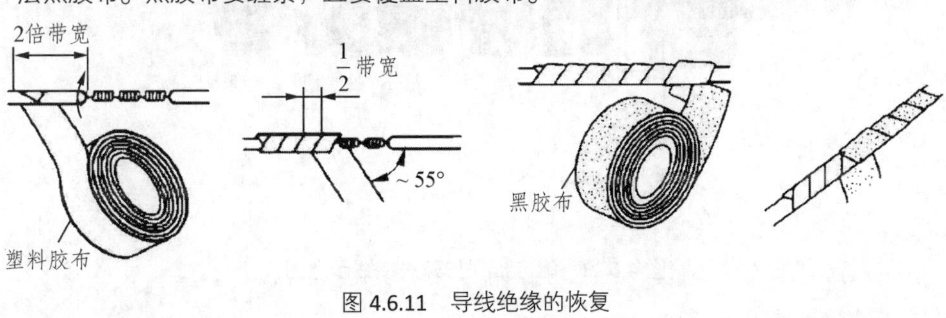

图 4.6.11　导线绝缘的恢复

4.6.1.4　家用配电板的安装

实训要求：会照图配置安装照明线路配电板，会分析判断简单照明线路故障。

1. 掌握主要低压电气设备的接线方法

电度表的选用和安装事项：

电表电流不是选越大越好，或者越小越好，需要与耗电功率相对应。电能表应安装在室内，安装电能表的底板应固定安装在坚固耐火的墙上，建议安装高度为 1.8 m 左右。电能表应按照接线端盒盖上的接线图进行接线，最好用铜线或铜接头引入。在雷雨较多的地方使用电能表应采取避雷措施。电度表接线方式如图 4.6.12 所示。

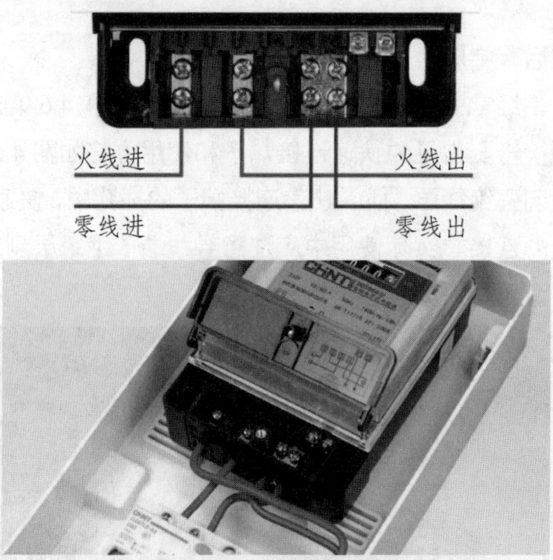

图 4.6.12　电度表接线方式示意图

一般情况下，家庭进户线选择使用火线的规格为红色铜芯线，零线选择的是蓝色铜芯线，地线是双色线或者纯黄线。开关之间火线和零线的连接采用并联的方式，压线时要紧实牢靠，不能出现松动打火现象。配电板保护开关接线如图 4.6.13 所示。

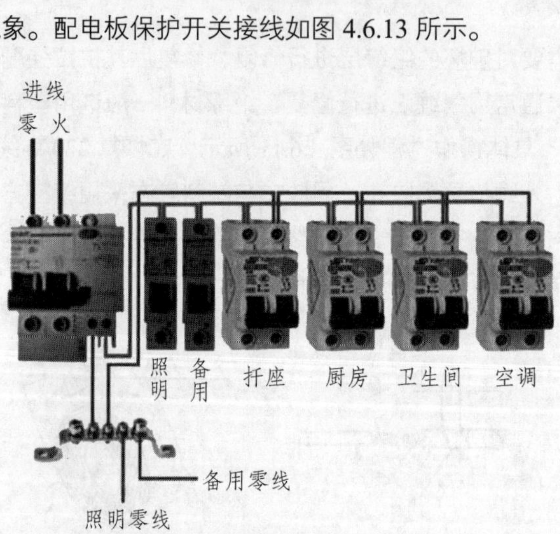

图 4.6.13　配电板保护开关接线示意图

2. 配齐各低压电器和附件

在准备好的配电板上，按照前面介绍，进行照明线路配电。配电板安装实例如图 4.6.14 所示。

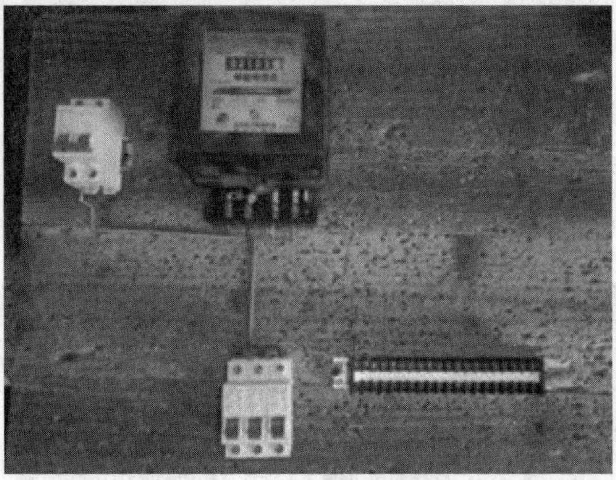

图 4.6.14　配电板安装实例

4.6.2　家用户内配电箱

4.6.2.1　家用配电箱的简介

配电箱是连接电源与用电设备的中间装置，它除了分配电能外，还具有对用电设备进行控制、测量、指示及保护等功能。

低压配电箱将开关设备、测量仪表、保护电器和辅助设备组装在封闭或半封闭金属柜中或屏幅上，正常运行时可借助手动或自动开关接通或分断电路。它具有体积小、安装简便，技术性能特殊、位置固定，配置功能独特、不受场地限制，应用比较普遍，操作稳定可靠，空间利用率高，占地少且具有环保效应的特点。

出于安全的考虑，现代家庭中每户都至少有一个配电箱，由它实现对家中电路的总控开关，当发生电路故障时有利于检修。图 4.6.15 所示为某户内配电箱外形图。

图 4.6.15　户内配电箱外形图

家庭配电箱分金属外壳和塑料外壳两种，有明装式和暗装式两类，其箱体必须完好无缺。

家庭配电箱的箱体内接线汇流排应分别设立零线、保护接地线、相线，且要完好无损，具有良好绝缘。空气开关的安装座架应光洁无阻并有足够的空间，应安装在干燥、通风部位，且有无妨碍物，方便使用。绝不能将配电箱安装在箱体内，以防火灾。家庭配电箱不宜安装过高，一般安装标高为 1.8 m，以便操作。进配电箱的电管必须用锁紧螺帽固定，各回路进线必须有足够长度，不得有接头，安装后标明各回路使用名称。家庭配电箱安装完成后须清理配电箱内的残留物。

4.6.2.2　户内配电箱的组成

家庭配电箱布置实例如图 4.6.16 所示。

图 4.6.16　家庭配电箱布置实例

家庭配电箱由漏电保护器、空气开关、中性线排（汇流排）等组成，如图 4.6.13 所示。

【任务准备】

1. 器材准备

电度表 1 块、漏电保护器 1 个、空气开关若干、固定导轨若干、中性线排若干、导线若干、电工工具 1 套。

2. 实训资料准备

配电箱、配电板学习资料包、实训报告。

【任务实施】

1. 常用低压电器识别

根据实训提供的低压电器，分别写出它们的名称及型号，填入表 4.6.2 中。

表 4.6.2　低压电器名称及型号

名称								
型号								

2. 导线的连接

将实训提供的单芯导线进行直接连接和 T 形连接，将 7 芯导线进行连接

3. 导线绝缘的恢复

将 2 小点连接的导线按要求恢复绝缘。

4. 家用配电板的安装

在准备好的配电板上，按照前面介绍电路，安装照明线路配电板，如图 4.6.17 所示。

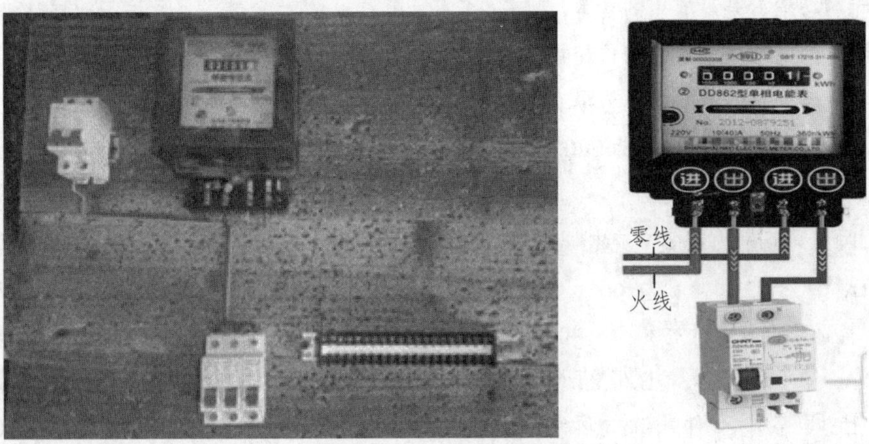

图 4.6.17　安装配电板实例

5. 家用户内配电箱的安装

将导轨、空开、中性线排固定在配电箱内，按照图 4.6.18 进行配线安装。

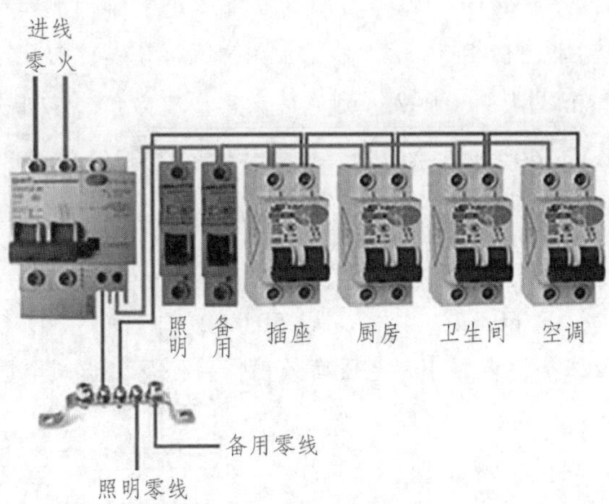

图 4.6.18　配电箱接线图

【任务评价】

把实训过程评价填入“实训过程综合评价表”（见附表1）。

【复习与考工模拟】

一、判断题

1．家用照明电路中电压220 V指的是交流电的最大值。(　　)

2．测量交流电所用的电压表和电流表测量的都是交流电的瞬时值。(　　)

3．一个耐压值为300 V的电容器接到220 V的交流电源上是可以安全工作的。(　　)

4．任何两个交流电的相位差就是它们的初相之差。(　　)

5．在同一交流电压作用下，电感量越大，感抗值越小。(　　)

6.电阻、电感和电容都是耗能元件。(　　)

7.无功功率就是没有用的功率。(　　)

8.纯电感电路中电流的相位超前于电压相位90°。(　　)

9.纯电容电路的有功功率为零。(　　)

10.荧光灯管两端的电压为220 V。(　　)

二、选择题

1. 两个同频率的正弦交流电同相时，它们的相位差为（　　）。

A. 0°　　B. 90°　　C. 180°　　D. 60°

2. 某正弦交流电的初相为－90°，则在 $t=0$ 时，其瞬时值将（　　）。

A. 等于零　　B. 小于零　　C. 大于零　　D. 无法判断

3. 已知电路中某元件两端的电压为 $u=311\sin(314t-120°)$ V，电流为 $i=4\sin(314t-30°)$ A，则该元件是（　　）。

A. 电阻　　B. 电容　　C. 电感　　D. 线圈

4. 交流电的三要素是指（　　）。

A. 最大值、角频率、初相　　B. 有效值、周期、相位角

C. 瞬时值、角频率、初相　　D. 有效值、频率、初相

5. 已知 $u=220\sqrt{2}\sin(314t-60°)$ V，则它的频率、有效值、初相分别为（　　）。

A. 314 Hz，220 V，60°　　B. 314 Hz，220 V，－60°

C. 50 Hz，220 V，－60°　　D. 50 Hz，220 V，60°

6. 我国工频交流电的频率为（　　）Hz，周期为（　　）s。

A. 50,0.2　　B. 60,0.1　　C. 50,0.02　　D. 60,0.1

7. 在电容元件的正弦交流电路中，电压有效值保持不变，当频率增大时，电路中电流将（　　）。

A. 增大　　B. 减小　　C. 不变　　D. 无法确定

8. 阻抗的单位是（　　）。

A. 亨利（H）　　B. 法拉（F）　　C. 瓦特（W）　　D. 欧姆（Ω）

9. 由交流电源供电的白炽灯与电容串联交流电路中，若交流电的频率增大，则容抗(　)。

A. 增大　　B. 不变　　C. 减小　　D. 无法判断

10. 交流电路中提高功率因数的目的是(　　)。

A. 增加电路的功率消耗　　B. 提高负载的效率

C. 增加负载的输出功率　　D. 提高电源的利用率

三、分析与计算

1. 已知加在 20 μF 电容器上的交流电压为 $u = 220\sqrt{2}\sin(314t - 60°)$ V，求：(1) 容抗；(2) 流过电容的电流并写出电流的解析式；(3) 画出电压与电流的矢量图；(4) 电路的无功功率。

2. 某荧光灯接在 220 V 交流电源上，已知荧光灯的有功功率 P=40 W，通过荧光灯的电流为 0.366 A，求该荧光灯的功率因数。

【应知应会要点归纳】

任务 4.1　正弦交流电的认知

1. 正弦交流电的定义与函数表达式

什么是交流电？	大小和方向都随时间做周期性变化的电动势、电压和电流统称为交流电	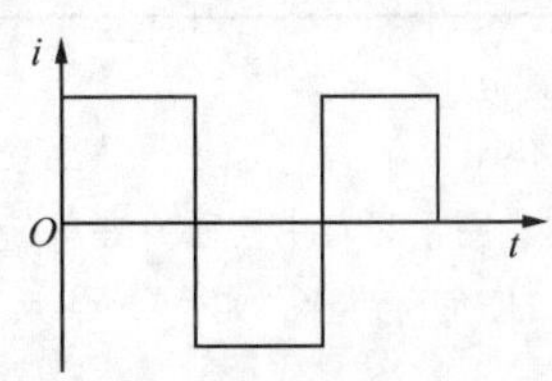
什么是正弦交流电？	按正弦规律变化的交流电称为正弦交流电	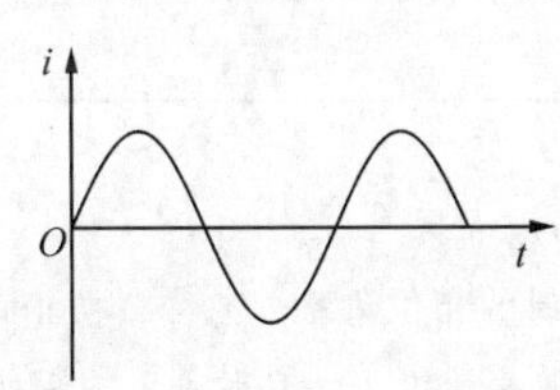
正弦交流电的函数表达式	$e = E_m \sin(\omega t + \varphi_e)$ $u = U_m \sin(\omega t + \varphi_u)$ $i = I_m \sin(\omega t + \varphi_i)$	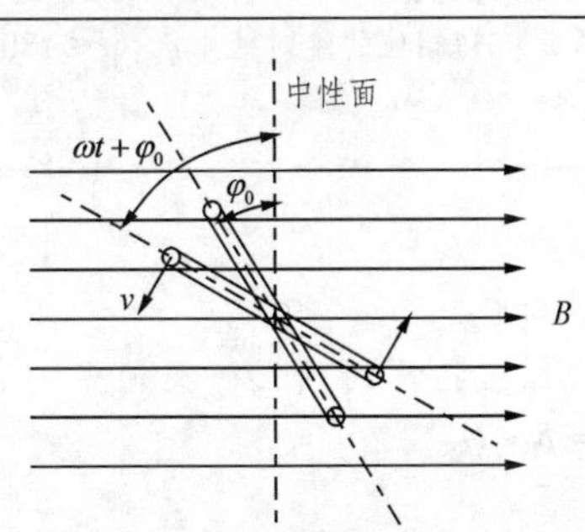

2. 反映正弦交流电变化快慢的量：周期、频率和角频率

周期	交流电每重复变化一次所需要的时间称为周期，用符号 T 表示，单位是秒（s）
频率	交流电在单位时间（1 s）内完成周期性变化的次数，叫作频率，用字母 f 表示，单位是赫兹（Hz）。 1 Hz =1 周期/s，1 kHz=10^3 Hz，1 MHz=10^6 Hz
角频率	交流电在 1 s 内变化的弧度数，叫作角频率。用字母 ω 表示，单位是弧度/秒（rad/s）。
相互关系	$T=\frac{1}{f}$，$\omega=2\pi f=\frac{2\pi}{T}$

3. 反映正弦交流电大小的量：瞬时值、最大值和有效值

瞬时值	正弦交流电在某一瞬间的数值称为瞬时值，规定用小写字母 i、u、e 分别表示交变电流、电压、电动势的瞬时值。它反映了正弦交流电在 t 时刻的大小
最大值	交流电在一个周期内最大瞬时值称最大值（又称峰值、幅值），电流、电压、电动势的最大值分别用 I_m、U_m、E_m 来表示。它反映正弦交流电的变化范围
有效值	交流电的有效值是在热效应方面同它相当的直流值。交流电流、电压、电动势的“有效值”分别用 I、U、E 表示
有效值与最大值的数量关系	有效值 $=\frac{1}{\sqrt{2}}$ 最大值 $I=\frac{I_m}{\sqrt{2}}$　　$U=\frac{U_m}{\sqrt{2}}$　　$E=\frac{E_m}{\sqrt{2}}$

4. 反映正弦交流电状态的量：相位与相位差

<table>
<tr><td>1）相位（角）
t 时刻线圈平面与中性面的夹角 $\alpha=(\omega t+\varphi_0)$ 称正弦交流电的相位角，简称“相位”。它反映正弦交流电在 t 时刻的状态</td><td rowspan="3">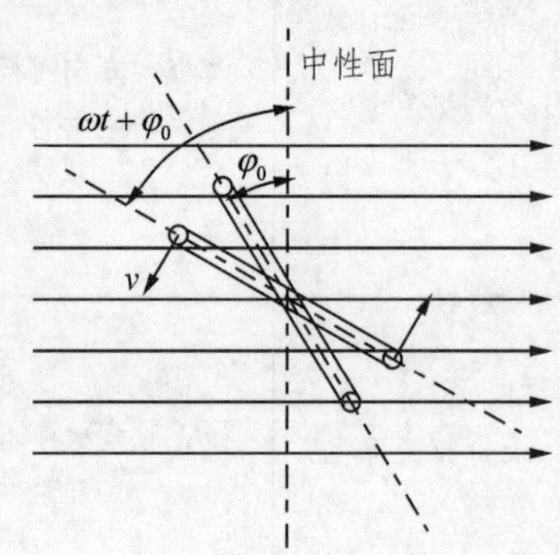

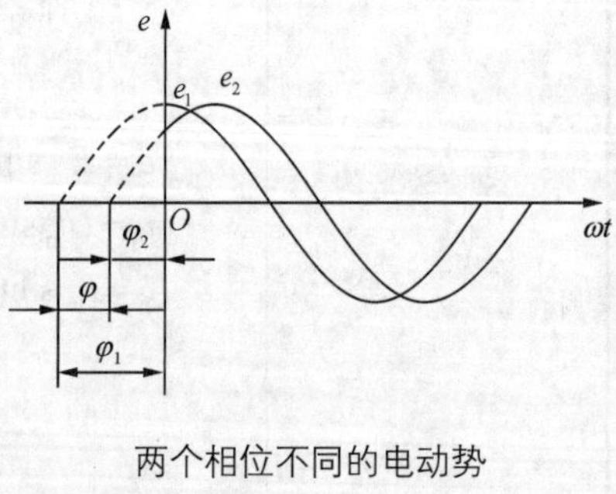

两个相位不同的电动势</td></tr>
<tr><td>2）初相位
$t=0$ 时的相位角 $\alpha=\varphi_0$ 称“初相角”或“初相位”。它反映正弦交流电（$t=0$ 时刻）的起始状态。
规定：初相位的绝对值 $|\varphi_0|\leqslant 180°$</td></tr>
<tr><td>3）相位差
相位差指两同频正弦交流电的初相角之差，即 $\varphi=\varphi_1-\varphi_2$</td></tr>
</table>

4）两个同频正弦交流电的相位关系

（1）若相位差 $\varphi=\varphi_1-\varphi_2>0$，则前者叫“超前”，后者叫“滞后”。

（2）若相位差 $\varphi=\varphi_1-\varphi_2=0°$，则称它们“同相”。

（3）若相位差 $\varphi=\varphi_1-\varphi_2=180°$，则称它们“反相”

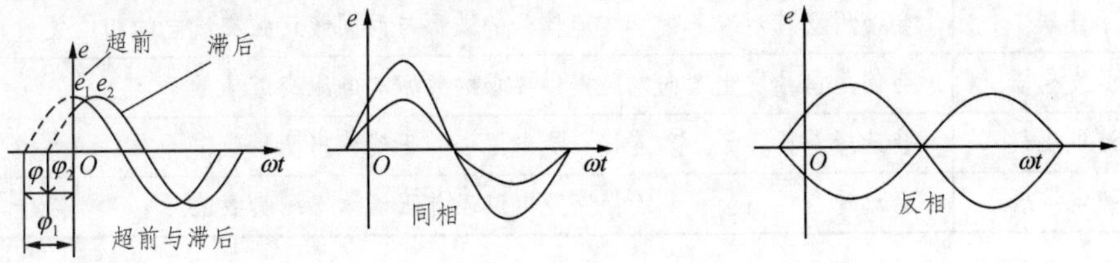

两个同步正弦交流电的相位关系

5. 正弦交流电的“三要素”——最大值、角频率、初相角

最大值 U_m	反映正弦交流电交变的幅度。	知道了这三个量就可以唯一确定一个正弦交流电，写出其瞬时值的表示式。因此常把最大值、角频率和初相位称为正弦交流电的三要素。
角频率 ω	反映正弦交流电交变的快慢。	
初相位 φ	反映正弦交流电交变的起始状态。	
$u=U_m\sin(\omega t+\varphi_0)$		

6. 正弦交流电的表示方法

解析法：用三角函数式表示正弦交流电随时间变化关系的方法

曲线法：根据解析式画出正弦交流电波形的方法

$$e=E_m\sin(\omega t+\varphi_e)$$
$$u=U_m\sin(\omega t+\varphi_u)$$
$$i=I_m\sin(\omega t+\varphi_i)$$

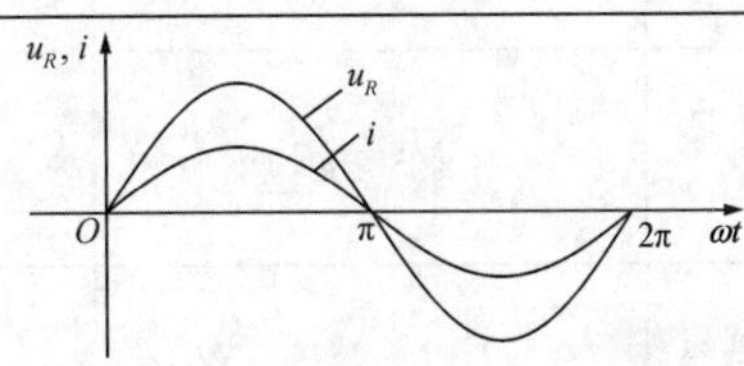

曲线法

相量法（正弦量的有效值相量表示）

用相量的模表示正弦量的有效值，用相量的辐角表示正弦量的初相位。

如某正弦交流电流为 $i=I_m\sin(\omega t+\varphi_i)$，$u=U_m\sin(\omega t+\varphi_u)$，则

$\dot{I}=I\angle\varphi_i$（正弦交流电流的有效值相量）

$\dot{U}=U\angle\varphi_u$（正弦交流电压的有效值相量）

说明：相量是一种被用来表示正弦交流量的复数，它不等于正弦量

相量图（有效值相量图）

在复平面上表示相量的图形称为相量图。有效值相量图可用来表示同频率正弦交流电的有效值和它们之间的相位差

（1）相量的长度等于有效值。

（2）相量与水平正方向的夹角等于初相角（上正下负）。

（3）相量的符号是 $\dot{E}$、$\dot{U}$、$\dot{I}$。

（4）两同频正弦交流电的加减运算：服从平行四边形法则

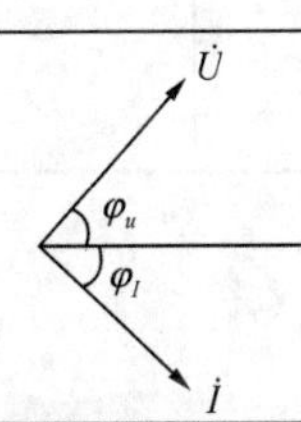

任务 4.2 正弦交流电信号的观察与测量（实训）

仪器仪表	要 求
示波器	会使用双踪示波器观察交流信号的波形与两同频正弦交流电的相位关系
信号发生器	会使用信号发生器向电路提供要求的频率与电压交流信号
交流电压表	会选择量程，会正确连接交流电压表并正确读出测量数值
交流电流表	会选择量程，会正确连接交流电流表并正确读出测量数值

任务 4.3 单一元件的单相交流电路的认知

电路		纯电阻电路	纯电感电路	纯电容电路
阻抗值/Ω		$R=\dfrac{U_R}{I}$	$X_L=\dfrac{U_L}{I}=\omega L=2\pi fL$	$X_C=\dfrac{U_C}{I}=\dfrac{1}{\omega C}=\dfrac{1}{2\pi fC}$
电压与电流的频率关系		相同	相同	相同
电压与电流的相位关系		电压与电流同相位 $\varphi_u=\varphi_i$	电压超前电流 90° $\varphi_u=\varphi_i+90°$	电压滞后电流 90° $\varphi_u=\varphi_i-90°$
电压与电流的数量关系		$U_R=I_RR$	$U_L=I_LX_L$	$U_C=I_CX_C$
电功率	有功功率	$P_R=U_RI=I^2R$（W）	$P_L=0$	$P_C=0$
	无功功率	$Q_R=0$	$Q_L=U_LI_L=X_LI_L^2$（var）	$Q_C=U_CI_C=X_CI_C^2$（var）
表示法	解析法	$i=I_m\sin\omega t$ $u_R=U_{Rm}\sin\omega t$	$i=I_m\sin\omega t$ $u_L=U_{Lm}\sin(\omega t+90°)$	$i=I_m\sin\omega t$ $u_C=U_{Cm}\sin(\omega t-90°)$
	相量图	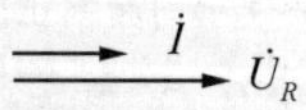	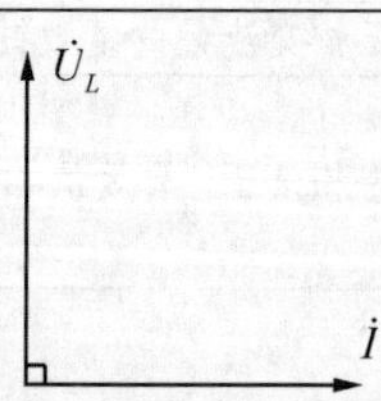	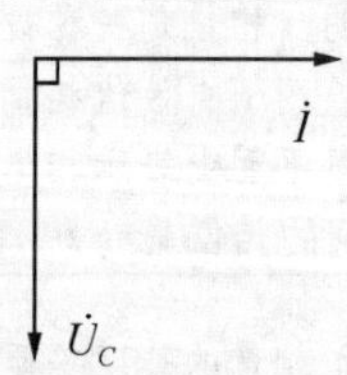

任务 4.4　含有多个电路元件的单相交流电路的分析

1. *RL* 串联电路

<table>
<tr><td>电路与相量图</td><td colspan="3">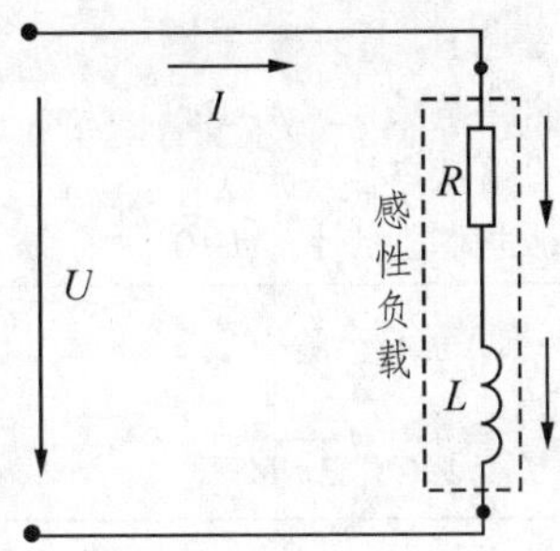

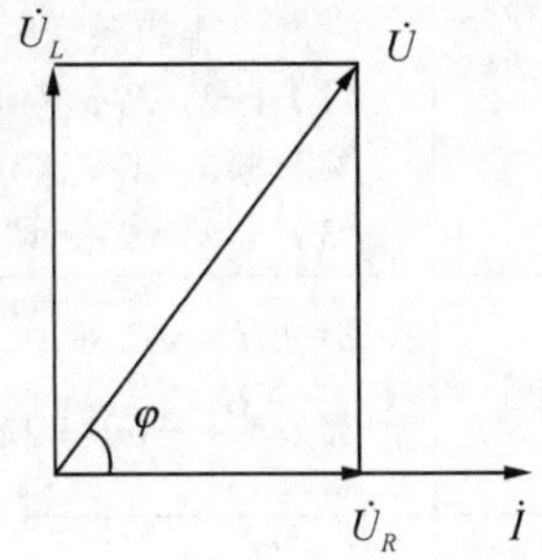
</td></tr>
<tr><td rowspan="2">阻抗</td><td>定义</td><td>作用</td><td>公式</td></tr>
<tr><td>负载两端的电压有效值 U 与流过负载的电流有效值 I 之比，称为负载的阻抗。即
$Z=U/I$</td><td>表示负载（RL）对电流产生阻碍作用的大小，相当于整个负载的“电阻”</td><td>$Z=\frac{U}{I}=\sqrt{R^2+X_L^2}$
$X_L=\frac{U_L}{I}=\omega L=2\pi fL$</td></tr>
<tr><td rowspan="2">电压与电流</td><td>数量关系</td><td colspan="2">相位关系</td></tr>
<tr><td>$U=IZ$
$U_R=IR$，$U_L=IX_L$</td><td colspan="2">电路呈感性，或说负载是“感性负载”。
电路中总电压 u 超前于电流 i 一个角度 φ，且 $0°<\varphi<90°$</td></tr>
<tr><td rowspan="4">电功率</td><td>有功功率</td><td>电阻上消耗的功率</td><td>$P=U_RI=I^2R$ （W）</td></tr>
<tr><td>无功功率</td><td>表示电感元件与电源交换能量的规模</td><td>$Q=Q_L=U_LI=I^2X_L$ （var）</td></tr>
<tr><td>视在功率</td><td>表示电源向负载提供的总功率，即表示交流电源的容量大小</td><td>$S=UI$ （V·A）</td></tr>
<tr><td>功率因数</td><td>其大小反映了电源的利用率</td><td>$\cos\varphi=\frac{P}{S}=\frac{U_R}{U}=\frac{R}{Z}$
$\varphi=\varphi_u-\varphi_i$，是总电压 u 与电流 i 的相位差，称功率因数角</td></tr>
</table>

2. *RLC* 串联电路

<table>
<tr><td colspan="2">电压与电流的相位关系</td><td>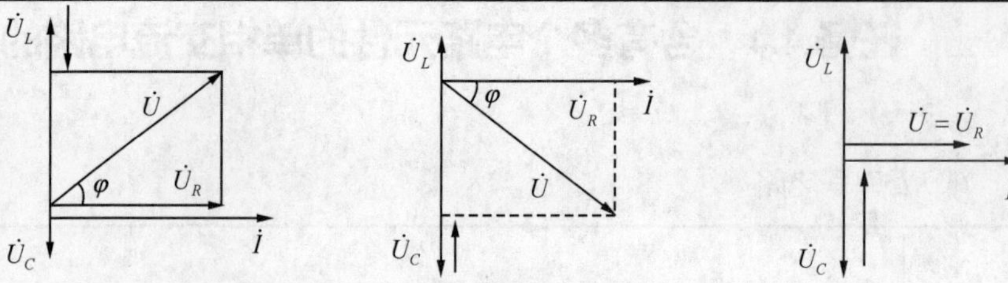
（a）呈感性　（b）呈容性　（c）呈阻性
（1）当 $X_L>X_C$，即 $U_L>U_C$ 时，电路呈感性，$\varphi>0$；
（2）当 $X_L<X_C$，即 $U_L<U_C$ 时，电路呈容性，$\varphi<0$；
（3）当 $X_L=X_C$，即 $U_L=U_C$ 时，电路呈阻性，$\varphi=0$</td></tr>
<tr><td colspan="2">阻抗值</td><td>$Z=U/I=\sqrt{R^2+X^2}$，其中，电抗 $X=X_L-X_C$
$X_L=\dfrac{U_L}{I}=\omega L=2\pi fL$，$X_C=\dfrac{U_C}{I}=\dfrac{1}{\omega C}=\dfrac{1}{2\pi fC}$</td></tr>
<tr><td colspan="2">电压与电流的数量关系</td><td>$U=IZ$
$U_R=IR$，$U_L=IX_L$，$U_C=IX_C$</td></tr>
<tr><td rowspan="4">电功率</td><td>有功功率</td><td>$P=U_RI=RI^2=UI\cos\varphi=S\cos\varphi$（W）</td></tr>
<tr><td>无功功率</td><td>$Q=Q_L-Q_C$（var）</td></tr>
<tr><td>视在功率</td><td>$S=UI=\sqrt{P^2+Q^2}$（V·A）</td></tr>
<tr><td>功率因数</td><td>$\cos\varphi=P/S=U_R/U=R/Z$</td></tr>
<tr><td colspan="2">提高功率因数的意义：
（1）提高供电设备的利用率；
（2）减少输电路的功率损耗</td><td>提高功率因数的方法：
（1）在感性负载两端并联一个适当的电容器；
（2）提高用电设备自身的功率因数</td></tr>
</table>

3. 交流电路中的谐振电路

<table>
<tr><td>谐振的定义</td><td colspan="2">交流电路的总电压与总电流同相，整个电路呈现为纯电阻性时的状态称之为谐振，这时的电路叫作谐振电路</td></tr>
<tr><td>比较项目</td><td>串联谐振</td><td>并联谐振</td></tr>
<tr><td>谐振条件</td><td>$X_L=X_C$</td><td>$X_L=X_C$</td></tr>
<tr><td>谐振频率</td><td>$f_0=\dfrac{1}{2\pi\sqrt{LC}}$</td><td>$f_0=\dfrac{1}{2\pi\sqrt{LC}}$</td></tr>
<tr><td>电流</td><td>$I=U/R$，为最大</td><td>总电流 $I=I_R$，为最小</td></tr>
<tr><td>阻抗</td><td>负载阻抗 $Z_0=R$，为最小</td><td>负载阻抗 $Z_0=R$ 为最大</td></tr>
</table>

项目 5　三相交流电路的认知

项目导读

用一个交流电源供电的电路称为单相交流电路，而由频率和振幅相同、相位互差 120°的三个正弦交流电源同时供电的电路，称为三相交流电路。

目前，世界上绝大多数电力系统都采用三相交流电路来产生和传输电能。因为与单相交流电相比，三相交流电有着许多技术和经济上的优点：在发电方面，输出同样功率的三相发电机比单相发电机体积小、重量轻；在输电方面，若输送功率相同、电压相同、距离和线路损耗相等，采用三相制输电所用的有色金属仅为单相输电的 75%，因而大大节约了输电线路的有色金属用量；在变配电方面，三相变压器比单相变压器经济而且便于接入单相或三相负载；在用电方面，工农业生产中广泛应用的三相异步电动机比单相电动机的结构更简单，价格更低，性能更好，工作更平稳可靠。

任务 5.1　三相交流电的认知

【任务目标】

知识目标：

（1）了解三相交流电的产生。

（2）掌握对称三相交流电的特点及相序。

（3）掌握三相电源的连接与三相交流电的传输。

能力目标：

（1）能理解对称三相交流电的特点及相序。

（2）能理解三相电源的线电压与相电压的定义与两者间的数量关系。

素质目标：

（1）养成每次课后归纳总结所学内容的习惯。

（2）建立起对知识点理解后能反复背记以牢固掌握的习惯。

【任务重点】

电源的线电压与相电压。

【任务难点】

相序。

【任务学时】

2 学时。

【知识链接】

5.1.1 三相交流电的产生

5.1.1.1 三相交流发电机的结构及工作原理

三相交流电动势由三相交流发电机产生，对一般工厂来说是由电力网经过三相变压器提供的。图 5.1.1 所示为三相交流发电机的原理示意图，它的主要部分是电枢和磁极。

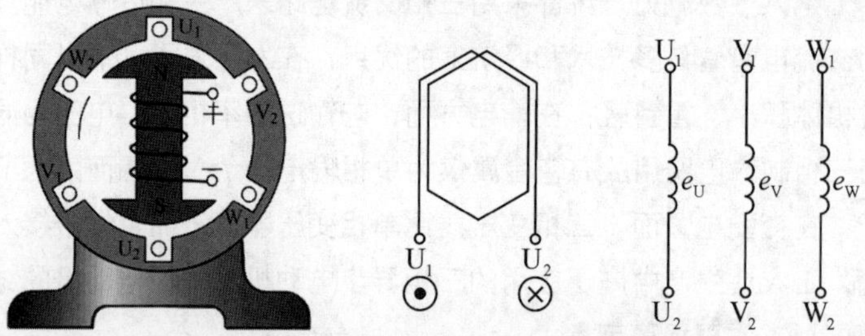

图 5.1.1 三相交流发电机的原理示意图

电枢是固定的，称为定子，其上对称地放置三个匝数相等、绕法一致、几何尺寸及材料完全相同的绕组 U_1-U_2，V_1-V_2，W_1-W_2。绕组的始端（首端）标为 U_1、V_1、W_1，末端（尾端）标为 U_2、V_2、W_2，绕组首端之间（或末端之间）彼此相隔 120°。

磁极是旋转的，称为转子。转子磁极上绕有线圈，称为励磁绕组。当通入直流电后，就形成磁场。若极面形状选择适当，可使定子与转子气隙中的磁场按正弦规律分布。转子由原动机带动（如水力、风力、火力发电中的蒸汽机等），以匀速做逆时针转动。因此，每相绕组依次切割磁感线而产生正弦感应电动势，发出三相正弦交流电。

三相感应电动势 e_U、e_V、e_W 的特点：

（1）感应电动势的大小（最大值或有效值）相等。因为三相绕组的结构完全相同。

（2）感应电动势的频率相同。因为磁场对每一相绕组的相对转速是一样的，即三相绕组以同一转速切割磁感线。

（3）感应电动势的相位差互为 120°。在转子为一对磁极的情况下，三相绕组在空间互成 120°相位差对称分布，因而各相绕组切割磁感线的时间先后差为转子转过 120°所需的时间（实际的三相发电机不一定是一对磁极，所以绕组在空间位置相差的机械角度不一定是 120°，但电角度必定相差 120°，以保证三相的对称）。

具有这些特点的三相电动势称为“对称三相电动势”，产生对称三相电动势的发电机便构成一个对称三相电源。图 5.1.2 所示为对称三相电动势的波形图和相量图。

以 e_U 为参考正弦量，则三相电动势的瞬时表达式为

$$
\begin{cases}
e_{\mathrm{U}} = E_{\mathrm{m}} \sin \omega t \\
e_{\mathrm{V}} = E_{\mathrm{m}} \sin(\omega t - 120°) \\
e_{\mathrm{W}} = E_{\mathrm{m}} \sin(\omega t + 120°)
\end{cases} \tag{5.1.1}
$$

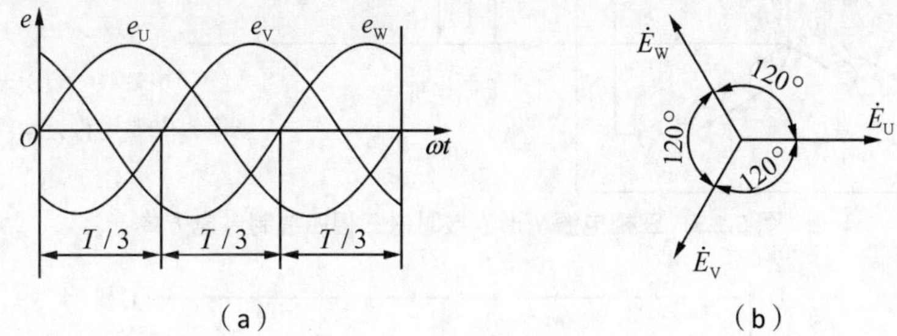

图 5.1.2　对称三相电动势的波形图和相量图

5.1.2　对称三相交流电的特点及相序

1. 对称三相交流电的特点

由于对称三相电源的三相电动势对称，所以由对称三相电源提供的三相电压与电流也是对称的，即三个电动势与电压、电流均大小相等，频率相同，相位差互成 120°。

对称三相交流电的特点是：三相电动势、电压、电流均为大小相等、频率相同、相位差互成 120°的对称三相交流电。

以 u_{U} 为参考正弦量，则三相电源提供的三相电压的瞬时表达式为

$$
\begin{aligned}
u_{\mathrm{U}} &= U_{\mathrm{m}} \sin \omega t \\
u_{\mathrm{V}} &= U_{\mathrm{m}} \sin(\omega t - 120°) \\
u_{\mathrm{W}} &= U_{\mathrm{m}} \sin(\omega t + 120°)
\end{aligned} \tag{5.1.2}
$$

2. 相　序

由频率和振幅相同、相位差互成 120°的三个正弦交流电源同时供电的电路中，三相电动势随时间按正弦规律变化，它们达到最大值（或零值）的先后顺序，叫作相序。

如果 U 相超前 V 相，V 相超前 W 相，称为正序（或顺序）；相反，若 U 相滞后 V 相，V 相滞后 W 相，称为负序（或逆序）。

5.1.3　三相电源的连接与三相交流电的传输

1. 三相四线制与三相三线制

把对称三相电源各相末端 U_2、V_2、W_2 连在一起，成为一个公共端点（称中性点），用符号 N 表示。从 U_1、V_1、W_1 和 N 引出四条输电线，称为三相电源 Y 形（星形）连接时的三相四线制供电方式，如图 5.1.3 所示。

由各相首端引出的输电线称为端线（俗称“火线”），由 N 点引出的输电线称为中性线，简称中线。中点通常与大地相接，把接地的中性点称为零点，接地的中性线称“零线”。若三相电源 Y 形连接时无中线引出，则为三相三线制供电方式，如图 5.1.4 所示。

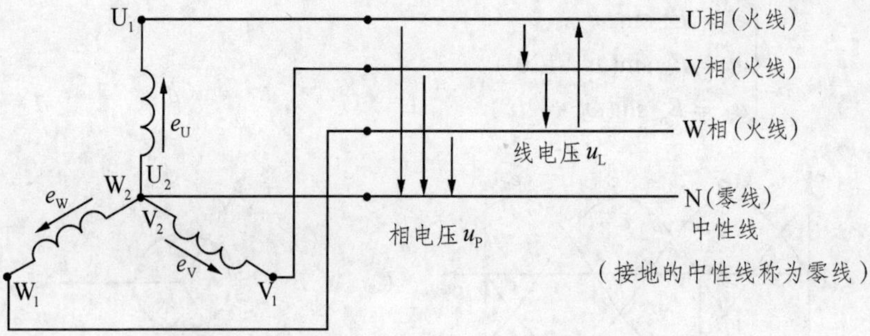

图 5.1.3　三相电源 Y 形连接时的三相四线制供电方式

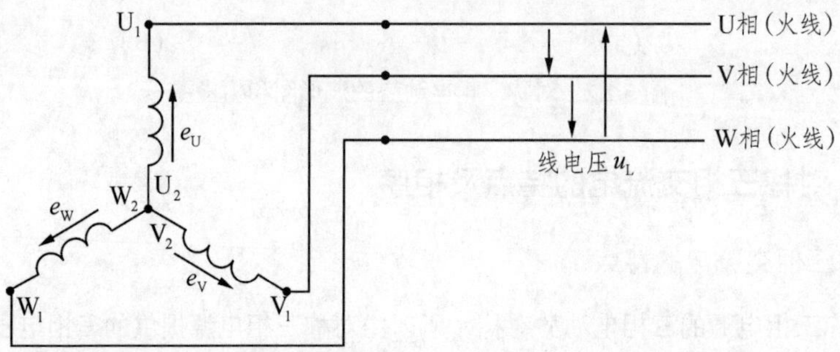

图 5.1.4　三相电源 Y 形连接时的三相三线制供电方式

2. 线电压与相电压

三相四线制可向负载输送两种电压：一种是端线与端线之间的电压，称为线电压 u_L，$u_L = u_{UV} = u_{VW} = u_{WU}$（按正序）；另一种是端线与中线之间的电压，即每相电源的电压，称为相电压 u_P，$u_P = u_U = u_V = u_W$。

两端线之间的线电压应该是两个相应的相电压之差，即

$$\begin{cases} u_{UV} = u_U - u_V \\ u_{VW} = u_V - u_W \\ u_{WU} = u_W - u_U \end{cases}$$

三相电源 Y 形连接时线电压与相电压的相量图，如图 5.1.5 所示。由相量图知：三个相电压大小相等，频率相同，在相位上相差 120°，即三个相电压互相对称。

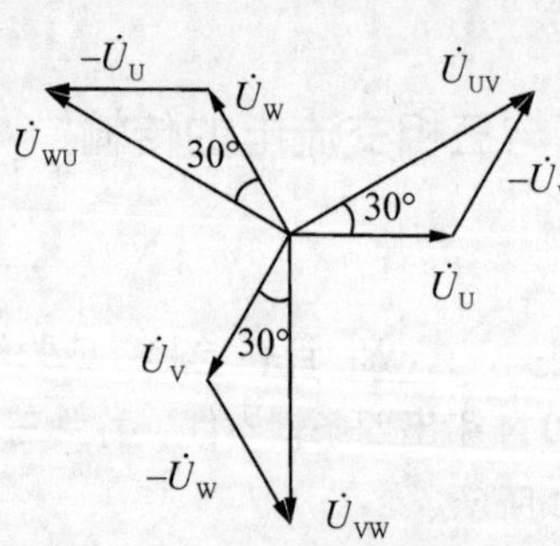

图 5.1.5　三相四线制线电压与相电压

从图 5.1.5 所示的相量图中可以看出，线电压 $\dot{U}_{UV}$、$\dot{U}_{VW}$、$\dot{U}_{WU}$ 分别超前相应的相电压

$\dot{U}_U$、$\dot{U}_V$、$\dot{U}_W$ 30°，且三个线电压彼此间相差 120°。

线电压的大小可利用几何关系求得

$$U_{UV}=2U_U\cos30°=\sqrt{3}U_U$$

同理可得

$$U_{VW}=\sqrt{3}U_V，U_{WU}=\sqrt{3}U_W$$

可见，三相电路中，线电压的大小是相电压的 $\sqrt{3}$ 倍，其公式为

$$U_L=\sqrt{3}U_P \tag{5.1.3}$$

综上所述，对称三相电源提供的线、相电压均是对称三相电压。在数值上，线电压是相电压的 $\sqrt{3}$ 倍；在相位上，线电压超前相应的相电压 30°。

【思考与练习】

一、填空题

1. 三个_________相等、_________相同、相位依次互差________的正弦交流电源称为对称三相电源。

2. 三相电动势随时间按正弦规律变化，它们到达最大值（或零值）的先后________，叫作相序。若相序为 U-V-W-U，叫作________，若相序为 U-W-V-U，叫作________。

3. 端线与端线之间的电压，称为________电压，用符号 u_L 表示；端线与中线之间的电压，称为________电压，用符号 u_P 表示。

4. 在数值上，线电压的大小是相电压的________倍。对称三相电源 Y 形联结，有中线则构成三相________制供电系统，无中线则构成三相_________制供电系统。

5. 已知某三相交流电源端线与零线间的电压为 220 V，该电源的相电压 u_P=________，线电压 u_L=________。

二、问答题

发电机三相绕组连成 Y 形，采用三相四线制供电方式，当线电压 $u_{UV}=380\sqrt{2}\sin(\omega t-30°)$ V 时，试写出相电压 u_U、u_V、u_W 的瞬时值表达式。

任务 5.2　三相负载的连接

【任务目标】

知识目标：

（1）掌握三相负载的星形与三角形连接。

（2）掌握对称三相负载的线电压与相电压。

能力目标：

（1）能将对称三相负载按星形或三角形方式连接到三相供电线路上。

（2）能理解对称三相负载的线相电压与线相电流的定义与相互关系。

素质目标：

（1）养成每次课后归纳总结所学内容的习惯。

（2）建立起对知识点理解后能反复背记以牢固掌握的习惯。

【任务重点】

线相电压与线相电流的定义。

【任务难点】

电压与电流的关系。

【任务学时】

2 学时。

【知识链接】

三相电源上连接的负载称三相负载。若每相负载的阻抗完全相同，称作对称三相负载，如三相电动机、三相电炉等。若每相负载的阻抗不同，称作不对称三相负载，如三相照明电路中的负载。在三相电路中，负载有 Y 形（星形）和△形（三角形）两种连接方式。

5.2.1　三相负载的星形连接

1. 连接方式

把各相负载的末端连在一起接到三相电源的中性线上，把各相负载的首端分别接到三相电源的三根相线上，这种连接方法叫作三相负载有中性线的星形连接，用 Y_0 表示，如图 5.2.1（a）所示。

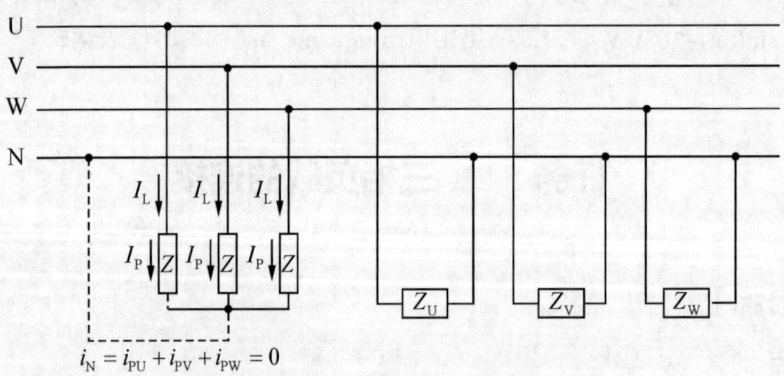

（a）对称三相负载　　（b）不对称三相负载

图 5.2.1　三相负载的星形连接

为讨论问题方便，做如下说明：

（1）每相负载两端的电压称作负载的相电压，简称相电压，用 U_{YP} 表示。在忽略输电线上的电压降时，负载的相电压就等于电源的相电压，即 $U_{YP}=U_P$。

（2）三相负载的线电压就是电源的线电压，即 $U_{YL}=U_L$，则负载的线电压与相电压的数量关系为

$$U_{YL}=\sqrt{3}\,U_{YP} \tag{5.2.1}$$

（3）流过每相负载的电流叫作相电流，以 I_{YP} 表示；流过端线的电流叫作线电流，以 I_{YL} 表示。在三相负载的 Y_0 连接中，相线和负载中通过同一个电流，所以各相电流等于各线电流，即

$$I_{YP}=I_{YL} \tag{5.2.2}$$

（4）流过中线的电流叫作中线电流，以 I_N 表示。

三相电路中的每一相电路就是一单相电路，所以各相电流与电压间的相位关系及数量关系都可用讨论单相电路的方法来讨论。

2. 三相负载对称情况

在对称三相电压作用下，流过对称三相负载中每相负载的电流应相等，即

$$I_{YP}=I_U=I_V=I_W$$

而每相电流间的相位差仍为 120°。图 5.2.2（a）所示是以 U 相电流为参考正弦量做出的电流相量图。由基尔霍夫电流定律知，中线电流 $\dot{I}_N=\dot{I}_U+\dot{I}_V+\dot{I}_W$。

根据图 5.2.2（a）可知，对称三相负载做 Y 形连接时的中线电流为零，即

$$I_N=0$$

此时取消中线也不影响电路的工作，三相四线制就变成三相三线制。三相负载无中性线的 Y 形连接方式，用 Y 表示。

通常在高压输电时，由于三相负载都是对称的三相变压器，所以采用三相三线制输电。

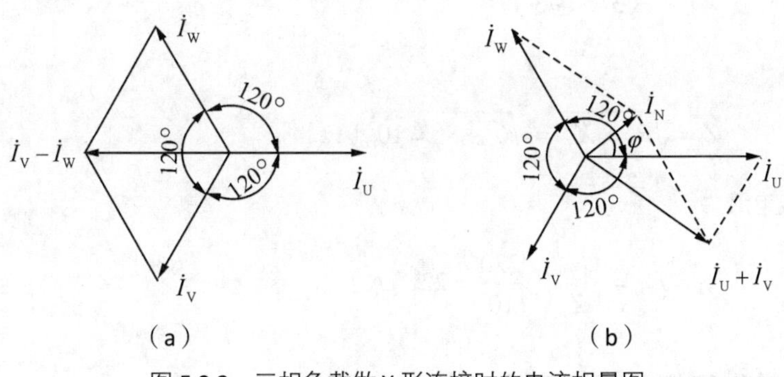

（a）　　（b）

图 5.2.2　三相负载做 Y 形连接时的电流相量图

可见，当对称三相负载做 Y 形连接时：

（1）负载的线、相电压即为对称三相电源提供的线、相电压，所以它们均是对称三相电

压。在相位上，线电压超前相应的相电压 30°；在数值上，线电压是相电压的 $\sqrt{3}$ 倍，即

$$U_{YL} = \sqrt{3}\ U_{YP}$$

（2）负载的线、相电流均是对称三相电流，且线电流 = 相电流，即

$$I_{YP} = I_{YL}$$

3. 三相负载不对称情况

三相负载不对称时，各相电流的大小不一定相等，相位差也不一定为 120°。图 5.2.2（b）所示为各相负载的性质相同、大小不同的电流相量图。

图 5.2.2（b）表明，三相负载不对称时的中线电流不为零。但通常中线电流比相电流小得多，所以中线的截面面积可小些。由于低压供电系统中的三相负载经常要变动（如照明电路中的灯具经常要开关），是不对称负载，当中线存在时，它能平衡各相电压，保证三相负载成为三个互不影响的独立电路，此时各相负载电压等于电源的相电压，不会因负载变动而变动。但是当中线断开后，各相电压就不再相等了。经计算以及实际测量都证明，阻抗小的相电压低，阻抗大的相电压高，这可能烧坏接在相电压升高的这相中的电器。

所以在三相负载不对称的低压供电系统中，不允许在中线上安装熔断器或开关，而且中线常用钢丝制成，以免中线断开引起事故。当然，另一方面要力求三相负载平衡以减少中线电流，如在三相照明电路中，就应将照明负载平均分接在三相上，而不应全部集中接在某一相或两相上。

例 5.2.1 已知加在做 Y 形连接的三相异步电动机（可看成是对称三相负载）上的对称线电压为 380 V，电动机每相绕组的电阻为 6 Ω，感抗为 8 Ω，电动机工作在额定状态下。求此时流入电动机每相绕组的电流及各端线的电流。

解：由于电源电压对称，各相负载对称，则各相电流相等，各线电流也相等。

负载作 Y 形连接时，有

$$U_{YL} = \sqrt{3}\ U_{YP}$$

$$U_{YP} = \frac{U_{YL}}{\sqrt{3}} = \frac{380}{\sqrt{3}} = 220\ (\text{V})$$

每一相的阻抗

$$Z = \sqrt{R^2 + X_L^2} = \sqrt{6^2 + 8^2} = 10\ (\Omega)$$

则相电流与线电流为

$$I_{YP} = I_{YL} = \frac{U_{YP}}{Z} = \frac{220}{10} = 22\ (\text{A})$$

5.2.2 对称三相负载三角形连接

把三相负载分别接到三相交流电源的每两根相线之间，这种连接方法叫作三角形连接，用符号“△”表示，如图 5.2.3 所示。△形连接的特点是，每相负载首尾相连，形成闭合回路，

并将三个连接点分别接到三相电源的端线上。

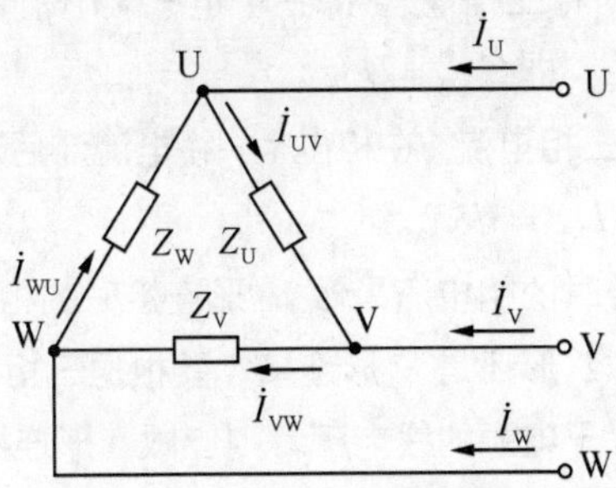

图 5.2.3　三相负载做△形连接

对于△形连接的每相负载来说，也都是单相交流电路，所以各相电流、电压和阻抗三者的关系仍与单相电路相同。

由于做△形连接的各相负载是接在两根端线之间，因此负载的相电压就是线电压，即

$$U_{\triangle P}=U_{\triangle L} \tag{5.2.3}$$

在对称三相电压作用下，流过对称三相负载中每相负载的电流应相等，即

$$I_{UV}=I_{VW}=I_{WU}=I_P=\frac{U_{\triangle P}}{Z}=\frac{U_{\triangle L}}{Z}$$

而各相电流之间的相位差仍为 120°。图 5.2.4 所示是以 $\dot{U}_{UV}$ 的初相位为零作出的电压、电流相量图。

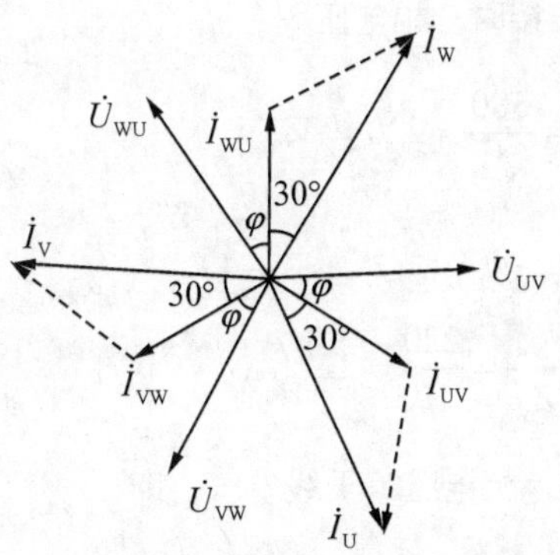

图 5.2.4　对称三相负载△形连接时的电压、电流相量

线电流与相电流的关系，可根据基尔霍夫电流定律求得

$$\begin{cases}\dot{I}_U=\dot{I}_{UV}-\dot{I}_{WU}\\ \dot{I}_V=\dot{I}_{VW}-\dot{I}_{UV}\\ \dot{I}_W=\dot{I}_{WU}-\dot{I}_{VW}\end{cases}$$

由图 5.2.4 所示电压、电流相量图可证明，当对称三相负载做△形连接时，线电流在相位上总是滞后与之对应的相电流 30°，在数值上线电流是相电流的 $\sqrt{3}$ 倍，即

$$I_{\triangle L}=\sqrt{3}I_{\triangle P} \tag{5.2.4}$$

由以上讨论可知，对称三相负载做△形连接时：

1.负载的线、相电压均为对称三相电压(即三个电压大小相等、频率相同、相位互差 120°)，且在数值上，线电压 = 相电压，即 $U_{\triangle P}=U_{\triangle L}$。

2.线、相电流也是对称的三相电流。在相位上，线电流滞后对应的相电流 30°；在数值上，线电流是相电流的 $\sqrt{3}$ 倍，即 $I_{\triangle L}=\sqrt{3}I_{\triangle P}$。

对称三相负载做△形连接时的相电压是做 Y 形连接时的相电压的 $\sqrt{3}$ 倍。因此，对称三相负载接到三相电源中，应做△形还是 Y 形连接，要根据三相负载的额定电压而定。

若各相负载的额定电压等于电源的线电压，则应做△形连接，若各相负载的额定电压是电源线电压的 $\frac{1}{\sqrt{3}}$，则应做 Y 形连接。

例如，我国工业用电的线电压绝大多数为 380 V，当三相电动机各相的额定电压为 380 V 时，就应做△形连接；当电动机各相的额定电压为 220 V 时，就应做 Y 形连接。若误将应做 Y 形连接的负载接成△形，就会因过压而烧坏负载。反之，若误将应做△形连接的负载接成 Y 形，又会因电压不足而使负载不能正常工作。例如，误把应做△形连接的三相电动机接成 Y 形，就会因工作电压不足，在额定负载时因启动转矩较小而不能启动，发生堵转现象，也会烧坏电动机（降压启动例外）。

例 5.2.2 三相交流电动机的定子绕组可看成是对称三相负载，正常运行时为△形连接的电动机常采用 Y 形连接启动，以达到降低启动电流的目的。若三相交流电动机每相绕组的阻抗 $Z=10\,\Omega$，电源线电压 $U_L=380\,\text{V}$，试比较在 Y 形、△形两种连接方式中，负载的相电流与线电流。

解：（1）当绕组做 Y 形连接时，相电压

$$U_{YP}=\frac{U_{YL}}{\sqrt{3}}=\frac{380}{\sqrt{3}}=220\ (\text{V})$$

相电流等于线电流，即

$$I_{YP}=I_{YL}=\frac{U_{YP}}{Z}=\frac{220}{10}=22\ (\text{A})$$

（2）当绕组做△形连接时，相电压等于线电压，即

$$U_{\triangle P}=U_{\triangle L}=380\ (\text{V})$$

相电流

$$I_{\triangle P}=\frac{U_{\triangle P}}{Z}=\frac{380}{10}=38\ (\text{A})$$

线电流

$$I_{\triangle L}=\sqrt{3}I_{\triangle P}=\sqrt{3}\times 38=65.8\ (\text{A})$$

以上计算说明：

（1）Y 形连接时，相电流为 22 A；△形连接时，相电流为 38 A，其比值 $22/38=\frac{1}{\sqrt{3}}$。

即△形连接时的相电流是 Y 形连接时的相电流的 $\sqrt{3}$ 倍。

（2）Y 形连接时，线电流为 22 A；△形连接时，线电流为 65.8 A，其比值 22/65.8≈1/3。即△形连接时的线电流是 Y 形连接时的线电流的 3 倍。

可见，三相交流电动机采用 Y 形连接启动、△形连接运行的工作方式，可有效减小启动电流。

【思考与练习】

一、填空题

1. 当三相对称负载做 Y 形连接时：负载的线、相电压即为对称三相电源提供的线、相电压，所以它们均是________三相电压；在数值上，线电压是相电压的__________倍，即 $U_{YL}=$_______U_{YP}。负载的线、相电流均是对称三相电流，且线电流__________相电流，即 $I_{YP}=$_______。

2. 对称三相负载做△形连接时：负载的线、相电压均为对称________电压，且在数值上，线电压________相电压，即 $U_{\triangle P}=U_{\triangle L}$。线、相电流也是对称三相电流，在数值上，线电流是相电流的_______倍，即 $I_{\triangle L}=\sqrt{3}I_{\triangle P}$。

二、计算题

1. 已知加在做 Y 形连接的三相异步电动机（可看成是对称三相负载）上的对称线电压 U_L=380 V，电动机每相绕组的电阻为 3 Ω，感抗为 4 Ω，电动机工作在额定状态下。求此时流入电动机每相绕组的电流 IYP 及各端线的电流 IYL。

2. 图 5.2.5 所示照明用电线路接成三相四线制，电源电压对称，$U_P=220$ V，负载为电灯组，各组电阻分别为 $R_a=5\ \Omega$，$R_b=10\ \Omega$，$R_c=20\ \Omega$，试求负载相电压、相电流。

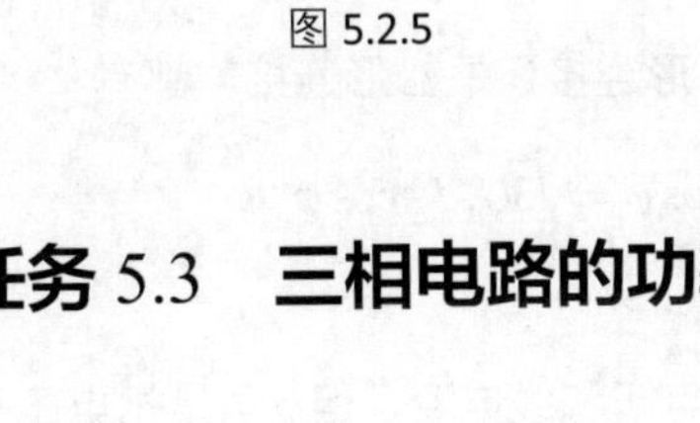

图 5.2.5

任务 5.3　三相电路的功率

【任务目标】

知识目标：

（1）掌握三相电路的总有功功率的概念及计算公式。

（2）了解三相电路的总无功功率与总视在功率。

能力目标：

（1）能理解三相电路的总有功、无功、视在功率的概念。

（2）会应用功率计算公式对三相电路进行功率计算。

素质目标：

（1）养成每次课后归纳总结所学内容的习惯。

（2）建立起对知识点理解后能反复背记以牢固掌握的习惯。

【任务重点】

三相电路总有功功率的计算公式。

【任务难点】

功率的计算。

【任务学时】

2 学时。

【知识链接】

在三相电路中，总有功功率等于各相有功功率之和，总无功功率等于各相无功功率之和，总视在功率等于各相视在功率之和。

当负载对称时，每相的有功功率是相等的。因此三相总有功功率为

$$P = P_U + P_V + P_W = 3P_P = 3U_P I_P \cos\varphi$$

式中，φ 是相电压 U_P 与相电流 I_P 之间的相位差。

当对称负载是 Y 形连接时，有

$$U_L = \sqrt{3}\, U_P\ ,\ I_L = I_P$$

当对称负载是△形连接时，有

$$U_L = U_P,\ I_L = \sqrt{3}\, I_P$$

可见，不论对称负载是 Y 形连接还是△形连接，都有

$$P = 3U_P I_P \cos\varphi = \sqrt{3} U_L I_L \cos\varphi \tag{5.3.1}$$

使用式（5.3.1）时应注意：

（1）式中电压、电流为线电压和线电流，但φ角是相电压 U_P 与相电流 I_P 之间的相位差，即每相负载的阻抗角。

（2）负载做△形连接时的线电流并不等于做 Y 形连接时的线电流。由于

$$I_{\triangle L} = \sqrt{3} I_{\triangle P} = \sqrt{3}\ \frac{U_{\triangle P}}{Z} = \sqrt{3}\frac{U_{\triangle L}}{Z} = \sqrt{3}\frac{\sqrt{3}U_{YP}}{Z} = 3I_{YP}$$

所以负载做△形连接时的有功功率为做 Y 形连接时的有功功率的三倍，即

$$P_{\triangle} = 3P_{Y}$$

同理，可得出对称三相电路无功功率和视在功率的表达式：

$$Q = 3U_{P}I_{P}\sin\varphi = \sqrt{3}U_{L}I_{L}\sin\varphi \tag{5.3.2}$$

$$S = 3U_{P}I_{P} = \sqrt{3}U_{L}I_{L} \tag{5.3.3}$$

例 5.3.1 三相异步电动机在线电压为 380 V 的情况下以△形连接的形式运转，当电动机耗用电功率为 6.55 kW 时，它的功率因数为 0.79，求电动机的相电流和线电流。

解：由于三相异步电动机以△形连接的形式运转，$U_{P} = U_{L} = 380$ V。又因为三相异步电动机属于三相对称负载，故

$$P = \sqrt{3}\ U_{L}I_{L}\cos\varphi = 3U_{P}I_{P}\cos\varphi$$

所以相电流

$$I_{P} = \frac{P}{3U_{P}\cos\varphi} = \frac{6.55\times10^{3}}{3\times380\times0.79} = 7.27\ (\text{A})$$

线电流

$$I_{L} = \sqrt{3}I_{P} = \sqrt{3}\times7.27 = 12.6\ (\text{A})$$

【思考与练习】

一、填空题

不论对称负载是 Y 形连接还是△形连接，有功功率 $P=$____$U_{L}I_{L}\cos\varphi$ = _____$U_{P}I_{P}\cos\varphi$，无功功率 $Q=\sqrt{3}\ U_{L}I_{L}$______ $=3U_{P}I_{P}\sin\varphi$，视在功率 $S=$______$U_{L}I_{L}=$______$U_{P}I_{P}$。

二、计算题

1. 三相异步电动机在线电压 U_{L}=380 V 的情况下以△形连接的形式运转，当电动机耗电功率 $P=6.55$ kW 时，它的功率因数 $\cos\varphi=0.79$，求电动机的相电流和线电流。

2. 已知某对称三相负载接在线电压为 380 V 的三相电源中，其中每一相负载的电阻值 $R_{P}=6\ \Omega$，感抗 $X_{P}=8\ \Omega$。试分别计算该负载做 Y 形连接和△形连接时的相电流、线电流以及有功功率。

任务 5.4　对称三相负载的星形与三角形连接

【任务描述】

通过本任务，我们将学会怎样将对称三相负载接成星形与三角形的方式来与三相供电线

路连接，怎样测量负载的线、相电压与电流，以及通过实际体验，加深对三相负载的连接与线、相电压与电流的理解。

【任务目标】

实训目标：

（1）学会对称三相负载的星形与三角形连接。

（2）学会对线、相电压与电流的测量。

能力目标：

（1）掌握对称三相负载的星形与三角形连接。

（2）掌握负载线、相电压与电流的测量方法。

素质目标：

（1）养成按要求与标准程序操作的好习惯。

（2）养成通过实训的直观体验加深对所学理论知识点理解的好习惯。

【任务学时】

2 学时。

【知识链接】

1. 三相负载的 Y 形与△形连接

三相负载的 Y 形与△形连接如图 5.4.1 与图 5.4.2 所示。

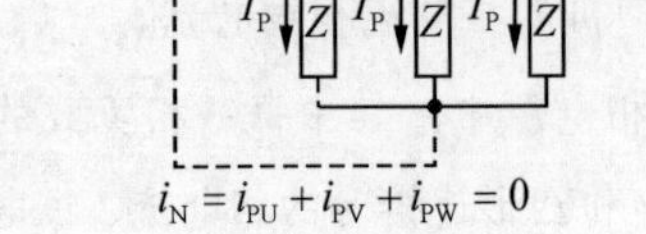

图 5.4.1　对称三相负载的星形（Y 形）连接

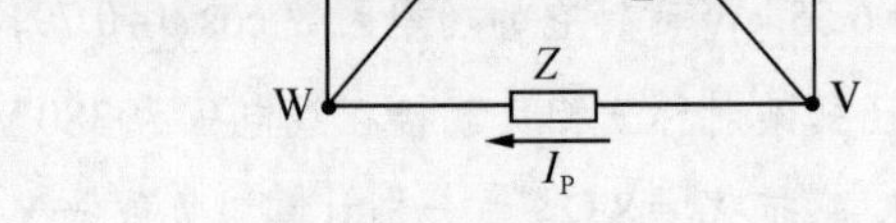

图 5.4.2　对称三相负载的三角形（△形）连接

2. 对称三相负载的电压与电流

相电压（U_{YP}、$U_{\triangle P}$）：负载两端的电压。

线电压（U_{YL}、$U_{\triangle L}$）：连接负载的两根端线间的电压，即电源线电压。

相电流（I_{YP}、$I_{\triangle P}$）：流经负载的电流。

线电流（I_{YL}、$I_{\triangle L}$）：流过与负载相连的三根端线的电流。

3. 对称三相负载的 Y 形与△形连接时各量的关系

表 5.4.1　对称三相负载的 Y 形与△形连接时各量的关系

<table>
<tr><th>连接方式</th><th>线、相电压关系</th><th>线、相电流关系</th><th>相电压与相电流关系</th></tr>
<tr><td>Y 形</td><td>$U_{YL}=\sqrt{3}\,U_{YP}=U_L$</td><td>$I_{YL}=I_{YP}$</td><td rowspan="2">$I_P=\dfrac{U_P}{Z}$</td></tr>
<tr><td>△形</td><td>$U_{\triangle L}=U_{\triangle P}=U_L$</td><td>$I_{\triangle L}=\sqrt{3}\,I_{\triangle P}$</td></tr>
</table>

【任务实施】

任务实施内容如表 5.4.2 所示。

表 5.4.2　对称三相负载的 Y 形与△形连接

<table>
<tr><td>任务内容</td><td colspan="3">（1）连接对称三相负载的星形与三角形连接电路。
（2）测量负载的线、相电压与电流</td></tr>
<tr><td rowspan="7">测试设备</td><td>设备名称</td><td>型号或规格</td><td>数量</td></tr>
<tr><td>三相四线电源</td><td>220/380 V</td><td>1 个</td></tr>
<tr><td>万用表</td><td></td><td>1 块</td></tr>
<tr><td>交流电流表</td><td>500 V/3 A</td><td>6 块</td></tr>
<tr><td>白炽灯箱</td><td></td><td>1 个</td></tr>
<tr><td>开关</td><td></td><td>3 个</td></tr>
<tr><td>连接导线</td><td></td><td>1 套</td></tr>
<tr><td>测试电路</td><td colspan="3">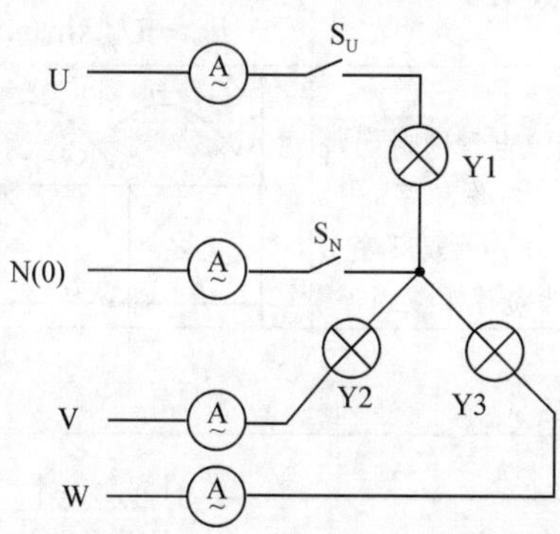
图 5.4.3　对称三相负载星形接法电路 1
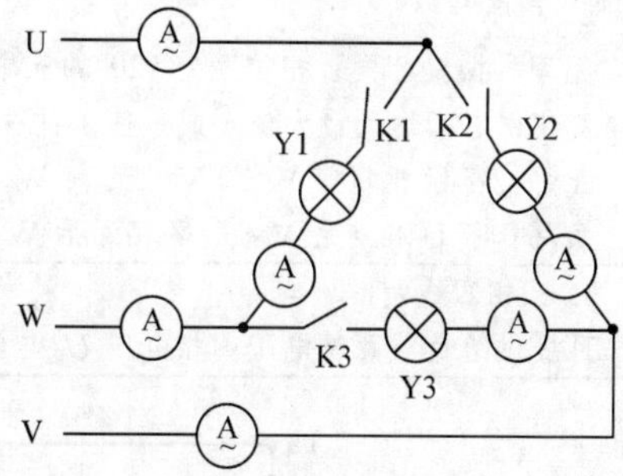
图 5.4.4　三相对称负载三角形接法电路 2
注：电路图中一灯实为 2 只 220 V 白炽灯串联而成</td></tr>
<tr><td>测试程序</td><td colspan="3">（1）按电路图搭接电路 1，完成测量后再按要求搭接电路 2。
（2）用万用表测量出电路 1 与电路 2 的线电压与相电压并记录。
（3）读取电路 1 与电路 2 中各电流表的电流值并记录</td></tr>
</table>

将数据记录填入表 5.4.3 与表 5.4.4 中。

表 5.4.3　对称三相负载星形连接数据记录表

U_{UV}	U_{VW}	U_{WU}	U_{UN}	U_{VN}	U_{WN}	I_{UL}	I_{VL}	I_{WL}	I_{UP}	I_{VP}	I_{WP}	I_N

表 5.4.4　对称三相负载三角形连接数据记录表

U_{UV}	U_{VW}	U_{WU}	U_{UN}	U_{VN}	U_{WN}	I_{UL}	I_{VL}	I_{WL}	I_{UP}	I_{VP}	I_{WP}

【任务总结】

（1）对称三相负载星形连接线电压和相电压分别是多少？线电压与相电压在数值上有什么关系？

（2）对称三相负载三角形连接线电流和相电流分别是多少？线电流与相电流在数值上有什么关系？

【任务评价】

把实训过程评价填入“实训过程综合评价表”（见附表 1）。

【应知应会要点归纳】

任务 5.1　三相交流电的认知

<table>
<tr><td>1. 对称三相交流电的特点
三相交流电的大小相等，频率相同，相位差互成 120°</td><td>$u_u = U_m \sin \omega t$
$u_V = U_m \sin(\omega t - 120^0)$
$u_W = U_m \sin(\omega t + 120^0)$</td></tr>
<tr><td>2. 相序
频率和振幅相同、相位互差 120°的三个正弦交流电源随时间规律变化，它们达到最大值（或零值）的先后顺序，叫作相序。
正序：若 U 相超前 V 相，V 相超前 W 相，称为正序（或顺序）。
负序：若 U 相滞后 V 相，V 相滞后 W 相，称为负序（或逆序）</td><td>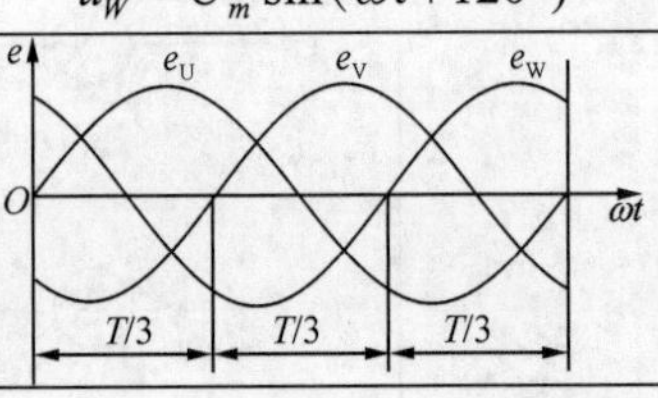
</td></tr>
<tr><td colspan="2">3. 三相四线制
可提供给负载两种电压：相电压 U_P 与线电压 U_L</td></tr>
<tr><td colspan="2">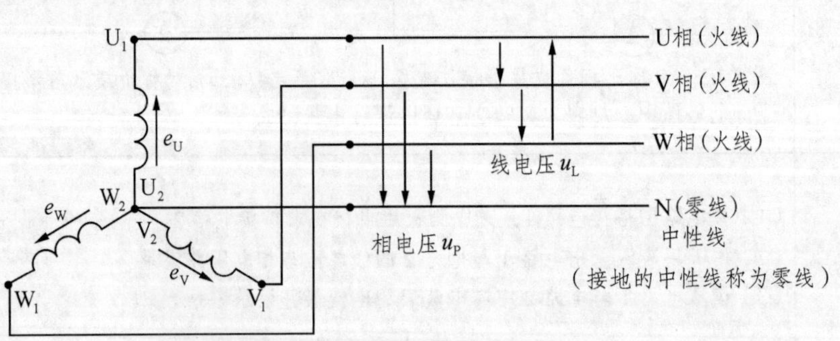

三相电源 Y 形连接时的三相四线制供电方式</td></tr>
</table>

4. 三相三线制

若三相电源 Y 形连接时无中线引出，则为三相三线制供电方式

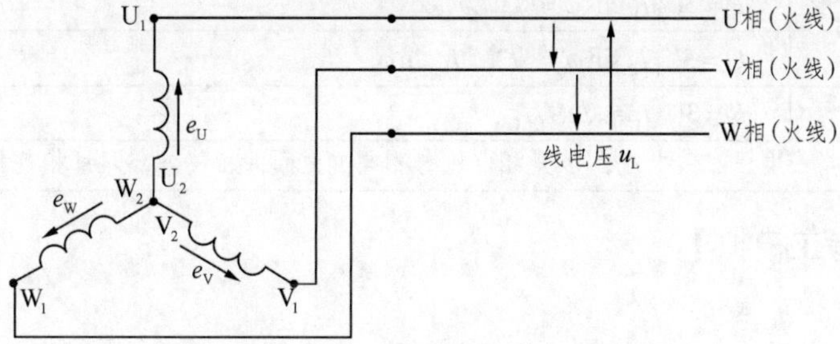

三相电源 Y 形连接时的三相三线制供电方式

5. 相电压与线电压	相电压（U_P）：端线与中线之间的电压称相电压，即火线与零线间的电压。 线电压（U_L）：端线与端线之间的电压称线电压，即两根火线间的电压
6. 线、相电压的特点与关系	线、相电压均是对称三相电压，即三个线电压与三个相电压均大小相等，频率相同，相位互差 120°。 关系：在数值上，线电压是相电压的 $\sqrt{3}$ 倍 ($U_L=\sqrt{3}U_P$)。

任务 5.2　三相负载的 Y 形与△形连接

1. 连接方式

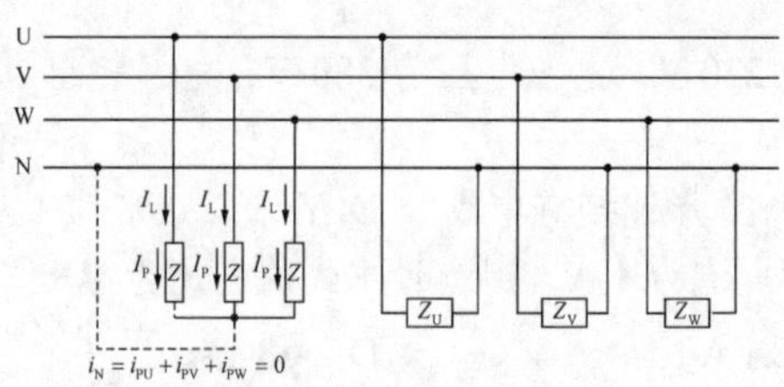

对称三相负载　　　不对称三相负载

三相负载的星形（Y 形）连接

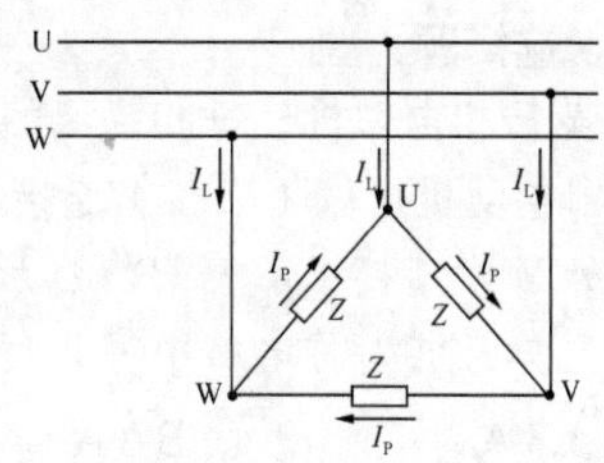

三相对称负载的三角形（△形）连接

2. 三相对称负载的电压与电流

相电压（U_{YP}、$U_{\triangle P}$）	负载两端的电压
线电压（U_{YL}、$U_{\triangle L}$）	连接负载的两根端线间的电压，即电源线电压
相电流（I_{YP}、$I_{\triangle P}$）	流经负载的电流
线电流（I_{YL}、$I_{\triangle L}$）	流过与负载相连的三根端线的电流

3. 三相对称负载的 Y 形与△形连接时各量的关系

连接方式	线、相电压关系	线、相电流关系	相电压与相电流关系
Y 形	$U_{YL}=\sqrt{3}\,U_{YP}=U_L$	$I_{YL}=I_{YP}$	$I_P=\dfrac{U_P}{Z}$
△形	$U_{\triangle L}=U_{\triangle P}=U_L$	$I_{\triangle L}=\sqrt{3}\,I_{\triangle P}$	

4. 不对称三相负载的 Y_0 连接

中性线电流不为零。

三相负载成为三个互不影响的独立电路，且各相负载的电压＝电源相电压。

中性线上不允许安装熔断器，以防止其断路时引起负载不能正常工作

任务 5.3　三相电路的功率

对称三相电路，无论负载做 Y 形连接还是△形连接，都有	
总有功功率	$P=3U_{P}I_{P}\cos\varphi=\sqrt{3}U_{L}I_{L}\cos\varphi$
总无功功率	$Q=3U_{P}I_{P}\sin\varphi=\sqrt{3}U_{L}I_{L}\sin\varphi$
总视在功率	$S=3U_{P}I_{P}=\sqrt{3}U_{L}I_{L}$
式中，U_{L}、I_{L} 指线电压、线电流；φ 是相电压与相电流之间的相位差，即每相负载的阻抗角	

【复习与考工模拟】

一、判断题

1. 三相对称电源的有效值相等、角频率相同，相位互差 120° 。(　　)
2. 三相负载作 Y 形连接时必须要有中线。(　　)
3. 两根相线之间的电压称为相电压。(　　)
4. 中线上的电流一定大于每根相线的电流。(　　)
5. 三相负载作 Y 形连接时，负载的线电压等于 $\sqrt{3}$ 相电压。(　　)
6. 中线上允许加装熔断器和开关。(　　)
7. 三相负载作△形连接时，负载的线电压等于 $\sqrt{3}$ 相电压。(　　)
8. 三相电路的总有功功率等于三相电路中一相有功功率的 3 倍。(　　)
9. 中线的颜色一般用绿色。(　　)
10. 居民小区一般采用三相三线制供电方式。(　　)

二、选择题

1. 某三相电动机，每相绕组的额定电压为 220 V，电源电压为 380 V，电源绕组为 Y 形连接，则电动机应做（　　）连接。

A.Y 形连接　　B. △形连接　　C.Y 形连接有中线　　D.Y 形、△形均可。

2. 已知三相对称电路中每相负载上流过的电流为 1 A，则流过中线的电流为（　　）。

A.3 A　　B.0 A　　C.1 A　　D. $\sqrt{3}$ A

3. 三相对称负载作 Y 形连接，接到 $U_{L}=380$ V 的三相交流电源上，测得线电流 I_{L}=10 A，则三相对称负载各相的阻抗为（　　）。

A.11 Ω　　B.22 Ω　　C.38 Ω　　D.66 Ω

4. 在三相四线制线路上，连接 3 个相同的白炽灯，它们都正常发光，如果中性线断开，则（　　）。

A. 3 个灯都将变暗　　B. 灯将因过亮而烧毁
C. 仍能正常发光　　D. 立即熄灭

5. 在上题中，若中性线断开，且又有一相短路，则其他两相中的灯（　　）。

A. 将变暗　　B. 因过亮而烧毁
C. 仍能正常发光　　D. 立即熄灭

6. 在题 4 中若若中性线断开，且又有一相断路，则其他两相中的灯（　　）。

A. 将变暗　　B. 因过亮而烧毁
C. 仍能正常发光　　D. 立即熄灭

三、分析与计算

1. 三相四线制供电系统中，中性线上为什么不能加装熔断器和开关？

2. 已知三相对称电源 u 相的电压为 $u=220\sqrt{2}\sin(314t+60°)$ V，三相对称负载中每相负载的电阻为 30 Ω，感抗为 40 Ω，现把它们作星形连接后，接在三相对称电源上，求：（1）V 相和 W 相的电压的解析式（2）负载的相电压、相电流和线电流。

项目 6　过渡过程

项目导读

事物从一种稳定状态转变到另一种稳定状态的中间过程称过渡过程。电路从前一个稳定状态转变到后一个稳定状态，也可能经历过渡过程。本项目主要学习 RC 串联电路的过渡过程，即电容器充放电时电压与电流过渡变化的特点。

任务 6.1　过渡过程与换路定律

【任务目标】

知识目标：

（1）了解过渡过程的定义及产生原因。

（2）掌握换路定律。

能力目标：

（1）理解什么是过渡过程。

（2）理解换路定律的内容。

素质目标：

（1）养成每次课后归纳总结所学内容的习惯。

（2）建立起对知识点理解后能反复背记以牢固掌握的习惯。

【任务重点】

过渡过程的概念。

【任务难点】

对换路定律的理解。

【任务学时】

2 学时。

【知识链接】

6.1.1 过渡过程认知

自然界中的物质运动从一种稳定状态（处于一定的能态）转变到另一种稳定状态（处于另一能态）需要一定的时间。比如，电动机从静止状态（转速为零的状态）启动，到某一恒定转速要经历一定的时间，这就是加速过程；同样当电动机制动时，它从某一恒定转速下降到零，这就是减速过程。也就是说物质从一种状态过渡到另一种状态是不能瞬间完成的，需要有一个过程，即能量不能发生跃变。

过渡过程就是从一种稳定状态转变到另一种稳定状态的中间过程。电路从前一个稳定状态转变到后一个稳定状态，也可能经历过渡过程。

在直流电路或交流电路中，电源电压或电流恒定不变或随时间做周期性变化时，电路中各部分电压或电流也是恒定的或随时间做周期性变化，电路的这种状态叫稳定状态。电路由一种稳定状态变化到另一种稳定状态也要经历过渡过程。

在图 6.1.1 所示电路中，HL_1、HL_2、HL_3 是 3 个完全相同的灯泡。当开关 S 断开时，3 条支路中都没有电流，这是一种稳定状态。

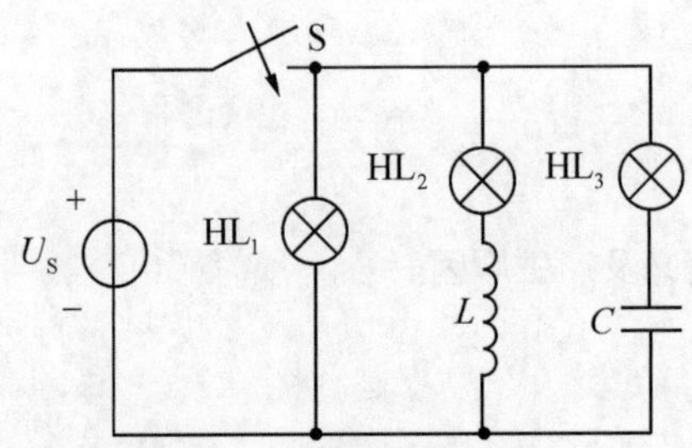

图 6.1.1　电路的过渡过程

当开关 S 闭合时，灯泡 HL_1 立刻正常发光；灯泡 HL_2 是逐渐变亮的，经过一段时间达到与灯泡 HL_1 同样的亮度；灯泡 HL_3 则一闪亮就渐渐变暗，然后就不亮了。

灯泡 HL_1 是个纯电阻，设其阻值为 R。开关 S 闭合的瞬间，该支路电流立刻达到稳定值，$I = U_S/R$，电流的大小与时间无关，即在开关 S 闭合的瞬间，电路立刻达到另一种稳定状态。这说明纯电阻电路由 $I = 0$ 这种稳定状态，到另一种稳定状态 $I = U_S/R$ 是不需要时间的。纯电阻电路无过渡过程，其电流变化如图 6.1.2（a）所示。

灯泡 HL_2 与电感串联，开关 S 闭合的瞬间，电流由零增加了 $\mathrm{d}i$，电感线圈要产生自感电动势 $e = -L\dfrac{\mathrm{d}i}{\mathrm{d}t}$ 来阻止电路中电流的变化。因此，电流从零增加到 I 需要经过一段时间。当电流达到 I 时，$\mathrm{d}i = 0$，自感电动势 $e = 0$，灯泡 HL_2 与 HL_1 为同样亮度，电路达到稳定状态。灯泡 HL_2 与电感串联支路从一种稳定状态，过渡到另一种稳定状态，需要一个过程，即过渡过程，其电流变化如图 6.1.2（b）所示。

灯泡 HL_3 与电容串联，开关 S 闭合的瞬间，电容器两极板间的电压增加了 $\mathrm{d}u_C$，电路中的电流 $i_C = C\dfrac{\mathrm{d}u_C}{\mathrm{d}t}$。电容器被充电，经过一段时间其两端电压 u_C 达到 U_S，则 $\mathrm{d}u_C = 0$，$i_C = 0$，

电路处于一种稳定状态。灯泡 HL_3 与电容串联的支路接通电源瞬间有过渡过程，电流变化如图 6.1.2（c）所示。

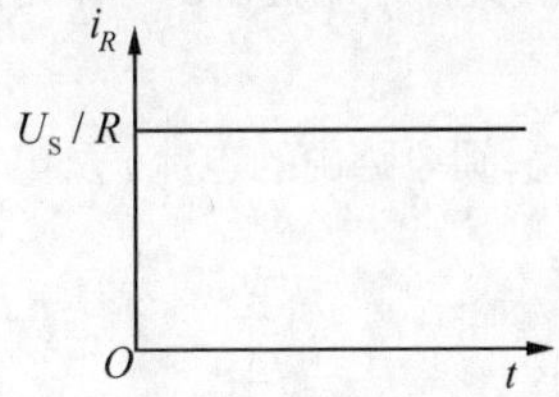

（a）HL_1 支路

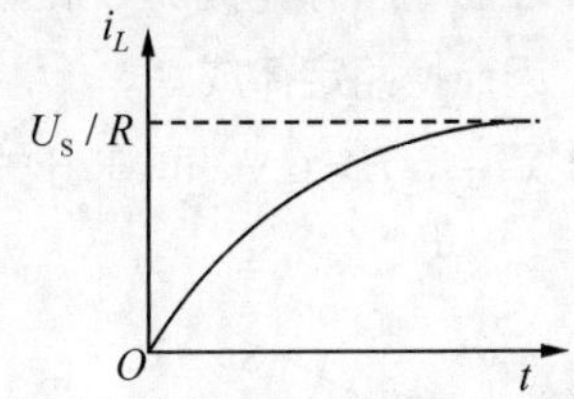

（b）HL_2 支路

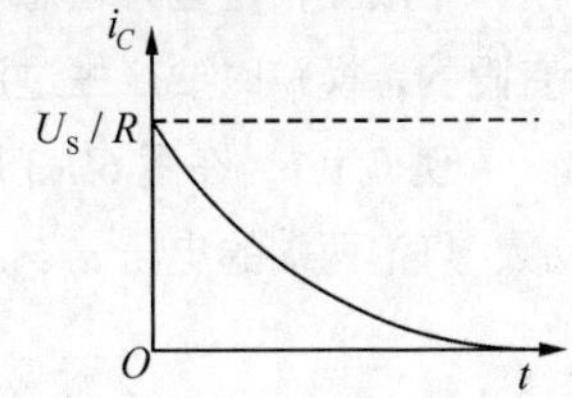

（c）HL_3 支路

图 6.1.2　三条支路中的电流曲线

6.1.2　发生过渡过程的原因

通过电感支路的电流只能连续变化，不能发生突变。由于电感两端的自感电动势 $e=-L\dfrac{di}{dt}$，如果电感支路中的电流能够发生突变，即在极短的时间内电流发生跃变，那么 $\dfrac{di}{dt}$ 将趋于无穷大，e 必然为无穷大，这显然是不可能的。

同样的道理，在具有电容的支路中，电容器两端的电压不能发生突变。电容支路中的电流 $i_C=C\dfrac{du_C}{dt}$，如果 u_C 能发生突变，那么该支路的电流 i_C 将为无穷大，这显然也是不可能的。

如果电流或电压能跃变，那么磁场能 $W_L=\dfrac{1}{2}LI_L^2$，电场能 $W_C=\dfrac{1}{2}CU_C^2$，也必然随之发生跃变，而功率 $P=\dfrac{\Delta W}{\Delta t}$ 必然为无穷大，这是不可能的。

因此，得出如下两个重要结论：

（1）电感中的电流不能发生突变。

（2）电容两端的电压不能发生突变。

由以上分析可知，电路中具有电感或电容时，在换路后通常有一个过渡过程。

6.1.3　换路定律

上述两条结论同样适用于电路换路的瞬间。如果把换路操作的瞬间定为 $t=0$，并且以 $t=0^-$ 代表换路前的一瞬间，以 $t=0^+$ 代表换路后的一瞬间，那么根据上述两条结论可得出换路定律。

换路定律：电感中的电流或电容两端的电压在开闭前一瞬间和开闭后一瞬间应相等，其数学表达式为

$$i_L(0^+)=i_L(0^-)$$

$$u_C(0^+)=u_C(0^-)$$

换路定律可以确定电路发生过渡过程的起始值（$t=0^+$ 时的值），它是研究过渡过程必不可少的依据。应当指出，换路定律对于某些理想化的电路是不成立的。把一个未充磁的纯电

感线圈与一个理想电流源连接，则通过电感线圈的电流必然发生跃变；把一个未充过电的纯电容与一个理想电压源连接，则电容两端的电压必然发生突变。在上述情况下，换路定律之所以不成立，是因为理想电流源和理想电压源能提供无限大的功率。实际电路提供的功率是有限的，换路时要产生过渡过程，因而换路定律成立。

例 6.1.1 在图 6.1.3 所示的电路中，$E=6$ V，试求开关 S 闭合瞬间电路中的电流 i 及电感、灯泡两端的电压 u_L、u_R。

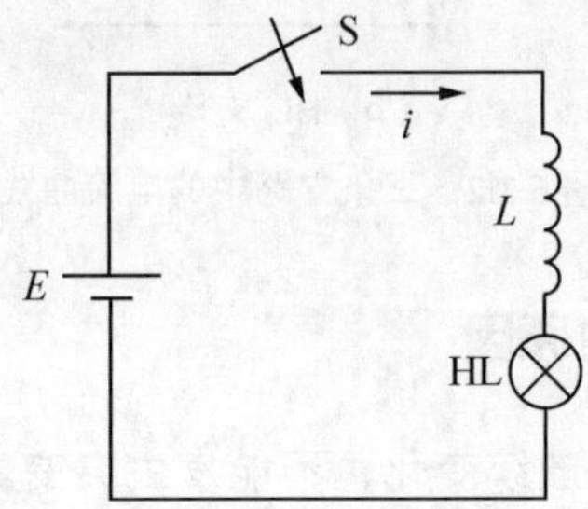

图 6.1.3 例 6.1.1 图

解： 开关 S 闭合前电路中电流 $i=0$，即

$$i(0^-)=0$$

根据换路定律，开关 S 闭合时的瞬间电感电流为

$$i(0^+)=i(0^-)=0$$

因此，S 闭合瞬间（$t=0$）的电流为

$$i=0$$

所以 $t=0$ 瞬间灯泡两端电压 u_R 为

$$u_R(0^+)=i(0^+)R=0\ \text{(V)}\ (R\text{ 为灯泡等效电阻})$$

$t=0$ 瞬间电感两端的电压为

$$u_L(0^+)=E=6\ \text{(V)}$$

应当指出，在实际工作中要特别注意电路的过渡过程，它会使电路中出现过电流或过电压，有可能损坏电路元件或设备。但是，在家用电器和广播通信设备中可以利用电路的过渡过程来工作。

【思考与练习】

一、填空题

1. 电感中的______不能______突变。
2. 电容两端的______不能______突变。

二、问答题

1. 什么是过渡过程？
2. 换路定律的内容是什么？

任务 6.2　*RC* 串联电路的过渡过程

【任务目标】

知识目标：

（1）掌握时间常数的定义与作用。

（2）掌握 *RC* 电路充放电时，电压与电流的变化规律。

能力目标：

（1）理解时间常数的概念及它的物理意义。

（2）理解 *RC* 电路充放电时，电压与电流按指数规律变化的结果。

素质目标：

（1）养成每次课后归纳总结所学内容的习惯。

（2）建立起对知识点理解后能反复背记以牢固掌握的习惯。

【任务重点】

时间常数的概念。

【任务难点】

RC 电路充放电时电压与电流的变化规律。

【任务学时】

2 学时。

【知识链接】

6.2.1　*RC* 电路接通直流电源

如图 6.2.1 所示的 *RC* 电路与直流电源连接，在开关 S 闭合的瞬间，由于电容器两个极板上原来没有电荷，即 $u_C(0^-)=0$，根据换路定律，$t=0^+$时电容器两端电压为

$$u_C(0^+)=u_C(0^-)=0$$

则该瞬间电路中的电流为

$$i(0^+)=\frac{E}{R}=I$$

由于电路中只有电阻和电容，因此在开关 S 闭合的瞬间电流发生了跃变。此刻电流最大，对电容器充电速度最快，两极板间电压升高速度最快。随着电容器极板上电荷量增加，两极

板间电压升高，电容器两端电压逐渐接近电源电压，充电电流逐渐减小。当电容器两端电压等于电源电压时，充电电流减小到零，过渡过程结束，电路达到稳定状态。

为进一步研究 RC 电路的过渡过程，进行如图 6.2.2 所示的电路实验，其中 $R=10^5\ \Omega$，$E=10\ \text{V}$，$C=500\ \mu\text{F}$。将开关 S 闭合的时刻记作 $t=0$，将微安表上的读数记录到表 6.2.1 中。

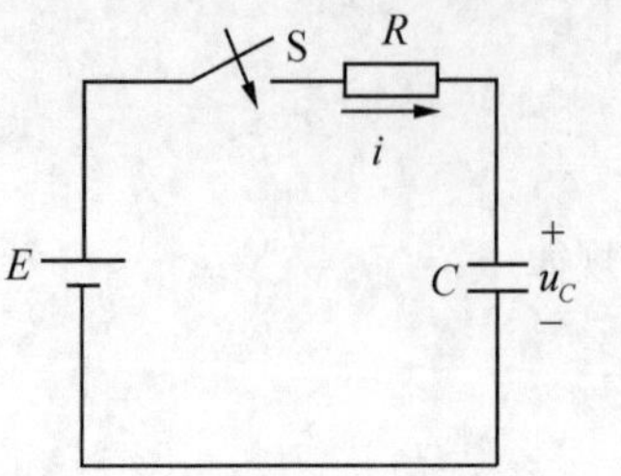

图 6.2.1　*RC* 电路接通直流电源

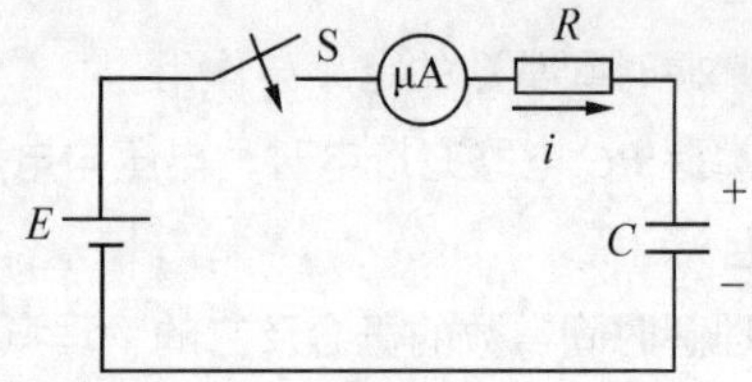

图 6.2.2　*RC* 电路的过渡过程实验

表 6.2.1　*RC* 电路 *t* 时刻的电流值

t/s	0	10	20	30	40	50	100	150	200	250
i/μA	100	81.9	67.0	54.9	44.9	36.8	13.6	4.96	1.83	0.67

根据表 6.2.1 记录的实验结果，以时间 t 为横轴，充电电流 i 为纵轴，做出 i-t 关系曲线，如图 6.2.3 所示。

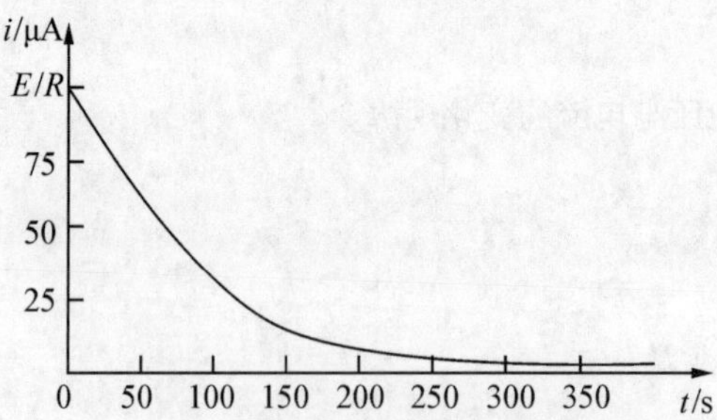

图 6.2.3　*RC* 充电电路 *i-t* 曲线

理论和实验证明，RC 电路的充电电流按指数规律变化，任意一个 RC 电路的充电电流数学表达式为

$$i_C=\frac{E}{R}\text{e}^{-\frac{t}{RC}} \tag{6.2.1}$$

则电阻两端的电压 u_R 为

$$u_R=i_c=E\text{e}^{-\frac{t}{RC}} \tag{6.2.2}$$

电容器两端的电压 u_C 为

$$u_C=E-u_R=E(1-\text{e}^{-\frac{t}{RC}}) \tag{6.2.3}$$

RC 电路的充电电流 i 在过渡过程中随时间变化的曲线，如图 6.2.3 所示。令$\tau=RC$，τ 叫作时间常数，单位是秒（s），它反映了电容器的充电速率。

τ越大，充电过程越缓慢；τ越小，充电过程越快。当 $t=\tau$时，$u_C=0.632E$，即τ是电容器充电电压达到终值的 63.2%时所用的时间。当 $t=5\tau$时，可认为过渡过程结束。

例 6.2.1 在如图 6.2.4 所示的 RC 电路中，$R=1\ \mathrm{M\Omega}$，$C=10\ \mu\mathrm{F}$，充电前电容器两端电压为零，$E=10\mathrm{V}$。试求电路的时间常数τ，以及开关 S 闭合 10s 时电容器两端的电压 u_C和 R 两端电压 u_R。

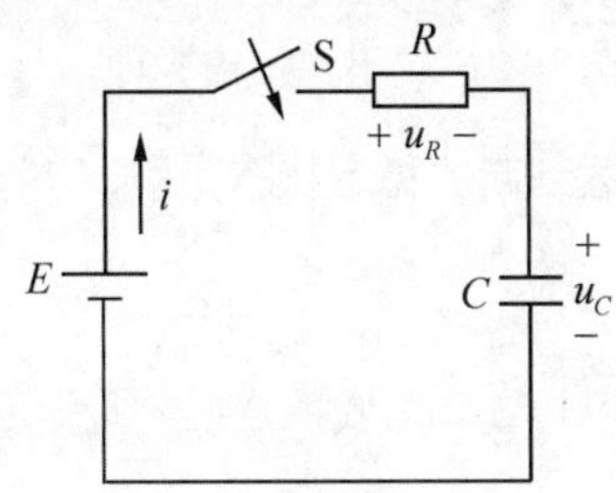

图 6.2.4

解： 时间常数τ为

$$\tau=RC=10^6\times10\times10^{-6}=10\ \mathrm{s}$$

则 $t=10\mathrm{s}$ 时，电容器两端的电压 u_C为

$$u_C=E(1-\mathrm{e}^{-\frac{t}{RC}})=10\times(1-\mathrm{e}^{-\frac{10}{10}})=10\times(1-\mathrm{e}^{-1})=10\times(1-0.368)=6.32\ (\mathrm{V})$$

电阻 R 两端电压 u_R 为

$$u_R=E\mathrm{e}^{-\frac{t}{RC}}=E\mathrm{e}^{-\frac{10}{10}}=10\times0.368=3.68\ (\mathrm{V})$$

u_C、u_R随时间变化曲线如图 6.2.5 所示。

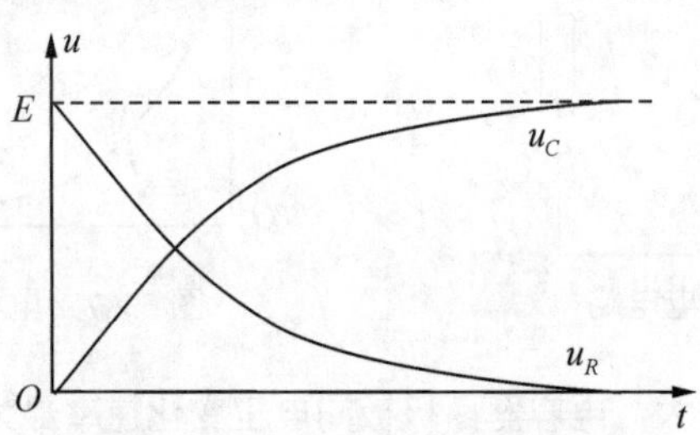

图 6.2.5 u_C、u_R随时间变化曲线

6.2.2 电容通过电阻放电

如图 6.2.6 所示，将电容器两端的电压充电到 E，然后迅速将开关 S 置于“2”的位置，电容器通过电阻放电。在换路前的瞬间$u_C(0^-)=E$，根据换路定律，开关 S 置于“2”的瞬间，电容器两端电压为

$$u_C(0^+) = u_C(0^-) = E$$

电容 C 通过电阻 R 的放电电流为

$$i = \frac{u_C}{R}$$

当 $t=0$ 时，

$$i(0) = \frac{u_C(0)}{R} = \frac{E}{R}$$

电容放电完毕，过渡过程结束，达到新的稳定状态，即

$$u_C（t\to\infty）=0$$

$$i（t\to\infty）=0$$

理论和实验证明，电容通过电阻放电的电流和电容两端的电压都按指数规律变化，其数学表达式为

$$i = \frac{E}{R}\mathrm{e}^{-\frac{t}{\tau}} \tag{6.2.4}$$

$$u_C = E\mathrm{e}^{-\frac{t}{\tau}} \tag{6.2.5}$$

根据上式做出电流、电压随时间变化的曲线，如图 6.2.7 所示。式中，$\tau = RC$ 是电容通过电阻放电的时间常数。

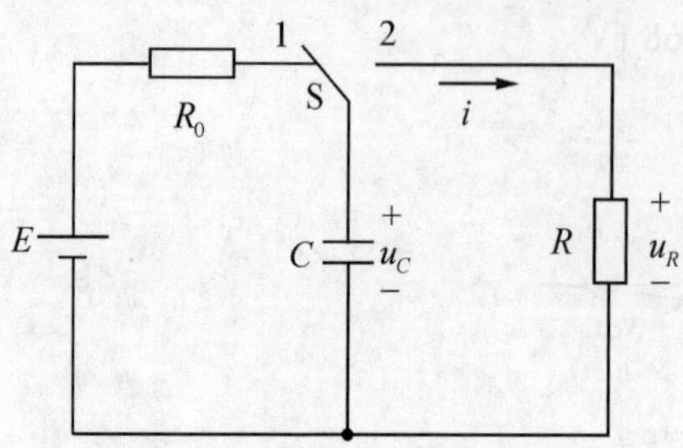

图 6.2.6　电容通过电阻放电电路

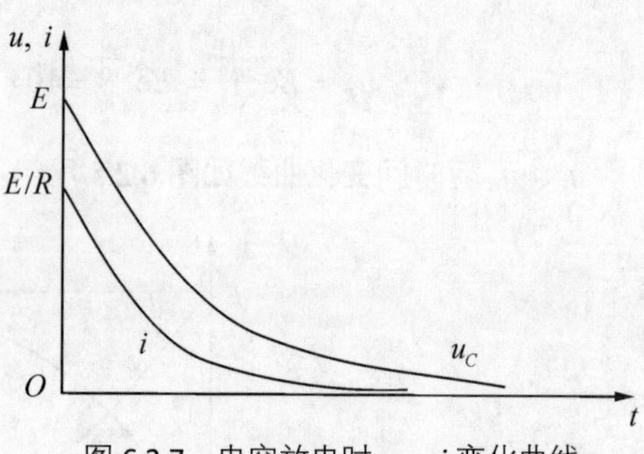

图 6.2.7　电容放电时 u_C、i 变化曲线

放电开始时放电电流最大，电容器两极板间电压变化速率最大。在放电过程中，电容器极板上的电荷量不断中和，u_C 随之减小，放电电流 i 也随之减小。放电结束，$u_C=0$，$i=0$，电路达到稳定状态。放电快慢由时间常数 τ 决定，τ 越大，放电就越慢。

【思考与练习】

一、填空题

1. RC 电路的充电电流按________规律变化。电容通过电阻放电的电流和电容器两端电压按________ 规律变化。

2. $\tau=RC$ 称为 RC 电路的______常数，单位是秒（s），它是一个反映了电容器的充电速率的物理量。τ越大，充电过程越________；τ越小，充电过程越______。τ是电容器充电电压达到________的 63.2%时所用的时间。当 $t=5\tau$ 时，可认为过渡过程________。

【应知应会要点归纳】

任务 6.1　过渡过程与换路定律

1. 过渡过程

过渡过程就是从一种稳定状态转变到另一种稳定状态的中间过程。

电路由一种稳定状态变化到另一种稳定状态可能会发生过渡过程。

2. 发生过渡过程的原因

（1）电感中的电流不能发生突变。

（2）电容两端的电压不能发生突变。

电路中具有电感或电容时，在换路后通常有一个过渡过程。

3. 换路定律

如果把换路操作的瞬间定为 $t=0$，以 $t=0^-$ 代表换路前的一瞬间，以 $t=0^+$ 代表换路后的一瞬间，则电感中的电流或电容两端的电压在开闭前一瞬间应和开闭后一瞬间相等，即

$$i_L(0^+)=i_L(0^-)$$

$$u_C(0^+)=u_C(0^-)$$

任务 6.2　RC 串联电路的过渡过程

1. RC 电路的充电电流按指数规律变化

对于任意一个 RC 电路，充电电流

$$i_C=\frac{E}{R}\mathrm{e}^{-\frac{t}{\tau}}$$

$\tau=RC$ 称 RC 电路的时间常数，单位是秒（s），它是个反映了电容器充电速率的物理量。τ越大，充电过程越缓慢；τ越小，充电过程越快。τ是电容器充电电压达到终值的 63.2%时所用的时间。当 $t=5\tau$ 时，可认为过渡过程结束。RC 电路充电时参数波形如图 6.3.1、图 6.3.2 所示。

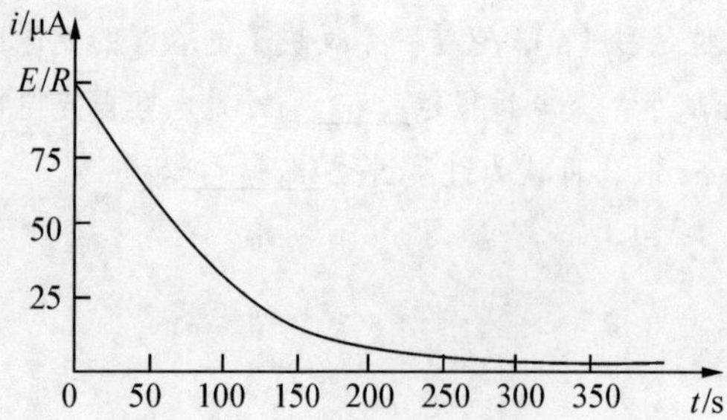

图 6.3.1　*RC* 充电电路 *i-t* 曲线

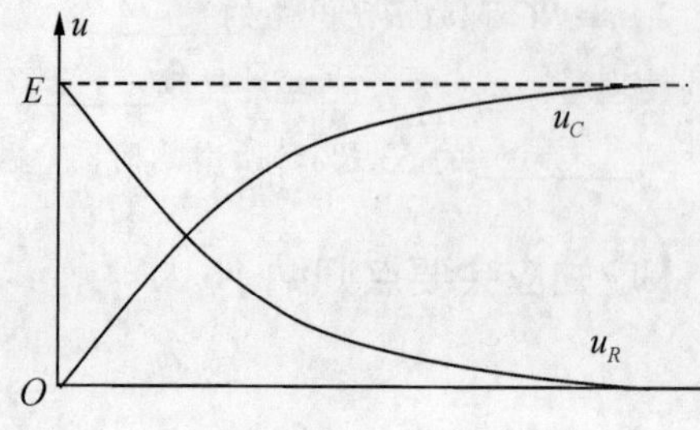

图 6.3.2　*RC* 充电电路 u_C、u_R 随时间变化曲线

2. 电容通过电阻放电的电流和电容两端的电压都按指数规律变化

其数学表达式为

$$i=\frac{E}{R}e^{-\frac{t}{\tau}}，\ u_C=Ee^{-\frac{t}{\tau}}$$

式中，$\tau=RC$，是电容通过电阻放电的时间常数。电容放电时 u_C、i 变化曲线如图 6.3.3 所示。

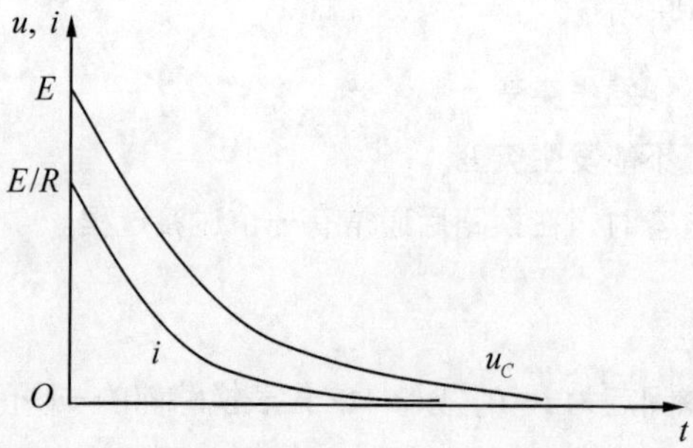

图 6.3.3　电容放电时 u_C、i 变化曲线

【复习与考工模拟】

一、判断题

1. 瞬态过程就是从一种稳定状态转变到另一种稳定状态的过渡过程。(　　)

2. 含储能元件的电路从一个稳态转变到另一个稳态需要时间，是因为能量不能突变。(　　)

3. 电容器两端的电压变化只能是连续的，不能发生突变。(　　)

4. 在直流激励下，换路前若电容元件没有储能，则在换路瞬间电容元件可视作开路。(　　)

5. 时间常数τ越长，则瞬态过程越长。(　　)

二、选择题

1. 常见的储能元件有(　　)。

A. 电阻和电容　　B. 电容和电感　　C. 电阻和电感　　D. 二极管和三极管

2. 关于换路，下列说法正确的是(　　)。

A. 通过电容器的电流不能突变　　B. 通过电感元件的电流不能突变

C. 电容器两端的电压不能突变　　C. 通过电感元件的电流能跃变

3. 关于 RC 电路充、放电规律，正确的说法是（　　）。

A. 充电时，i_C、u_C、u_R 按指数规律上升

B. 充电时，i_C、u_C、u_R 按指数规律下降

C. 充电时，i_C 按指数规律上升 u_C、u_R 按指数规律下降

D. 充电时，i_C 按指数规律下降 u_C、u_R 按指数规律上升

4. 在 RC 串联电路中，电路未接通前，电容器未储能，$t=0$ 时，RC 电路与直流电源 E 连接，此时 $u_C(0^+)$ 为（　　）。

A. E　　B. ∞　　C. E/R　　D. 不能确定

5. 在 RC 串联电路中，电路未接通前，电容器未储能，$t=0$ 时，RC 电路与直流电源 E 连接，此时，$i_c(0^+)$ 为（　）。

A. E　　B. ∞　　C. E/R　　D. 不能确定

三、计算题

1. 图 6.3.4 所示的电路中，已知 $E = 12\,\text{V}$，$R_1 = 3\,\text{k}\Omega$，$R_2 = 6\,\text{k}\Omega$，开关 S 闭合前，电容两端电压为零，求开关 S 闭合后各元件电压和各支路电流的初始值。

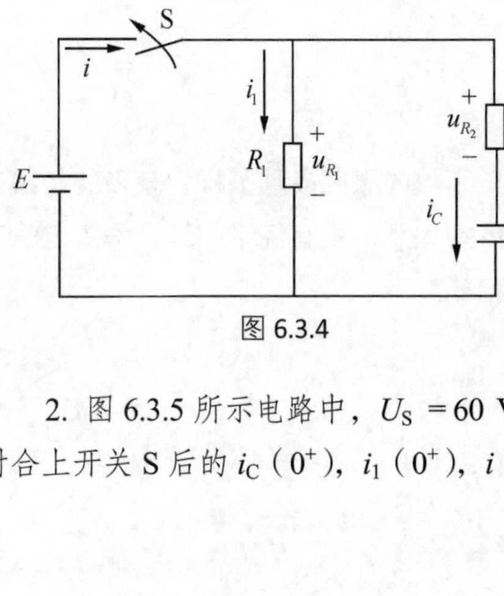

图 6.3.4

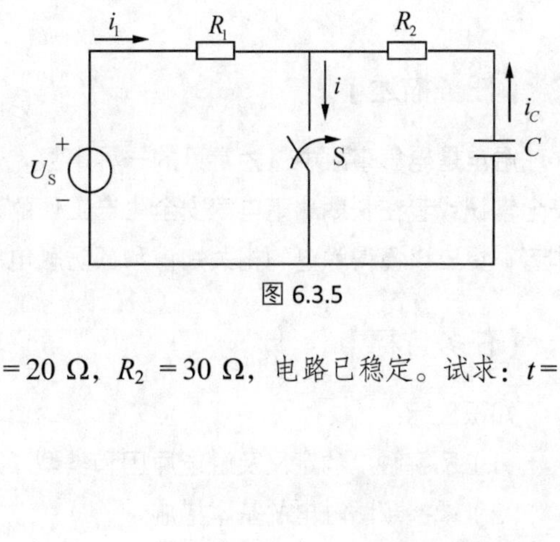

图 6.3.5

2. 图 6.3.5 所示电路中，$U_S = 60\text{ V}$，$R_1 = 20\ \Omega$，$R_2 = 30\ \Omega$，电路已稳定。试求：$t=0$ 时合上开关 S 后的 $i_C(0^+)$，$i_1(0^+)$，$i(0^+)$。

项目 7　安全用电常识

项目导读

电能的应用给人们的生产、生活带来了极大的便利。但是，由于人们用电不当而造成的安全事故时有发生。只有做好用电安全工作，提高用电安全理论技术水平，落实保证用电安全工作的组织措施和技术措施，才能避免发生触电事故的发生，保护人身和电气设备的安全。

任务 7.1　触电及触电预防

【任务描述】

触电是电气事故中最为常见的一种事故，造成触电事故的原因多种多样，较多的是缺乏安全常识或者在长期从事电气安全生产工作的过程中麻痹大意，抱有侥幸心理，作为电气工作者，更应该懂得触电的相关知识和预防触电的一般措施。

【任务目标】

知识目标：

（1）了解触电的定义及触电原因和类型。

（2）掌握预防触电的基本措施。

能力目标：

（1）了解触电对人体伤害程度的影响因素。

（2）能正确预防触电事故的发生。

思政目标：

（1）具有较高的安全意识和责任意识。

（2）能自主学习，探究新知识和新技能。

（3）能团结互助，具有团队协作精神。

【知识链接】

7.1.1　触　电

人体是导电体，因人体接触或接近带电体，电流就通过人体与大地或其他导体形成闭合回路，所引起的局部受伤或死亡现象称为触电。按人体受伤害的程度不同，触电可分为电伤和电击两种。

1. 电　伤

电伤是电流的热效应、化学效应、机械效应等对人体造成的局部伤害，如电弧烧伤，与带电体接触后的皮肤红肿以及在大电流下熔化而飞溅出的金属（包括熔丝）沫对皮肤的烧伤等。

2. 电　击

电击是指人体内部器官由于电流流过而受伤。电击是由电流流过人体而引起，人体常因电击而死亡，所以它是最危险的触电事故。按照人体触电时电气设备或线路的状态，电击可分为直接电击和间接电击。直接电击是指人体直接触及正常运行的带电体所发生的电击，如图 7.1.1 所示。间接电击是指电气设备或线路发生故障后，人体触及正常情况下不带电、但意外情况下带电的带电体所发生的电击，如图 7.1.2 所示。

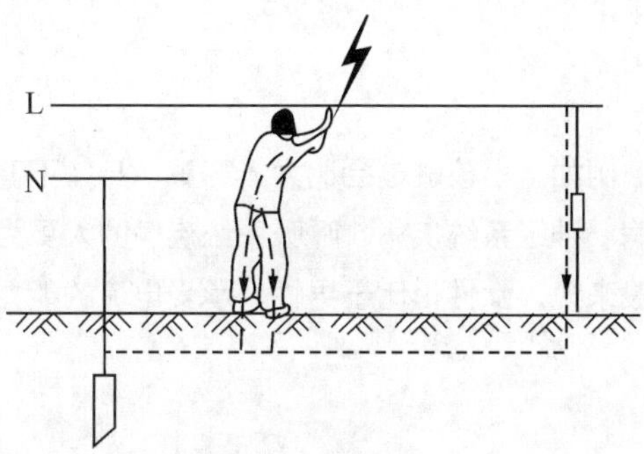

图 7.1.1　直接电击

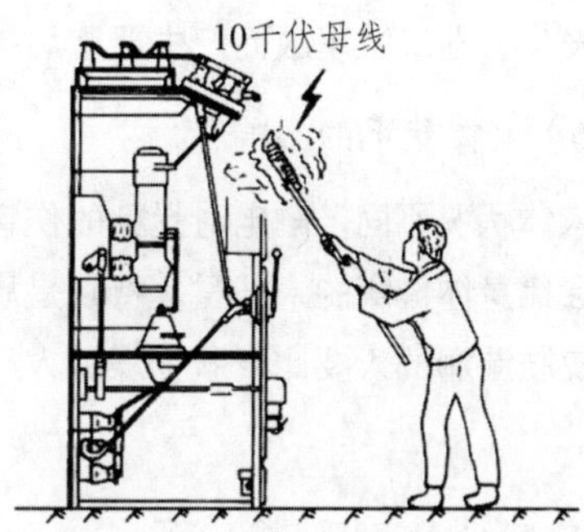

图 7.1.2　间接电击

3. 触电对人体的危害程度

触电对人体的危害程度，取决于电流强度、电流频率、持续时间、电压高低、电流途径以及人的身体状况。

1）电流强度的影响

触电时流过人体的电流越大，对人体的伤害也越大。根据经验，大于 10 mA 的交流电流或大于 50 mA 的直流电流流过人体时，就可能危及生命。

2）电流频率的影响

触电时电流频率对触电的伤害程度有较大的影响，研究资料表明，交流电流对人体的伤害比直流电流大，交流电流中，频率为 25 ~ 300 Hz 的电流最危险，高于或低于这个范围的电流，危险性相对较轻。由此可见，广泛使用的工频 50 Hz 交流电对人体的伤害较大。

3）持续时间的影响

人体的触电时间越长，所导致的触电后果就越严重。这是因为通电时间越长，引起心室颤动的危险也越大。并且人体电阻因出汗等原因而降低，导致通过人体的电流增加，触电的危险性也随之增加。

人体电阻主要包括人体内部电阻和皮肤电阻，一般约为 1 000 ~ 2 000 Ω。一般情况下，人体电阻会受很多因素影响，例如：皮肤潮湿程度、皮肤厚薄、人的年龄及身体状况、触电环境、触电电源频率等。

4）电压高低的影响

触电电压越高，对人体的危害越大。触电致死的主要因素是通过人体的电流。根据欧姆定律，人体电阻不变时，电压越高，通过人体的电流就越大，这就是高压触电比低压触电更危险的原因。并且高压触电往往会产生极大的弧光放电，可造成严重的烧伤或致残。

5）电流途径的影响

通常，电流通过人体的任一部位，都可能使人死亡。例如，电流通过人体的某一局部，可能引起中枢神经混乱而导致死亡；电流通过人的头部会使人昏迷，甚至死亡。由于心脏是人的薄弱环节，通过心脏的电流越大，危险也越大。所以，电流往左手—前胸和经心脏—肺部—大脑这两条途径通过，后果极为严重，经左手—右手和手—脚通过也很危险。一般来说，只有经脚—脚这一途径通过，危险性才较小，但是可能导致人因痉挛而摔倒，使电流通过全身或发生其他二次事故而产生严重后果。

6）人体状况的影响

人体状况不同，触电时受到的伤害也不同。例如，小孩触电会比大人严重，身体不健康的人会比身体健康的人严重，特别是患有心脏病、神经系统疾病、呼吸系统疾病的人更为严重，皮肤湿润的人要比皮肤干燥的人严重。一般来说，女性相比于男性，承受电流的能力要更低。

4. 安全电流和安全电压

1）安全电流

人体能够摆脱手中导电体的最大电流值称为安全电流。按照电流通过人体时的不同反应，可将电流分为感知电流、摆脱电流和致命电流三种。

感知电流指的是引起人们感觉但不遭受伤害的最小电流。人对交、直流的感知电流分别约为 0.5 mA、2 mA 感知电流值因人而异。

摆脱电流指的是人能忍受并能自动摆脱电源的通过人体的最大电流。成年男子的摆脱电流值为 16 mA，成年女子为 10 mA。

致命电流指的是在较短的时间内危及生命的最小电流。当通过人体的直流电流强度超过 50 mA 或交流电流强度超过 10 mA，时间超过 1 s 时就可能发生心室颤动和呼吸停止，即："假死"现象（正常情况下成人的心率平均值为 75 次/min，当发生心室颤动时心率将达 1000 次/min）。

2）安全电压

安全电压指不危及人体安全的电压。我国把安全电压的额定值分为 42 V、36 V、24 V、12 V 和 6 V 五个等级。不同安全电压等级用在不同的场合。

42 V：特别危险的场所使用的携带式电动工具。

36 V：有高度触电危险的场所所使用的手提灯或照明灯。

24 V：有特别触电危险的场所所使用的手提灯或照明灯。

12 V：人体需要长期触及器具上带电体的场所。

6 V：水下作业等特殊场所。

7.1.2　常见触电原因和类型

1. 常见触电原因

发生触电事故的原因有很多，主要有触电者自身的原因和设备或线路的原因：

1）触电者自身原因

（1）缺乏电气安全知识，没有经过严格的安全培训，无证上岗或擅自操作。

（2）思想上对安全生产不重视，存在麻痹大意和侥幸心理。

（3）不遵守电气设备或线路安装规程、检修规程、运行规程、安全操作规程。

2）线路或设备原因

（1）电气设备或线路安装不规范，接地装置安装不牢靠。

（2）购买或安装电气设备线路过程中，使用了不合格的劣质产品。

（3）缺乏正常的维护和检查，存在绝缘老化或设备缺陷，没有及时更换。

2. 触电类型

1）单相触电

当人体的某一部位碰到相线或绝缘性能不好的电气设备外壳时，电流由相线经人体流入大地的触电，称为单相触电，如图 7.1.3 所示。

单相触电大多是由于电气设备损坏或绝缘不良，使带电部分裸露而引起的。触电事故中大部分属于单相触电。

图 7.1.3　单相触电

图 7.1.4　两相触电

2）两相触电

当人体的不同部位分别接触到同一电源的两根不同相位的相线，电流由一根相线经人体流到另一根相线而构成闭合回路的触电，称为两相触电，如图 7.1.4 所示。

3）跨步电压触电

当电气设备相线碰壳短路接地，或带电导线直接触地时，人体虽没有接触带电设备外壳或带电导线，但跨步行走在电位分布曲线的范围内而造成的触电，称为跨步电压触电，如图 7.1.5 所示。

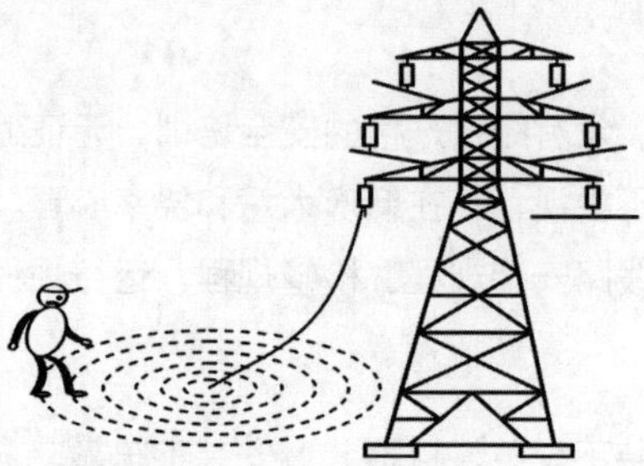

图 7.1.5　跨步电压触电

7.1.3　预防触电事故的一般措施

（1）电气作业人员对安全必须高度重视，并应认真贯彻执行有关各项安全操作规程，安全技术措施必须落实。安装电气必须符合绝缘和隔离要求，拆除电气设备要彻底干净。对电气设备金属外壳一定要有效接地。电气作业人员要正确使用绝缘的手套、鞋、垫、夹钳、杆和验电笔等安全防护品与工具。

（2）加强全员的防触电事故教育，提高全员防触电意识；健全安全用电制度；严禁无证人员从事电工作业；使用电气设备要严格执行安全规程。

（3）针对发生触电事故高峰值带有季节性的特点做好防范工作。据有关资料表明，六、七、八、九月发生的触电事故占全年发生数的 70%左右，而七月发生数又占事故高峰期的 40%以上。在高温多雨季节到来以前，要全面组织好电气安全检查，对流动式电动工具要列入重点检查。也要做好日常对电气的保养、检查工作。

【任务小结】

本任务介绍了触电对人体的危害，触电的常见原因和主要类型，以及预防触电的一般措施。通过本任务的学习，学生需了解触电对人体的危害程度的相关因素，掌握常见的触电原因和类型，在实际工作中，能较清楚地知道预防触电的一般措施。

【思考与练习】

1. 什么是触电？触电的表现形式主要有哪两种？
2. 影响触电对人体的危害程度的因素有哪些？
3. 什么是安全电流？按照电流通过人体时的不同反应，可将电流分为哪三种？

4. 什么是安全电压？我国规定的安全电压等级有哪些？
5. 触电类型有哪几种？请分别说明。

任务 7.2　触电急救

【任务描述】

触电急救的要点是抢救迅速和救护得法，即用最快的速度在现场采取积极措施，保护触电者的生命，减轻伤情，减少痛苦，并根据伤情需要迅速联系医疗救护等部门进行救治，据有关资料显示，触电后 1 min 内抢救，有 90%概率能救活；1 ~ 4 min 内抢救，有 60%概率能救活；超过 5 min 抢救，死亡概率达 90%。因此，触电急救十分重要。

作为电气工作者，一旦发现有人触电后，周围人员首先应迅速拉闸断电，尽快使其脱离电源。在施工现场发生触电事故后，应将触电者迅速抬到宽敞、空气流通的地方，使其平卧在硬板床上，采取相应的抢救方法。在送往医院的路途中应不间断地进行救护，经过医生确定后方可停止，因为低压触电通常都是假死，用科学的方法进行急救是十分必要的。

【任务目标】

知识目标：
（1）掌握使触电者脱离电源的方法。
（2）掌握基本的现场诊断方法和急救操作方法。
能力目标：
（1）能迅速采用正确的方法使触电者脱离电源。
（2）能进行正确的现场诊断和急救操作。
素质目标：
（1）具有较高的安全意识和责任意识。
（2）能自主学习，探究新知识和新技能。
（3）能团结互助，具有团队协作精神。
（4）能按正确的操作规范进行操作。

【知识链接】

7.2.1　脱离电源

1. 脱离低压电源的方法

（1）“拉”——就近拉开电源开关或拔掉电源插头，如图 7.2.1（a）所示。

（2）“切” ——用带有绝缘手柄的利器切断电源线，切断时应防止带电导线断落，如图 7.2.1（b）所示。

（3）“挑” ——用绝缘工具或干燥的木棍将电线挑开，如图 7.2.1（c）所示。

（4）“拽” ——戴绝缘手套或在手上包裹干燥的衣物，也可站在干燥的木板上拖拽触电者，如图 7.2.1（d）所示。

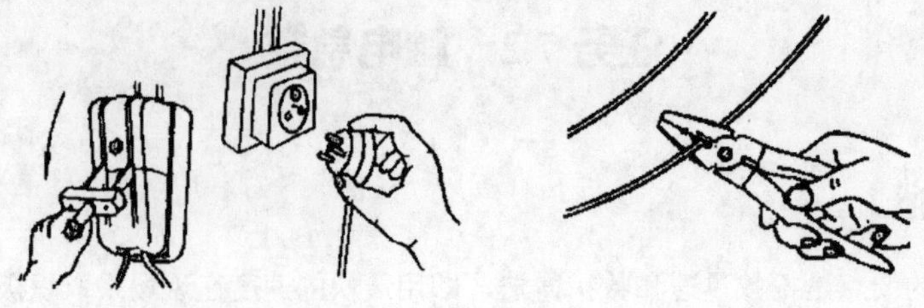

（a）“拉”　　（b）“切”

（c）“挑”　　（d）“拽”

图 7.2.1　脱离低压电源的方法

2. 脱离高压电源的方法

当触电者触及的设备或线路电压等级过高，则不能采用一般的绝缘物品断开电源，也不能采用拖拽的方式使触电者脱离电源，否则可能危害施救者的人身安全。因此，使触电者脱离低压电源和高压电源的方法有所不同。

（1）通过电话通知相关部门拉闸断电。

（2）戴上绝缘手套，穿上绝缘鞋拉开高压断路器。

（3）使用更高等级的绝缘工具切断电源。

7.2.2　现场诊断

当使触电者脱离电源后，应先将其移到平整且干燥通风的位置，将其仰卧，松开上衣和皮带，然后对其进行简单的现场诊断，主要是检查触电者有无呼吸和心跳，如图 7.2.2 所示。

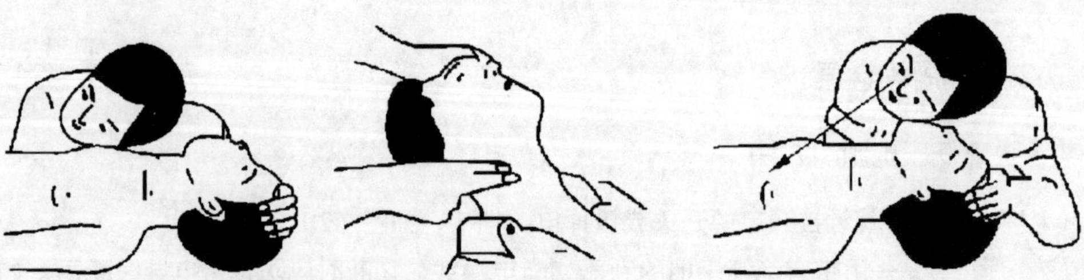

（a）　　（b）　　（c）

图 7.2.2　现场诊断的方法

7.2.3 现场急救

1. 现场急救原则

现场急救的原则是迅速、就地、准确、坚持。

（1）迅速：动作迅速，争分夺秒。

（2）就地：争取时间，在安全地方就地抢救触电者。

（3）准确：采用准确的急救方法，动作姿势都要正确。

（4）坚持：必须坚持急救不放弃，直到医护人员到来做出判断，才可停止抢救。

2. 现场急救操作

在对触电者进行简单的现场诊断后，应依据诊断的情况进行不同的急救操作。

（1）触电者神志清醒，但有心慌或四肢发麻等不适症状，应使其就地平躺安静休息，注意观察，有外伤时应予以简单包扎。

（2）触电者神志不清，失去知觉，但仍有心跳和呼吸，应观察有无外伤，并使其就地平躺，头部后仰，保持气道通畅，注意观察并随时做好急救准备。

（3）触电者呼吸停止但心脏还在跳动，应迅速采用人工呼吸法进行救护；触电者心跳停止但呼吸正常，应迅速采用人工胸外按压法进行救护；若触电者呼吸心跳均停止，应立即同时采用人工呼吸法和人工胸外按压法进行救护。

3. 口对口人工呼吸操作要点

（1）松开触电者紧身衣物，清除口腔异物。

（2）使触电者仰卧，抬起舌根使气道通畅。

（3）跪在触电者身旁，一只手捏紧鼻子，另一只手托于颈后，抬起颈部。

（4）深呼吸一口气，用嘴紧贴触电者的嘴，大口吹气，边吹气边观察触电者胸部起伏情况，以调节吹气量。

（5）放松捏着鼻子的手，使气体从触电者肺部排出，如此反复进行。

（6）坚持连续进行，不可间断，直到触电者恢复自主呼吸。

（7）成人每分钟吹气 12 次，每 5 s 1 次，儿童每 3 s 1 次，且用力需稍轻，以免吹破肺泡，造成二次伤害。

口对口人工呼吸操作如图 7.2.3 所示。

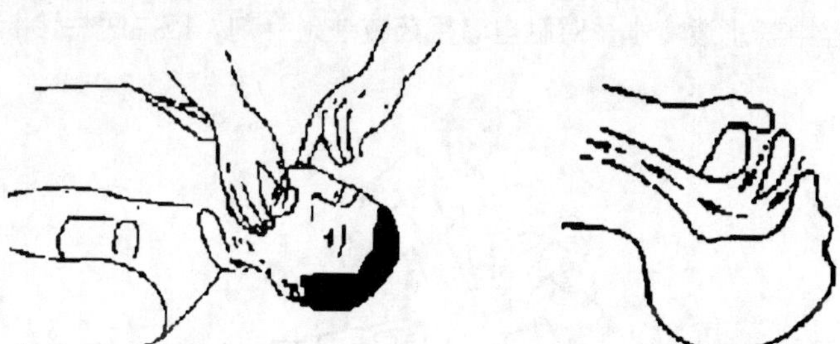

（a）清理杂物　　（b）抬起气道

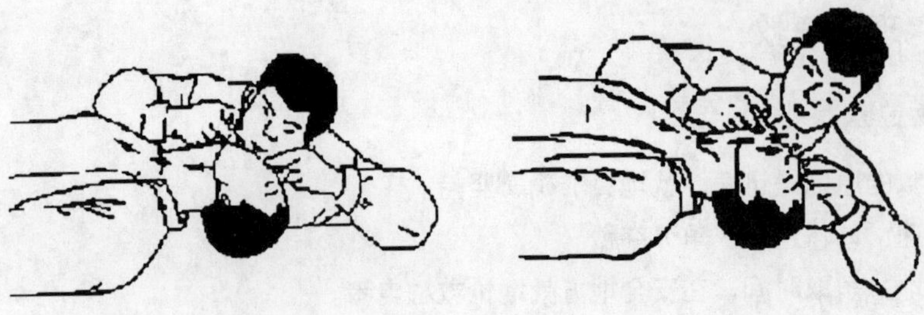

（c）大口吹气　　（d）放松换气

图 7.2.3　口对口人工呼吸操作

4. 人工胸外按压操作要点

（1）松开触电者紧身衣物，清除口腔异物。

（2）使触电者仰卧，抬起舌根使气道通畅。

（3）跪在触电者身旁或跨坐在触电者腰部，将右手掌根部放于触电者胸骨下 1/2 处，左手掌复压在右手背上，手臂与触电者胸部保持垂直。

（4）掌根用力下压 3 ~ 4 cm，然后突然放松，放松时手不离开。

（5）坚持连续进行按压，不中断，成人每分钟 60 次，儿童每分钟 80 ~ 100 次，儿童用力可稍轻。

人工胸外按压操作如图 7.2.4 所示。

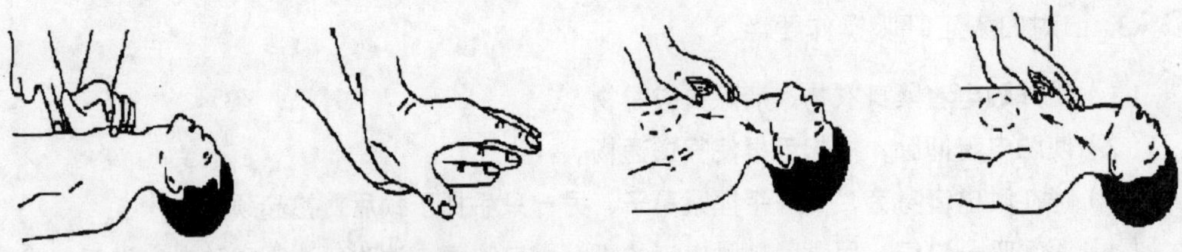

（a）找准位置　（b）调整姿势　（c）用力按压　（d）抬起放松

图 7.2.4　人工胸外按压操作

5. 急救操作注意事项

（1）对心跳呼吸均停止的触电者，应同时采用两种方法进行抢救：一人抢救时，两种方法交替进行，即吹气 2 次，心脏按压 15 次；两人抢救时，5 s 吹气 1 次，1 s 按压 1 次，交替进行。单双人急救操作如图 7.2.5 所示。

（2）急救过程中禁止泼冷水，对触电者用药或注射针剂，应由医生诊断确定。

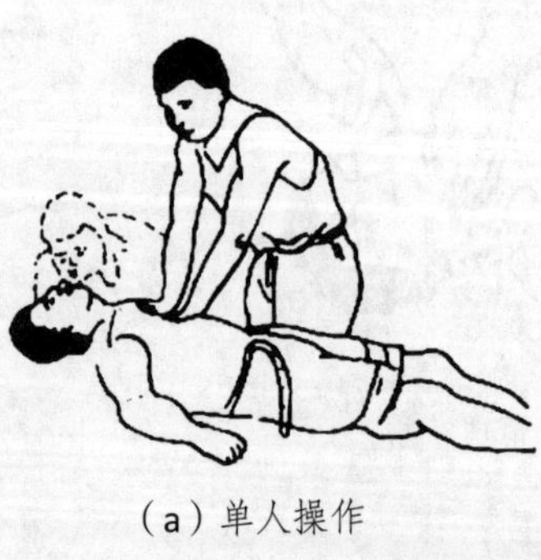

（a）单人操作

（b）双人操作

图 7.2.5　单双人急救操作

6. 外伤救护

（1）一般性的外伤创面：先用无菌生理盐水或清洁的温开水冲洗，再用消毒纱布或干净的布包扎，然后将伤员送往医院。

（2）伤口大面积出血：立即用清洁手指压迫出血点上方，也可用止血橡皮带使血流中断。同时将出血肢体抬高或高举，以减少出血量，并火速送医院处理。如果伤口出血不严重，可用消毒纱布或干净的布料叠几层，盖在伤口处压紧止血。

（3）高压触电造成的电弧烧伤：先用无菌生理盐水冲洗，再用酒精涂擦，然后用消毒被单或干净布片包好，速送医院处理。

（4）因触电摔跌而骨折：应先止血、包扎，然后用木板、竹竿、木棍等物品将骨折肢体临时固定，速送医院处理。若发生腰椎骨折时，应将伤员平卧在硬木板上，并将腰椎躯干及两侧下肢一并固定以防瘫痪，搬动时要数人合作，保持平稳，不能扭曲。

（5）出现颅脑外伤：应使伤员平卧并保持气道通畅。若有呕吐，应扶好头部和身体，使之同时侧转，以防止呕吐物造成窒息。当耳鼻有液体流出时，不要用棉花堵塞，只可轻轻拭去，以利降低颅内压力。

注意事项：

（1）救护人员不得用手直接触摸伤口，也不准在伤口上随便用药。

（2）颅脑外伤时，病情可能复杂多变，要禁止给予饮食并速送医院进行救治。

【任务实施】

1. 任务准备

1）实训设备

模拟人及附属设备，如图 7.2.6 所示。

模拟人及附属设备可用于模拟标准气道开放、人工胸外按压和口对口人工呼吸，可实现训练操作，包括单人操作和双人操作，可记录学生的操作情况正确与否、错误次数和操作时间，并用显示屏显示，伴有语音自动提示。模拟人工胸外按压的实验中，用指示灯的颜色反馈显示挤压深度。模拟口对口人工呼吸的实验中，吹入的气量也可用指示灯反馈吹气量度。

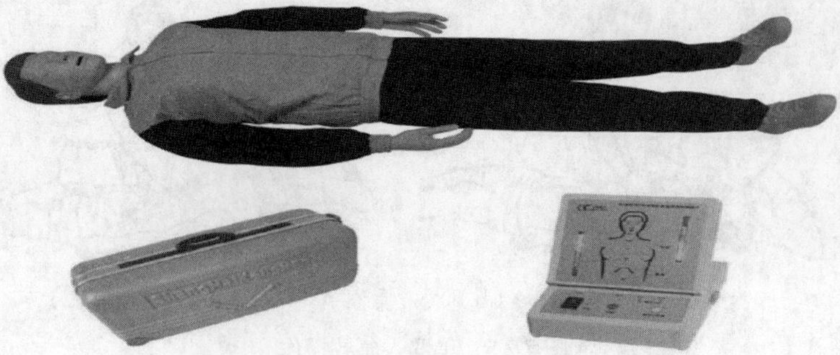

图 7.2.6　模拟人及附属设备

2）实训资料

实训工作页、教材、实训指导书等。

2. 实施步骤

1）人工胸外按压实验

（1）按照图 7.2.7 所示将触电者（模拟人）仰卧。

（2）接通 220 V 电源，经过稳压器输出 24 V 电源。

（3）对触电者（模拟人）进行简单诊断，观察有无心跳和呼吸，瞳孔有无放大。

（4）抢救人员跪在触电者（模拟人）一侧或跨坐在触电者（模拟人）腰部。

（5）将右手掌根部放于触电者（模拟人）胸骨下 1/2 处，左手掌复压在右手背上，手臂与触电者（模拟人）胸部保持垂直。

（6）掌根用力下压 3 ~ 4 cm，然后突然放松，放松时手不离开，每秒 1 次，连续进行。

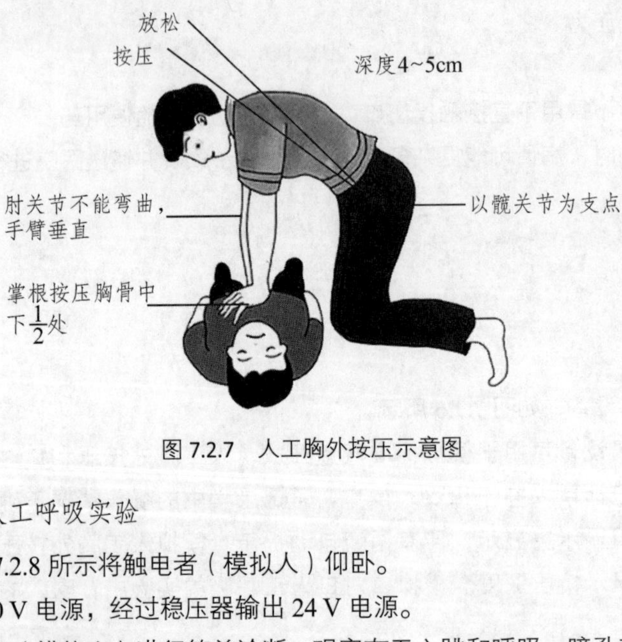

图 7.2.7　人工胸外按压示意图

2）口对口人工呼吸实验

（1）按照图 7.2.8 所示将触电者（模拟人）仰卧。

（2）接通 220 V 电源，经过稳压器输出 24 V 电源。

（3）对触电者（模拟人）进行简单诊断，观察有无心跳和呼吸，瞳孔有无放大。

（4）抢救人员跪在触电者（模拟人）一侧。

（5）一只手捏紧鼻子，另一只手托于颈后，抬起颈部。

（6）深呼吸一口气，用嘴紧贴触电者（模拟人）的嘴，大口吹气，边吹气边观察触电者（模拟人）胸部起伏情况，以调节吹气量。

（7）放松捏着鼻子的手，使气体从触电者（模拟人）肺部排出，如此连续进行。

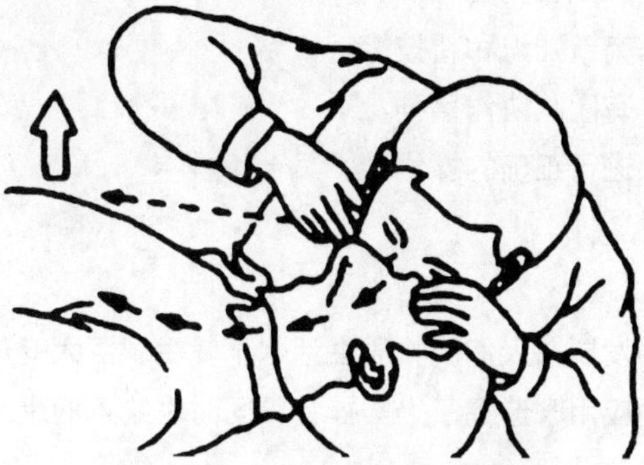

图 7.2.8　口对口人工呼吸示意图

3. 任务评价

按照上述步骤进行实验，将实验评价结果填入"实训过程综合评价表"（见附表 1）。另：学员需根据所学到知识写一篇学习心得，不得少于 1000 字。

【任务小结】

本任务介绍了触电急救的基本原则和现场诊断以及现场急救方法。通过本任务的学习，学生需掌握触电急救的现场诊断方法以及两种基本操作方法，简单的外伤救护方法，在实际工作中，能对触电者进行正确的现场急救。

【思考与练习】

1. 触电急救的基本原则有哪些?
2. 发现触电者时如何使其脱离电源？应注意什么?
3. 在现场诊断的过程中，发现触电者没有呼吸但有心跳，应该如何处理?
4. 人工胸外按压应该如何操作？需注意些什么?

任务 7.3　电气火灾及预防

【任务目标】

知识目标：

（1）了解电气火灾的危害。

（2）熟悉电气火灾的成因与防范措施。

（3）掌握电气火灾的应急处理方法。

能力目标：

（1）掌握火场逃生的基本方法。

（2）能正确进行电气火灾扑救。

素质目标：

（1）具有较高的安全意识和责任意识。

（2）能自主学习，探究新知识和新技能。

（3）能团结互助，具有团队协作精神。

（4）能根据实验步骤进行正确的操作。

【任务描述】

随着现代科学技术的发展，人们的物质生活水平发生了巨大变化，电能相应地得到了广泛地开发与利用。电能的应用既造福了人类社会，同时也给人们带来了电击和电气火灾事故的危险。

电气原因造成的火灾不但造成极大的经济损失，而且严重危及人们的生命安全。因此，我们应该通过对电气火灾相关知识的学习，了解电气火灾的成因，掌握电气火灾防范措施以及电气火灾扑救的方法。

【知识链接】

7.3.1 火灾的种类

根据可燃物的类型和燃烧特性，火灾分为 A、B、C、D、E、F 六类。

A 类火灾：指固体物质火灾。这种物质通常具有有机物质性质，一般在燃烧时能产生灼热的余烬。如木材、煤、棉、毛、麻、纸张等火灾。

B 类火灾：指液体或可熔化的固体物质火灾。如煤油、柴油、原油，甲醇、乙醇、沥青、石蜡等火灾。

C 类火灾：指气体火灾。如煤气、天然气、甲烷、乙烷、丙烷、氢气等火灾。

D 类火灾：指金属火灾。如钾、钠、镁、铝镁合金等火灾。

E 类火灾：带电火灾。物体带电燃烧的火灾。

F 类火灾：烹饪器具内的烹饪物（如动植物油脂）火灾。

根据火灾造成的经济损失和人员伤亡程度，将火灾分为四个等级：

Ⅰ（特别重大火灾）：指造成 30 人以上死亡，或者 100 人以上重伤，或者 1 亿元以上直接财产损失的火灾。

Ⅱ（重大火灾）：指造成 10 人以上 30 人以下死亡，或者 50 人以上 100 人以下重伤，或者 5000 万元以上 1 亿元以下直接财产损失的火灾。

Ⅲ（较大火灾）：指造成 3 人以上 10 人以下死亡，或者 10 人以上 50 人以下重伤，或者 1000 万元以上 5000 万元以下直接财产损失的火灾。

Ⅳ（一般火灾）：指造成 3 人以下死亡，或者 10 人以下重伤，或者 1000 万元以下直接财产损失的火灾。

7.3.2 电气火灾成因、分类及预防

电气火灾是指由于电气线路、供配电设备或用电设备等出现故障，释放热能而引发的火灾，其形成的根本原因是电流的热效应。

1. 电气火灾的成因

造成电气火灾的原因很多，主要有短路、过载、电弧和电火花、接触不良、散热不良、烘烤、摩擦、雷电和静电等因素。

2. 电气火灾的分类

1）漏电火灾

所谓漏电，就是线路的某一个地方因为某种原因（自然原因或人为原因，如风吹雨打、潮湿、高温、碰压、划破、摩擦、腐蚀等）使电线的绝缘或支架材料的绝缘能力下降，导致电线与电线之间（通过损坏的绝缘、支架等）、电线与大地之间（电线通过水泥墙壁的钢筋、马口铁皮等）有一部分电流通过。

当漏电发生时，漏泄的电流在流入大地途中，如遇电阻较大的部位时，会产生局部高温，致使附近的可燃物着火，从而引起火灾。此外，在漏电点产生的漏电火花，同样也会引起火灾。

2）短路火灾

电气线路中的裸导线或绝缘导线的绝缘体破损后，火线与零线，或火线与地线在某一点碰在一起，引起电流突然大量增加的现象就叫短路，俗称碰线、混线或连电。

由于短路时电阻突然减少，电流突然增大，其瞬间的发热量也很大，大大超过了线路正常工作时的发热量，并在短路点易产生强烈的火花和电弧，不仅能使绝缘层迅速燃烧，而且能使金属熔化，引起附近的易燃可燃物燃烧，造成火灾。

3）过负荷火灾

所谓过负荷是指当导线中通过的电流量超过了安全载流量时，导线的温度不断升高，这种现象就叫作导线过负荷。

当导线过负荷时，加快了导线绝缘层老化变质。当严重过负荷时，导线的温度会不断升高，甚至会引起导线的绝缘发生燃烧，并能引燃导线附近的可燃物，从而造成火灾。

4）接触电阻过大火灾

凡是导线与导线，导线与开关、熔断器、仪表、电气设备等连接的地方都有接头，在接头的接触面上形成的电阻称为接触电阻。当有电流通过接头时会发热，这是正常现象。如果接头处理良好，接触电阻不大，则接头点的发热就很少，可以保持正常温度。如果接头中有杂质，连接不牢靠或其他原因使接头接触不良，造成接触部位的局部电阻过大，当电流通过接头时，就会在此处产生大量的热，形成高温，这种现象就是接触电阻过大。

在有较大电流通过的电气线路上，如果在某处出现接触电阻过大这种现象时，就会在接触电阻过大的局部范围内产生极大的热量，使金属变色甚至熔化，引起导线的绝缘层发生燃

烧，并引燃附近的可燃物或导线上积落的粉尘、纤维等，从而造成火灾。

3. 电气火灾的预防

（1）对用电线路进行巡视，以便及时发现问题。

（2）在设计和安装电气线路时，导线和电缆的绝缘强度不应低于网络的额定电压，绝缘子也要根据电源的不同电压进行选配。

（3）安装线路和施工过程中，要防止划伤、磨损、碰压导线绝缘，并注意导线连接接头质量及绝缘包扎质量。

（4）在特别潮湿、高温或有腐蚀性物质的场所内，严禁绝缘导线明敷，应采用套管布线，在多尘场所，线路和绝缘子要经常打扫，勿积油污。

（5）严禁乱接乱拉导线，安装线路时，要根据用电设备负荷情况合理选用相应截面的导线。并且导线与导线之间、导线与建筑构件之间及固定导线用的绝缘子之间应符合规程要求的间距。

（6）定期检查线路熔断器，选用合适的保险丝，不得随意调粗保险丝，更不准用铝线和铜线等代替保险丝。

（7）检查线路上所有连接点是否牢固可靠，要求附近不得存放易燃可燃物品。

7.3.3 电气火灾的扑救

1. 灭火的基本方法

1）隔离灭火法

该方法是将着火的地方或物体与周围的可燃物隔离或移开，燃烧就会因缺少可燃物质而停止。实际运用时，如将可靠近火源的可燃、易燃和助燃的物品搬走，把着火的物体移到安全的地方，关闭可燃气体、液体管道的阀门，减少和终止可燃物质进入燃烧区域等。

2）窒息灭火法

该方法是指阻止空气流入燃烧区域或用不燃烧的物质冲淡空气，使燃烧物得不到足够的氧气而熄灭。实际应用时，用石棉毯、湿麻袋、黄沙、灭火器等不燃烧或难燃烧物质覆盖在物体上，封闭起火的船舱、建筑的门窗、孔洞等和设备容器的顶盖，窒息燃烧源。

3）冷却灭火法

该方法将灭火剂直接喷射到燃烧物上，以降低燃烧物的温度，当燃烧物的温度降低到该物的燃点以下，燃烧就停止了。还可将灭火剂喷洒到火源附近的可燃物上，防止辐射热影响而起火。

4）化学抑制灭火法

该方法将化学灭火剂喷入燃烧区使之参与燃烧的化学反应，从而使燃烧停止。采用这种灭火方法所使用的灭火剂有乘龙牌高效水系灭火器等。

2. 电气火灾的扑救特点

火灾发生后，电气设备因绝缘损坏而碰壳短路，线路因断线而接地，使正常不带电的金属构架、地面等部位带电，会导致因接触电压或跨步电压的触电事故发生。

因此，发现火灾时应首先切断电源。切断电源时应注意以下几点：

（1）火灾发生后，由于受潮或烟熏，开关设备的绝缘能力会降低，因此拉闸时应使用绝缘工具操作。

（2）对于高压设备应先操作油断路器，而不应该先拉隔离刀闸，防止引起弧光短路。

（3）剪断电线时，不同相线应在不同部位剪断，防止造成短路。

（4）带负载线路应先停掉负载，再切断着火现场电线。

有时为了争取时间，防止火灾扩大和蔓延，来不及断电，或因生产需要和其他原因不能断电时，则需要带电灭火。

带电灭火应注意以下几点：

（1）应按灭火器的种类选择适当的灭火器，不能使用普通的泡沫灭火器。

（2）人体与带电体之间必须保持必要的安全距离。

（3）对架空线路等空中设备进行灭火时，人体位置与带电体之间的仰角不应超过 45°，以防导线断落危及灭火人员的安全。

（4）对于带电导线断落的地面，要划出一定的警戒区，以防跨步电压伤人。

3. 灭火器的类型与构造

1）常用灭火器

清水灭火器：通过冷却作用灭火，主要用于扑救固体火灾即 A 类火灾，如木材、纸张、棉麻、织物等的初期火灾。采用细水雾喷头的清水灭火器也可用于扑灭可燃固体的初期火灾。

泡沫灭火器：充装的是水和泡沫灭火剂，可分为化学泡沫灭火器和空气泡沫（机械泡沫）灭火器。主要用于扑救B类火灾，也可用于扑救固体A类火灾，抗溶泡沫灭火器还可以扑救水溶性易燃、可燃液体火灾。但泡沫灭火器不适用于带电设备火灾、C 类气体火灾和D类金属火灾。

二氧化碳灭火器：主要用于扑救贵重设备、档案资料、仪器仪表、600 V 以下电气设备及油类的初期火灾。在加压时将液态二氧化碳压缩在小钢瓶中，灭火时再将其喷出，有降温和隔绝空气的作用。

干粉灭火器：利用二氧化碳气体或氮气气体作动力，将干粉灭火剂喷出灭火。可用于扑救石油、有机溶剂等易燃液体、可燃气体和电气设备的初期火灾。

2）灭火器的构造和压力表状态

灭火器的构造如图 7.3.1 所示，压力表状态如图 7.3.2 所示。

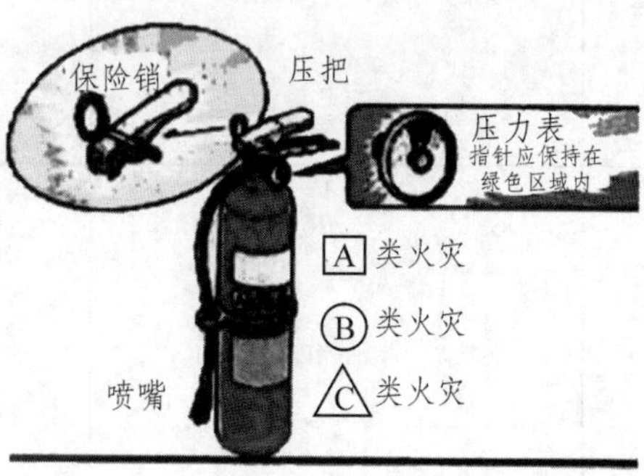

图 7.3.1　灭火器构造

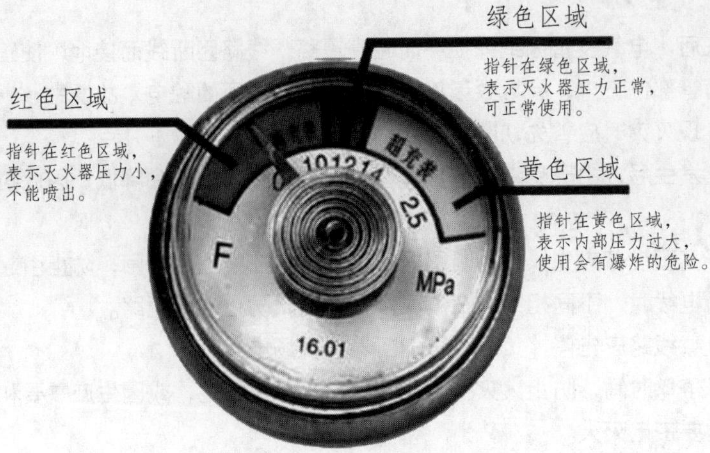

图 7.3.2　压力表状态

4. 灭火器的使用方法

1）手持式灭火器

手持式灭火器使用方法如表 7.3.1 所示。

表 7.3.1　手持灭火器使用方法

步骤	使用方法	示意图
1	右手握着压把，左手托着灭火器底部，轻轻地取下灭火器	
2	右手提着灭火器到现场	
3	除掉铅封	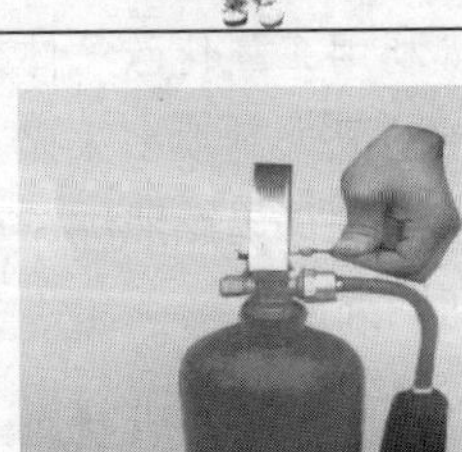

续表

步骤	使用方法	示意图
4	拔掉保险销	
5	右手握着喷把，左手提着压把	
6	在距火焰 2 m 的地方，右手用力压下压把，左手拿着喷管左右摆动，喷射干粉覆盖整个燃烧区	

2）推车式灭火器

推车式灭火器使用方法如表 7.3.2 所示。

表 7.3.2　推车式灭火器使用方法

步骤	使用方法	示意图
1	将灭火器拉或推到现场	
2	右手拉着喷粉枪，左手顺势展开喷粉胶管，直至平直，不能打弯或打圈	

续表

步骤	使用方法	示意图
3	除掉铅封，拔掉保险销	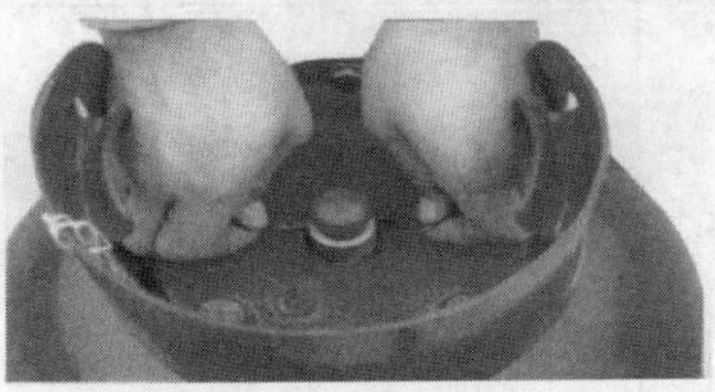
4	用手掌使劲按下供气阀门	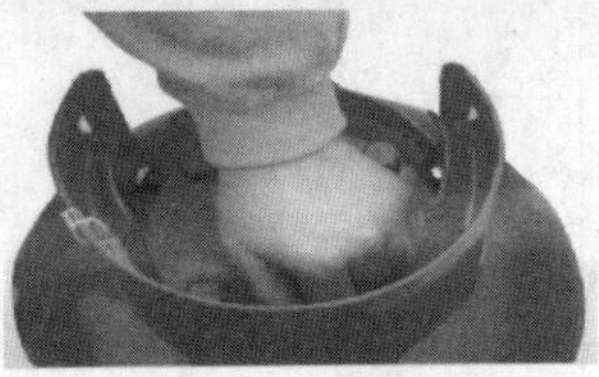
5	左手把持喷粉枪管托，右手把持枪把用手指扳动喷粉开关，对准火焰根部喷射，不断靠前左右摆动喷粉枪，将干粉笼罩住燃烧区，直至把火扑灭	

灭火器使用注意事项：

（1）有风天气，应站在上风风向进行灭火。

（2）有风天气灭火时，离火距离安全值一般在 3 ~ 5 m。

（3）在扑救容器内可燃液体火灾时，注意不能将喷嘴直接对准液面喷射，防止射流的冲击力使可燃液体溅出而扩大火势，造成灭火困难。

7.3.4 火场逃生

当发现火势不在自己的控制范围内时，则应该迅速寻找逃生方式，切勿盲目灭火。

（1）平时就应了解并熟知自己家庭或工作单位的出口和逃生路线，掌握基本自救知识。一旦身受火灾威胁，千万不要惊慌失措，要冷静地确定自己所处位置，根据周围的烟、火光、温度等分析判断火势，不要盲目采取行动。

（2）火灾发生时，在火势不大的情况下就要迅速逃生，切不可因为贪恋财物而丧失逃生的最佳时机

（3）除了拨打 119 火警电话外，也可以从凉台或临街窗口求救，如挥舞颜色醒目的手巾，夜间打手电筒等。

（4）身处平房的，如果门的周围火势不大，应迅速离开火场。反之，则必须另行选择出口脱身（如从窗口跳出），或者采取保护措施（如用水淋湿衣服、用温湿的棉被包住头部和上身等）以后再离开火场。

（5）身处楼房的，发现火情不要盲目打开门窗，否则有可能引火入室。身处楼房的，不要盲目乱跑、更不要跳楼逃生，这样会造成不应有的伤亡。可以躲到居室里或者阳台上。

（6）紧闭门窗，隔断火路，等待救援。有条件的，可以不断向门窗上浇水降温，以延缓火势蔓延。

（7）在失火的楼房内，逃生不可使用电梯，应通过防火通道走楼梯脱险。因为失火后电梯竖井往往成为烟火的通道。并且电梯随时可能发生故障。

（8）因火势太猛，必须从楼房内逃生的，可以从二层处跳下，但要选择不坚硬的地面，同时应从楼上先扔下被褥等增加地面的缓冲，然后再顺窗滑下，要尽量缩小下落高度，做到双脚先落地。在有把握的情况下、可以将绳索（也可用床单等撕开连接起来）一头系在窗框上，然后顺绳索滑落到地面

（9）逃生时。尽量采取保护措施，如用湿毛巾捂住口鼻、用湿衣物包裹身体。

（10）如身上衣物着火，可以迅速脱掉衣物，或者就地滚动，以身体压灭火焰，还可以跳进附近的水池、小河中，将身上的火熄灭，总之要尽量减少身体烧伤面积，减轻烧伤程度。

【任务小结】

本任务介绍了电气火灾的成因、预防措施以及电气火灾的扑救方法，通过本任务的学习，学生需了解火灾的分类，掌握灭火的基本方法，有基本的火场逃生知识，会正确地使用灭火器。

【思考与练习】

1. 灭火的基本方法有哪些?
2. 带电灭火应注意哪些安全事项?
3. 常用的灭火器有哪些? 什么灭火器不能用于扑灭电气火灾?
4. 说一说灭火器的使用步骤（以手提式干粉灭火器为例）。
5. 使用灭火器灭火的过程中应注意哪些安全事项?
6. 简要说明火场逃生的要点。

任务 7.4　电气安全知识与保护装置

【任务目标】

知识目标:

（1）了解电气工作者的从业条件和工作职责。

（2）掌握电气工作安全防护技术措施和组织措施。

（3）掌握电气线路及设备的保护措施。

能力目标:

（1）能将电气安全防范技术措施应用到实际工作中。

（2）能读懂基本的电气设备及线路的保护措施。

素质目标：

（1）具有较高的安全意识和责任意识。

（2）能自主学习，探究新知识和新技能。

（3）能团结互助，具有团队协作精神。

【任务描述】

用电设备的选用不当、安装不合理、操作管理不按相关的技术规范执行，往往会导致电气事故，如触电伤亡、引起电气火灾等。所以电气行业对电气从业人员的要求较高，对电气设备及线路运行和操作规范也做了许多的规定，加强电气安全管理，确保用电安全，防范事故发生，是每一个电气从业者的必修课。

【知识链接】

7.4.1 电气工作人员的从业要求和职责

1. 电气工作人员从业要求

（1）电气工作人员必须精神正常，身体健康，无妨碍电气工作的病症。参加工作时应经过医院检查合格，以后每隔 2 年检查 1 次身体。妨碍电气工作的病症是指高血压、心脏疾病、气管喘息、神经系统病、色盲病、听力障碍等。具有这些病症都不能直接从事电气工作。

（2）电气工作人员应学会并熟悉掌握紧急救护法，包括解救法及人工呼吸法等。

（3）电气工作人员必须考试合格。

（4）电气工作人员还需不断进行定期考试，考试不合格者限期补考，两次补考不合格者，应在一定时期内停止技术性工作。

（5）新参加工作或新调入的人员，在独立进行工作之前，必须进行安全技术教育和熟练现场情况，并考试合格，然后在熟练的工作人员指挥下进行作业。

2. 电气工作人员职责

（1）遵守公司的各种规章制度，坚持交接班制度，坚守岗位，严格执行电力部门规定的电气安全操作规程。

（2）熟悉掌握本公司各种电气设备的名称、性能、结构、规格、工作原理和用途等。

（3）坚持对电气设备的巡检制度，及时发现问题、解决问题，提高设备的运转率和完好率。

（4）禁止违章作业、违反电器操作规程和超负荷运行，防止事故发生

（5）认真填写各项原始记录，交接班应详细交清各项记录和电气设备各项记录及电气设备存在的问题。

（6）发现隐患故障时应及时处理，并汇报部门领导，定期检查电气设备和线路的安全性。

（7）负责当班电气设备的维护工作，努力提高技术水平，提高维修质量。

（8）完成上级交办的临时任务，对因生产需要临时改动电气设备或线路时应做好记录，并向下一班交代和向上级汇报。

（9）保持电力室、电气设备整洁，无积灰、蜘蛛网，做好本岗位区域内的环境卫生。

7.4.2　电气设备安全运行操作规程

（1）电气部分发生故障，应由专职电工进行检修，恢复送电时，应统一指挥。

（2）检修电气设备时，必须先切断电源，有操作把手者，应上锁或挂标示牌。

（3）电缆经过处理重新投入运行时，必须进行绝缘测试，证明合格后方可带电。

（4）高压电缆在更换电源或经运行 2 年后，须做直流耐压试验，并测量泄漏电流。

（5）高压开关柜前应铺设橡胶绝缘垫。操作高压开关和整理带电的高压电缆时，必须戴绝缘手套，并有专人监护。

（6）高压油缺油时，禁止使用。电气线路有装置跳闸，应查明原因，排除故障，不得强行合闸。

（7）变压器的门上或墙上，应挂有“高压危险”的标示牌。变压器外壳必须接地，低压侧中性点必须直接接地或从击穿保险接地。变压器运行电压波动范围，不应大于在该分接头处相应电压的 50%。变压器线圈的温升不得超过 65 ℃，上层油温不得超过 85 ℃。

（8）电机的外壳必须有良好的接地。

（9）长期停用或经故障处理后的电机，必须经绝缘测试合格，方可投入运行。低压电机的绝缘电阻不应低于 0.5 MΩ，转子不应低于 0.15 MΩ。

（10）电气设备在运行中出现保护装置动作或熔断器烧断现象时，不得擅自加大其整定或容量。应查明原因并消除故障后再予恢复运行。

（11）继电器、接触器和负荷开关等各种电器的名称、代号（或用途）应标注清楚，切断开关、按钮等还应标明其操作位置。

（12）所有的配电装置应有良好的接地。配电装置上的机械连锁装置应正确可靠，隔板、遮拦应齐全、牢固、无缺损。门锁应齐全且开闭灵活。

（13）维修所有的携带式照明灯，其电压不得超过 36 V。

（14）动力房内的各种设备，应经常保持清洁干燥。在可能触电的部位，应悬挂标示牌。

7.4.3　电气工作安全防护技术措施

1. 屏护、间距和安全标志

屏护：指采用专门的装置把危险的带电体同外界隔离开来，防止人体接触或过分接近带电体或电气设备发生短路，以及便于安全操作的安全防护措施。屏护装置不直接与带电体接触，对所用材料的电气性能无严格要求，但应有足够的机械强度和良好的耐火性能。常用屏护措施如图 7.4.1 所示。

（a）遮拦　（b）栅栏　（c）护盖　（d）护罩

图 7.4.1　常用屏护措施

间距：指带电体和地面之间、带电体与其他设备和设施之间、带电体与带电体之间必要的安全距离。其距离的大小取决于电压高低、设备类型、安装方式和周围环境等，如表 7.4.1～表 7.4.4 所示。

表 7.4.1　人在带电线路杆上工作时与带电导线的最小安全距离

电压等级/kV	安全距离/m	电压等级/kV	安全距离/m
10 及以下	0.70	220	3.00
20～35	1.00	330	4.00
60～110	1.50	500	5.00

表 7.4.2　邻近或交叉其他电力线工作的安全距离

电压等级/kV	安全距离/m	电压等级/kV	安全距离/m
10 及以下	1.0	154～220	4.0
20～35	2.5	330	5.0
60～110	3.0	500	6.0

表 7.4.3　架空线路与交通设施之间的最小安全距离

项目		分项	测量基点		最小安全距离/m	
道路		垂直	路面		6.0	7.0
		水平	电杆至道路边缘		0.5	0.5
铁路	标准轨距	垂直	轨道顶面		7.5	7.5
			承力索或接触线		3.0	3.0
		水平	电杆外缘至轨道中心	交叉	5.0	5.0
				平行	杆高加 3.0	
	窄轨距	垂直	轨道顶面		6.0	6.0
			承力索或接触线		3.0	3.0
		水平	电杆外缘至轨道中心	交叉	5.0	5.0
				平行	杆高加 3.0	

表 7.4.4　电缆之间，电缆与管道、道路、建筑物之间最小净距

项目		最小净距/m	
		平行	交叉
电力电缆间及其与控制电缆间	10 kV 及以下	0.10	0.50
	10 kV 以上	0.25	0.50
控制电缆间		—	0.50
不同使用部门的电缆间		0.50	0.50
热管道（管沟）及热力设备		2.00	0.50
油管道（管沟）		1.00	0.50
可燃气体及易燃液体管道（管沟）		1.00	0.50
其他管道（管沟）		0.50	0.50
铁路路轨		3.00	1.00
公路		1.50	1.00
城市街道路面		1.00	0.70
杆基础（边线）		1.00	—
建筑物基础（边线）		0.60	—
排水沟		1.00	0.50
电气化铁路路轨	交流	3.00	1.00
	直流	10.0	1.00

安全标志：用以表达特定安全信息的标志。根据国家有关标准，安全标志由图形符号、安全色、几何形状（边框）或文字构成。使用过程中，严禁拆除、更换和移动。安全色的含义及用途如表 7.4.5 所示，常见警告标志如图 7.4.2 所示，常见禁止标志如图 7.4.3 所示，常见指令标志如图 7.4.4 所示，常见提示标志如图 7.4.5 所示。

表 7.4.5　安全色的含义及用途

颜色	含义	用途
红色	禁止停止	禁止标志，停止信号
黄色	警告注意	警告标志，警戒标志
蓝色	指令	指令标志
绿色	提示安全状态下通行	提示标志

图 7.4.2 常见警告标志

图 7.4.3 常见禁止标志

图 7.4.4　常见指令标志

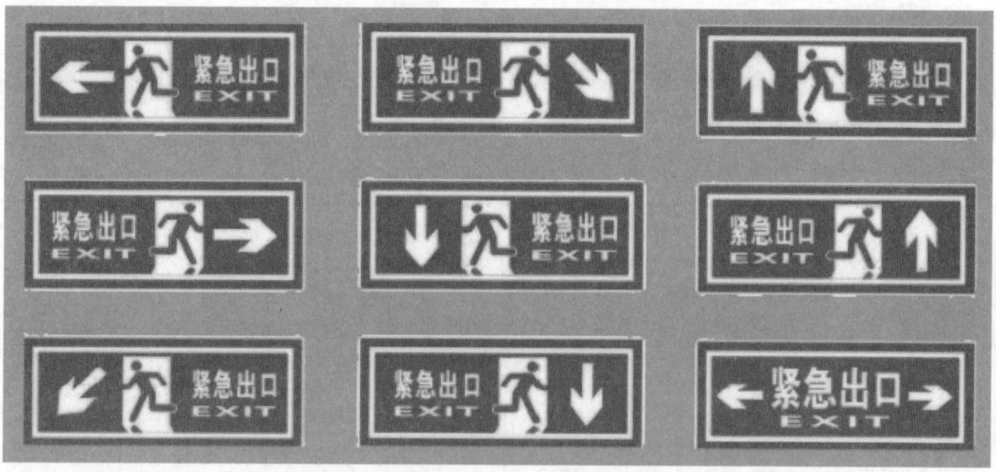

图 7.4.5　常见提示标志

2. 绝缘防护

绝缘防护是最普通、最基本，也是应用最广泛的安全防护措施之一。所谓绝缘防护就是使用绝缘材料将带电导体封护或隔离起来，使电气设备及线路能正常工作，防止人身触电事故的发生。例如导线的外包绝缘、变压器的油绝缘、敷设线路的绝缘子、塑料管、包扎裸露线头的绝缘胶布等，都是绝缘防护的实例。优质的绝缘材料，良好的绝缘性能，正确的绝缘措施，是人身与设备安全的前提和保证。绝缘材料各种性能的降低、绝缘材料的损坏，都会导致电气事故的发生。常见绝缘防护如图 7.4.6 所示。

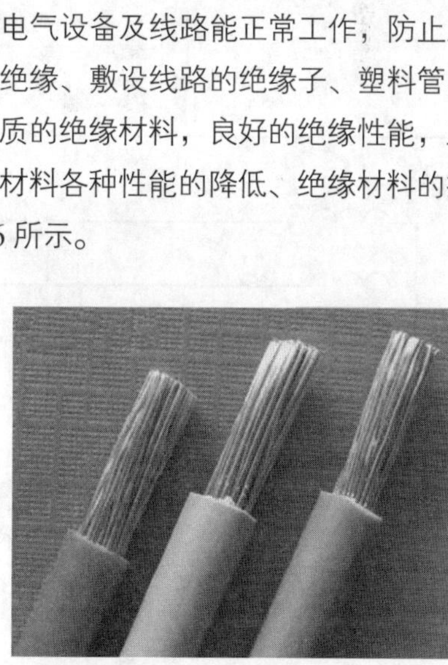

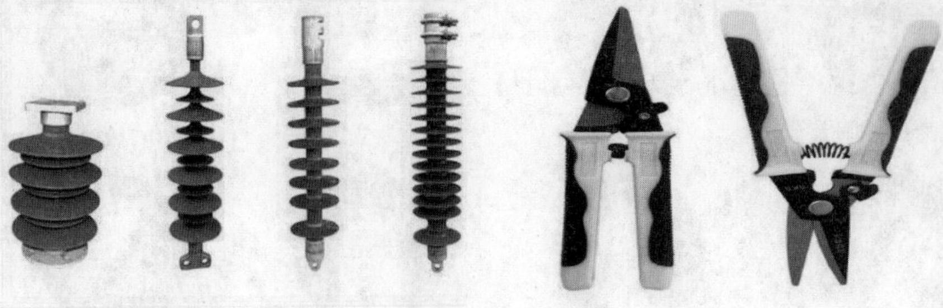

图 7.4.6 常见绝缘防护

3. 接地和保护接零

1）保护接地与工作接地

接地是指人为地把电气设备的某一部位与大地做良好的电气连接。分为保护接地和工作接地两种，如表 7.4.6 所示。

表 7.4.6 接地方式

类型	图例	作用	接地电阻大小	举例
工作接地	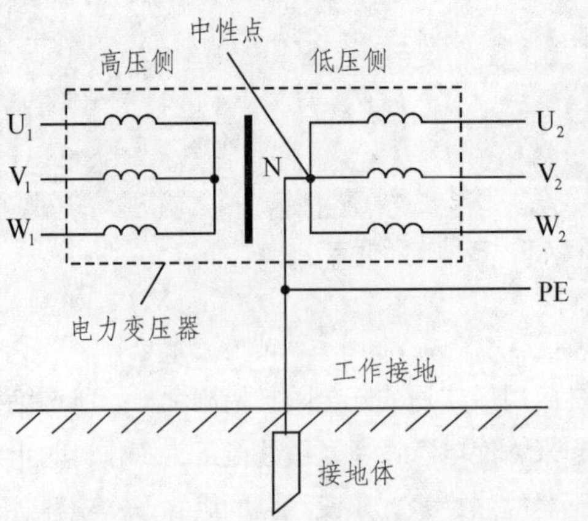	在工作或发生事故的情况下，保证电气设备可靠的运行	工作接地的接地电阻不得超过 10 Ω	变压器的中性点接地
保护接地	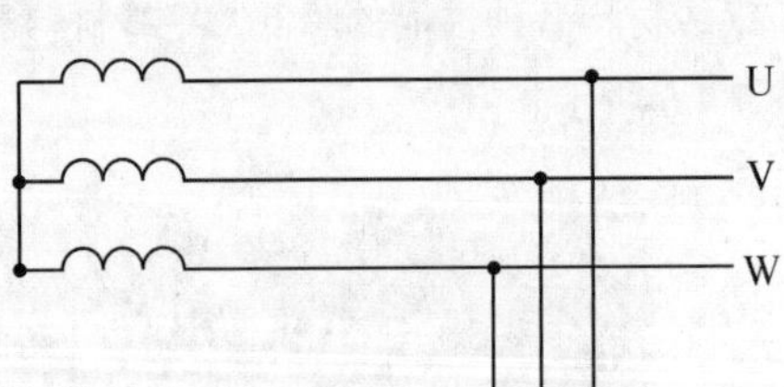	用来防护间接触电	保护接地的接地电阻不超过 4 Ω	防雷接地，用电设备金属外壳接地

2）保护接零

电气设备正常运行情况下，将不带电的金属外壳和构架与配电系统的零线直接进行电气连接，称作保护接零，如图 7.4.7 所示。

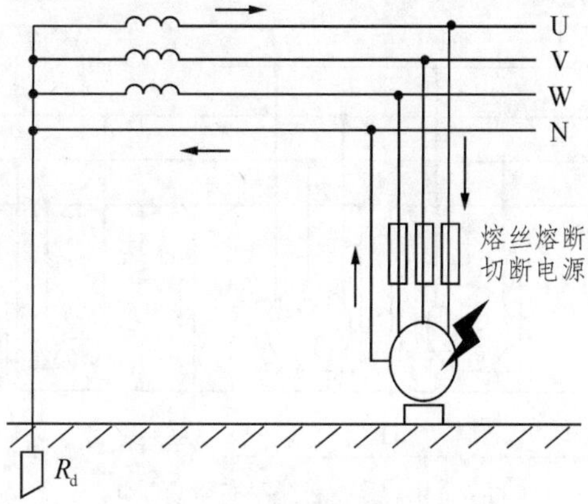

图 7.4.7 保护接零

在保护接零电网中，应特别注意：

（1）接零干线、分支干线、保护零线不得装设开关和熔断器。

（2）对于保护接零系统，应按规定在零线上多处加设重复接地。

（3）电气设备外壳的保护零线不允许串联，应分别直接接零线。

（4）单相用电设备的工作零线和保护零线必须分开设置，不许共用一根零线。

（5）在同一台变压器供电的系统中，保护接零和保护接地不能混用。

保护接地和保护接零都是安全保护措施，但实现保护作用的原理不同，保护接地是将故障电流引入大地，保护接零是将故障电流引入系统，促使保护装置迅速动作而切断电源。

3）重复接地

在三相四线制保护接零电网中，除了变压器中性点的工作接地之外，在零线上一点或多点与接地装置的连接称重复接地，如图 7.4.8 所示。

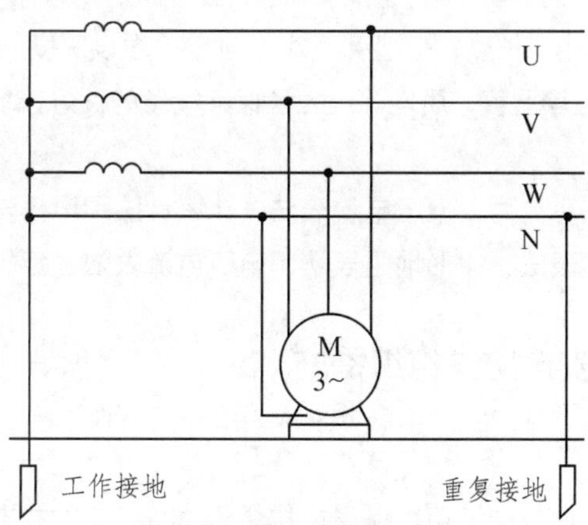

图 7.4.8 重复接地

重复接地的作用：

（1）在电气设备相线碰壳短路接地时，能降低零线的对地电压。

（2）当零线断线时，能降低触电危险和避免烧毁单相用电设备，如图 7.4.9 所示。

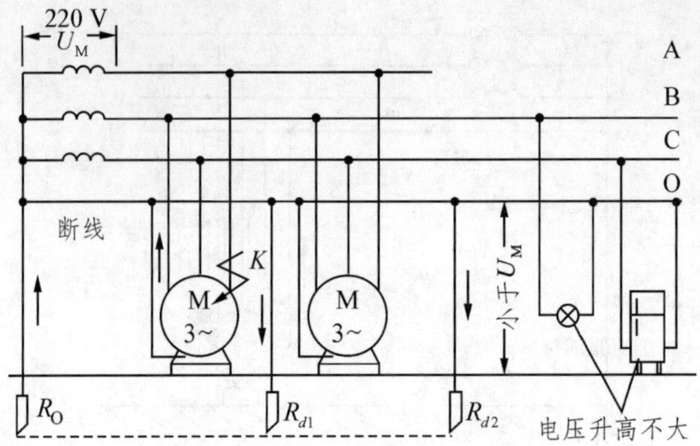

图 7.4.9　零线断线时有重复接地

4. 接地装置和接地电阻的测量

接地装置是由接地体和接地线组成的整体，如图 7.4.10 所示。它是为满足系统的工作特性和安全保护而设置的，其主要作用是将系统中不正常的电流通过大地进行流散。

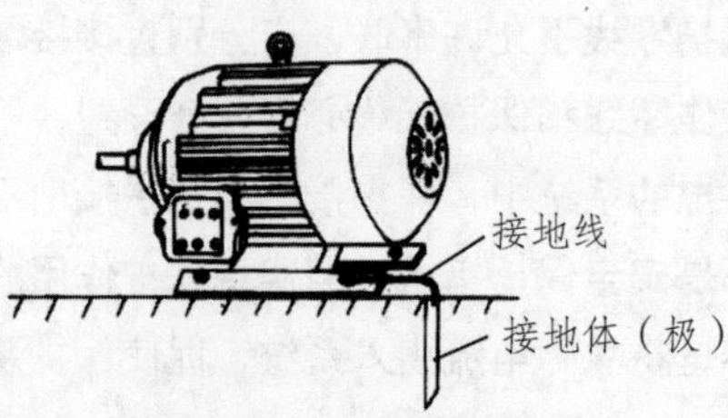

图 7.4.10　接地装置

接地电阻是电流由接地装置流入大地再经大地流向另一接地体或向远处扩散所遇到的电阻。接地电阻值体现电气装置与“地”接触的良好程度和反映接地网的规模。影响接地电阻的因素很多：接地极的大小（长度、粗细）、形状、数量、埋设深度、周围地理环境（如平地、沟渠、坡地是不同的）、土壤湿度、质地等。为了保证设备的良好接地，利用仪表对接地电阻进行测量是必不可少的。

接地电阻的测量方法可分为：电压电流表法、比率计法和电桥法。按具体测量仪器及布极数可分为：手摇式地阻表法、钳形地阻表法、电压电流表法、三极法和四极法。

7.4.4　电气工作安全防护组织措施

1. 工作票制度

（1）在电气设备上工作，应填用工作票或按命令执行，其方式有下列三种：

① 填用第一种工作票。

② 填用第二种工作票。

③ 口头或电话命令。

填用第一种工作票的工作为：

高压设备上需要全部停电或部分停电的工作；

高压室内的二次接线和照明等回路上的工作，需要将高压设备停电或做安全措施的工作。

填用第二种工作票的工作为：

带电作业和在带电设备外壳上的工作；

控制盘和低压配电盘、配电箱、电源干线上的工作；

二次接线回路上，无须将高压设备停电的工作；

转动中的发电机、同期调相机的励磁回路或高压电动机转子电阻回路上的工作；

非当值值班人员用绝缘棒和电压互感器定相或用钳形电流表测量高压回路的电流。

其他工作用口头或电话命令：

口头或电话命令，必须清楚正确，值班员应将发令人、负责人及工作任务详细记入操作记录簿中，并向发令人复诵核对一遍。

工作票要用钢笔或圆珠笔填写一式两份，应正确清楚，不得任意涂改，如有个别错、漏字需要修改时，应字迹清楚。

两份工作票中的一份必须经常保存在工作地点，由工作负责人收执，另一份由值班员收执，按值移交。值班员应将工作票号码、工作任务、许可工作时间及完工时间记入操作记录簿中。

在无人值班的设备上工作时，第二份工作票由工作许可人收执。

一个工作负责人只能发给一张工作票。工作票上所列的工作地点，以一个电气连接部分为限。

如施工设备属于同一电压、位于同一楼层、同时停送电，且不会触及带电导体时，则允许在几个电气连接部分共用一张工作票。

开工前工作票内的全部安全措施应一次做完。

建筑工、油漆工等非电气人员进行工作时，工作票发给监护人。

在几个电气连接部分上依次进行不停电的同一类型的工作，可以使用一张第二种工作票。若一个电气连接部分或一个配电装置全部停电，则所有不同地点的工作，可以使用一张工作票，但要详细填明主要工作内容。几个班同时进行工作时，工作票可发给一个总的负责人，在工作班成员栏内只填明各班的负责人，不必填写全部工作人员名单。

若到预定时间一部分工作尚未完成，仍须继续工作而不妨碍送电者。在送电前，应按照送电后现场设备带电情况，办理新的工作票，布置好安全措施后，方可继续工作。

事故抢修工作可不用工作票，但应记入操作记录簿内，在开始工作前必须做好安全措施，并应指定专人负责监护。

线路、用户检修班或基建施工单位在发电厂或变电所进行工作时，必须由所在单位（发电厂、变电所或工区）签发工作票并履行工作许可手续。

第一种工作票应在工作前一日交给值班员。临时工作票在工作开始以前直接交给值班员。

第二种工作票应在进行工作的当天预先交给值班员。

若变电所距离工区较远或因故更换新工作票不能在工作前一日将工作票送到，工作票签发人可根据自己填好的工作票用电话将全文传达给变电所值班员，传达必须清楚，值班员应根据传达做好记录，并复诵核对。若电话联系有困难，也可在进行工作的当天预先将工作票交给值班员。

第一、二种工作票的有效时间，以批准的检修期为限。第一种工作票至预定时间，工作尚未完成，应由工作负责人办理延期手续。延期手续应由工作负责人向值班负责人申请办理，主要设备检修延期要通过值长办理。工作票有破损不能继续使用时，应补填新的工作票。

需要变更工作班中的成员时，须经工作负责人同意。需要变更工作负责人时，应由工作票签发人将变动情况记录在工作票上。若扩大工作任务，必须由工作负责人通过工作许可人，并在工作票上增填工作项目。若须变更或增设安全措施者，必须填用新的工作票，并重新履行工作许可手续。

（2）工作票签发人不得兼任该项工作的工作负责人，工作负责人可以填写工作票。

工作许可人不得签发工作票。

工作票签发人应由分场、工区（所）熟悉人员技术水平、熟悉设备情况、熟悉本规程的生产领导人、技术人员或经厂、局主管生产领导批准的人员担任。工作票签发人员名单应书面公布。

工作负责人和允许办理工作票的值班员（工作许可人）应由分场或工区主管生产的领导书面批准。

工作票中所列人员的安全责任：

工作票签发人：

① 工作必要性；

② 工作是否安全；

③ 工作票上所填安全措施是否正确完备；

④ 所派工作负责人和工作班人员是否适当和足够，精神状态是否良好。

工作负责人（监护人）：

① 正确安全地组织工作；

② 结合实际进行安全思想教育；

③ 督促、监护工作人员遵守本规程；

④ 负责检查工作票所载安全措施是否正确完备和值班员所做的安全措施是否符合现场实际条件；

⑤ 工作前对工作人员交代安全事项；

⑥ 工作班人员变动是否合适。

工作许可人：

① 负责审查工作票所列安全措施是否正确完备，是否符合现场条件；

② 工作现场布置的安全措施是否完善；

③ 负责检查停电设备有无突然来电的危险；

④ 对工作票中所列内容即使发生很小疑问，也必须向工作票签发人询问清楚，必要时应要求做详细补充。

值班长:

负责审查工作的必要性和检修工期是否与批准期限相符以及工作票所列安全措施是否正确完备。

工作班成员:

认真执行本规程和现场安全措施，互相关心施工安全，并监督本规程和现场安全措施的实施。

2. 工作许可制度

（1）工作许可人（值班员）在完成施工现场的安全措施后，还应:

① 会同工作负责人到现场再次检查所做的安全措施，以手触试，证明检修设备确无电压。

② 对工作负责人指明带电设备的位置和注意事项。

③ 和工作负责人在工作票上分别签名。

（2）完成上述许可手续后，工作班方可开始工作。

工作负责人、工作许可人任何一方不得擅自变更安全措施，值班人员不得变更有关检修设备的运行接线方式。工作中如有特殊情况需要变更时，应事先取得对方的同意。

3. 工作监护制度

完成工作许可手续后，工作负责人（监护人）应向工作班人员交代现场安全措施、带电部位和其他注意事项。工作负责人（监护人）必须始终在工作现场，对工作班人员的安全认真监护，及时纠正违反安全的动作。

所有工作人员（包括工作负责人），不许单独留在高压室内和室外变电所高压设备区内。

若有工作需要（如测量极性、回路导通试验等），且现场设备具体情况允许时，可以准许工作班中有实际经验的一人或几人同时在他室进行工作，但工作负责人应在事前将有关安全注意事项予以详尽的指示。

工作负责人（监护人）在全部停电时，可以参加工作班工作。在部分停电时，只有在安全措施可靠，人员集中在一个工作地点，不致误碰导电部分的情况下，方能参加工作。

工作票签发人或工作负责人，应根据现场的安全条件、施工范围、工作需要等具体情况，增设专人监护和批准被监护的人数。

专责监护人不得兼做其他工作。

工作期间，工作负责人若因故必须离开工作地点时，应指定能胜任的人员临时代替，离开前应将工作现场交代清楚，并告知工作班人员。原工作负责人返回工作地点时，也应履行同样的交接手续。

若工作负责人需要长时间离开现场，应由原工作票签发人变更新工作负责人，两工作负责人应做好必要的交接。

值班员如发现工作人员违反安全规程或任何危及工作人员安全的情况，应向工作负责人提出改正意见，必要时可暂时停止工作，并立即报告上级。

4. 工作间断、转移和终结制度

工作间断时，工作班人员应从工作现场撤出，所有安全措施保持不动，工作票仍由工作负责人执存。间断后继续工作，无须通过工作许可人。每日收工，应清扫工作地点，开放已封闭的通路，并将工作票交回值班员。次日复工时，应得值班员许可，取回工作票，工作负责人必须事前重新认真检查安全措施是否符合工作票的要求后，方可工作。若无工作负责人或监护人带领，工作人员不得进入工作地点。

在未办理工作票终结手续以前，值班员不准将施工设备合闸送电。

（1）在工作间断期间，若有紧急需要，值班员可在工作票未交回的情况下合闸送电，但应先将工作班全班人员已经离开工作地点的确切根据通知工作负责人或电气分场负责人，在得到他们可以送电的答复后方可执行，并应采取下列措施：

① 拆除临时遮栏、接地线和标示牌，恢复常设遮栏，换挂“止步，高压危险!”的标示牌。

② 必须在所有通路派专人守候，以便告诉工作班人员“设备已经合闸送电，不得继续工作”，守候人员在工作票未交回以前，不得离开守候地点。

（2）检修工作结束以前，若需将设备试加工作电压，可按下列条件进行：

① 全体工作人员撤离工作地点。

② 将该系统的所有工作票收回，拆除临时遮栏、接地线和标示牌，恢复常设遮栏。

③ 应在工作负责人和值班员进行全面检查无误后，由值班员进行加压试验。

工作班若需继续工作，应重新履行工作许可手续。

在同一电气连接部分用同一工作票依次在几个工作地点转移工作时，全部安全措施由值班员在开工前一次做完，不需再办理转移手续，但工作负责人在转移工作地点时，应向工作人员交待带电范围、安全措施和注意事项。

全部工作完毕后，工作班应清扫、整理现场。工作负责人应先周密地检查，待全体工作人员撤离工作地点后，再向值班人员讲清所修项目、发现的问题、试验结果和存在问题等，并与值班人员共同检查设备状况，有无遗留物件，是否清洁等，然后在工作票上填明工作终结时间，经双方签名后，工作票方告终结。

只有在同一停电系统的所有工作票结束，拆除所有接地线、临时遮栏和标示牌，恢复常设遮栏，并得到值班调度员或值班负责人的许可命令后，方可合闸送电。

已结束的工作票，保存三个月。

7.4.5 电气停电安全作业制度

在全部停电或部分停电的电气设备上工作时，必须完成下列保证安全的技术措施：

（1）断电。在工作场所必须断开电源的设备：包括需检修设备的带电部分的电源、工作范围安全距离小于0.7m（10 kV）的带电部分及工作人员后面或两侧无遮拦或其他可行安全措施的带电部分。在断开电源时，必须使检修设备至少有一个明显的断开点，高压柜的手动机构处于断开位置时，都应用锁锁住。

（2）验电。检验电气设备上有无电压时，必须使用合格的验电器，验电前应在带电母线上检测一下验电器，确认验电器确实是合格产品。验电时应在电气设备的两侧的各相分别进行。

（3）装设接地线。将检修设备的三相短路并接，可以放掉检修设备的剩余电荷，这也是防止突然来电，保护工作人员安全的唯一可行安全措施。装、拆接地线必须由两人进行，若仅有单人值班，则只允许用接地开关接地。

（4）悬挂指示牌和装设遮栏。在工作点四周应安设标示牌和遮栏，有关的操作开关手柄上应悬挂“禁止合闸”标示牌。

7.4.6　电气安全工作管理制度

（1）上岗人员须持有电气操作资质证书及电工等级证书，并随身携带备查。严禁无资质人员上岗操作。

（2）从事电气设备运行、维护作业，必须按规定穿戴劳保用品。

（3）高压设备无论是否带电，维护人员不得单独移开或越过防护栏进行工作，若确有必要进入护栏内工作时，必须有监护人在场，并符合规定的安全净距（10 kV 以下为 0.7 m）。

（4）对高压设备巡视检查应由两人进行，巡视高压设备时不得进行其他工作，巡视完毕应锁好房门。遇有雷雨天气巡视高压室外设备时，必须穿绝缘靴，并不得靠近避雷器和避雷针。

（5）高压设备发生接地故障时，为防止跨步电压，室内不得接近故障点 4 m 以内，室外不得接近故障点 8 m 以内，进入上述允许范围内的人员，必须穿绝缘靴，接触设备外壳和构架时，应戴绝缘手套。

（6）配电设施送电合闸与停电拉闸的操作（即倒闸操作）必须严格按以下程序进行。

① 停电顺序：必须遵循先低压后高压；先馈电柜后开关总柜的序。

送电顺序：必须遵循先合上电源总柜，检查电源电压情况正常后再合上相应的馈电柜的顺序。

② 同一馈电线路的送电合闸必须按母线侧刀闸（合上应检查接触深度）、负荷侧刀闸、负荷开关（空气开关）的顺序进行。停电拉闸顺序必须按照负荷（空气开关）开关、负荷侧刀闸、母线侧刀闸的顺序进行。

③ 严禁带负荷拉刀闸，严禁带负荷拉、合高压熔断器（跌落式保险）。高压熔断器（跌落式保险）的操作顺序为：拉开时先拉中间相，后拉两边相；合上时相先合两边相，后合中间相。

④ 倒闸操作必须由两人进行，其中对设备较熟悉一人进行监护。

⑤ 对开关进行停电操作后，应在开关手柄位置悬挂相应的安全警示牌，并由挂牌人在恢复送电时摘除。

（7）电气设备停电后，即使是事故停电，在拉开有关刀闸和做好安全措施以前，不得触及设备或进入护栏，以防止突然来电危及人身安全。

（8）在发生人身触电事故及重大事故（如电器火灾、设备事故正在蔓延等）后，为了解救触电人和杜绝事故进一步扩大蔓延，可以未经许可自行断开有关设备的电源，但事后必须立即报告。

（9）对高压电气设备进行操作时，必须遵守以下规定：

① 落实并完成保证工作人员安全的组织措施和技术措施。其中组织措施包括：工作票制度；工作许可制度；工作监护制度；工作间断转移和终结制度。技术措施是指：在全部停电或部分停电的设备上工作，必须完成停电、验电、装设接地线、悬挂标示牌并装设护栏等四项安全防护措施。

② 工作票必须按规定内容要求填写并由工作票签发人、工作许可人、工作负责人三方履行签字手续后方可有效。高压线路、设备操作须填写“第一种工作票”；低压配电柜、配电箱（盘）、电源干线上的工作须填写“第二种工作票”。

③ 工作票签发后至少应由两人一起操作，在只有部分设备停电（非全部停电）时，监护人不得参与操作。

（10）严禁高压带电作业。

（11）严禁酒后当班。

（12）遇有电气设备着火时，应立即将有关设备电源切断，然后进行救火，对电气设备着火应采用干式灭火器（二氧化碳灭火器、四氯化碳灭火器）灭火，严禁用泡沫灭火器和消防水管灭火。

7.4.7　电气线路及设备的保护措施

1. 漏电保护装置

漏电保护装置是用来防止人身触电和漏电引起事故的一种接地保护装置，如图 7.4.11 所示。当电路或用电设备漏电电流大于装置的整定值，或人、动物发生触电危险时，它能迅速动作，切断事故电源，避免事故的扩大，保障了人身、设备的安全。其主要用途是：

（1）防止由于电气设备和电气线路漏电引起的触电事故。

（2）防止用电过程中的单相触电事故。

（3）及时切断电气设备运行中的单相接地故障，防止因漏电引起的电气火灾事故。

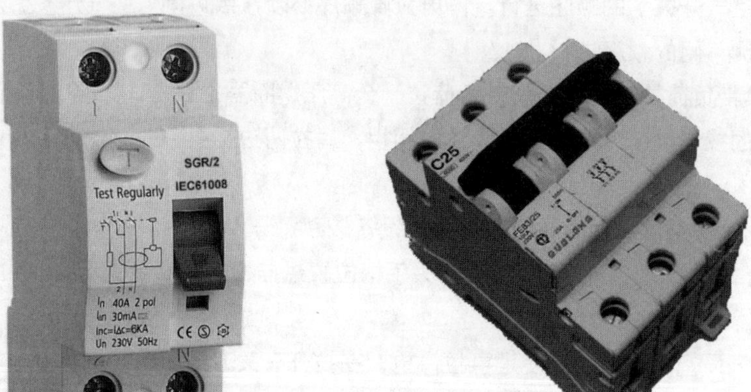

图 7.4.11　漏电保护装置

2. 过电压及防护

配电网中出现过电压的原因很多。由外部原因造成的有雷击过电压、电磁感应过电压和静电感应过电压；由内部原因造成的有操作过电压、谐振过电压以及来自变压器高压侧的过渡电压和感应电压。

1）外部过电压及其防护

外部过电压主要由雷云对地放电引起的，可用专门的防雷装置预防，有避雷针、避雷线、避雷带（见图 7.4.12）、避雷网和避雷器（见图 7.4.13）等。

图 7.4.12　避雷带

图 7.4.13　避雷器

2）内部过电压及其防护

对于不接地的配电网，由于配电网与大地之间没有直接的电气连接，在意外情况下可能产生很高的对地电压（过电压）。为了减轻过电压的危险，在低压配电网中，可采用以下两种方式实现过电压保护。

（1）击穿保险器。

为了减轻过电压的危险，在不接地低压配电网中，可把低压配电网的中性点或一相经击穿保险器接地。

击穿保险器是在中性点不接地系统中防止高压窜入低压的一种保护设备，如图 7.4.14 所示。其由两片铜制电极夹以及带孔的云母片制成，其击穿电压在数百伏，通常是将低压电网星形接法的中性点或者角形接法的一相，通过击穿保险器同大地做可靠连接。

正常时，击穿保险器内的云母片，使低压电网与大地保持绝缘，系统运动方式不变。当高压窜入低压时，击穿保险器内云母片带孔部分空隙被击穿，故障电流使高压系统保护装置迅速动作，切除电源。若故障电流不大，不足以使保护装置动作，则由于接地电阻较小，也可降低故障时对地电压，减轻高压窜入低压的危险性。

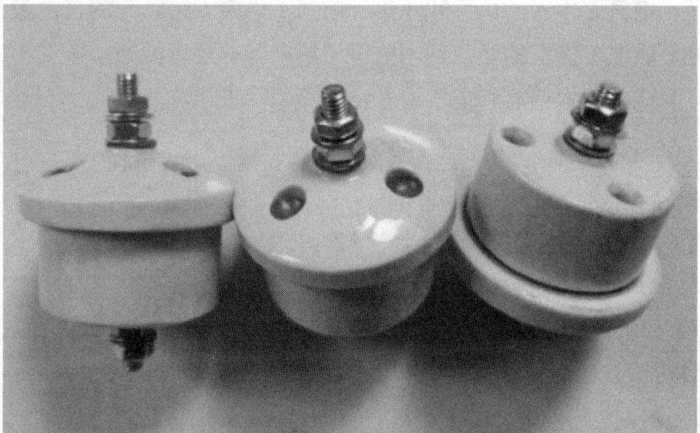

图 7.4.14　击穿保险器

（2）过电压保护器（TBP）。

TBP 型过电压保护器是一种新型的过电压保护器，又称为三相组合式过电压保护器，用于限制大气过电压和各种真空开关引起的操作过电压，如图 7.4.15 所示。

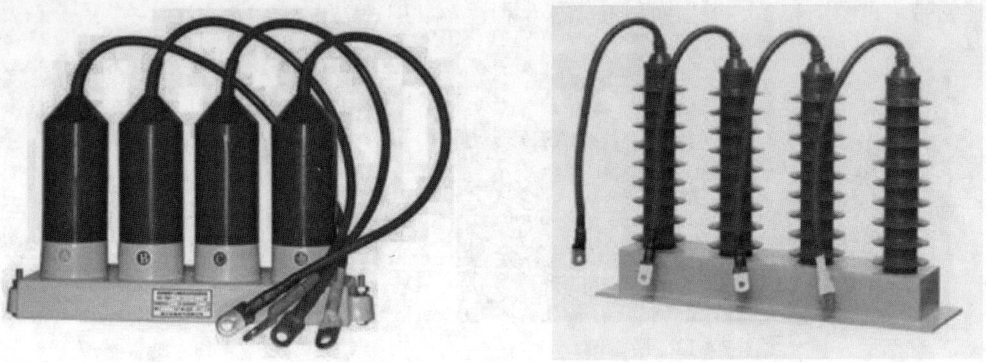

图 7.4.15　过电压保护器

3. 静电防护

实验证明，只要两种物质紧密接触而后再分离，就可能产生静电。静电能量虽然不大，但其电压很高而容易发生放电，导致电击的产生。该电击不是电流持续流过人体的电击，而是静电放电造成的瞬间冲击性的电击。

静电防护是为防止静电积累所引起的人身电击、火灾和爆炸、电子器件失效和损坏，以及对生产的不良影响而采取的防范措施。其防范原则主要是抑制静电的产生，加速静电的泄漏，进行静电中和等。人穿非导电鞋时，由于行走等活动会产生、积蓄电荷，并可达到千伏级的电位，比如在毛毯上行走、脱衣等所产生最高电位可达 2 450 V。此时人触及其他物体会产生火花放电并受到电击。人体活动中防静电措施主要有：穿导电鞋；工作服和内衣裤不使用化纤面料；穿混有导电性纤维或用防静电剂处理的防静电工作服；工作地面作导电化处理；等等。

【任务小结】

本任务介绍了电气工作者的条件和职责、电气工作中安全防范的技术措施和电气设备及线路的保护措施。通过本任务的学习，学生需了解电器从业者的必备条件和工作职责，熟悉电气工作中安全防范的技术措施和电气设备及线路的保护措施。

【思考与练习】

1. 简述电气工作人员的工作职责有哪些?
2. 什么是屏护？什么是间距？它们分别有什么作用?
3. 举例说明几种安全标识牌的作用?
4. 简述几种安全色的意义和用途。
5. 工作接地和保护接地有什么区别?
6. 什么是保护接地？什么是保护接零？二者有什么区别?

7. 漏电保护装置的主要用途有哪些?

8. 什么是绝缘防护?

【应知应会要点归纳】:

(1)触电是指电流通过人体时对人体造成的生理和病理的伤害。

(2)电击可分为直接电击和间接电击两类。直接电击是人体触及正常状态下带电的带电体时发生的电击，称为正常状态下的电击。间接电击是人体触及正常状态下不带电而故障状态下意外带电的带电体时发生的电击，称为故障状态下的电击。

(3)人体是导电体，人体的电阻包括人体内阻和皮肤电阻，一般为 1 000～2 000 Ω。

(4)电伤是由电流的热效应、化学效应、机械效应等对人体造成的局部伤害。电伤分为电烧伤、电烙印和皮肤金属化等。

(5)触电对人体的危害程度，主要取决于电流强度、持续时间、电压高低、电流频率、电流途径、人体状况的影响。

(6)按照电流通过人体的不同生理反应，一般将电流分为感知电流、摆脱电流和致命电流 3 种。

(7)不危及人体安全的电压称为安全电压。我国规定的安全电压等级分为 42 V、36 V、24 V、12 V 和 6 V。

42 V：特别危险的场所使用的携带式电动工具。

36 V：有高度触电危险的场所所使用的手提灯或照明灯。

24 V：有特别触电危险的场所所使用的手提灯或照明灯。

12 V：人体需要长期触及器具上带电体的场所。

6 V：水下作业等特殊场所

(8)电流频率对触电的危害程度有很大的影响。有关资料表明，交流电流比直流电流对人体的伤害更大，而频率为 25～300 Hz 的交流电流对人体的伤害最为严重。

(9)触电电流从左手到前胸和从左手到右脚是最危险的途径。

(10)常见触电类型多种多样，主要分为直接接触和间接接触两大类。直接接触可以分为单相触电和两相触电两种类型。

(11)单相触电：在三相四线制中性点接地的电力系统中，人站在地面或与大地相连的导电物体上，当手、脚等部位触及一根相线时，就有电流通过人体，经大地和接地装置构成回路。此时，作用于人体的电压为相电压。两相触电：当人体的不同部位分别同时触及两根相线，或同时触及电气设备不同相位的两个带电部分时，电流由一根相线经人体至另一根相线而构成闭合回路，这就是所谓的两相触电。此时，作用于人体的电压为线电压。

(12)常见的人体触电形式有单相触电、两相触电、跨步电压触电。

(13)使触电者脱离低压电源的方法可用“拉”“切”“挑”“拽”四个字概括。

(14)现场急救的基本原则是迅速、就地、准确、坚持。

(15)现场诊断方法有听、摸、看。

(16)急救操作方法有口对口人工呼吸和胸外心脏按压两种。

(17)如果触电者心跳呼吸都停止，应同时进行口对口人工呼吸和人工胸外心脏按压。单人抢救时，按压吹气比例为 15:2；双人抢救时，按压吹气比例为 5:1。

（18）现场急救中，不可使用强心针和用冷水泼。

（19）日常生活中安全用电的原则是：不接触低压带电体，不靠近高压带电体。

（20）电气火灾一般是指由于电气线路、用电设备（或器具）以及供配电设备等出现故障释放热能而引发的火灾

（21）电气火灾分为漏电火灾、短路火灾、过负荷火灾、接触电阻过大火灾。

（22）当漏电发生时，漏泄的电流在流入大地途中，如遇电阻较大的部位时，会产生局部高温，致使附近的可燃物着火，从而引起火灾。此外，在漏电点产生的漏电火花，同样也会引起火灾。

（23）灭火的基本方法有窒息灭火、隔离灭火、冷却灭火、抑制灭火。

（24）灭火器压力表状态：红色——压力不够，已失效；绿色——压力正常，有效；黄色——干粉凝固。

（25）泡沫灭火器不适用于带电设备火灾和C类气体火灾、D类金属火灾。

（26）通常我们把电阻率大于 $10^7\ \Omega \cdot m$ 的物质所构成的材料叫作绝缘材料。

（27）绝缘材料的作用是将带电体与不带电体相隔离，将不同电位的导体相隔离，确保电流的流向或人身安全。

（28）绝缘防护指使用绝缘材料将带电导体隔离起来，使电气设备级线路能正常工作，防止人身触电。绝缘防护是最基本的安全保护措施，分为主绝缘和匝间绝缘。

（29）接地是指人为地把电气设备的某一部位与大地做良好的电气连接。

（30）接地分为工作接地和保护接地两类。工作接地的接地电阻应不得超过 10 Ω，保护接地的接地电阻应不得超过 4 Ω。

（31）保护接零指的是将电气设备正常运行情况下不带电的金属外壳和构架等用导线与配电系统的零线进行电气连接。

（32）保护接地、保护接零两者的区别是：保护接地是限制漏电设备外壳对地电压，使其不超过允许的安全范围；而保护接零是通过零线使漏电电流形成单相短路，引起保护装置动作，从而切断故障设备的电源。

（33）在保护接零电网中，应特别注意的事项：

① 接零干线、分支干线、保护零线不得装设开关和熔断器。

② 对于保护接零系统，应按规定在零线处多处加设重复接地。

③ 电气设备外壳的保护零线不允许串联，应分别直接接零线。

④ 单相用电设备的工作零线和保护零线必须分开设置，不准共用一根零线。

⑤ 在同一台变压器供电的系统中，保护接地和保护接零不能混用。

（34）重复接地指的是在三相四线制保护接零电网中，除了变压器中性点的工作接地以外，在零线上一点或多点与接地装置的连接。

【复习与考工模拟】

一、判断题

1. 人体的某一部位碰到相线或绝缘性能不好的电气设备外壳时，电流由相线经人体流入

大地的触电现象称单相触电。(　　)

2. 电气设备相线碰壳短路接地，或带电导线直接触地时，人体虽没有接触带电设备外壳或带电导线，但是跨步行走在电位分布曲线的范围内而造成的触电现象称跨步电压触电。(　　)

3. 为了保证用电安全，在变压器的中性线上不允许安装熔断器。(　　)

4. 触电现场抢救中不能打强心针，也不能泼冷水。(　　)

5. 在任何环境下，36 V 都是安全电压。(　　)

6. 如果救护过程经历了 5 小时，触电者仍然未苏醒，应该继续进行。(　　)

7. 短路电流使短路处甚至使整个电路过热，会使导线的绝缘层燃烧起来，并引燃周围建筑物内的可燃物。(　　)

8. 泡沫灭火器不适用于带电设备火灾、C 类气体火灾与 D 类金属火灾。(　　)

9. 在拉拽触电者脱离电源的过程中，救护人员应采用双手操作，保证受力均匀，帮助触电者顺利地脱离电源。(　　)

10. 在有爆炸和火灾危险场所使用手持式或移动式电动工具时，必须采用有防爆措施的电动工具。(　　)

二、填空题

1. 所谓触电是指电流流过人体时对人体产生的__________和__________ 伤害。

2. 常见的电伤有以下三种：__________、__________、 __________。

3. 人体电阻包括人体__________和__________两部分组成。

4. __________和__________是现场急救的基本方法。

5. 当灭火器压力表指到红色部位时，说明__________。

6. 一般灭火的基本方法有__________、__________、__________和__________四种。

7. 设备的带电部分与地面及其他带电部分应保持一定的__________。

8. __________指使用绝缘材料将带电导体隔离起来，使电气设备级线路能正常工作，防止人身触电。

9. 电气设备着火，首先必须采取的措施是__________。

三、单选题

1. 被电击的人能否获救，关键在于(　　)。

A. 触电的方式

B. 人体电阻的大小

C. 能否尽快脱离电源和施行紧急救护

D. 触电电压的大小

2. 影响电流对人体伤害程度的主要因素有(　　)。

A. 电流的大小，人体电阻，通电时间的长短，电流的频率，电压的高低，电流的途径，人体状况

B. 电流的大小，人体电阻，通电时间的长短，电流的频率

C. 电流的途径，人体状况

D. 电流的大小、电压的高低、电流的途径

3. 凡在潮湿工作场所或在金属容器内使用手提式电动用具或照明灯时，应采用（　　）安全电压。

A. 12 V　　B. 24 V　　C. 42 V　　D. 36 V

4. 从安全角度考虑，设备停电必须有一个明显的（　　）。

A. 标示牌　　B. 接地处

C. 断开点并设有明显的警示牌　　D. 提示牌

5. 设备或线路的确认无电，应以（　　）指示作为根据。

A. 电压表　　B. 验电器　　C. 断开信号　　D. 设备状态

6. 被电击的人能否获救，关键在于（　　）。

A. 触电方式

B. 触电电压的高低

C. 能否尽快脱离电源和施行紧急救护

D. 人体电阻的大小

7.在 10 kW 及以下带电线路杆上工作时，与带电导线的最小安全距离是（　　）。

A. 0.7 m　　B. 1.5 m　　C. 3.0 m　　D. 5.0 m

8. 线路上有人工作时，应在线路断路器和隔离开关的操作手把上悬挂：（　　）。

A. 禁止合闸，线路有人工作！　　B. 止步，高压危险！

C. 禁止攀登，高压危险！　　D. 在此工作！

9. 某安全色的含义是安全、允许、通过、工作，其颜色为（　　）。

A. 红色　　B. 黄色　　C. 绿色　　D. 黑色

10. 防止人身触电最根本的措施是（　　）。

A. 对电气工作人员或用电人员进行安全教育和管理

B. 绝缘盒屏护措施

C. 在容易触电的场合采用安全电压

D. 对电气设备进行安全接地

四、简答题

1. 发现有人触电应如何抢救？在抢救时应注意什么？
2. 什么叫安全电压？安全电压分为哪些等级？分别应用在哪些场合？
3. 在保护接零电网中应注意哪些安全事项？
4. 什么是保护接地？什么是保护接零？有什么区别？
5. 简述手提式干粉灭火器的使用步骤。
6. 电气停电安全作业制度有哪些？

附表 1　实训过程综合评价表

考核项目	评价内容	配分	评价分数		
			自评	互评	师评
职业素养	劳动保护穿戴整洁、仪容仪表符合工作要求	5 分			
	安全意识、责任意识、服从意识强	6 分			
	积极参加教学活动，按时完成各种学习任务	6 分			
	团队合作意识强、善于与人交流和沟通	6 分			
	自觉遵守劳动纪律，尊重师长，团结同学	6 分			
	爱护公物，节约材料，管理现场符合 6S 标准	6 分			
专业能力	专业知识查找及时、准确，有较强的自学能力	10 分			
	操作积极、训练刻苦，具有一定的动手能力	15 分			
	技能操作规范、注重安装工艺，工作效率高	10 分			
工作成果	项目安装符合工艺规范，线路功能满足要求	20 分			
	工作总结符合要求，展示成果制作质量高	10 分			
总　分		100 分			
总评	自评×20%+互评×20%+师评×60%＝	综合等级	教师（签名）:		

参考文献

[1] 陈雅萍. 电工技术基础与技能. 北京：高等教育出版社，2010.7.

[2] 卢庆林. 电工电路分析及应用. 天津：天津大学出版社，2011.8.

[3] 李月朗. 电工技术应用. 长沙：中南大学出版社，2014.8.

[4] 陈敏 徐亚辉.城市轨道交通电工技术. 成都：西南交通大学出版社，2015.8.

[5] 刘志平. 电工基础. 2 版. 北京：高等教育出版社，2006.

[6] 李福民. 电工基础. 北京：中国铁道出版社，1998.

[7] 周绍敏. 电工基础. 北京：高等教育出版社，1999.

[8] 秦曾煌. 电工学简明教程.北京：高等教育出版社，2001.

[9] 陈景谦. 电工技术. 北京：机械工业出版社，2001.

[10] 秦曾煌. 电工学. 6 版. 北京：高等教育出版社，2003.

[11] 沈裕钟. 电工学. 4 版. 北京：高等教育出版社，2004.

[12] 程周. 电工基础. 北京：高等教育出版社，2004.